U0690573

浙江省哲学社会科学重点研究基地社科规划课题重点项目
"资本市场的政府审计监管机制研究"
（10JDEGZ01Z）研究成果

政府管制研究系列文库

The Research Archive on Regulation

基于中国资本市场的政府审计监管机制研究

Research on the Regulatory Mechanism of Government
Audit based in Chinese Capital Market

邱学文 等著

中国社会科学出版社

图书在版编目（CIP）数据

基于中国资本市场的政府审计监管机制研究/邱学文等著 . —北京：中国社会科学出版社，2012.6

（政府管制研究系列文库）

ISBN 978 - 7 - 5161 - 0819 - 2

Ⅰ.①基…　Ⅱ.①邱…　Ⅲ.①资本市场—政府审计—监督管理—研究—中国　Ⅳ.①F832.51②F239.44

中国版本图书馆 CIP 数据核字（2012）第 079668 号

出 版 人	赵剑英
选题策划	卢小生
责任编辑	卢小生
责任校对	韩天炜
责任印制	李　建

出　　版	中国社会科学出版社
社　　址	北京鼓楼西大街甲 158 号（邮编　100720）
网　　址	http：//www.csspw.cn
	中文域名：中国社科网　　010 - 64070619
发 行 部	010 - 84083635
门 市 部	010 - 84029450
经　　销	新华书店及其他书店

印　　刷	北京市大兴区新魏印刷厂
装　　订	廊坊市广阳区广增装订厂
版　　次	2012 年 6 月第 1 版
印　　次	2012 年 6 月第 1 次印刷

开　　本	710×1000　1/16
印　　张	28.5
插　　页	2
字　　数	462 千字
定　　价	69.00 元

凡购买中国社会科学出版社图书，如有质量问题请与本社发行部联系调换

电话：010 - 64009791

版权所有　侵权必究

要性。同时，管制政策的制定与实施也要以经济学原理为依据，如经济性管制的核心内容是进入管制与价格管制，进入管制政策的制定与实施要以规模经济、范围经济、垄断与竞争等经济理论为重要依据，以在特定产业或领域形成规模经济与竞争活力相兼容的有效竞争格局；而价格管制政策的制定则以成本与收益、需求与供给等经济理论为主要依据。对每一项社会性管制活动都要运用经济学原理，进行成本与收益分析，论证管制活动的可行性和经济合理性。

行政管理学与管制经济学具有直接的联系。因为管制的基本手段是行政手段，管制者可以依法强制被管制者执行有关法规，对他们实行行政监督。但是，任何管制活动都必须按照法定的行政程序进行，以避免管制活动的随意性。这就决定了管制经济学需要运用行政管理学的基本理论与方法，以提高管制的科学性与管制效率。

政治学是与管制经济学密切相关的一门学科，从某种意义上讲，管制行为本身就是一种政治行为，任何一项管制政策的制定与实施都体现着各级政府的政治倾向，在相当程度上包含着政治因素。事实上，管制一直是发达国家政治学研究的一个重要内容，管制是与政治家寻求政治目的有关的政治过程。

法学与管制经济学也紧密相关。这是因为，管制者必须有一定的法律授权，取得法律地位，明确其权力和职责；同时，管制的基本依据是有关法律规定和行政程序，管制机构的行为应受到法律监督和司法控制。这就使管制经济学与法学存在必然联系。

管理学与管制经济学也有较大的联系。管制者与被管制者之间通常存在着较为严重的信息不对称性，管制者如何引导被管制者尽可能地采取有利于社会公众利益的行为，这是一个复杂的多重博弈过程，要求管制者必须掌握管理学知识，具有较强的管理能力。

管制经济学的这种边缘性学科性质，需要学者进行跨学科的协同研究。事实上，发达国家就是从多学科对政府管制进行多维度研究的，并强调跨学科研究。

中国对管制经济学的研究起步较晚，据笔者所掌握的资料，最早介绍到中国的管制经济著作是施蒂格勒著的《产业组织和政府管制》（潘振民译，上海三联书店1989年版），在这部文集中，其中有4篇是关于政府管制方面的论文。随后，出版了日本学者植草益著的《微观规制经济学》（朱绍文、胡欣欣等译，中国发展出版社 1992 年版），这是介绍到中国的第一本专门讨论管制经济的专著，在中国有很大的影响。从 20 世纪 90 年代以来，国内学者在借鉴国外管制经济学的基础上，并结合中国实际，出版了许多论著，为管制经济学在中国的形成与发展奠定了基础。但从总体上说，中国对管制经济学的研究还处于起步阶段，在许多方面需要结合中国实际进行深入研究。

在计划经济体制下，中国不存在现代管制经济学所讲的管制问题，不能把计划理解为管制，不能把计划经济体制理解为传统管制体制。因为市场是对计划的替代，而管制是对市场失灵的校正和补充。管制是由法律授权的管制主体依据一定的法规对被管制对象所实施的特殊行政管理与监督行为。管制不同于一般的行政管理，更不同于计划。否则就没有必要讨论管制经济学在中国的发展，就没有必要讨论通过改革如何建立高效率的管制体制问题。从国际经验看，就垄断性产业而言，美国等少数发达国家主要以民营企业为经营主体，与此相适应，这些国家较早在垄断性产业建立现代管制体制。而英国、日本和多数欧洲国家则对垄断性产业曾长期实行国有企业垄断经营的体制，只是在 20 世纪 80 年代才开始对垄断性产业实行以促进竞争和民营化为主要内容的重大改革，并在改革过程中，逐步建立了现代管制体制。

中国作为一个从计划经济体制向市场经济体制过渡的转型国家，政府管制是在建立与完善社会主义市场经济体制过程中不断加强的一项政府职能。传统经济理论认为，自然垄断产业、公用事业等基础产业是市场失灵的领域，市场竞争机制不能发挥作用，主张直接由国有企业实行垄断经营，以解决市场失灵问题。在实践中，长期以来，中国对这些基础产业实行政府直接经营的管理体制。但是，新的经济理论与实践证明，国有企业垄断经营必然导致低效率，并强调在这些产业发挥竞争机制的积极作用。因此，从 20 世纪 90 年代以来，中国像世界上许多国家一样，对这些产业逐步实行两大改革，一是引进并强化竞争机制，实现有效竞争；二是积极推行民营化，一定数量的民营企业成为这些产业的经营主体，在这些产业形成混合所有制的经营主体，以适应市场经济体制的需要。这样，政府就不能用过去管理垄断性国有企业的方式去管理具有一定竞争性的混合所有制企业或民营企业，而必须实行政府职能转变，建立新的政府管制体制，以便对这些产业实行有效管制。同时，在经济发展的基础上，中国日益强调对环境保护、卫生健康和工作场所安全等方面的管制。这些都使政府管制职能表现出不断强化的趋势。为此，党的十三大明确提出，政府的四大基本职能是：经济调节、市场监管、社会管理和公共服务，首次把市场监管（政府管制）作为一项重要的政府职能。

浙江财经学院是国内较早地系统研究政府管制经济学的高等学校，在政府管制领域承担了国家重大科技专项课题、国家社会科学基金和国家自然科学基金项目20多项、省部级研究项目50多项，在政府管制领域已出版了30多部学术著作，在《经济研究》等杂志上发表了一批高质量的学术论文，其中，一些成果获得了"孙冶方经济科学著作奖"、"薛暮桥价格研究奖"、"高等学校科学研究优秀成果奖（人文社会科学）"等。学校已形成了一个结构合理、综合素质较高、研究能力较强的研究团队。为适应政府管制经济学研究的需要，更好地为政府制定与实施管制政策服务，学校成立了跨学科的浙江财经学院政府管制研究院，其中包括政府管制与公共政策研究中心（浙江省社会科学重点研究基地）、管制理论与政策研究创新团队（浙江省重点创新团队）、公用事业管制政策研究所（学校与住房和城乡建设部合作研究机构）等研究平台。政府管制研究院的主要研究方向包括：政府管制基础理论研究、垄断性行业管制理论与政策研究、城市公用事业政府管制理论与政策研究、社会性管制理论与政策研究、反垄断管制理论与政策研究、金融风险监管理论与政策研究、政府管制绩效评价理论与政策研究等。为系统出版学校教师在政府管制领域的学术著作，在中国社会科学出版社的大力支持下，我们将持续出版《政府管制研究系列文库》，这也是学校对外开展学术交流的窗口和平台。欢迎专家学者和广大读者对文库中的学术著作批评指正。

王俊豪

2012 年元月于杭州

Abstract

According to the accountability, all areas of public capital should belong to the scope of the government audit。 The Regulatory of government audit on capital market in China remains yet a new branch of study. At present, researches on audit Regulatory in capital markets mainly focus on the CPA audit (civil audit), rarely involves government audit. In light of the particularity of economic system in China, with plenty of state – owned capital existing in the capital markets, there is a great policy significance in studying the issue.

The first part mainly studies the influencing factors of government audit scope and the particularity of the China government audit environment. On the one hand, the government audit on the state – controlled listed companies and securities firms should be based on financial revenue and expenditure, mainly focusing on regulating the implementation of the economic responsibility, On the other hand, according to Securities Act, the regulatory of government audit on securities regulators, stock exchanges, securities registration and settlement institutions should put emphasis on economy, efficiency and effectiveness of the management and make efforts to carry out performance audit.

In the second part, the dissertation studies the government audit quality assurance mechanism. This part summarizes the basic concepts of government audit quality, describes and analyses our country's current government audit quality, admits our country's progress on government audit, mainly points out the current problems existing in our country's government audit, such as deficiency in audit system, unsatisfactory quality of auditors and backwardness of audit methods, and puts forward suggestions, so as to guarantee quality assurance of government audit's effective regulatory on capital market.

In the third part, the dissertation studies the risk problems of government audit regulatory. According to the general process to construct government audit risk model, combined with new government audit risk under audit results publicity system, the dissertation constructs new government audit risk model and establishes new auditing risk elements. Risk elements of government audit risk model are further subdivided as empirical analysis basis of the audit risk influencing elements. On the basis of on – the – spot investigation interview and questionnaire data, the author analyzes and conducts empirical analysis by adopting factor analysis method. According to the empirical analysis results, on the one hand, the author modifies government audit risk model, on the other hand, the high risk factors are evaluated comprehensively. With the help of evaluation results of empirical analysis, the author targets to effective risk control of each process in auditing, and puts forward practical risk control strategy.

The fourth part studies the Regulatory range, content and efficiency of government audit on capital market. On the basis of analyzing our country's current auditing announcements comprehensively, the auditing announcements relevant to capital market are divided into three types. First, the auditing announcements for state – controlled listed companies by the Audit Commission directly; Second, the auditing announcements for state – owned group and its subsidiary companies by the Audit Commission, because the group companies are the controlling shareholders of listed companies in the capital market, this type of auditing announcement will also affect the capital market. ; Third, the inspection notice for social audit quality by the Audit Commission. This type of announcement affects capital market by influencing the quality of social audit. Then the author studies the information volume of auditing announcement from the angle of the signal transmission mechanism, mainly focusing on the information volume in capital market. Government audit is always characterized with mandatory and higher audit quality, and the focuses of government audit and social audit are different, so government auditing announcement may contain some information not available before in the market. Government auditing announcement transfers the signal " indirectly" to the market, reducing the information asymmetry in capital market from a certain extent. From the attitudes of the state – owned enterprises and state – controlled enterprises toward auditing announcement and rectification results, the government audit and the auditing announcement are of positive significance to listed company in financial accounting, internal control, risk management and other aspects, and play a positive role in improving the quality of social auditing objectively as well.

The fifth and sixth parts study audit strategies, methods and means of government audit on enterprise Regulatory. By means of normative analysis, qualitative and quantitative analysis combined with case analysis and other methods, based on the previous study, the author draws lessons from domestic and foreign fraud auditing research, discusses in – depth methods and strategies of management fraud audit. Applying these methods to fraud cases, effectiveness in terms of discovering management fraud is illustrated. The general objective of the dissertation aims at solving the problem of auditing management fraud inefficiently, intending to benefit the conduct of management fraud audit practice and further research of theory in China. By means of research and information technology, auditing efficiency, quality and flexibility are improved, so as to reduce auditing risk, such is a new development tendency of government audit on state – controlled company. Therefore, promoting enterprise audit development by means of studying enterprise audit demand, enterprise audit data planning, enterprise audit digital platform and other perspectives of enterprise audit digitalization for the purpose of guiding the audit practice better has significant theory meaning and practical value.

The seventh part studies the development and perfection of performance audit regulatory report. Research promotes government audit regulatory to play an effective role in guarantee mechanism. Overall plan from the beginning to the end should be made in terms of regulatory methods, , materiality principle and certain cost benefit principle should be adhered to, government audit involvement degree, field and scope should be handled properly. The performance audit content of government audit on Securities management institutions should be explored actively, and the function of government audit "immune system" should be fully performed. Probing into the performance audit report disclosure form, the dissertation tries to maximize the role of performance audit report. The paper analyzes stakeholders of the performance audit report, establishes a stakeholder model according to the report providers and users, obtaining four information flows about performance audit report, analyzes defects of domestic audit results publicity system, mainly focusing on information flow open to the public, and proposes some tentative suggestions on the performance audit report publicity system.

Key words: government audit; capital market; state – controlled; performance audit; regulatory mechanism

目　　录

第二篇　政府审计质量影响因素分析

第三篇　公告制度下政府审计风险研究

第四篇　政府审计结果公告对资本市场的影响
——基于信号传递机制的视角研究

第五篇　上市公司管理舞弊的审计策略与方法研究

第六篇　提升企业审计监督能力的技术途径研究
——基于政府审计视角的探索

第七篇　政府绩效审计报告及其披露研究

CONTENTS

Part II   Analysis of Factors Affecting China Government Audit Quality

Part Ⅲ Research on the Government Audit Risk Under Publicity System

Part IV   Effects of Government Auditing Results Announcement on Capital Market

Part V　Auditing Strategies and Research Methods of Management Fraud in Listed Companies

Part VI　Research on Technique Approaches to Improving Enterprise Audit Regulatory Ability— Based on Government Audit Perspective

Part VII Government Performance
Audit Report and Disclosure

前　　言

　　政府审计对我国资本市场的监管属于新的研究领域。学术界关于资本市场审计监管方面的研究，目前大多集中在注册会计师审计（民间审计）方面，对于政府审计对资本市场监管则鲜有涉及。在目前的资本市场上，注册会计师通过审计上市公司并发表审计意见，有效降低了代理成本并维护了广大投资者的利益。但是，作为民间审计的审计监管模式也有其不可避免的局限性，那就是独立性的问题。注册会计师虽然是独立地发表审计意见，但是受自己经济实力以及在审计市场竞争激烈的大背景下，难以保持自己的超然独立性，因此时而发生审计师与被审单位联合舞弊、购买审计意见等行为。在这种情况下，加强政府审计对于资本市场的监管就显得尤为必要，政府审计不论在独立性方面还是在审计结果的效力方面都远远优于民间审计。政府审计机构在组织上、经济上和工作上都保持独立性，对上市公司、会计师事务所、证券交易所、证监会等都可进行有效的监督。2003 年 12 月审计署发布了第一份审计结果公告，正式确定了我国的审计公告制度。2003 年以后审计署每年都公布审计公告，且数量呈逐步递增之势。2011 年上半年审计署公布了大量的关于国有控股企业财务收支状况的审计公告，表明了政府审计机关对保护国有资产的重视程度。我国的经济体制有其特殊性，且日趋多元化，但仍然在资本市场上存在有大量的国有资本。因此，对该问题的研究具有较高的政策价值。

　　本书以政府审计视角下的资本市场监管行为为研究对象，主要内容有：

　　（1）研究政府审计介入资本市场监管的法理基础。研究有关政府审计范围的影响因素，中国政府审计所处环境的特殊性。一方面政府审计对国有控股的上市公司和证券公司进行的审计应以财务收支为基础，重点监管经济责任的履行状况；另一方面依据证券法对证券监管机构、证券交易所、证券登记结算机构等进行审计监督时侧重点应当放在管理的经济性、效率性和效果性上，努力开展绩效审计。

（2）研究政府审计质量的保证机制。对政府审计质量基本理论进行概述，分别从政府审计和审计质量两方面的理论展开，并对政府审计质量与注册会计师审计质量、内部审计质量之间的相同点与不同点进行比较；描述并分析我国政府审计质量的现状，在肯定我国在政府审计方面取得进步的同时，主要指出了我国政府审计中存在的问题，如政府审计体制存在不足、审计人员素质不高、审计方法和手段落后等并提出改进建议，以此来确定政府审计对资本市场的有效监管的质量保证。

（3）研究政府审计监管的风险问题。对政府审计风险、政府审计公告制度、公告制度下政府审计风险、政府审计风险管理等相关概念加以阐述。根据政府审计风险模型构建一般思路，并结合审计结果公告制度下所产生的新的审计风险构建政府审计公告制度下的新审计风险模型，确立新的审计风险要素。将政府审计风险模型的风险要素进行进一步细分，作为审计风险影响因素实证分析的基础。对问卷研究、问卷设计、模型设定等加以阐述；就实地调查访谈与问卷资料，予以分析整理，采用因子分析法进行实证分析，根据实证分析结果一方面修正政府审计风险模型，另一方面综合评价出高风险因素。根据实证分析的评价结果有针对性地对审计工作的各阶段进行有效的风险控制，提出实质性风险控制的策略。

（4）研究政府审计对资本市场进行监管的范围、内容和效率。依据公共经济责任，所有公共资本的领域都应该属于政府审计的审计范围。研究政府审计对资本市场监管的范围，除了国有控股企业以外，还包括会计师事务所、证券交易所、券商、证券管理机构改革等。监管的内容包括企业内部控制和风险管理情况、财务收支的合法性和财务信息的公允性、证券发行和交易过程的合法性等。在全面分析我国现有的审计公告的基础上，把涉及资本市场的审计公告分为三类：第一类是审计署直接对于国有控股的上市公司发布的审计公告；第二类是审计署对于国有集团公司及其下属子公司的审计公告，该集团公司是上市公司的控股股东，因此这类审计公告也会影响到资本市场；第三类是审计署对于社会审计执业质量的检查公告。这类公告通过影响社会审计质量来影响资本市场。进而从信号传递机制的角度研究审计公告的信息含量，主要是对于资本市场的信息含量。审计署具有较高的独立性，政府审计往往具有强制性和较高的审计质量，并且政府审计的重点和社会审计有所不同，因此政府审计公告可能包含有某些以前市场没有掌握的信息。政府审计公告把这种信号"间接地"传递给市场，从某种程度上降低了资本市场上的信息不对称风险。从各国有企业和国有控股企业对于审计公告的态度和整改结果来看，政府审计和审计公告对于上市公司的财务核算、内部控制、风险管理等方面具有积极的意义，对于提高社会审计质量也起到了正面作用。

（5）研究政府审计监管企业的审计策略、方式方法和手段问题。采用规范研究、定性和定量分析与案例分析相结合等方法，在前人研究的基础上，借鉴国内外舞弊审计的研究成果，深入讨论管理舞弊审计的方法与策略。首先，针对现行审计模式下的管理舞弊审计低效的现状，围绕管理层舞弊的动因及其手法展开分析，并选取中国证监会2002—2007年所披露的上市公司行政处罚决定，对存在的管理舞弊行为进行统计和分析；然后设计调查问卷进行调查研究，评价目前管理舞弊审计的方法和策略；构建出新的管理舞弊审计策略，包括计算机辅助管理舞弊审计和特殊项目审计；最后将这些方法运用于舞弊案例，说明其在发现管理舞弊方面的有效性。研究的总目标在于解决审计管理舞弊低效的难题，以期能对我国管理舞弊审计实务的开展和理论研究的深入有所帮助。通过研究和运用信息技术来提高审计效率、质量和应变能力，从而降低审计风险，是政府对国有控股企业审计发展的一个趋势。因此，通过研究企业审计需求、企业审计数据规划、企业审计数字化平台等企业审计数字化内容来推动企业审计发展，以此来更好地指导审计实践有着重大的理论意义和现实价值。尤其是当前我国政府审计正处于由传统审计向现代审计转型的阶段，开展此项政府企业审计数字化研究有着现实审计实践的需求。

（6）研究促使政府审计监管有效的措施、绩效审计监管报告的制定和完善。研究促使政府审计监管发挥有效作用的保障机制。监管方法上应当统筹事前、事中和事后监管相结合，坚持重要性原则和一定的成本效益原则，把握好政府审计的介入程度、领域和范围，积极探索政府审计对国有控股企业在资本市场上重大投资项目和筹资项目的绩效审计和对证券管理机构的绩效审计，充分发挥政府审计"免疫系统"的功效。探讨绩效审计报告的披露形式，以最大限度地发挥绩效审计报告的作用。分析绩效审计报告的相关者，根据报告的提供者与使用者建立一个利益相关者模型，得出有关绩效审计报告的四条信息流，然后以面向公众的信息流为讨论重点，分析国内审计结果公告制度的缺点，提出绩效审计报告公告制度的设想。

需要说明的是，本书成果不仅仅是我个人完成的，多年来我带的研究生也起了重要作用，每个专题都是我和我的研究生共同完成的，他们是吴婷婷（合作第七篇）、成兰（合作第三篇）、王雅婕（合作第五篇）、朱熹（合作第四篇）、陈立群（合作第一篇）、张诗悦（合作第二篇）和吴筱蒲（合作第六篇），在此对他们的辛勤劳动表示衷心的感谢。

由于时间紧、任务重，所研究的内容难度比较大和作者研究水平的局限性，本研究成果错误之处难免，恳请各位专家和读者批评指正。

邱学文

2011 年 12 月 7 日于杭州颐景园

第一篇
中国政府审计范围影响因素研究

第一章 绪论

第一节 选题背景与研究意义

一 选题背景

政府审计是政府受公众之托对公共资源所进行的审计。政府审计范围内重点随着政府的公共受托责任范围的变化而变化，而公共受托责任范围随国家政治、经济、法律和文化环境的变化而变化。目前我国政府审计的范围包括政府部门、国家金融机构、国有企业、基本建设单位的财政财务收支、有关经营管理活动以及经济效益等。

2007年12月，政府审计署审计长刘家义在全国审计工作会议上提出了现代政府审计是经济运行的"免疫系统"，它是在我国各种体制不断改革、公共受托责任不断扩大的情况下提出来的[①]。该免疫系统认为应对国家经济运行体系、各个审计对象的各项经济事项进行全面关注，以此来预防、揭示和抵制经济运行中的各种毒害。免疫系统论的诞生对政府审计的审计范围提出了新的要求。

与此同时，2008年全球金融资本对我国资本市场冲击较大，国家提出了以经济安全为目标的审计任务。《审计署2008—2012年审计工作发展规划》中，明确要以推进民主法治、维护国家安全、保障国家利益为主，推进绩效审计，积极探索对特大型投资项目、重大突发性公共事项等的全

---

① 2007年12月26日，刘家义审计长在全国审计工作会议上首次提出"现代政府审计是经济运行的免疫系统"，并于2008年3月31日在中国审计学会五届三次理事会第二次理事论坛上进一步阐述了"审计本质是一个经济社会运行的免疫系统"。

过程跟踪审计，明确划分了财政、金融、企业、经济责任、资源环境、涉外六种类型的审计，深化了每类审计的目标、内容和要求。要求把推进法治、维护民生、推动改革、促进发展作为审计工作的出发点和落脚点，充分发挥审计保障国家经济社会运行的"免疫系统"功能，全面提高依法审计能力和审计工作水平，推进民主法治、维护国家安全、保障国家利益，促进国家经济社会全面协调可持续发展。

从 1983 年我国建立审计制度以来，我国经历了以严肃财经法规的探索阶段到以维护国际安全的新阶段，每一个阶段政府审计重点也随之变化。那么是哪些主要因素影响着政府审计范围内的倾向点发生变化，目前对此相关研究尚少，因此值得我们研究探索。

二　研究意义

审计是适应时代需要而产生的，是维护经济秩序、保障社会稳定、促进经济发展和民主进步的工具。按审计主体来看，社会审计是监督资本市场的工具，内部审计是完善内部控制的工具，政府审计是公共受托责任的衍生物，是推动民主和法制的工具，是在法律框架下对公共资源保值增值成果进行检查和评价的一项专业性活动。如今，我国政治体制改革和经济体制改革取得突破性进展，社会主义各项事业在正确的轨道上飞速前进，社会主义市场经济体制逐渐健全和完善。政府审计作为社会经济运行机制的重要组成部分，其对国家组织机构有效履行公共受托责任、对企业有效履行利益相关者的受托经济责任、对企业内层级之间有效履行受托责任的作用发挥，起着推动和制约的作用。从某种程度上说，审计是一种保障机制，保障各项受托人的资源（包括经济资源和权力资源）被受托人有效使用，不仅要保障各项受托资源保值还要增值，而且增值的前提是以社会整体利益为先，以符合科学发展观和构建和谐社会的要求。政府审计在不同时期审计重点不同，关键在于影响审计倾向性不同的因素有哪些。因此，在这种背景下，研究政府审计范围的影响因素，探索未来阶段政府审计范围内重点，不仅具有一定的理论意义，而且具有一定的实践指导意义。

从认识的作用来看，对事物本质和规律的正确认识能更好地指导实践。我国著名审计学家杨时展教授对审计间产生和发展有过精辟的论述，"审计因受托责任的发生而发生，又因受任责任的发展而发展"。那么，审计因受托责任的发展而发展，政府审计范围内倾向性的变化同理是随受托责任的发展而发展。通过对政府审计范围影响因素的研究分析，不断丰富政府审计的理论知识，为政府审计的进一步研究奠定基础。

1983 年我国建立审计制度来，审计已成为一个独立的机构，并在法律上赋予其权威性，确认其在我国社会中的监督地位，专家学者分别从多方面多角度进行研究。在我国改革开放，中国经济与国际接轨之时，各种经济体制正处转变时期，而我国政府审计、注册会计师审计和内部审计受到很大影响。在实际操作中，碰到了经济转轨所带来的问题，造成了实务走在审计理论的前列，导致新型的审计实务缺乏一定的理论支撑，致使人们对这些新型审计实务缺乏深刻认识。2008 年的金融危机触发了政府是否应扩大审计范围，是否应对资本市场进行审计，政府审计作为监督的手段在哪种程度、在哪个范畴内对资本市场干涉之类的问题。当危机已经造成，损失已经发生时，我们才考虑政府审计范围的适当性，已经无法挽回损失。因此，本篇研究政府审计范围的影响因素和探索未来阶段政府审计范围内重点，对未来开展审计工作具有一定指导意义。

第二节　研究内容与创新点

一　研究内容

由于政府审计对政府审计的范围有具体的规定，所以学者对政府审计范围的研究相对较小。但笔者认为，不同时期、不同环境和条件下，市场经济环境发生了变化，政府审计的范围应该有所调整。所以本篇是基于对政府审计范围的影响因素的分析，通过因素分析，探讨在当前形势下我国的政府审计重点。在相关理论的基础上，本篇的研究内容如下：

（1）相关理论的浅析。分别从代理人理论、受托责任理论、信息不对称理论、公共利益理论、管制俘虏理论五个理论进行分析，这五个理论是本篇进行后续研究的理论基础。尤其是受托责任理论，政府审计的范围始终围绕政府的公共受托责任。当政府受托责任发生转变时，政府审计的监督范围同时也跟着变化。正如杨时展教授所说的审计因受托责任的发生而发生，又因受托责任的发展而发展。

（2）在相关理论的基础上，本篇将政府审计范围的变化分五个阶段，分别对五个阶段的政府审计范围和侧重点进行探析。通过对五个阶段的分析，参考相关文献，从整体上分析影响政府审计范围的因素，并提取出影响政府审计范围的比较重要的因素。

（3）设计一份有效问卷需要遵循一定的原则和程序，文中提到目的性、科学性、系统性、逻辑性、简单性和可接受性六个方面的原则及设计问卷的五个程序，根据这些原则和程序本文设计了研究影响政府审计范围的问卷。然后在政府审计机关及科研单位选取具有代表性的样本，对各影响因素进行打分。运用 SPSS 统计软件，对问卷收集结果进行分析。首先通过主成分因子分析，将多个因素归类；其次根据提取的主成分因子作为后续分析的基础；最后通过多元回归研究这几个影响因素对政府审计范围的影响程度。

（4）总结。根据实证分析的结果，通过观察回归分析对政府审计范围适当性影响较大的因素。根据这些因素的变化发展情况，其对政府审计范围适当性产生的影响，提出我国未来在政府审计范围方面的意见。

二　本篇创新点

本篇在以下几个方面进行了创新：

（1）从新中国成立至今，根据各阶段的特色将政府审计的范围变化划分为五个阶段。根据五个阶段的特点和相关文献，提取出影响政府审计范围的因素。

（2）对上述提取的因素进行主成分分析和回归分析，得出影响较大的因素。并根据这些影响较大的因素的变化情况，对未来政府的审计倾向重点提出建议。

第二章 国内外文献综述

第一节 政府审计相关概念

一 审计起源

（一）受托责任论是目前审计界最为广泛接受的理论

项俊波等人（1990）认为，审计的产生和发展是在财产所有权与管理权相分离以及多层次管理分权体制所形成的经济责任关系下，基于经济监督的需要而产生和发展起来的。杨时展（1990）认为，审计就是由于受托责任的发生而发生的，也是由于这种受托责任的发展而发展。现代政府审计的受托经济责任其实就是公共受托经济责任。秦荣生（1999）认为，政府部门和企事业单位，无论从事什么、出于什么目的，只要利用了公共产品、占用了国有财产，该单位就必须担起公共受托经济责任，就需接受政府审计机关的监督，接受审计机关对其受托经济责任的审计，以作为其完成受托经济责任的效益情况。

（二）环境决定论

章显中（1997）认为，审计的演进过程和它的每一项技术发展，几乎都是被动的，是在外部力量推动下前行的，存在于审计行为背后的，并对其产生重大影响的隐秘力量是政府行为、法律力量和社会期望。李齐辉等（2001）认为，审计制度是用来对各种审计关系进行规范和指导的，审计制度在不同的环境下呈现出不同的状态，即审计制度随着审计环境的变化而变化。审计制度也存在阶段性特征。概而言之，审计环境变化导致审计制度变迁。这一观点抓住制度变迁的表象和主要外在因素，即制度环境对制度变迁的重要影响。但是，环境决定论忽略了环境中最具能动作用的人的因素，没有分析行为人相互冲突与协调的过程对审计环境的影响，没有分析环境因何变化及其变化如何影响制度变迁，因而没有真正找到环境和制度变迁的内在作用机制。

二　政府审计

依据《中华人民共和国审计法实施条例》第二条定义：审计为"审计机关依法独立检查被审计单位的会计凭证、会计账簿、财务会计报告以及其他与财政收支、财务收支有关的资料和资产，监督财政收支、财务收支真实、合法和效益的行为"。这其实就是对政府审计的定义。

根据《中华人民共和国宪法》和《中华人民共和国审计法》（以下简称《审计法》）的规定，我国国务院和县级以上地方人民政府设置审计机关；对国务院各部门和地方各级人民政府及其各政府部门的财政收支，国有金融机构和企业事业组织的财务收支，以及其他依法接受审计的财政收支、财务收支，依法进行审计监督；审计机关依法对本级各部门（含直属单位）和下级政府预算的执行情况和决算，以及预算外资金的管理和使用情况进行审计监督；审计署对中央银行的财务收支进行审计监督。审计机关对国有金融机构的资产、负债、损益，对国家的事业组织的财务收支，对国有企业的资产、负债、损益，对与国计民生有重大关系的国有企业、接受财政补贴较多或亏损数额较大的国有企业，以及国务院和本级地方人民政府指定的其他国有企业，进行审计监督；对国家建设项目预算的执行情况和决算，对政府部门管理和社会团体受政府委托管理的社会保障基金、社会捐赠资金以及其他有关资金、资金的财务收支，对国际组织和外国政府援助、贷款项目的财务收支，进行审计监督；审计机关有权对与国家财政收支有关的特定事项，向有关地方、部门、单位进行专项审计调查。与此同时，各部门、国有的金融机构和企业事业组织的内部审计，应当接受审计机关的业务指导和监督，政府审计有权对依法从事独立审计的社会审计机构进行指导、监督。

政府审计按照审计主体与被审计单位的关系，可将审计划分为内部审计与外部审计；按照审计内容与目标，可将审计划分为财政财务审计、财经法纪审计和经济效益审计；按照审计范围，可将政府审计划分为全部审计和局部审计；按照审计执行地点，可将政府审计划分为就地审计和报送审计；按照审计组织方式，可将审计划分为授权审计、委托审计和联合审计；按照被审计经济业务发生的时间，可将政府审计划分为事前审计、事中审计和事后审计；按照审计的通知时间，可将政府审计划分为预告审计和突击审计，等等。

三 政府审计范围

按照受托责任理论，政府接受委托人的委托对其财产予以保管和增值。我国政府受托人民，对国有财产进行管理。综观我国政府审计范围，我国政府审计范围其实与我国的政体是极其相关的。当然在我国经济发展中，还有很多其他因素在影响政府审计的范围。为了更有利于我国市场经济的发展，各专家对政府审计范围进行了讨论，各专家观点各不一样。

秦荣生（2004）认为，政府审计应缩小政府审计范围，将重点放在中央和地方政府财政预决算、信贷资金投放、国家掌管的企业集团、重大投资项目、公用建设项目和财政拨款的政府部门、事业单位上。景东华（2003）通过对比中国国有资产与市场经济发达国家国有资产的区别，分析中国目前及未来一段时期国有经济布局及结构的形势，提出要加强对国有资产综合管理部门的审计；开展企业国有资产的宏观审计；拓展国有资产审计范围。刘力云（2005）通过对目前国有企业审计现状的分析，也提出强化审计机关的国有企业审计职责。葛笑天（2005）从实践的角度进行了探讨，提出了战略转型期的政府审计应该强化对政府公共财政的审计监督，加快向绩效审计为中心的转变，加强以领导干部经济责任审计为重点的对权力的制约和监督，实行审计结果公告制度的"3＋1"审计模式等。

随着经济、社会的发展，不同时期，政府审计机关对审计范围进行了调整。与1994年《审计法》相比，2006年《审计法》将使用财政资金的事业组织、国有资本占控股地位或主导地位的金融机构等纳入了审计范围，同时要求对社会审计所出具的报告进行核查。

围绕政府工作中心开展审计工作始终是审计署的方针，不同时期的工作重点随政府中心工作的变化而转移，《审计署2006—2010年审计工作发展规划》在《审计署2003—2007年审计工作发展规划》的基础上，提出要认真落实修订后的审计法，全面加强审计监督，包括治理商业贿赂，惩治腐败，促进廉政建设；全面推进效益审计，促进转变经济增长方式，提高财政资金使用效益和资源利用效率、效果，建设资源节约型和环境友好型社会；充分发挥审计监督在宏观管理中的作用，注重从政策措施以及体制、机制、制度层面发现问题并提出审计意见和建议，促进深化改革，加强宏观管理等。《审计署 2008—2012 年审计工作发展规划》中，明确要以推进民主法治、维护国家安全、保障国家利益为主，推进绩效审计，积极探索对特大型投资项目、重大突发性公共事项等的全过程跟踪审计，明确划分了财政、金融、企业、经济责任、资源环境、涉外六种类型的审计，深化了每类审计的目标、内容和要求。要求把推进法治、维护民生、推动改革、促进发展作为审计工作的处罚点和落脚点，充分发挥审计保障国家经济社会运行的"免疫系统"功能，全面提高依法审计能力和审计工作水平，推进民主法治，维护国家安全，保障国家利益，促进国家经济社会全面协调可持续发展。

第二节　受托经济责任概念

一　国内相关研究

杨时展教授是我国最早提出受托责任理论的专家。他认为所谓受托经济责任，是指一方接受另一方的资源，为另一方经办某项规定的工作，经办的一方对出资方负有善意管理应负担的会计责任，负有这种责任的人叫受托人。

·莫晓丹（2006）认为，经济受托责任是在财产管理制度的发展中，当财产所有权和管理权分离时，所有权人将财产管理权交由受托管理人打理，从而形成两者之间的委托和受托关系。在这种委托和受托关系中，财产的所有者有权审查其财产被使用和利用情况，并通过审查起到监督的作用。也有解除受托者经济责任的义务；财产管理者既有要求对其收支行为和结果进行审计，以解除其责任的权利，又有忠实的管理受托责任并报告管理结果的义务。

张晓磊（2007）认为，从委托—代理关系分析，站在代理人的角度，认为代理人承担委托人谋取利益最优化的责任即为受托经济责任。

刘俊梁（2003）认为，受托责任关系是指财产拥有人与财产经手人之间形成的财产委托和受托经管关系，以及财产接收入与财产使用的实际使用人、分配人之间形成的财产受托与财产使用执行关系。

蔡春（2000）认为，会计、审计理论上所谓的受托责任关系，即委托人与受托人之间的权利和义务关系。在此关系中，委托人将其财产（资源）托付给受托人并赋予其相应的行为指令（指示）、报酬和权力，受托人接受委托并对其承担特定的经济责任。

董延安（2007）认为，公共受托责任是指政府和国有企业接受委托对公共产品进行分配和使用的一种责任，也可以说是政府从公众获取公众资源，并将该部分资源进行再分配的一种义务。在理解公共受托责任时应该注意以下问题：

首先，公共受托责任是广泛存在的，在政治、经济、文化和社会各方面都存在受托责任，也就是受托责任是普遍存在于政府的整个公共管理中的。

其次，在中国的公共委托人和受托人之间，公共财产委托人是全体人民，而受托人是政府。全体人民将公共资源委托给政府，政府对受托的公共资源进行保管，使其增值，实现公共资源的效益最大化。

叶建新（2007）认为，所谓受托责任是由于委托关系的建立而发生的双方当事人权利义务关系。受托责任关系是审计产生的客观基础和根本原因。受托人应以最大的善意、最经济有效的办法、最严格地按照委托人的意志完成所托付的义务。

秦荣生（1994）认为，受托经济责任可分为三种：第一种是程序性受托经济责任，也可称为财务审计，其主要审计项目的合法性、合规性和真实性；第二种是结果性审计，政府审计中主要表现为经济效益审计，其主要审计项目的合理性和效益；第三种是社会性受托责任，主要表现为社会审计，其主要评价项目的社会性和环保性。

王光远（1996）认为，受托责任可分为两类：一类是财务责任，在审计中表现为财务审计，主要评价项目的合法性和安全性；另一类是管理责任，在审计中主要是绩效审计，其主要审计项目的经济性、效率性、效果性、公平性和环保性。

二 国外相关研究

最高审计机关亚洲组织（ASOSAI）认为，公共受托经济责任是指受托管理公共资源的个人或当局报告资源管理情况和说明履行所承担的财务、经营和计划责任的义务。

美国审计总署（GAO）认为，公共受托经济责任（Governmental accountability）是指政府作为公共资源的受托者，有责任向公众说明自己对受托的公共资源的使用情况和利用效率。

加拿大审计长公署（OAG）认为，经济责任（accountability）是指被授予责任的一方，对授予方要求的问题做出回答和回应。它假设至少存在两方：一方授予职责，另一方接受这一职责，并承担责任，接受授予方的监督，对其履行职责的情况做出答复。

最高审计机关国际组织（INTOSAI）认为，经济责任（accountability）是指授予责任的个体有义务说明其已经对委托资金进行了管理和控制，以表明自己已经履行了责任。

辛克尔（Sinclair，1995）认为，受托责任是一种主观构成，随着环境的变化而变化，她甚至用"变色龙"来形容受托责任内容和表述方式的多样性。

格雷和詹金斯（1993）认为，受托责任规范是一系列的符号、方法或惯例，将委托方和受托方关系的建立、执行和裁定结合在一起。受托责任其实就是对职责履行情况进行说明的责任，对这种责任的考核的成绩就是对受托责任履行情况的检验。这样的关系的重点是委托方和受托方，委托方作为资源的授予方，需要接受受托方提供的能够证明其已经履责的证明；受托方作为责任的履行方，需要提供其对受托资源的履行情况的说明和证明。

佩顿和利特尔教授在《公司会计准则导论》中将受托责任分作财产受托责任（account ability in property）和管理受托责任（accountability in management）：财产受托责任是指公司董事会、管理层及全体员工作为股东的托付方对全体股东承担受托责任；管理受托责任是指管理层作为实际执行者对经手人董事会所承担的责任。

库珀和伊民雄治教授合著的《科氏会计师辞典》将受托责任分成三类：货币受托责任（dollar accountability），货币等流动资产在流动过程中发生一些活动，从而产生的责任；业务受托责任（operational accountability），指管理层提高资源资产使用效率和效益的责任；财产受托责任，指管理和报告资产的存在、存放地点、用途及相关的责任。

彼得·伯德教授在其名著《受托责任：编制财务报告的准则》中，将受托责任按资产委托的主体不同分作公共受托责任（public accountability）和非公共受托责任（private accountability）。公共受托责任包括两步，第一步是公众将资源委托给政府，由政府对该部分资源进行管理，下一步就是将这些资源配置到社会，主要通过地方政府或各种机构（国有企业、医院、大学等）的官员来支配具体的用处；非公共受托责任，一部分是财产受托责任关系，其主要原因为其直接产生与资产的委托。另一部分是管理受托责任关系，其主要原因是分权经营和管理分工。

第三章　相关理论及实践演化过程

第一节　相关理论

一　信息不对称理论

信息不对称是指信息的相对人获取的信息不相同，从而产生不同的决策。从审计相对人角度出发，信息不对称理论是指：一是指审计委托人与审计客体之间的信息不对称，两者之间存在隐藏信息的道德风险模型、隐藏行动的道德风险模型和逆向选择模型；二是审计委托人和审计主体之间的信息不对称，两者之间存在隐藏行动的道德风险模型、隐藏信息的道德风险模型、逆向选择模型和信息传递模型、信息甄别模型；三是审计主体与审计客体之间的信息不对称。基于审计关系人之间存在的信息不对称，审计监督就产生了。在政府审计中，社会公众委托审计机构监督受托人对公共资源的使用分配情况，审计机构将审计结果以审计公告的形式传达给社会公众，从而使社会公众和受托人之间的信息对称；在内部审计中，通过对内部组织的审计实现监督，解决内部管理人员之间和员工之间的信息不对称；同样，在独立审计中，独立审计机构对企业的审计，解决委托人和受托人（企业）之间的信息不对称。

该理论在后文的运用主要是：政府作为能够获取较多信息的主体，应当更具主动性。对于政府是否加强对资本市场的监督，主要在于政府根据宏观情况，而不是完全依据市场的需求。作为集执行决策和监督于体的政府机构，更应该根据政府的决策，考虑政府对哪些区域应该加强监督，考虑采用政府审计还是其他手段加强该领域监督。

二　代理人理论

代理人理论是指当委托人和代理人都站在自己的利益角度时所产生的相对的利益冲突，为了解决这种冲突，同时降低成本，提出合理建议的一种理论。代理人理论是建立在"经济人假设"的基础上，它假定人都是理性人并总是作出利己的行为，而当存在委托—代理关系时，委托人和受托人同时都作出对自身利益有利的行为，而委托人为了保证自己的利益，必须对受托人加以监督，以保证自身的利益，由此产生对审计的需要。从政府审计的角度来说，公众为了保证公众资源能够合理的分配、保证公众利益，必须委托政府对这些资源的利用效率进行监督，这之间就产生了公众委托和政府受托的关系。

可见，审计的监督作用是一种所有权的监督，是资源所有人对受托的代理人的经济监督。而审计监督的力度主要考虑到监督成本以及能否更有利于降低代理成本。审计的产生不是外部强制的结果，而是在社会各种因素的综合下所促成的。审计的本质在于使委托人和受托人之间的利益达到最大化。所以说审计应该是委托人和代理人的共同需求。

三　受托责任理论

受托责任理论是在委托受托基础上，站在受托人的角度发展起来的理论。我们又将受托责任理论称为受托经济责任，在实践中用受托经济责任来解释。受托经济责任理论的定义从广义上来说，它是受托人与相关的利益群体之间的责任关系。这个利益群体范围很广，包括了所有与受托人所代表的组织有经济社会利益关系的所有人。就政府审计来说，受托人是政府，而这个利益群体是人民大众，人民大众委托政府对公众资源的使用情况进行监督，两者之间的受托委托关系就是广义的受托关系。而狭义的受托经济责任是指受托人只对直接利益所有者报告资源的使用情况，也就是受托人只对单一的对象主体负责，相对广义的委托群体报告对象要小。狭义的受托责任更适于经营权和所有权分离的公司制企业，而广义的受托经济责任更适合于社会中的大众委托政府受托这样的情况。

依照受托经济责任理论，只要存在受托责任，就需进行审计。委托人通过审计保证交托的财产保值增值，而受托人通过审计向受托人表示自己对所交托的财产的经营效益，而独立第三方的审计报告更有可信度，委托方和受托方都可信任。在审计关系理论中，受托责任为审计的产生和发展提供了可能性，是审计产生和发展的必要条件。但是随着社会经济的发展，受托责任发生着变化，审计的对象和范围也在变化。尤其相对广义的受托经济责任而言，它是一个社会概念，交托的是公共资源，而公共资源的分配是根据社会发展的需要安排的，而每一步发展必然伴随着新的问题的出现。当新的问题出现时，对政府的执行能力是一种挑战，此时政府须采取何种措施，往往在这时会对旧有的模式提出一个突破。

四　公共利益理论

在古希腊，亚里士多德就开始谈论公共利益问题。他认为，"正宗的政体行为取向自然是公共利益，只有变态政体的行为取向才是统治者个人利益和部分人的利益"。后人对亚里士多德的这一个观点进行了讨论和延伸。学术界对公共利益的内涵并没有达成一致，但大多数认为公共利益与政府的行为是相关的，政府正是为了公共利益而采取行政管理。

西方的现代公共利益理论是以市场失灵为基础，认为政府只有在市场失灵、无法自我调节时，政府才干涉，提高资源配置效率，实现社会资源的最大效用。波斯纳指出，公共利益理论其实是建立在一个假设基础上的，这个假设就是当市场脆弱时，市场就会出现不公平和低效率的现象，市场就会出现无序，而只有政府干涉才能对市场的公正和效率起到调节作用，而政府的这种干涉是无需付出很大代价的，并且这种干涉是有效的，是能够使市场恢复秩序的。米尼克认为，政府规制是针对私人行为的公共行政政策，是从公共利益出发而制定的规则。欧文和布劳第根将政府规制看做政府为了公共整体需求而主动干涉减弱市场风险的方式。

政府在政治、经济和社会领域采取的一切管制措施都是为了维护公共利益。那么，如何更清晰地判定政府的选择呢？意大利经济学家帕累托提出的"帕累托最优"解释了政府的选择行为，他在序数效用论的基础上考察集合体效用（社会福利）最大（帕累托最适度）问题，并提出了资源分配的效率问题，即经济资源的有效使用问题。如果我们用帕累托的理论来解释政府的管制问题，政府是否应该管制以及对管制的程度，结果是政府应当至少使一部分人在这种制度安排下获得利益，而有些人没有获益，但是至少没有人的利益受到损害。

公共利益理论的观点意味着，政府作出任何一种选择，都要进行理性的考虑，以达到公共利益最大化。政府针对私人、企业、社会的行为管制是为了弥补市场失灵、社会自主治理不成熟以及个体的有限理性。因此，对于政府来讲，公共利益的"旗号"如何摇摆就决定了是否对某一领域进行管制。所以，对政府审计的范围来说，政府在当时扮演一种怎么样的角色，政府在执行一种怎么样的决策，这点决定了政府对哪一领域进行管制。

第二节　政府审计实践演化过程

一　以财政监察为主阶段（1949—1983 年）

在中国共产党的领导下，中国人民推翻了帝国主义、封建主义和官僚资本主义三座大山，取得了新民主主义革命的胜利，于 1949 年 10 月 1 日建立中华人民共和国。全国解放后，我国人民进行社会主义革命和社会主义建设，取得了伟大的成就。审计工作在此期间也从未断过，但在 1983 年前没有设立独立的审计机构，也没有颁布正式的制度、章程、条例等。1949—1983 年，一直以财政监察的形式对公共资源的使用进行监督。

当时的财政监察主要是关于执行财政政策、法令、制度的检查事项。审计对象主要是政府机关、公营企业、公私合营企业、国家援助基金设立的合作组织与接受政府补助经费的人民团体。审计内容主要是对以上机构的预决算、资金使用情况的检查、完成财政任务情况、纳税情况及是否存在违法行为，还对人民银行、金库、其他国营金融机构、公私合营金融机构、国家保险公司、海关、税务、粮仓、盐业和专卖机构等执行财政任务的检查事项。

当时的财政监察机关可调阅被检查部门的财务计划、账务表册、原始单据、检查库存现金、有价证券、各项实物文书案卷和一切有关凭证。在检查过程中，如有疑问，可向被检查部门提出书面说明，并进行调查。如果发现被检查部门对法令计划执行不当，可提请财政主管部门，就其预算资金，予以缓发、减发、停发和追回；如果发现违法行为，则可要求主管机关视情节严重程度进行处理。就财政监察而言，也要进行编制计划，遵守一定的程序，写出检查报告及案件的处理意见。被检查单位也可以就被出具的报告向上级监察机关申请复核。

新中国成立的 30 多年间，虽然不同阶段有所差别，但是主要以财政监察的形式代替审计。形成这样的特殊方式，主要原因一是我国是社会主义国家，我国所有资源属国有，也即属于全体人民，只要使用国有资源，就需对该资源的使用情况进行监督；当时的企业都是国有企业，都是按照国家的计划进行生产，所以当时对国有企业的审计也是财政监督机关的一大主体。所以，当时我国的检查范围是相当广泛的，但是由于制度不完善、检查的技术水平、人力也有限，那时候的检查是比较粗糙的。二是由于中华人民共和国成立初期，国家实行高度集中的计划经济体制，即财政实行统收统支，生产资料实行统分统配，生产产品实行统购包销。由于在当时的情况，我国基本的生产都是属于国有，企业政企合一、所有权和经营权同属国家，而事业单位只是行政机关的附属物。各部门主要是各自根据自身的情况进行监督。

二　严肃财经纪律阶段（1983—1993 年）

1978 年党的十一届三中全会后，党和国家的工作重点转移到了经济建设上来。改革开放、发展经济，加大了各单位的自主权，各单位部门可以自主调配资源，调动了生产积极性，但是同时也出现了只顾自身利益损害国家利益的现象。为了保证国家财政资源用到恰当的地方，为了处理好全局与局部的关系，亟须建立专门、独立的财经监督机构，对这些有损公共资源的分子进行审计监督。随着改革开放，不健康思想、不法分子利用法律法规的空子，为小团体和个人牟私，严重影响干扰了改革的顺利进行。国家需要运用审计监督手段严肃财经法规，维护社会主义经济秩序。

1982 年 4 月，全国人大常委会通过的新的宪法修改草案中，提出国务院设立审计机关。12 月 4 日，第五届全国人民代表大会第五次全体会议正式通过了《中华人民共和国宪法》，规定全国人民代表大会根据国务院的提名，决定审计长；中华人民共和国根据全国人民代表大会的决定和全国人民代表大会常务委员会的决定任免审计长。1983 年 9 月 15 日，审计署正式成立。审计署下设办公厅和财政金融、工业交通、商粮外贸、农林水利、基本建设、行政国防文教审计局和人事教育局。1988 年又将审计署分设 15 个职能司（厅）。1983—1993 年颁布了很多法规条文对审计制度进行完善，以降低我国经济转轨时期的经济风险。

该时期的审计对象主要是本级人民政府各部门和下级人民政府、国家金融机构、全民所有制企业事业单位和基本建设单位、国家给予财政拨款或者补贴的其他单位、国家资产的中外合资经营企业、中外合作经营企业、国内联营企业和其他企业。审计机关主要针对以上单位的下列内容进行监督：（1）财政预算的执行和财政决算；（2）信贷计划的执行及其结果；（3）财务计划的执行和决算；（4）基本建设和更新改造项目的财务收支；（5）国家资产的管理情况；（6）预算外资金的收支；（7）借用国外资金、接受国际援助项目的财务收支；（8）与财政、财务收支有关的各项经济活动及其效益；（9）严重侵占国家资产、严重损失浪费等损害国家经济利益行为；（10）全民所有制企业承包经营责任的有关审计事项等。

审计机关在审计过程中可以要求被审计单位报送财政预算、财务计划、决算、会计报表以及有关资料，检查被审计单位的有关账目、资产，查阅有关文件资料，对有关单位和人员进行调查，对有损国家利益、违反财经法规的行为，提请有关部门作出制止。

在这段时期，随着我国经济体制改革的深化、改革开放步伐的加快，钻法律制度空子的现象比较严重，经济领域出现严重违反财经法规的现象比较严重。所以该时期主要以"严肃财经纪律"为主，维护经济秩序。这个时期的审计工作主要对财政收支的真实性、合法性，尤其是合法性实行监督，重点是建立和维护一个良好的经济秩序。

三　促进宏观调控阶段（1994—2000 年）

党的十四大提出，我国经济体制改革的目标是建立社会主义市场经济体制，对审计工作提出了新的要求。为适应社会主义市场经济体制的需要，要进一步加强审计监督。审计工作要把重点放在对经济执法部门、国有资产以及科技、教育事业费使用的审计监督上，逐步减少直接对企业的审计，在高层次的宏观管理监督上发挥作用。通过强化审计监督，维护国家财经法纪和经济秩序，促进改革开放健康发展；促进合理使用资金，讲求效益，保障国有资产保值增值；监督宏观调控措施的执行，并反映执行中的问题，促进其改进和完善；监督政府部门贯彻精简原则，勤俭办事，加强廉政建设。将审计工作重点转移到为宏观管理服务上来，标志着我国的审计事业进入了一个新的发展阶段。

这段时期，政府审计机关主要审计重点企业和财政补贴较多的企业，其他一般企业、事业单位逐步改为由注册会计师审计或审计机关抽查的方式。审计对象主要有各级政府和财政部门、国家和地方金融保险机构、掌握资金较多的政府部门、建设项目、重点企业。该时期还增加了对外国企业的审计。主要是对各级政府和财政部门管理的国家资金和借用的外资，金融保险机构管理的信贷资金和保险资金，重点投资项目、农业、科教、社会保障等专项资金、对财政经济全局影响较大和国家财政给予补贴较多的重点企业资产负债及损益。审计内容主要是资产负债、损益是否真实，并逐步延伸检查有关的内部管理制度和经济活动。

该时期基本建立了适合我国国情的审计管理体制，全面覆盖国家经济建设各个领域的审计监督网络基本形成；相应的审计法律规范体系初步建立并日益完善；审计手段现代化、信息化建设日益发展，审计工作质量、效率和管理水平大大提高；审计理论也随之发展，同时又推动了审计实践的发展。

四　加强对权力的监管、促进依法行政阶段（2000—2008 年）

在我国政治和经济体制改革、公共财政制度逐步建立过程中，体制和制度方面的漏洞依然存在。因此，政府行政领域出现了一些违法行政的现象，经济腐败问题开始成为关系党和国家生死存亡的重要政治问题。

1999 年九届人大二次会议通过的宪法修正案把依法治国作为国家根本大法。依法治国的核心和关键是依法行政，主要内容是要求政府及其部门要依据法律规定正确行使政府职权、管理和保护好国家财产。审计机关通过公开、公正、高效的审计行为，出具详细的审计报告，一方面为政府的下一步行政决策提供参考；另一方面也促使政府行使职能更公正、透明，使权为民所用，利为民所谋。

2002 年，党的十六大报告在关于政治体制改革的论述中明确提出："加强对权力的制约和监督，建立结构合理、配置科学、程序严密、制约有效的权力运行机制，从决策和执行等环节加强对权力的监督。……发挥司法机关和行政监察、审计机关等职能部门的作用。"同时，随着我国改革开放的进一步深入，社会民主和法制建设也取得了长足的进展。治国方略和治国理念从"人治"逐步走向"法治"，发生了质的飞跃。

根据 2006 年修正的审计法，审计机关需要对本级各部门和下级政府预算的执行情况和决算及其他财政收支情况进行审计监督；对中央银行及国有金融机构的资产、负债、损益进行审计；对国家事业组织和使用财政资金的其他事业组织的财务收支进行审计；还对国有企业及国有控股企业、政府投资项目、社会捐款、基金等进行审计；对国际组织和外国政府援助、贷款项目的财务收支以及单位负责人在任职期间的经济责任进行审计。县及县以下领导干部和企业领导人员经济责任审计已经普遍开展，地厅级经济责任审计逐步推开，省部级经济责任审计积极试点并不断扩大。在新的历史时期，政府审计将在加强干部监督管理、预防和惩治腐败、推进依法治国、建设社会主义和谐社会等方面发挥重要的作用。

在该时期，政府审计主要是针对政府内部的权利所带来的违法事件或违规人员，该时期相对前三个时期侧重点有所转移。前三个时期主要还是针对资源的分配如何进行审计，而这个时期将资源的分配效率落实到单位落实到人，更容易考核事业单位的效率。而从审计的角度来说，该时期的审计风暴无疑是对政府部门的内部道德风气的审计。

五　以维护国家安全为目标的新阶段（2008—2010 年）

2008 年金融危机给中国资本市场带来的冲击是比较大的，而这次危机也进一步促进了我国审计的发展。金融危机发生的根本原因是政府管制滞后于金融创新的发展，资本市场政府管制缺位，缺乏透明度，导致金融衍生品投机过度形成泡沫。防止金融衍生品被过度开发，需充分发挥政府审计"免疫系统"功能，增强资本市场防范外来风险的能力。

2009 年，审计署和地方审计机关按照中央、国务院的要求，围绕经济社会发展这个中心，以国际金融危机、经济平稳发展为主线，开展了卓有成效的工作。审计署统一组织了金融危机对地方财政收入状况的影响、中央企业从事金融衍生品业务情况、中小企业扶持政策落实情况等审计调查；又对 17 个省（区、市）贯彻落实中央扩大内需政策措施的情况及效果进行了审计调查，重点抽查投资项目的建设管理和资金使用情况。通过审计，核减投资或结算额 300 多亿元，挽回或避免损失 100 多亿元，提出5600 多条审计建议，促进有关部门和地方健全完善制度近 700 项。审计署提出的落实地方财政资金、关注国有资产的安全和境外投资风险、完善中小企业扶持政策、加快主体功能区建设、加大产业结构调整力度等，受到相关部门的重视，被采纳后取得了较好的效果。

该时期沿用被审计单位的财政收支、财务收支及有关经济活动的真实性、合法性、效益性，增加了维护国家经济安全，也就是增加对影响国家经济安全领域的审计，尤其是资本市场。资本市场在我国经济中地位越来越重要，如果在不成熟的资本市场发生风险，将对我国经济造成很大的冲击。1988 年以来，审计署对证券业的审计工作几乎是空白，对证券监管机构的审计更无人问津。针对资本市场快速发展中出现的问题，政府审计介入来减小资本市场发展中出现的风险，成为我们讨论的话题。

　　从表 3 - 1 中可以发现，从新中国成立初期至今，从财政监督为主到维护国家安全为主，政府审计历经了五个阶段，每个阶段都有其特色和重点。

表 3 - 1　　　　　　各阶段审计环境、审计对象、审计内容对比表

时间	各阶段国际、国内环境	审计对象	审计内容
1949—1983 年：以财政监察为主	新中国成立初期，中国与外国几乎处于无接触的状态，对国外的审计状况一无所知；企业以国有企业为主，政府审计以国有单位为审计对象；国内没有设立独立的审计机构，没有正式的制度、章程、条例	政府机关、公营企业、公私合营企业、国家援助基金设立的合作组织、接受政府补助经费的人民团体	审计对象的预决算、资金使用情况的检查、完成财政任务情况、纳税情况及是否存在违法行为，对人民银行、金库、其他国营金融机构、公私合营金融机构、国家保险公司、海关、税务、粮食、盐业和专卖机构等执行财政任务的检查事项
1983—1993 年：严肃财经纪律	改革开放后，党和国家的工作重点转移到经济建设，逐步从计划经济向市场经济转变；国内审计领域逐渐接触到国外的先进审计技术，审计法规逐渐建立和完善；部分国有企业逐步过渡到国有参股、民间参股的状态；改革开放、发展经济，各单位可以自主调配资源，同时出现损害国家利益的现象	本级人民政府各部门和下级人民政府、国家金融机构、全民所有制企业事业单位和基本建设单位、国家给予财政拨款或补贴的其他单位、国家资产的中外合资经营企业、中外合作经营企业、国内联营企业和其他企业	财政预算的执行和财政决算；信贷计划的执行及结果；财政计划的执行和决算；基本建设和更新改造项目的财政收支；国家资产的管理情况；预算外资金的收支；借用国外资金、接受国际援助项目的财务收支；与财政、财务收支有关的各项经济活动及其效益；严重侵占国家资产、严重损失浪费等损害国家经济利益行为；全民所有制企业承包经营责任的有关审计事项

续表

时间	各阶段国际、国内环境	审计对象	审计内容
1994—2000年：促进宏观调控	经济体制改革的目标是建立社会主义市场经济体制；金融体制逐渐建立和完善；审计工作重点放在经济执法部门、国有资产以及科技、教育事业费使用的审计监督上，逐步减少直接对企业审计，在高层次的宏观管理监督上发挥作用	各级政府和财政部门、国家和地方金融保险机构、掌握资金较多的政府部门、建设项目、重点企业，增加了对外国企业的审计	对各级政府和财政部门管理的国家资金和借用的外资，金融保险机构管理的信贷资金和保险资金，重点投资项目、农业、科教、社会保障等专项资金、对财政经济全局影响较大和国家财政给予补贴较多的重点资产负债及损益
2000—2008年：加强对权力的监管、促进依法行政	政治、经济体制改革、公共财政制度逐步建立；金融体系在国家经济发展中起到越来越重要的作用；网络的发展，使被审计单位内部对信息化的运用越来越普遍；在国有企业逐步过渡到民营企业的过程中，被审计单位的内部管理制度也从国有企业的管理体系过渡到民营企业的管理制度；腐败成为关系党和国家生存存亡的重要政治问题；依法治国提高到国家根本大法；治国方略和治国理念从"人治"到"法治"	本级各部门和下级政府、中央银行及国有金融机构、国家事业组织和使用财政资金的其他事业组织、国有企业及国有控股企业、政府投资项目、社会捐款、基金、国际组织和外国政府援助、贷款项目、单位负责人在任职期内的经济责任、县及县以下领导干部和企业领导人员经济责任	各级部门和下级政府预算执行情况和决算及其他财政收支情况；中央银行及国有金融机构的资产、负债、损益；事业组织的财务收支；县及县以下领导干部和企业领导人经济责任
2008—2010年：以维护国家安全为目标	2008年金融危机给中国资本市场带来较大的冲击，凸显了中国资本市场政府缺位、缺乏透明度，也显示了中国金融的脆弱性；2010年新的政府审计准则颁布，进一步完善了我国审计法规；对公共财政制度的探索，使公共财政越来越倾向于公共需求；政府职能从无限政府向有限、服务型政府转变	本级各部门和下级政府、中央银行及国有金融机构、国家事业组织和使用财政资金的其他事业组织、国有企业及国有控股企业、政府投资项目、社会捐款、基金、国际组织和外国政府援助、贷款项目、单位负责人在任职期间的经济责任、县及县以下领导干部和企业领导人员经济责任；有关国家经济安全的部门机构	各级部门和下级政府预算执行情况和决算及其他财政收支情况；中央银行及国有金融机构的资产、负债、损益；事业组织的财务收支；县及县以下领导干部和企业领导人员经济责任；地厅级经济责任审计；省级经济责任审计；影响国家经济安全的领域

以严肃财经纪律阶段为例，由于刚刚改革开放，很多新事物涌向国内，国外带来了新技术，但我国也出现了不健康思想、不法分子谋私利等严重影响社会主义经济秩序的现象；此时国务院下属成立了审计署，并于1983—1993年间陆续颁布了相关审计法规。就单从1983年前与1983—1993年两阶段的审计重点转变来看，主要是由于中国的国际环境由空白到接触这个变化、审计法规建立和完善、审计技术发展和改革开放等影响因素造成我国审计环境发生变化，所以政府审计的目的发生变化，从而审计范围的重点也发生变化。

从严肃财经纪律阶段到宏观调控阶段，主要是1994—2000年间，我国提出了建立市场经济体制的经济体制改革目标。经过多年的经济发展，按照市场经济的发展需要，政府需逐步淡出全面管制，所以引发了政府职能的转变。而政府审计作为对政府职能实现情况的监督者，政府审计的倾向重点从严肃财经纪律转到宏观调控。

在我国政治体制和经济体制改革中、公共财政制度建立过程中，制度和体制的漏洞依然存在；政府加强了法制建设，将依法治国定为治国根本，更将政府职能由"人治"逐步转变为"法治"；并于2006年颁布修正了审计法，使审计法规越来越完善。政府对法制建设的重视，主要在于在该阶段社会突出的一个问题，是我国的不完善制度给予权力拥有人滥用权力的机会，所以社会亟须加强权力的制约。所以，在2000—2008年间政府审计的重点主要是权力的监管。

2008年由美国延伸出来的金融危机席卷了全球，中国资本市场受到2008年金融危机的打击，使得中国政府意识到我国金融制度的不完善和国家经济安全的重要性。所以在此次金融危机后，中国政府立即采取了各种措施来保证国家的经济安全，包括完善金融体制、提高政府对资本市场的监督等。在这种经济状况下，政府审计范围内的重点也随之发生了变化，在该阶段，政府审计加重了对有关国家经济安全的部门审计监督。

从以上分析中我们发现，政府审计范围重点的变化是随着环境的变化而变化的，而影响环境变化的主要因素有9个，分别是国际环境的变化、政治体制、经济体制变化、政府职能变化、金融体制变化、公共财政制度、改革开放、审计法规完善和审计技术发展。

第四章　我国政府审计范围影响因素调查分析

第一节　问卷设计原则和程序

基于上述政府审计演化过程分析及相关文献，本章提取出影响政府审计范围的 11 个因素。通过发放问卷调查，找出对政府审计范围影响较大的因素及各因素的影响程度。

政府审计范围是一个定性的概念，对政府审计范围影响因素的分析同样是个定性的概念。由于政府审计目的的争议性，导致目前国内对政府审计范围的研究较少，至今还没有针对政府审计范围影响因素的实证分析。虽然，将定性内容转为定量分析的方法很多，但是，在本章中，应用调查问卷分析的方法实施定量分析。在实证分析前，遵循问卷设计的原则和原理，并考虑审计范围的特点和调查人群，设计审计范围影响因素的问卷。

一　问卷设计原则

所谓问卷，即调查表、询问表，它是调查人员依据调查目的和要求，以一定的理论假设为基础提出来的，由一系列"问题"和备选"答案"以及其他辅助内容所组成，以书面形式了解被调查者的反应和看法，以此获得资料和信息的载体。要实现调查目的，必须具有一份完美的问卷，既要站在调查者的角度，同时又要站在被调查者的角度，从这两方面着手，并且遵循一定的原则来实现。文本问卷主要由一张表格和两个选择问题组成：表格主要用于观察被调查者对政府审计范围的影响因素的认识；两个选择问题主要在于关注被调查者对现行政府审计范围适当性的看法。本问卷调查由于主要是针对政府审计范围的影响因素分析，考虑到专业性，本问卷所选取的被调查者主要是政府审计部门和高校从事审计相关研究的学者。

（一）目的性原则

问卷调查能够获得第一手资料，能够真实了解被调查者的实际情况，从而实现调查目的。在问卷调查前，首先要明确目的，以调查目的为依据设计调查内容。设计的问卷主题要始终围绕调查目的，在具体的问题设计上也要以调查目的为依据。并且问题的设计要循序渐进，逐步将调查主题分解到各问题上。问题的审计要清楚，不能模棱两可，引起歧义；另外要考虑被调查者的情况，根据调查者的实际情况，问卷调查设计要简单、清楚，不能太烦琐，不能太长篇大论。同时，问卷的设计要考虑到量化的问题，设计上要尽可能用量化的指标来实现统计分析。

（二）系统性原则

系统性是指在一个总的调查主题转化为调查问题时，问题的设计要始终围绕调查的目的，不能存在偏差。在这种将抽象概念转化为多个具体的问题时，系统性要求问卷要具体、全面。

（三）科学性原则

科学性是指在问卷的设计中，问题、格式要规范，能够使被调查者清楚、准确的理解和回答。问卷调查设计的每个问题应明确，应能反映出指标体系的特点。

（四）逻辑性原则

调查问卷所设计的问题与问题之间应有逻辑紧密性，缺少逻辑性会使问卷的主题不够突出，对问卷的分析造成一定的影响。

在一份问卷中如果出现两大块内容，那么应对问卷分块设置，从而保证每一分块内部的问题具有逻辑性。

（五）简单性原则

简单性原则是指问卷设计要尽量简单，容易为被调查者理解。在问卷中要多用简短明确的语句，少用长而复杂的语句。无关紧要的复杂的问题不列入问卷，避免出现重复的问题，尽量用最少的问题设计出完整的问卷。另外，问卷的设计要尽量少占用被调查者时间，整个问卷不宜过长、调查内容不宜过多，否则会导致被调查者的反感，从而拒绝作答，从而影响调查结果。同时，问题的设计要求中立性，避免出现诱导性的问题。

（六）可接受性原则

可接受性是指问卷设计要尽量为被调查者所接受。由于被调查者可以自由选择参与与不参与，所以在问卷调查中，要将调查的目的明确告知被调查者，让对方清楚明白调查的意义。在问卷说明中，要尽量使用亲切、温和的措辞，要有礼貌。同时要说明调查结果用于何处，并向被调查者保密，以消除被调查者的心理障碍。

二　问卷设计的程序

（一）明确调查目的

把握调查主题，明确需要获得的第一手资料。在本书的问卷中，通过增设两小题选择项了解被调查者对当前政府审计范围内的重点适当性，从而为本书的影响因素分析提供参考，也为结论的提出提供参考。

（二）进行探测性调查，开拓设计思路

调查者在明确了调查目的之后，为了将调查目的转化为被调查者最终要回答的问题，需要循循善诱，问题的设计上就要符合逻辑上的渐进性。所以本文问卷将影响因素设在第一部分，将两小选项设在第二部分，使被调查者在做问卷时有渐进性。

（三）拟定问卷文稿，做初步可行性分析

问卷的设计要符合逻辑性，另外为了不遗漏所要调查的内容，需要采用经验判断，也就是要向有关专家咨询，从而对设计的初始问卷稿进行修改和补充。本文的问卷在征得相关专家的意见后形成问卷稿。

（四）发放问卷调查

将形成的最终问卷在选取的代表性样本中发送问卷实施全面调查，以期得到全面真实的问卷调查结果。本问卷的调查对象主要是在政府部门从事审计工作和在高校从事审计方面研究的学者，这样的调查对象比较有代表性。

第二节　影响政府审计范围变化因素的问卷分析

前面阐述了问卷设计的一般原则和问卷设计程序，在此，政府审计范围影响因素的调查问卷设计遵循这些原理，从本书的研究目的和被调查者两个角度考虑，设计一份合理而有效的问卷。

首先要明确调查目的。本书的调查目的主要是影响政府审计范围内重点的主要影响因素是哪些，这些因素如何影响政府审计范围内的重点倾向变化。

本书所提取的 11 个因素主要从相关文献中提及的频数较高的因素中以及向相关专家询问所提取，包括国际环境变化、政治体制、被审计单位内部管理制度变化、政府职能转变、金融体制变化、公共财政制度、改革开放、审计法规完善、审计技术发展、网络建设、经济体制变化。

针对这 11 个因素，回复者有 5 种答复，"1"表示影响非常小，"2"表示有一点影响，"3"表示中立，"4"表示影响较大，"5"表示影响非常大。这 5 个数值赋予分值的含义，在后面的数据分析中，以分值的形式将定性问题转化为定量问题。在设计影响因素后，设计了两个选项，主要在于了解被调查者对当前政府审计范围的适当性的认识。

本书在前述分析中，根据历史的演化历程探析政府审计的范围变化。由于新中国成立以来政府总体审计范围变化稍小，只是在政府审计范围倾向性发生较大的变化，因此本书主要是就政府审计范围的重点发生变化的影响因素进行研究。本书调查问卷也主要是从影响政府审计范围倾向性发生变化的因素来设计。从新中国成立至今，我国政府审计经历财政监察阶段、维护财经纪律阶段、加强权力的监管、促进依法行政阶段、促进宏观调控阶段和维护国家安全阶段，主要是哪些因素影响着政府审计的重点发生变化，哪些因素的影响程度较大，为此设计此问卷调查。

最后是选取样本，进行调查。

一　样本选择

根据调查目的，选取的样本来自地方审计机关人员和一些高校从事审计研究的人员，这些代表性样本在政府审计研究领域取得了一定的研究成果，并且具有一定的实践经验，选取它们基本上代表了整个政府审计研究领域的见解。本次问卷调查共发出 80 份，收回 48 份，其中，地方审计机关收回 18 份，高校收回 30 份。

在该份问卷中，由于罗列了 11 个影响因素，笔者希望能够尽量将所有的因素罗列其中，如此可以全面些。但是，在数据分析时，我们总是希望能获得鉴别能力强的因素，这些因素又能概括说明我们罗列的全部因素。也就是希望有一种方法，既能够减少题目，又能够尽可能地保留原有题目所包含的信息。尤其在经济领域研究中存在较多，解决这类问题最有效的方法是主成分分析和因子分析。

主成分分析是将多个变量化为少数几个综合变量，而这几个综合变量可以反映原来多个变量的大部分信息的一种统计分析方法。因子分析是主成分分析的推广，其基本目的是用少数几个因子来描述多个变量之间的潜在关系。主成分分析和因子分析能使信息尽可能多的保留，变量得到简化，即简化了数据结构，因此在经济、社会等领域的研究中得到广泛的应用。

本问卷调查分析就是利用主成分分析，先将 11 个因素进行标准化处理。原因是原始数据中在数量级上可能相差很大，甚至是有不同的量纲，统一为标准分之后就消除了这些影响因素；根据标准化后的数据求出相关系数矩阵；求出相关系数矩阵的特征值；在选择主成分时，主要根据特征值和累计贡献率。一般选择特征值大于 1、累计贡献率达到一定要求的前几个作为主成分因子。对于社会科学、行为科学中的数据，一般累计贡献率达到 60% 就可以了。最后根据所得到的特征向量，写出主成分与原变量的线性关系式。由于每个主成分都是原始变量的线性组合，因此实际意义不明显，需要结合专业知识对各主成分取变量名，并对其所蕴涵的信息给予适当的解释。

二 数据分析

由于调查问卷中涉及 11 个影响因素，为了使问题更清楚，需进行主成分因子分析。将 11 个影响因素降维，希望得到几个公共因子，以便后面的回归分析和相关分析。

表 4 –1　　　　主成分因子分析 KMO 和巴特利特检验结果

取样足够度的 KMO 度量		0.818
巴特利特的球形度检验	近似卡方	273.310
	Df	55
	Sig.	0.000

　　KMO（Kaiser – Meyer – Olkin）检验是为了看数据是否适合进行因子分析，取值范围是0—1。其中，0.9—1表示极好，0.8—0.9表示可奖励的，0.7—0.8表示还好，0.6—0.7表示中等，0.5—0.6表示糟糕，0—0.5表示不可接受。表中得到的KMO是0.818，介于0.8—0.9之间，表示可奖励的，所以可以进行因子分析。巴特利特检验是为了看数据是否来自服从多元正态分布的总体。表4 – 1中显示巴特利特的值为273.310，P <0.0001，说明数据来自正态分布总体。所以根据主成分因子分析的KMO和巴特利特检验结果表明，所选取的数据总体是服从多元正态分布的，并且总体是可以进行因子分析的（见表4 – 2）。

表4 – 2　　　　　　　　　主成分因子分析公因子方差结果

	初始	提取
国际环境变化	1.000	0.754
政治体制	1.000	0.650
经济体制变化	1.000	0.640
政府职能转变	1.000	0.890
金融体制变化	1.000	0.696
公共财政制度	1.000	0.851
改革开放	1.000	0.668
审计法规完善	1.000	0.690
审计技术发展	1.000	0.757
网络建设	1.000	0.627
被审计单位内部管理制度变化	1.000	0.543

　　注：提取方法：主成分分析。

　　表4 – 2给出了变量共同度的结果。该表左侧表示每个变量可以被所有因素所能解释的方差，右侧表示变量的共同度。从该表可以得到，因子分析的变量共同度都非常高，表明变量中的大部分信息均能被因子所提取，说明因子分析的结果是有效的；从表中右侧可看出，国际环境对公共因子的依赖度为0.754，政治体制对公共因子的依赖度为0.650，经济体制对公共因子的依赖程度为0.640。经济体制与公共因子的紧密程度与政

治体制同公共因子的关系不相上下，主要是政治体制决定了经济体制，所以经济体制伴随政治体制同公共因子依赖程度几近相同。与公共因子依赖程度最高的是政府职能转变，高达 0.890。公共财政制度与公共因子紧密度也较高，为 0.851，主要是公共财政制度的变化，政府职能也随之变化，其两者是紧密相通的。金融体制、改革开放、审计法规、审计技术发展、网络建设和被审计单位的内部管理制度与公共因子的依赖程度分别为 0.696、0.668、0.690、0.757、0.627、0.543。提取的 3 个公共因子与政府职能转变的依赖程度最强，为 0.890，在其他变量中关系最弱的也有 0.543，因此，总体来说，公共因子与变量间的相关程度较强，即具有代表性。

表 4 - 3　　　　　　　　主成分因子分析解释的总方差分析结果

成分	初始特征值			提取平方和载入			旋转平方和载入		
	合计	方差的百分比分（％）	累积百分比分（％）	合计	方差的百分比分（％）	累积百分比分（％）	合计	方差的百分比分（％）	累积百分比分（％）
1	5.149	46.813	46.813	5.149	46.813	46.813	4.624	42.03	42.032
2	1.341	12.194	59.008	1.341	12.194	59.008	1.635	14.865	56.897
3	1.276	11.596	70.604	1.276	11.596	70.604	1.508	13.707	70.604
4	0.698	6.343	76.948						
5	0.589	5.353	82.301						
6	0.534	4.851	87.152						
7	0.498	4.523	91.676						
8	0.441	4.011	95.686						
9	0.242	2.201	97.887						
10	0.124	1.130	99.017						
11	0.108	0.983	100.000						

　　表 4 - 3 给出了因子贡献率的结果。从表中左侧部分为初始特征值，中间为提取主因子结果，右侧为旋转后的主因子结果。"合计"指因子的

特征值，"方差%"表示该因子的特征值占总特征值的百分比，"累积%"表示累积的百分比。从表中可以得到："初始特征值"一栏显示只有前三个特征值大于1，所以 SPSS 只选择了前三个主成分；旋转前第一个公共因子的方差贡献率为46.813%，第二个为12.194%，第三个为11.596%，3 个因子的方差贡献率达到70.604%。前三个特征值大于1，并且累计贡献率达到70.604%，超过60%，所以提取的三个主成分因子能较好反映的全部变量。说明运用因子分析法得到的3个因子在一定程度上反映了政府审计范围的影响因素，较全面和客观。

表 4 - 4 旋转成分矩阵分析结果

	成分		
	1	2	3
国际环境变化	− 0.054	0.109	0.864
政治体制	0.392	− 0.092	0.706
经济体制变化	0.833	0.060	0.327
政府职能转变	0.939	− 0.004	0.099
金融体制变化	0.755	0.303	0.188
公共财政制度	0.836	0.308	0.239
改革开放	0.716	0.083	0.002
审计法规完善	0.224	0.792	0.117
审计技术发展	0.082	0.862	− 0.068
网络建设	0.768	0.082	− 0.148
被审计单位内部管理制度变化	0.662	0.181	0.173

注：提取方法：主成分分析法。旋转法：具有 Kaiser 标准化的正交旋转法。

由表 4 - 4 可以看出，主成分 1 相关度最高的是"政府职能转变"、"公共财政制度"、"改革开放"、"网络建设"、"金融体制变化"、"经济体制变化"、"被审计单位内部管理制度变化"七个指标，主成分 1 说明政府相关政策措施的改变。主成分 2 相关度最高的是"审计技术发展"、"审计法规完善"两个指标，主成分 2 表示审计领域的完善和发展。主成分 3 相关度最高的是"国际环境变化"和"政治体制"两个指标，主成分 3 代表审计国内国际环境变化。

表 4 - 5　　　　　　　　　　　成分得分系数矩阵

	成分		
	1	2	3
国际环境变化	- 0. 158	0. 069	0. 652
政治体制	0. 019	- 0. 135	0. 472
经济体制变化	0. 147	- 0. 071	0. 135
政府职能转变	0. 248	- 0. 143	- 0. 064
金融体制变化	0. 138	0. 099	0. 024
公共财政制度	0. 153	0. 090	0. 050
改革开放	0. 215	- 0. 062	- 0. 120
审计法规完善	- 0. 072	0. 524	0. 041
审计技术发展	- 0. 094	0. 598	- 0. 078
网络建设	0. 224	- 0. 053	- 0. 225
被审计单位内部管理制度变化	0. 132	0. 027	0. 029

注：提取方法：主成分分析法。旋转法：具有 Kaiser 标准化的正交旋转法。

根据成分得分系数矩阵，据此可以直接写出各公共因子的表达式，在表达式中各个变量不再是原始变量，而是标准化变量。

FAC1 = - 0. 158 × 国际环境变化 + 0. 019 × 政治体制 + 0. 147 × 经济体制变化 + 0. 248 × 政府职能转变 + 0. 138 × 金融体制变化 + 0. 153 × 公共财政制度 + 0. 215 × 改革开放 - 0. 072 × 审计法规完善 - 0. 094 × 审计技术发展 + 0. 224 × 网络建设 + 0. 132 × 被审计单位内部管理制度变化

FAC2 = 0. 069 × 国际环境变化 - 0. 135 × 政治体制 - 0. 071 × 经济体制变化 - 0. 143 × 政府职能转变 + 0. 099 × 金融体制变化 + 0. 09 × 公

共财政制度 – 0.062 × 改革开放 + 0.524 × 审计法规完善 + 0.598 × 审计技术发展 – 0.053 × 网络建设 + 0.027 × 被审计单位内部管理制度变化

FAC3 = 0.654 × 国际环境变化 + 0.472 × 政治体制 + 0.135 × 经济体制变化 – 0.064 × 政府职能转变 + 0.024 × 金融体制变化 + 0.05 × 公共财政制度 – 0.12 × 改革开放 + 0.041 × 审计法规完善 – 0.078 × 审计技术发展 – 0.225 × 网络建设 + 0.029 × 被审计单位内部管理制度变化

根据主成分分析，得到三个主成分因子，以此主成分因子的得分系数矩阵，作为以下相关性分析和回归分析的数据源。

在回归分析中，我们主要分析提取的主成分因子与政府审计范围适当性的关系。

假设 1：主成分 1 与政府审计重点适当性是正相关的。

主成分 1 主要是代表政府相关政策的改变，根据政府受托公共资源管理理论，政府的政策改变，使公共资源的分配改变，那么政府审计倾向性也是随之变化的。所以本书提出相关政策的改变与政府审计重点是正相关的。

假设 2：主成分 2 与政府审计重点适当性是正相关的。

主成分 2 主要是代表审计领域的技术法规的发展。我国审计法规在前期审计法规的基础上逐步完善，审计法规的完善使对合规、合法的审计已经日趋成熟，从而使得审计领域更倾向于其他重要领域的审计。当前网络的进步，使得审计手段日益先进，对普通的审计点已不再是大问题，审计重点更倾向于比较重要的而不是用计算机即可解决的问题。所以本书提出审计领域技术法规越发展，审计重点越适当性。

假设 3：主成分 3 与政府审计重点适当性是正相关的。

主成分 3 主要是代表审计的国际和国内环境。国际环境越好，那么中国政府会更注重关系民生的问题，审计的重点也就越适当。而国内政治体制，虽然中国一直是社会主义国家，但是从上文的"法制社会主义国家"到"法治社会主义国家"这一点看，社会主义制度越完善，审计部门能将更多力量注入重要的地方，也就能取得较好的效果。所以本书提出国际环境、政治体制与政府审计重点适当性是正相关的。

表 4 - 6 因子得分数据

FAC1_ 1	FAC2_ 1	FAC3_ 1
0. 86523	− 1. 84546	0. 20888
1. 62151	0. 03423	− 0. 03328
1. 36528	− 1. 85468	0. 42857
1. 39581	1. 02628	1. 36383
1. 21814	1. 15185	1. 20704
2. 02305	0. 78094	0. 23393
1. 91923	0. 96431	− 1. 49894
1. 28973	1. 53633	0. 69936
1. 38000	0. 31465	− 0. 69890
0. 73451	− 0. 36491	1. 17112
0. 90163	0. 91802	0. 09167
1. 51626	1. 12634	1. 50959
0. 16411	− 1. 11568	− 0. 88124
− 0. 25945	− 0. 75135	− 2. 37082
− 0. 25626	− 0. 36107	0. 17029
− 0. 23689	− 0. 54867	− 1. 33746
− 0. 40508	0. 44710	0. 20912
− 1. 22815	0. 63548	0. 24948
− 0. 54697	1. 15687	− 1. 03126
− 0. 75600	− 1. 44338	0. 47405
− 1. 06352	− 0. 08163	− 0. 85249
− 0. 95503	− 0. 10542	0. 41526
− 0. 88470	0. 51075	− 0. 67170
− 0. 98174	0. 05179	− 0. 67028
− 0. 58862	− 0. 78768	0. 21001
− 0. 83366	1. 49323	− 1. 38075
− 1. 00945	0. 15180	0. 03800

续表

FAC1_ 1	FAC2_ 1	FAC3_ 1
− 0.85600	0.10754	− 0.04775
− 1.27881	0.87358	1.06616
− 0.98174	0.05179	− 0.67028
− 0.99083	0.15306	− 0.48913
− 1.27115	0.18439	− 0.10663
− 1.26644	− 0.09043	2.22401
− 0.66199	− 0.15713	0.17101
− 0.46300	0.17776	− 0.99454
− 0.23967	1.15048	− 1.02478
− 0.69599	0.65046	1.33992
− 0.91891	1.47419	1.41568
− 0.56281	− 1.32192	1.52316
− 0.26607	− 0.39029	1.33077
0.13985	− 0.02131	− 0.59573
1.01609	0.06614	− 0.34230
0.68867	0.36482	− 0.58451
1.58331	− 0.23147	− 1.03916
− 0.02449	0.06966	− 0.93807
− 0.27076	− 1.18371	1.20212
0.13404	− 1.63129	− 1.33465
0.79773	− 3.33637	0.64164

表 4 − 7　　　　　　　　因子得分数据案例处理汇总

未加权的案例[a]		N	百分比（％）
选定案例	包括在分析中	48	100.0
	缺失案例	0	0.0
	总计	48	100.0
未选定的案例		0	0.0
总计		48	100.0

注：a. 如果权重有效，请参见分类表以获得案例总数。

表 4 – 8　　　　　　　　　政府审计范围适当性编码因变量编码

初始值	内部值
0.00	0
1.00	1

观察结果分析"因变量编码",本例拟合的模型是 Longit,也就是说,因变量表示政府范围适当概率的对数值。

表 4 – 9　　　政府审计范围适当性与主成分的二项分类 Logistic 回归分析结果

		B	S. E.	Wals	df	Sig.	Exp（B）
	方程中的变量						
步骤 1ª	FAC1_ 1	0.689	0.331	4.345	1	0.037	1.992
	FAC2_ 1	0.520	0.361	2.070	1	0.150	0.595
	FAC3_ 1	0.114	0.315	0.131	1	0.717	0.892
	常量	0.210	0.315	0.447	1	0.504	1.234

a. 在步骤 1 中输入的变量：FAC1_ 1,FAC2_ 1,FAC3_ 1。

观察上表结果分析,最终模型表达式为:

$$Y = 0.689F1 + 0.52F2 + 0.114F3 + 0.21$$

从分析结果来看,FAC1 与政府审计重点适当性是正相关的,FAC2 与政府审计重点适当性是正相关的,FAC3 与政府审计重点适当性是正相关的。从表中系数显著的只有变量 FAC1,即"政府职能转变"、"公共财政制度"、"改革开放"、"网络建设"、"金融体制变化"、"经济体制变化"和"被审计单位内部管理制度变化"对政府审计重点的适当性影响较明显。而 FAC2 对政府审计范围适当性的影响不显著,FAC3 对政府审计范围适当性的影响也不显著。

第三节　实证分析结果

上文实证分析，主要是基于问卷调查的设计和回收的结果。主成分因子分析是基础问卷设计的 11 个因素，对其进行主成分分析，使 11 个因素尽量全部涵盖在 3 个主成分中，便于后续分析。后续回归分析主要是基于问卷的回收的结果，问卷分为两小部分：一部分是一张表格，是对影响因素进行打分的表；另一部分是选择项，是对当前政府审计范围适当性的调查。

基于问卷的设计，为了使 11 个影响因素能够包括在几个概念中，而又不失去其对问题的解释力，本章对问卷的分析主要是采用主成分因子分析。主成分分析是将多个变量化为少数几个综合变量，而这几个综合变量可以反映原来多个变量的大部分信息的一种统计分析方法。主成分分子分析能够使抽取的因素概括说明我们罗列的全部因素，并能保留原有题目所包含的信息。

本章主成分分析结果如下：首先，我们通过 KMO 和 Bartlett 的检验，目的是想通过检测确定总体是否适合因子分析。通过分析得到，KMO 值是 0.818，而 KMO 在 0.8—0.9 是表示可鼓励的，所以，0.818 是比较理想的，可以进行分子分析；然后通过主成分因子分析公因子方差结果，通过观察公共因子同变量间的相关性数值，我们发现，相关程度是较高的，最弱的相关度也有 0.543，所以接下来要提取的公共因子是比较有代表性的，所以我们是可以信赖提取的公共因子的。

至于提取几个公共因子，主要通过主成分因子分析解释的总方差分析结果。一般来说，系统默认的提取方式是提取特征值大于 1 的前面几个因子作为公共因子，再观察方差的累计贡献率。我们得出的结果是前面 3 个特征值是大于 1，累计共享率是 70.604%。对于社会科学研究来说，一般累计贡献率达到 60% 以上即可认为提取的公共因子能够客观、全面的解释所有变量。70.604% 是大于 60% 的，说明提取的 3 个主成分因子是能带便 11 个影响因素的。

提取 3 个主成分后，我们需要分析 3 个主分成分别代表哪几个影响因素。观察旋转成分矩阵分析结果，3 个主成分与 11 个影响因素各自的相关系统，发现主成分 1 是与 11 个影响因素中得 7 个相关度较高，主成分 2 是与其中 2 个相关度较高，主成分 3 是同国际环境和政治体制相关度较高。通过这样的分析，我们就可以根据各自相关程度较高的影响因素，分别为每个主成分命名定义；根据成分得分系数矩阵，可写出公共因子的表达式，在表达式中各个变量不再是原始变量，而是标准化变量；最后基于因子的得分系统数据，进行回归分析，在本书主要是进行二项 Logistic 回归分析。

分析的结果是只有主成分 1 对政府审计范围适当性影响是显著的，而主成分 2 和主成分 3 对政府审计范围适当性的影响是不显著的。原因可能是审计技术的发展与审计法规的完善与审计范围之间的关系是否显著，尚无法得到确定的结果。而主成分 3 对政府审计范围适当性影响不显著，可能是由于中国政府审计与国外审计的范围是不同的，且各国的国情不相同，所以国际环境对政府审计范围的适当性影响不大；而对于中国的政治体制，由于本书主要从新中国成立后的政府审计范围开始研究，而没有涉及古代中国审计范围，所以其实中国政治体制对政府审计范围的适当性影响不显著。

通过分析，最后得出政府职能转变、公共财政制度、金融体制变化、经济体制变化、改革开放、网络建设和被审计单位内部管理制度变化这七个影响因素对政府审计范围适当性的影响是较大的。通过进一步的分析，改革开放、网络建设是政府职能转变、公共财政制度、金融体制变化和经济体制变化的动因，所以如果单独分析，会使得重复分析了政府职能转变、公共财政制度、金融体制变化和经济体制变化，所以可将改个开放和网络建设归因与后 4 个因素中分析。

第五章 结论与政策建议

第一节 结论

改革开放后，我国的国内外环境发生了比较大的变化。从第三章可知，我国环境变迁中影响政府审计范围内重点较大的因素有七个。但是经过分析发现，改革开放、网络建设是引发经济体制转变、政府职能转变和公共财政制度和金融体制转变的动因，所以对于改革开放和网络建设不另外单独分析，而主要从两个因素引起的经济体制转变、政府职能转变、公共财政制度和金融体制转变四个方面深入分析。另外，由于被审计单位内部管理制度因素具有个体性，不具有普遍分析意义，所以也不另外分析。而经济体制的转变对金融体制是影响较大的，所以将金融体制转变放在经济体制转变这一影响因素下分析。所以下文就经济体制转变、政府职能转变和公共财政制度三个因素对政府审计范围内重点变迁所产生的影响进行分析。

（一）经济体制转变的影响

我国经济体制的改变主要表现在资源配置方面的重新选择。尤其是国有资产更多地分配到关系国民经济命脉的部门和行业。国有资产的分配领域变化了，国有资产管理体制也随之变化。那么作为国有资产管理者，基于受托经济责任，对国有资产的管理权力和责任也会发生变化。

审计客体的变化对审计目标和审计内容提出了相应的要求，政府审计也应顺势调整审计重点。政府审计应根据经济环境的变化，不仅要对国有资产进行财政财务审计，还应根据新的经济情况加强对管理者经济责任履行情况的监督。国有资产管理者对国有资产具有支配权、行使权和管理权，因此管理者如何使用国有资产，将对国有资产的效益产生较大的影响。所以，在经济体制的转轨中，加强经济责任审计是非常必要的。经济责任审计不仅能加强对权利人的监督，而且也开拓了监督国有资产财权使用的渠道，同时也是对财政财务审计的延伸。可见，在市场经济条件下，加强国有资产的经济责任审计是促进市场经济健康运行的动力。

在我国市场经济发展中，资本市场逐步完善，但在监督体制上还有欠缺。由于我国行政体制的作用，我国资本市场的监督者是行政下设立的，也就意味着我国资本市场的监督者是政府下设的，这些监督者必然带有行政性质。因此，我国行政部门在被审查过程中通常只对其合规和合法进行审计，而欠缺对部门办事效率效果的检验，对于资本市场监管者更缺少经济责任人的审查。缺少对市场监督者的监督，可能会造成监管者自身的不自律行为，影响资本市场的秩序，所以加强对资本市场监管者的绩效审计和领导人经济责任是很有必要的。

（二）公共财政制度转变产生的影响

公共财政制度是基于公共产品理论基础上的，它主要是用来完善市场的缺陷，从而更好地服务社会和公众。我国公共财政制度的变化主要表现在两点：一是财政资金越来越倾向于公共产品和公共服务，逐步将资源从竞争性和经营性领域抽出，转向满足公共需求的领域；二是逐步规范了财政资金的管理，逐步尝试部门预算、国库集中收付、政府采购和"收支两条线"等改革。

目前公共财政制度下，政府总是从企业和社会获取经济资源，再用于社会，从而保证社会的稳定和发展。但是，政府部门在从企业和社会获取经济资源时，没有公共的监督，公众无法获得政府对资源的获取情况；而在将这部分经济资源再造福于社会时，也缺乏透明度。在这种"取"和"用"之间的重复交易，使腐败的机会越来越多。从我国政府近年来揭示出来的种种腐败现象可知，这种不透明使我国的公共财政制度变成了一些人谋私的机会。政府虽然近年来在改革公共制度方面不断努力，但是始终没能取得很好的效果。究其原因是强化了"取"和"用"，却忽视了"取"和"用"过程中的公共监督。正是缺失了这种监督，各方面的改革总是成效不大，或是失败。所以，政府应当强化对公共财政的审计监督，使公共资源能够最优化的利用和使用。

在公共财政制度的转变中，社会公众越来越关心财政资金的使用效率和效果。随之，政府审计也应重点审计各政府部门对财政资金和资产使用的效率和效果。与之相应，开展绩效审计成为必然的选择。

虽然政府于 2003 年就将绩效审计作为一个独立的审计类型，更于 2007 年之后将绩效审计作为中心工作内容列入日程，但是，我国对政府绩效审计的力度和效果与外国还相差甚远。

（三）政府职能转变产生的影响

随着我国改革的深入发展，政府的职能不可避免地发生转变，从原来的全能型、直接型、管理型、行政型和人治型向有限型、间接型、服务型、社会型和法治型政府转变，从"小社会、大政府"向"大社会、小政府"转变。当然这种转变是一个渐进的艰巨过程，不可能一蹴而就，政府扮演新角色自然也需要较长时期钻研角色、排练角色直到进入角色，而这一过程不可避免地受到习惯意识和传统惯性的制约，甚至会出现反复、徘徊和偏误。在现实生活中，人们发现政府经常错位、缺位和越位，不习惯于"简政放权"，而有意无意地趋向于上收和集中权力，甚至出现政府与社会和消费者争利的现象；政府不习惯于经济手段、法律手段调节市场，而习惯于采用行政手段和命令方式；不习惯于全方位的服务，而习惯于简单的管理；公众期望的政府形象还没有完全出现，有人抱怨政府越管越多，而越管越管不在点上。如何才能加速政府职能转变，使其真正扮演市场失灵修补者的角色，真正承担起组织国家经济和管理社会的职责，理论和实务界颇费脑力，设计并推出了一项又一项改革措施，不可否认有的取得了良好的效果，但政府履责和职能转变可谓依然艰难而漫长。

开展政府经济责任审计是促进政府履责和加速政府职能转变的有力措施，尽管由于我国行政型审计体制的限制，现行的政府经济责任审计带有很浓的内部审计的性质，但是它的全面推进有利于监督和制约政府的权力，特别是经济权力的运行；有利于规范政府行政行为，有利于维护市场经济秩序和法规经济的推行，对原计划经济体制和有计划商品经济体制下的权力经济、行政经济构成制约和削弱；有利于促进政府按照市场经济规律、自然规律、社会发展规律办事，避免主观性、随意性和无端性，提高管理水平和效率；有利于促进政府正确定位，协调经济社会方方面面的利益关系；有利于形成政府与社会的顺利、便捷沟通，推动社会主义和谐社会的建设。总之，政府经济责任审计审查的是政府，监督的是政府，评价的是政府，对各级政府、各部门和单位是一种无形的压力和动力，它对政府履行组织经济和管理社会的职责，推动政府职能转变，提高公众对政府的信心，维护政府的良好形象具有正向作用。

第二节　政策与建议

综上所述，笔者认为，未来阶段政府审计应以绩效审计为重点，突出经济责任审计。同时，《审计署 2008—2012 年审计工作发展规划》指出，"全面推进绩效审计，促进转变经济发展方式，提高财政资金和公共资源配置、使用、利用的经济性、效率性和效果性，促进建设资源节约型和环境友好型社会，推动建立健全政府绩效管理制度，促进提高政府绩效管理水平和建立健全政府部门责任追究制，构建高效，廉洁的服务型政府"，并提出 "2012 年，每年所有的审计项目都开展绩效审计"。下面就如何在未来一段时间开展好绩效审计、突出经济责任审计这一特点，笔者提出如下建议：

一　保证审计机关的独立性

我国宪法规定，审计署隶属于国务院，由国务院总理领导、主持审计工作，地方各级审计机关受本级人民政府领导并向本级人民政府负责并报告。在这种体制下，审计机关无法保持独立性，无法对本级政府部门的公共支出和重大投资项目进行客观、公正的评价和监督。而政府如果要保证公共财政的效益、提高领导责任感，首先要从完善审计监督体制入手，即从提高政府审计独立性着手。政府审计可以走司法型审计模式。具体做法是：将审计机关独立出来，设立审计院，审计院直接对各级人民代表大会负责。而中央审计机关在人大闭会期间，由全国人大常委会负责，中央审计机关与地方审计机关呈垂直领导。

二　分类管理重点单位经济责任审计

考虑到审计的成本效益原则，政府审计可抓住核心，来达到审计的目的。具体做法是，对重要经济管理部门（经济活动总量大、财政资金多、下属机构多）领导干部和预算经费数额较大、有资金分配权机构的领导干部，实行任期和离任时的审计；而对预算经费数额不大且没有财政资金转移的单位和人员少、预算金额小的单位，可在领导离任时进行责任审计即可。如此有的放矢地对审计对象进行分类管理，可提高审计的效率和效果。

三　扩大经济责任审计覆盖面

按照《党政主要领导干部和国有企业领导人员经济责任审计规定》经济责任审计对象为"地方各级党委、政府、审计机关、检察机关的正职领导干部或主持工作一年以上的副职领导干部"，离任时履职审计期间不足一年的领导干部，不进行经济责任审计，只实行交接制度。但为防范风险，笔者以为，可对该部分领导干部实行简易审计程序。在离任单位上报已经完成交接时，经济责任审计部门对领导干部在任期间履责情况进行简易审计程序。如若发现严重违纪问题，可立即移交处理，进行经济责任审计。

四　实行任前预防，任中、离任经济责任审计模式

2010 年 12 月，中共中央办公厅、国务院办公厅印发的《党政主要领导干部和国有企业领导人员经济责任审计规定》规定，"根据干部管理监督的需要，可以在领导干部任职期间进行任中经济责任审计，也可以在领导干部不再担任所任职务时进行离任经济责任审计"。而按照《审计署2008—2012 年审计工作发展规划》指出"要充分发挥审计保证国家经济社会运行'免疫系统'功能"，在'免疫系统'论下，经济责任审计除了在任审计和离任审计外，还应"未雨绸缪"提前预防"。

五　以财政、财务收支等常规审计为基础

进行经济责任审计。在进行经济责任审计时，以审计单位财政审计入手，向经济责任审计延伸。在单位进行财政、财务收支审计时，若发现涉及相关领导人的有关问题，应及时通报，确定经济责任审计。在确定经济责任审计后，也可以以财政、财务收支审计的数据储备为基础，深入审查相关领导人的经济责任问题。

六　政府审计介入资本市场监管角度

一方面政府审计对国有控股的上市公司和证券公司进行的审计应以财务收支为基础，重点监管经济责任的履行状况；另一方面依据证券法对证券监管机构、证券交易所、证券登记结算机构等进行审计监督时侧重点应当放在管理的经济性、效率性和效果性上，努力开展绩效审计。

附　录

影响政府审计范围变化的因素调查问卷

您好!

首先感谢您在百忙之中协助填答本问卷。

从新中国成立至今随着环境变化，审计的范围也在变化。从以国有企业为主到财政、行政事业、金融、外资、投资等各领域，再到经济责任审计、绩效审计；从重点审计财政收入到财政收支审计并重，再到以支出审计为主；金融审计从对金融机构的财务收支审计到保障金融市场安全运行审计；经济责任审计对象从县级以下向地厅级、省部级干部经济责任审计。

为了调查审计领域中的学者和从事审计工作的审计人员对影响政府审计范围变化的因素的认识，特制定本次问卷。请按照您的理解程度，对各个影响因素进行打分，在您选择的答案中请画"√"。如果您认为还有其他影响因素未包括在内，请在"其他"中给予补充说明。非常感谢您的协助与支持!

影响政府审计范围变化的因素调查表

	无影响	有一点影响	中立	影响较大	影响很大
国际环境变化					
政治体制					
经济体制变化					
政府职能转变					
金融体制变化					
公共财政制度					
改革开放					
审计法规完善					
审计技术发展					

	无影响	有一点影响	中立	影响较大	影响很大
网络建设					
被审计单位内部管理制度变化					
其他					

1. 您认为当前的政府审计范围是否适当？
   - A. 完全适当
   - B. 小部分不适当
   - C. 不清楚
   - D. 大部分不适当
   - E. 完全不适当

2. 如果您认为不适当，那么您认为政府审计该注意哪些范畴的审计？
   - A. 财政拨款、事业单位补贴审计
   - B. 金融机构审计
   - C. 国有企业审计
   - D. 资本市场审计
   - E. 经济责任和绩效审计
   - F. 监管机构审计
   - G. 其他 （　　）

第二篇
政府审计质量
影响因素分析

第六章 绪论

第一节 研究背景

自从 1982 年宪法确立审计制度和 1983 年我国审计机关成立以来，我国的审计事业已经走过了将近 30 年的历程。在这近 30 年的时间，我国正处在建设有中国特色的社会主义进程中，政府审计为保障经济建设顺利健康发展提供了有效的监督，与此同时，审计事业自身也得到了长足的发展。1985 年，公布了《国务院关于审计工作的暂行规定》和《审计工作试行程序》；1988 年 12 月，国务院颁布了《中华人民共和国审计条例》；1994 年 8 月 31 日，正式颁布了《中华人民共和国审计法》，并于 1995 年 1 月 1 日实施；1997 年 10 月 21 日，国务院发布了《中华人民共和国审计法实施条例》；2000 年 1 月，发布了《中华人民共和国政府审计基本准则》、《审计机关审计处罚的规定》等规定。这些都表明，我国的政府审计正朝着法制化和规范化的方向前进。

2001 年，中国加入了世界贸易组织（WTO），为了遵守国际规则，我国的政治、经济、法律和文化等都发生了深刻的变化，这些审计环境的变化给我国政府审计的发展带来了新的机遇和新的挑战。近几年刮起的"审计风暴"愈演愈烈，引起了社会各界的广泛关注，也使人们意识到政府审计存在的问题已经日益凸显出来。2008 年，世界金融危机的全面爆发，不仅冲击着我国的经济，也使得我国政府审计又一次面临巨大的挑战。

政府审计不同于注册会计师审计和内部审计，它是国家的"经济卫士"，是政府加强经济监督的"眼睛"，是民主法治的工具，是国家的免疫系统，维护着国家的经济安全。因此，提高政府审计的质量至关重要。
2006 年，温家宝总理对审计机关提出了"依法、程序、质量、文明"的
要求；2007 年，审计署时任审计长李金华在全国审计工作会议上的讲话
中提出，必须把"依法、程序、质量、文明"作为加强审计队伍建设和
提高审计工作质量的核心内容抓住不放。2008 年，审计署向社会公布了
2008—2012 年审计工作发展规划①，明确了审计工作的总体目标：把推进
法治、维护民生、推动改革、促进发展作为审计工作的出发点和落脚点，
充分发挥审计保障国家经济社会运行的"免疫系统"功能，全面提高依
法审计能力和审计工作水平，初步实现审计工作法治化、规范化、科学
化，积极构建与社会主义市场经济体制相适应的中国特色审计监督制度。
提高依法审计能力和审计工作水平的最终目的都是为了提高审计质量。
2010 年 9 月 8 日，审计署发布了新修订的《中华人民共和国政府审计准
则》（以下简称新审计准则），并于 2011 年 1 月 1 日施行。新审计准则的
发布目的在于规范和指导审计机关和审计人员执行审计业务的行为，保证
审计质量，防范审计风险，发挥审计保障国家经济和社会健康运行的
"免疫系统"功能。由此可见，政府审计质量已然成为政府部门关注的重
点之一。

　　审计质量不仅仅是政府部门关注的重点，也成为理论界和实务界研究
的重点。故本章希望通过对政府审计质量的研究以及对其影响因素的分
析，进一步找出可以提高审计质量的方法，充分发挥政府审计"免疫系
统"的功能，更好地维护国家的经济安全。

第二节　　国内外相关文献综述

　　由于在资本市场中，数据比较公开，相关的统计资料比较完整且易查
找，因此对于审计质量的研究，尤其是实证研究，一般集中在对注册会计
师审计的研究，而对政府审计的研究一般采用规范研究，而且研究成果相

---

①　审计署：《审计署 2008—2012 年审计工作发展规划》，http://www.audit.gov.cn/
n1992130/n1992165/n1993751/2320446.html，2008 年 7 月 11 日。

对较少。不过近几年来，政府审计地位越来越重要，对其关注程度也日渐上升，已经成为研究重点。本文的文献综述以时间为脉络，对国内外相关研究成果进行回顾。

一　国外文献回顾

美国学者德安吉洛（DeAngelo，1981）将审计质量定义为：审计师发现被审计的客户在会计制度上存在违规行为并揭露这种违规行为的联合概率。其中，审计师发现违规行为的概率取决于审计师的技术能力、审计程序、审计的范围等；揭露违规行为的概率取决于审计师的独立性①。也就是说，衡量审计质量可以从上述两个方面来分析。

贝里·哈伍德和卡茨（Berry，Harwood and Katz，1987）假设联邦和州政府审计人员在审计项目中执行必要审计程序的程度是反映其审计工作质量的一个重要指标。研究结果表明，政府审计人员会发生大量的错报，而州一级的审计人员的错报率要高于联邦政府审计人员，不属于行政部门的审计人员的错报率要高于属于行政部门的审计人员，无执照的审计人员的错报率要高于有执照的审计人员②。但是作者的研究仅仅描述了审计工作质量的现象，没有对存在错报率差异的原因进行深入研究。

J. 梅哈德（1991）根据美国审计总局公布的报告，归纳出政府审计质量存在以下五个主要问题：（1）在所复核的政府审计中，有34%在遵守审计准则方面做的不令人满意；（2）在不令人满意的审计中，半数以上严重违反了审计准则；（3）很少或没有对审计是否符合法律和规定进行检查；（4）对联邦支出的内部控制系统评价不充分或缺乏证据；（5）对所实施的工作所作出的结论没有汇编成为足够的材料。并指出，联邦政府执行委员会成立的工作小组将从以下五个方面找出解决问题的途径：（1）审计人员的教育；（2）审计人员的聘用；（3）审计质量的评价；（4）审计准则的实施；（5）信息的交流。③

赫普和门格尔（Hepp and Mengel，1992）以美国审计总署（GAO）、

---

①　DeAngelo, L. E. , Auditor Size and Audit Quality ［J］. *Journal of Accounting and Economics*, 1981, 3.

②　Berry, L. E. , G. B. Harwood and J. L. Katz, Performance of Auditing Procedures by Government Auditors: Some Preliminary Evidence ［J］. *The Accounting Review*, 1987, 1.

③　J. 梅哈德：《政府审计质量及其解决途径》，《审计研究》1991 年第 3 期。

美国注册会计师协会（AICPA）等机构对政府审计人员所提交的审计报告进行复核所得的结论作为分析政府审计质量的依据。研究发现，虽然美国对加强审计人员的执业能力方面做出了很多努力，但是还存在许多需要改进的地方，同业互查还未对政府审计质量的提高起到明显的作用。要求审计人员必须具有较高的职业道德，不提供低质量的审计服务，而政府应更加关注审计过程[①]。

科普利和杜特（Copley and Doucet，1993）认为，可以分别从审计的过程和审计的结果两个角度来衡量政府审计质量，其中，审计过程的质量依据的是进行审计时对审计准则的遵循程度，审计结果的质量依据的是对审计人员出具的审计报告或工作底稿的评价[②]。

拉曼和纳尔逊（Raman and Wilson，1994）认为，政府审计质量可以从以下三个方面来衡量，第一是在审计过程中，审计人员的专业胜任能力和对政府审计准则、法律和规范的熟悉程度；第二是在组织控制方面是否进行了足够多的审计工作，将审计风险控制在一个可以接受并且比较低的水平上；第三是是否报告已知的会计核算错误、内部控制的不足以及一旦被发现的违规行为[③]。

二　国内文献回顾

周文荣（1995）针对国家提出"审计质量年"的号召，分析了为什么要提审计质量问题的原因，提出了加强审计质量控制的方法，解释了什么是审计质量，并且认为在当时审计准则未出台的情况下，要提高审计质量，必须解决以下几个方面的问题：（1）根据审计重点和经济工作中心，积极开展审计工作；（2）针对薄弱环节，制定措施进一步加强审计管理工作与控制；（3）根据审计机关的特点，从高层次利用和开发审计信息；（4）加强审计人员的岗位培训，提高审计人员的业务水平[④]。

---

① Hepp，G. W. and J. R. Mengel，Improving the Quality of Government Audits：Statistics Reveal Significant Audit Quality Problems［J］. *Journal of Accountancy*，1992.

② Copley，Paul A. and Doucet，Mary S.，The Impact of Competition on the Quality Governmental Audits［J］. *Auditing：AJournal of Practice and Theory*，1993，1.

③ Raman，K. K. and Wilson，Earl R.，Governmental Audit Procurement Practices and Seasoned Bond Prices［J］. *The Accounting Review*，1994，4.

④ 周文荣：《关于审计质量问题的思考》，《审计与理财》1995 年第 21 期。

张文雅（1997）认为，政府审计质量就是指政府审计工作的质量，主要体现在审计人员的质量和审计工作过程的质量。同时其影响政府审计工作质量的因素很多，归纳起来主要有两方面：一是外部因素（审计机关无法控制），如审计机关的法律地位；二是内部因素（可以通过自身努力改变），如内部管理制度是否完善、审计人员的业务素质高低等，并根据上述两方面，提出了提高政府审计工作质量的途径，包括：（1）建立良好的职业道德规范；（2）强化审计人员的风险意识，降低审计风险；（3）提高审计工作的独立性和公正性；（4）提高审计人员素质等[1]。

刘军等（2001）根据当时审计所处的环境和审计工作存在的问题分析认为，应该从以下五个方面入手来提高审计质量：（1）增强全员质量意识和风险意识；（2）突出真实性审计；（3）落实好审计规范，强化各项审计制度；（4）提高审计人员的综合素质；（5）加大审计宣传工作[2]。

赵劲松（2005）从审计质量的两个基本特征技术性、独立性特征以及我国政府审计特有的行政性特征的角度分析了影响我国政府审计质量的因素，运用了比较分析法和相关分析法，并建立了函数模型，最终得出结论，认为影响因素可以细化为八个方面，包括审计人员的专业知识和审计技术、审计人员的数量、审计人员的宏观视野和分析能力、审计人员理解和执行国家政策法规的能力、审计发现问题被纠正的程度、审计工作量、审计人员的声誉、审计体制独立程度等，可以根据这些方面影响审计质量的方向和程度，设计出相应的路径，以改变政府审计质量[3]。

史宁安等（2006）总结了人们对审计质量两个层次的认识：第一个层次是审计符合性质量论，第二个层次是审计适用性质量论。通过分析，在此基础上提出了一个新的论点，即第三个层次的认识——审计质量用户（顾客）满意论。此观点不是从技术和审计需要的角度来定义质量，而是从用户（顾客）的角度，并且认为审计委托人对审计产品的满意程度是

①　张文雅：《政府审计质量控制问题研究》，《生产力研究》1997年第4期。

②　刘军、王晓梅：《牢牢抓住审计质量这个"牛鼻子"——兼谈影响审计质量的成因及对策》，《审计理论与实践》2001年第4期。

③　赵劲松：《关于我国政府审计质量特征的一个分析框架》，《审计研究》2005年第4期。

审计质量的优劣程度的衡量标准，具体包括了审计程序是否合法、审计工作底稿是否合规、审计目标是否实现等 10 个方面的标准①。

刘国常等（2007）著的《政府审计的改革与发展》一书中，有一章："审计质量的影响因素和评价标准"。该章从审计资源和外部环境因素两个方面来分析影响审计机关审计质量的因素，其中审计资源包括人力资源、信息资源和审计管理，而审计外部环境又分为有利的环境因素和不利的环境因素②。

马曙光（2007）首先指出政府审计成果可以从审计的财务效益和审计质量两个方面来衡量，并结合我国审计机关驻地方派出机构 1992—2001 年的相关数据，以审计查出的违规金额扣减预算投入来衡量审计的财务效益，以审计结果被采用的情况来衡量政府审计质量，综合两者来反映审计成果。之后主要从政府审计人员的个人素质角度分析了其对审计成果的影响。研究结果表明，审计人员的高学历、丰富的审计经验以及专业背景（经济类专业）都会提高政府审计的财务效益，而相对于专业背景，学历和审计经验对审计质量的影响程度更大③。

卢洁（2008）通过设计调查问卷对影响政府审计独立性的因素及其影响程度进行了研究，统计了每个问题的调查结果，发现：（1）大多数被调查者认为政府审计的经费来源、机构组织和人员配备都对审计的独立性有很大影响；（2）被调查者普遍认为审计人员素质、外界舆论的压力和工作缺乏会对审计的独立性产生一定的影响；（3）对于审计报告内容复杂、审计报告语言不标准等问题，超出半数的被调查者选择的是无影响。通过分析相应的原因，归纳调查者意见，最后提出了改善我国政府审计独立性的政策建议④。

喻采平（2010）从审计任务强度、审计执行力度、审计处罚力度和审计信息披露力度等几个方面对 31 个省级审计机关 2002—2006 年的政府审计效率进行了分析，并运用多元回归分析方法对四大影响因素与政府审

① 史宁安、叶鹏飞、胡友良：《审计质量之用户（顾客）满意论》，《审计研究》2006 年第 1 期。
② 曾寿喜、刘国常：《政府审计的改革与发展》，中国时代经济出版社 2007 年版。
③ 马曙光：《政府审计人员素质影响审计成果的实证研究》，《审计研究》2007 年第 3 期。
④ 卢洁：《政府审计独立性影响因素的调查问卷分析》，《经济与管理》2008 年第 3 期。

计效率之间的关系进行了检验，得出相关的结论：除了审计信息披露力度对政府审计效率的影响不显著以外，其他因素都与政府审计效率成正相关关系[1]。

王芳等（2010）在已有的理论基础上，进一步从哲学、法学和经济学的角度对审计质量的程序观和结果观进行了检验，并将2005—2007年间参加的"全国优秀审计项目评选"的审计项目作为样本，研究结果发现程序审计质量与结果审计质量是正相关，而其他因素（如审计对象、审计主体等）也一定程度上影响着结果结果审计质量[2]。

通过对相关文献的回顾可以发现，对于政府审计质量的研究，国外起步较早，国内相对较晚。研究人员大多集中在从政府审计质量的衡量角度进行研究。由于审计质量不易直接测量，研究人员是通过单个指标或建立指标体系来衡量审计质量的，但是不同研究人员在指标的选取上会有差异，因此得出的结论并不是很可靠。对于政府审计质量影响因素的研究，最初的研究是在注册会计师审计质量研究的基础上进行深入，分析出的影响因素不够全面，大多来自影响注册会计师审计质量的因素，没有考虑影响政府审计质量特有的因素。本篇充分考虑了政府审计质量特有的影响因素，且避免采用通过选取指标进行分析的方法。

第三节　研究思路及内容结构

一　研究思路

本篇采用实证的方法对政府审计质量的影响因素进行分析，通过对文献的回顾和对相关背景的认识，设计调查问卷来研究政府审计质量的影响因素及影响程度，据此提出相应建议。

本篇研究思考如图6-1所示。

---

[1]　喻采平：《政府审计效率影响因素的实证研究》，《长沙理工大学学报》（社会科学版）2010年第3期。

[2]　王芳、周红：《政府审计的衡量研究：基于程序观和结果观的检验》，《审计研究》2010年第2期。

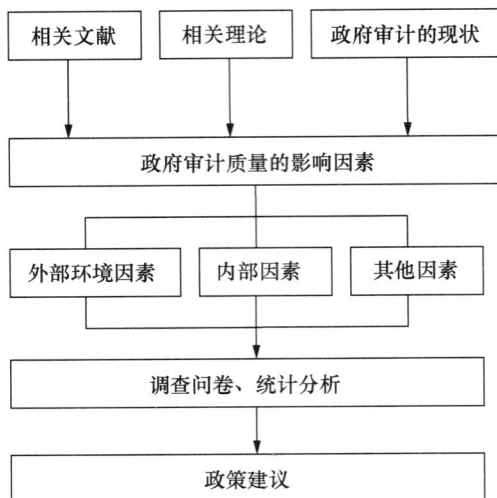

图 6 - 1 本篇研究思路

二 内容结构

第六章是绪论。说明本篇的研究背景,并对国内外学术界研究的现状进行了综述,介绍了本篇的研究思路以及创新之处。

第七章是理论部分。对政府审计质量基本理论进行概述,分别从政府审计和审计质量两方面的理论展开,并对政府审计质量与注册会计师审计质量、内部审计质量之间的相同点与不同点进行了比较。

第八章是现状分析。描述并分析了我国政府审计的现状,在肯定我国在政府审计方面取得进步的同时,主要指出我国政府审计中存在的问题,如政府审计体制存在的不足、审计人员素质不高、审计方法和手段落后等。

第九章是研究与结论。对政府审计质量影响因素进行了调查问卷研究。由于政府审计方面的数据公开程度不高,收集所得的资料也不完整,因此舍弃了其他的实证分析方法,转而选择了传统的实证研究方法——问卷调查对政府审计质量的影响因素及其影响的程度进行分析。

第十章是政策建议与局限性。针对第九章分析得出的影响政府审计的主要因素,结合国外政府审计的经验,提出相应的提高政府审计质量的政策建议，并指出了本篇存在的局限性。

第四节　本篇可能的创新之处

第一，选题具有挑战性。虽然政府审计质量是理论界与实务界关注的重点之一，研究者也日渐增多，但对其影响因素的研究相对较少，特别是实证研究，因此供参考的文献相对较少。

第二，本篇利用了 Excel、SPSS17.0 等相关工具，运用了问卷调查、回归分析等研究方法，不仅对我国政府审计质量的影响因素进行分析，还对其影响程度进行比较，为提出提高政府审计质量的政策建议提供依据。

第三，根据政府审计质量的特征，提出了一些新的影响因素，如各级政府部门的配合情况和重视程度、审计成果的利用率等，并在此基础上提出相关的政策建议。

第七章 政府审计质量的基本理论

第一节 政府审计的基本理论

一 政府审计的基本概念

审计是一种监督行为，可以根据不同的标准分成多种类型，其中按照审计行为主体进行分类，可以分为政府审计、社会审计和内部审计三种类型。政府审计，是随着国家的诞生而逐渐形成的，是经济发展到一定程度的产物。但是，对于政府审计的概念，学术界至今没有形成统一的定义。

杨时展（1984）认为，政府审计"是一个由国家设置的权威性的机构，经过人民的授权，代表人民的利益，脱离于受审的机关之外，客观、公正、不受干扰地对这些机关的财政、财务活动进行审核和稽查，取得确凿的证据，来判断这些行为是否在合法、合规上，在经济有效上，在达到人民所预定的目的上，是否都符合人民的意志。最后判断应不应该解除受审单位的责任，同时进一步提出改进意见，改进受审单位的工作，使得受审单位的经济活动进一步体现人民的意志。这样的工作就叫审计工作"①。

李哲等（1996）认为，政府审计是审计体系中的一个重要组成部分，其含义可以从两方面来分析，从审计本质上分析，政府审计是处于政府及其部门经济责任关系人之外的一种独立的经济监督，这种监督带有明显的执法性；从形式上分析，政府审计又是政府内部分权责任制的必然结果②。

---

① 大川：《杨时展教授讲政府审计的本质问题》，《财会通讯》（综合版）1984 年第 1 期。
② 李哲、刘世林：《第一讲 政府审计的含义、地位和作用》，《审计与经济研究》1996 年第 1 期。

　　董大胜（1996）认为，政府审计是指政府审计机关独立检查会计账目，监督财政、财务收支真实、合法、效益的行为，其实质是对受托经济责任履行结果进行独立的监督。这是比较简单的说法。具体可以从五个方面来理解政府审计，包括受托经济责任、财政财务收支、会计科目、经济监督和审计，分析得出：政府审计产生于财产所有权和经营管理权的分离而形成的受托经济责任关系，它的主体必须是独立的，客体是财政、财务收支，采用的基本方式是检查会计账目及相关资料，它的目标是保证财政、财务收支的真实性、合法性和效益性，监督受托经济责任的严格履行①。

　　黄良杰等（2007）认为，政府审计是由政府审计机关代表国家依法对国务院各个部门、地方各级人民政府、国有金融机构和企事业组织，以及其他国有资产的单位的财政、财务收支及其经济效益进行的审计，是加强财政经济监督不可缺少的工具②。

　　尹平（2008）认为，政府审计是指由独立的审计机关对各级政府、经济管理部门、金融机构、国有和国家控股企业和事业单位的财政财务收支以及所反映的经济活动的真实性、规范性、合理性和效益性进行的经济监督、鉴证、评价活动③。

　　从以上可以看出，政府审计就是政府审计机关对各级政府及其财政金融机构、企事业单位的财政收支和经济效益的真实性、合法性、效益性进行审计、监督，以维护国家经济安全的活动。

　　二　政府审计的本质

　　政府审计的本质是政府审计本身所固有的，决定着政府审计的目标、职能和发展规律，也就是解决政府审计是什么的这个根本问题。要研究政府审计的相关问题，必须从政府审计的本质入手。关于政府审计的本质，随着政府审计理论的不断发展，学术界存在着不同的观点：

　　（一）查账论

　　"查账论"的观点流行于审计研究的早期。持这种观点的人认为，政

---

①　董大胜：《政府审计》，中国审计出版社 1996 年版。
②　黄良杰、常茂松、肖瑞莉：《审计学》，河南人民出版社 2007 年版。
③　尹平：《政府理论与实务》，中国财政经济出版社 2008 年版。

府审计源于会计，是会计发展到一定阶段的产物，是适应会计检查的需要而产生的。因此，当时的人们就认为审计就是会计检查，即"查账"。例如，我国 20 世纪 30 年代著名的会计学家潘序伦先生认为，审计就是对会计记录的检查。80 年代初，会计与审计理论界的一些权威人士也认为，审计的主要作用就是对会计资料的检查。在西方，也有学者持"查账论"这种观点，如 1975 年版的《大英百科全书》和日本学者番场嘉一郎主编的《会计学大辞典》，就将政府审计定义为一种查账活动。支持这一观点的主要论据：一是会计是将所有的经济业务通过一定的方法系统地记录下来，并进行报告，以达到特定的目的。但是真实性、准确性得不到保证，因此，就必须由有关人员进行监督和检查。审计的"计"，通常指的就是会计的"计"，政府审计就是审查会计。二是在我国的历史上，也曾将审计表述为"听从会计"。这说明古代的审计是由会计人员将会计记录大声朗读出来，政府审计人员听取这些记录，并判断会计记录是否真实、正确。因为当时的国家财政规模很小，通过这种方式就能达到应有监督效果。同样，在 14 世纪的英国，审计工作也是通过听取账户记录来进行的，英语 Audit（审计）就来自拉丁语 Audire（听）。三是在漫长的审计发展过程中，其中很长一段时间，政府审计的主要工作就是以会计资料为对象，以会计和相关法律法规制度为依据进行查账①。

（二）财政监督论

持这种观点的人认为，古代审计就是对国家财政收支进行检查，是一种财政监督形式。财政是国家实现其职能，参与一些社会产品的分配和再分配过程的活动。这个活动与国家的命运息息相关，必然要求最高权力者为了巩固其统治地位，重视对财政收支的检查和监督。出于这种监督的需要，政府审计便应运而生。如古埃及的国家财政基本上等于王室财政，从而使审计出于监督王室财政的需要而得以发展；中世纪的英国，王室财政与地方财政相分离，出于对王室财政和地方财政监督的需要，产生了政府审计。这些史实为财政监督论提供了历史支撑。

（三）经济监督论

著名审计史学家理查德·布朗在论述审计起源时曾经指出："审计的

---

① 张庆龙：《政府审计》，上海人民出版社 2010 年版。

起源可追溯到与会计起源相距不远的时代……当文明的发展产生了需要某人受托管理他人财产的时候，显然就要求对前者的诚实性进行某种检查。"① 根据其文献精神，我们得知"某种检查"就是"经济监督"，而确切地说，审计就是政府审计。因此，持这种观点的人认为，政府审计从一开始就不是会计的附属品，两者具有不同的内涵和外延。就其产生需求来讲：会计产生于经济管理的需要，政府审计产生于经济监督的需要。他们认为政府审计与会计都是在所有权与管理权的分离的基础上产生的，也就是说都源自受托责任。虽然二者之间存在着不可分离的交集点，但也正是因为这个交集点，更好地区分了二者的不同，会计是对经营者和管理者履行受托责任的结果进行报告，而政府审计是对这种结果真实性、是否符合财产所有者的意愿进行监督，即对受托责任的监督。

（四）受托责任论

受托责任论和经济监督论在其发展历程中有着某种联系。随着人类社会的发展，生产力水平的不断提高，社会财富日益增多，剩余产品逐渐集中在少数人手中，当财产所有者不能直接经营和管理其所拥有的财富时，自然需要委托他人代为经营和管理，这样，财产的所有权与经营管理权出现了分离，委托和受托关系就此产生，而这种关系就是受托责任关系。受托责任也就有了生长的土壤。受托责任论作为当前我国审计理论界所普遍认同的一种观点，在审计相关理论研究中有着不可忽视的作用。持这种观点的人认为，审计的产生是在两权分离的情况下，由于经济监督的客观需要，它的发展是伴随着受托责任的发展。也就是说，当财产所有权与经营管理权相分离时，财产所有者需要了解和监督经营者和管理者是否严格履行受托经济责任；而受托经营者和管理者又必须向财产所有者如实回报履行情况并接受这样的监督。因此，就有了审计。同时可以知道，受托责任的确立，并不是产生审计活动本身，而是产生审计的前提条件。

（五）免疫系统论

2007 年 3 月召开的中国审计学会五届三次理事会上，刘家义审计长全面系统地阐述了政府审计是国家经济运行的"免疫系统"的重要观点。2008 年年初，刘家义正式提出了政府审计"免疫系统"理论。他认为：

---

① 张庆龙：《政府审计》，上海人民出版社 2010 年版。

"政府审计是国家经济、社会运行的'免疫'系统。"这是一个理论的创新，是在我国当前政治经济社会环境下对审计本质的理性认识和科学定位，深化了政府审计的内涵，拓展了政府审计的外延，反映了政府审计实践的新发展，也成为我国审计机关对政府审计认识的最新理论成果。

这种观点认为，政府审计的本质是国家经济社会运行的"免疫系统"，这说明政府审计首先是一个系统，然后才是一个像人体免疫系统一样的系统。政府审计又体现为一种"免疫"系统，说明政府审计这个系统具有"免疫"的功能和作用。因此，政府审计是一个具有类似人体免疫系统功能的系统；政府审计是国家经济、社会运行系统中的子系统。重点强调的是，政府审计是国家经济、社会运行系统中内生的、具有不可替代的建设性作用的子系统。

具体而言，政府审计"免疫"系统功能的本质可从以下四个方面进行理解：一是安全防护。通过对有关部门、有关组织的安全防护机制的监控，保证其正常履行安全防护职责，使国家经济社会运行始终处于健康、可控的状态，形成有效的国家安全防火墙。二是问题揭露。及时揭露项目审计中发现的微观问题，以及仔细分析这些微观问题背后所反映出的体制、机制性问题。三是机制修复。审计机关通过与有关部门、被审计单位等的开放性互动，使国家经济、社会运行实现机制性自动修复。可以通过审计建议，督促被审计单位进行整改；可以通过审计建议，完善政策、制度等；也可以通过公之于众，引入舆论监督；还可以通过审计移交，由有关职能部门进行问责处理。四是科学预警。在重复问题的风险预警方面，它不但揭示问题的现状，同时要阐明问题的风险趋势；在政策性问题预警方面，它通过审计结果的综合分析，针对倾向性问题可能对宏观经济产生的影响提前预警，并提出可行的审计建议[1]。

---

① 张庆龙：《政府审计》，上海人民出版社 2010 年版。

第二节　审计质量的基本理论

一　审计质量的含义

质量是一个很基本的概念，在《现代汉语词典》中，"质量"有两种定义：一是表示物体惯性大小的物理量，有时也指物体中所含物质的量；二是指产品或工作的优劣程度①。审计质量中的"质量"很显然指的是工作的优劣程度。但是对于审计质量的定义，审计界的学者也从不同的角度进行了阐述。

德安吉洛是最早研究审计质量的国外学者之一，他主要从审计质量的影响因素的角度对审计质量的概念进行界定，在 1981 年他提出审计质量是指定的审计人员发现被审计单位在会计制度上存在违规行为并揭露这种违规行为的联合概率②。奥基夫和韦斯托特（O'Keefe and Westort，1992）认为，审计质量可以分为事前审计质量和事后审计质量。事前审计质量，即签订审计合约时的审计质量，是指审计报告中能够发现被审计单位财务报告存在重大差错的可能性。事后审计质量，即发布审计报告后的审计质量，是指会计事务所审计人员报告重大差错的可能性③。他们对于审计质量的定义与德安吉洛（1981）基本一致。可以看出，对审计质量的定义主要是从注册会计师审计的角度来考虑的。

国内具有代表性的主要有：张龙平（1994）认为，审计质量是："审计业务工作的优劣程度，也即审计结果达到审计目的的有效程度。"具体表现为："审计人员的质量和审计过程的质量，最终体现为审计报告的质量。其

---

① 中国社会科学院语言研究所词典编辑室：《现代汉语词典》第五版，商务印书馆 2005 年版。

② DeAngelo, L. E., Auditor Sizeand Audit Quality [J]. *Journal of Accounting and Economics*, 1981, 3.

③ O' Keefe, T. and Westort, P., Conformance to GAAS Reporting Standards in Municipal Audits and the Eeconomics of Auditing: The Effects of Audit Firm Size, CPA Examination Performance, and Competition [J]. *Research in Accounting Regulation*, 1992, 6.

核心就是审计工作在多大程度上增加了会计报表的可信性。"① 李金华（2005）认为，审计质量是审计组织审计工作的优劣程度，即审计工作与审计标准、规范以及相关规定的符合程度，它贯穿于审计活动的各个方面②。孙宝厚（2008）认为，审计质量有狭义和广义之分。狭义审计质量，是指审计结论与被审计事项真实情况的吻合程度。而广义审计质量，是指审计结论与被审计事项真实情况的吻合程度及对审计需求的满足程度③。

政府审计与注册会计师审计在审计目标、审计对象和审计方法等方面都有较大的区别，因此，政府审计质量的含义也与注册会计师审计质量的含义有着不同。结合政府审计的定义，笔者认为政府审计质量是政府审计机关进行审计工作的规范程度，审计结果与被审计单位真实情况的符合程度以及对审计需求（政府、社会大众和被审计单位）的满足程度。

二　审计质量的特征

（一）技术性特征

审计质量的技术性特征的主要影响因素包括以下两个方面：

1. 技术因素。审计是一项富含较强专业性的工作，这就对审计人员的技术提出了较高的要求，主要包括审计人员的职业胜任能力以及审计过程中所使用的审计技术方法等。

2. 经济因素。审计过程中需要大量的人力、物力和财力，这里的经济因素主要是指所投入的财力，包括聘请和培训审计人员所支付的费用和投入各个具体审计项目的审计成本。就所支付的费用而言，在聘请审计人员时，往往聘请那些受专业教育多、技术水平高、经验丰富的审计人员，因为他们发现会计报表差错的能力相对较强，但是他们要求的报酬会更高；对于现有的审计人员，若要进一步提高他们的专业胜任能力，就要对其进行培训，支付相应的培训费用。而就审计成本而言，对一个具体项目进行审计时，这个过程实际上就是收集相关的审计证据并对其进行分析和判断的过程。显然，收集审计证据需要花费一定的成本，在一般情况下，

---

① 张龙平：《试论我国注册会计师审计质量控制标准的建设》，《中国注册会计师》1994 年第 8 期。

② 李金华：《中国审计 25 年回顾与展望》，中国时代经济出版社 2009 年版。

③ 孙宝厚：《关于全面审计质量控制若干关键问题的思考》，《审计研究》2008 年第 2 期。

越具有证明力的审计证据所需要的成本越高。

（二）独立性特征

审计的独立性是指审计人员根据自己的职业判断形成并报告审计意见时，能够不受被审计单位管理当局以及其他外在压力的影响。独立性是审计工作的本质要求，也是影响审计质量的决定性因素。从理论上说，成功的审计人员具有较强的独立性，而独立性越强的审计人员得到社会认可度更高，就会获得更多的业务机会，使自身的发展进入良性循环。但是在实际工作中，审计人员往往是由被审计单位管理当局聘请并支付相应的审计费用，审计人员的经济命脉受到了掌控，就存在不能保持其独立性的可能。因此，审计人员的独立性经常受到广泛的质疑。

（三）公正性特征

审计质量的公正性特征实际上是独立性特征的延伸和必然要求，也是审计人员保持客观独立性的必然结果。对于审计人员而言，必须保持独立性，并在此基础上，客观、公正地评价被审计单位的财务收支及其他经济活动的情况，使审计报告具有客观性、可靠性，满足被审计单位及社会公众的需要。审计人员是否做到独立和客观，最终都会通过审计报告的客观性体现出来。独立性、客观性得不到保证，就不存在公正性。审计人员保持客观、独立的最终目的就是要保证审计结果的客观性与可靠性，因此，公正性是审计质量最明显的外部特征。

三 政府审计质量与注册会计师审计、内部审计质量的共同点和不同点

（一）共同点

无论是政府审计、注册会计师审计，还是内部审计，审计质量都是它们的生命线。只有在保证审计质量的前提下，内部审计才能准确地评价被审计单位内部控制的有效性、财务信息的真实性和完整性以及经营活动的效率和效果，为管理层作出正确的决策提供帮助。只有在保证审计质量的前提下，注册会计师审计才能更好地发挥在监督被审计单位的财务收支及其经济活动的真实性、合法性、效益性方面的作用。只有在保证审计质量的前提下，政府审计才能有效地监督国家财政资金的使用情况，为财政管理提供改进措施，并揭露违法行为，充分发挥其免疫系统的功能。虽然在实施的过程中会有些许的不一样，但是它们的最终目的都是一样的，就是通过各自的审计监督活动，维护国家的经济安全和人民的利益，促进社会主义生产力的发展。

　　（二）不同点

　　1. 政府审计质量具有行政性特征。我国是一个实行行政型政府审计体制的国家，审计机关属于国家行政机关，这就赋予了我国政府审计的行政属性。因此，我国政府审计质量的内涵不仅包括"发现"和"报告"被审计单位的违规违法问题，而且还包括"纠正"这些违规违法问题（审计质量的行政性特征）。由此可以看出，我国政府审计的审计质量除了具有技术性、独立性和公正性三个基本特征之外，还包括行政性特征。也就是说，行政性特征是我国政府审计特有的特征。

　　政府审计质量的行政性特征主要包括：第一，审计人员对所发现的违规违法问题作出准确地判断并进行相应的处理；第二，对存在违规违法问题的被审计单位后续整改情况进行监督。由此，可以将政府审计质量定义为：当被审计单位存在违规违法问题时，审计人员发现、报告这些问题并予以纠正的联合概率。政府审计失败，不仅包括审计人员在审计过程中没有严格遵守审计准则，以至于没有及时发现应该被发现的问题或者将已经发现的问题不予以报告的情况，而且还包括对发现的违规违法问题的解决没有提出实质性的建议，以至于被审计单位对存在的问题不予纠正而使这些问题出现屡查屡犯的情况。

　　政府审计质量的行政性特征与其他三种基本特征并不是相互独立的，独立性程度的高低可以影响政府审计对发现问题的处理力度，公正性程度的高低会影响政府审计对违规违纪问题报告的客观程度，审计人员的理解能力和执法力度也会影响处理问题的合理性。

　　2. 审计质量的评价标准不同。三种审计质量除了在特征方面存在区别以外，还在评价标准上存在着不同。政府审计依据的有《中华人民共和国审计法》（2006 年修订）、《中华人民共和国政府审计准则》、《审计机关封存资料资产规定》和《审计机关审计项目质量检查暂行规定》等；注册会计师审计主要依据《中国注册会计师职业道德规范》、《注册会计师法》、《中国注册会计师审计准则》、《鉴证业务基本准则》和《会计师事务所质量控制准则》等规定开展审计工作；内部审计依据的主要有《内部审计基本准则》和 29 个具体准则、《内部审计暂行办法》、《审计署关于内部审计工作的规定》、《内部审计人员职业道德规范》等。

第八章 政府审计现状

我国的政府审计制度实施于20世纪80年代初，相比于其他国家（尤其是欧美国家）起步较晚，还比较落后。经历了将近30年的发展，我国的政府工作取得了很大的成绩，审计质量也有了较大提高，不断缩小了与发达国家的政府审计之间的差距。

前政府审计署审计长李金华曾经对我国政府审计现状评价：（1）中国的审计工作具有中国特色，是在改革开放中成长起来的，同时也为我国的改革开放做出了积极贡献。应该说中国审计目前所做的工作、所取得的成效，是与其法定地位基本适应的。（2）中国审计虽然取得了良好的成绩，但我们还处于初级阶段，和一些发达国家相比，我们在不少方面，特别是在绩效审计、审计资源管理利用、审计工作规范化和科学化等方面，还有很大的差距，还有很多工作要做。（3）中国审计目前面临的要求越来越高，任务越来越重，这说明发展和提高的空间还是很大的①。

正如前任审计长所说，我国政府审计在发展的同时，在取得进步的同时，依然面临着许多问题等着我们去解决。许多学者对政府审计质量非常关注，对我国目前政府审计质量存在的问题进行了分析，他们所认为的问题主要存在于政府审计体制、审计人员素质、审计成果的利用等方面。

第一节 审计体制存在的不足

政府审计体制是指国家根据政治、经济发展的需要，通过宪法、审计法等法定程序，对审计机关的组织形式、领导体制以及职权设置等制度的

---

① 李金华：《中国审计25年回顾与展望》，中国时代经济出版社2009年版。

总称。简单地说，政府审计机关归谁领导、对谁负责以及最高审计机关与地方审计机关之间关系的制度①。

审计体制的建立一般都是适应国家政治体制和经济情况的需要，因此，不同国家都会根据自身的政体和国情建立不同的审计体制。目前，世界上已有 160 多个国家和地区建立了政府审计制度，这些国家的审计体制可以分为以下四种模式：一是立法型政府审计模式，以英国、美国等国家为代表；二是司法型政府审计模式，以法国、意大利和西班牙等国家为代表；三是行政型政府审计模式，以中国、瑞典、巴基斯坦、泰国、越南等国家为代表；四是独立型政府审计模式，以德国、日本、韩国等国家为代表。表 8 - 1 是对四种模式的比较。

表 8 - 1　　　　　　　　　　　四种政府审计模式比较

审计模式	隶属关系	审计职能	代表国家
立法型	立法部门（议会、国会）	对经济行为进行规范和监督，协助政府做好经济政策论证和管理工作	英国、美国
司法型	司法部门	保证法律法规的贯彻，对经济活动带有很强的预防和监控职能	法国、意大利
行政型	行政部门	既是政府的职能部门，又是政府的监督部门	中国、瑞典
独立型	独立	表达民意、制约政府、引导企业	日本、德国

我国的政府审计体制属于行政型政府审计模式，其基本架构是：在国务院和县级以上人民政府设立审计机关，政府审计机关又分为最高审计机关（审计署及地方和部门的派出机构）和地方审计机关。审计署具有双重法律地位，一方面作为中央政府部门，组织和领导全国的审计工作；另一方面以独立行政主体身份从事审计工作。地方审计机关实行双重领导制，同时接受本级行政首长和上一级审计机关的领导（即"上审下"和"同级审"并存），其审计业务以上级审计机关领导为主。

---

① 　张庆龙：《政府审计》，上海人民出版社 2010 年版。

当初选择这种模式是由 20 世纪 80 年代初我国实际情况和主客观条件决定的，是符合我国国情的，但是，随着改革开放和经济建设的深入发展，政府职能发生转变，审计环境也发生巨大的变化，现行的审计体制已经暴露出许多弊病，主要表现在：

一 政府审计的独立性难以保障

现行的政府审计体制隶属于政府又监督政府，在许多方面都受制于政府。在实际工作中，我们经常会碰到一些情况，审计工作受到政府及其有关部门直接或间接的干预或影响，很难真正做到依法独立地行使职责。例如，审计部门担负着监督政府财政资金使用的重要职责。由于地方审计单位隶属于各地政府，地方审计部门对各地政府及其部门的监督，实际上是一种"内部监督"行为，属于一种"自己人监督自己人"的监督性质，因而很难在监督地方政府部门用钱上发挥有效作用。尤其是当违规违法用钱行为发生在其所隶属的一级政府身上时，这时的地方审计工作就属于下级监督上级的情况，其监督作用就更难以得到有效的发挥。因此，在当前的政府审计管理体制下，审计机关的这些问题得不到根本解决，从而严重影响了政府审计的独立性。

二 审计经费得不到保证

从目前审计工作的发展趋势来看，今后的政府审计监督的重点很可能还是国家财政财务收支。因此，审计机关与财政机关是监督与被监督的关系。而我国的政府审计模式规定了政府审计经费是由同级财政部门审批，如果两者关系明显不顺，那么审计工作将不可避免地会受到制约，客观上势必影响审计机关对财政机关的监督力度。

另外，审计机关的人事制度也受制于地方政府。因为地方审计机关要接受本级政府的行政领导，故其责任人的任免、调动、奖惩都要受制于本级政府。当审计查出存在问题影响到当地地方利益时，容易受到行政权力的压制。

发达国家现代政府审计工作经过了 100 多年甚至几百年的磨合，在管理体制方面变得比较成熟，而我国在这方面的工作时间还很短，经验还不足，因此，对于如何建立适合中国国情和文化，适应中国审计工作发展实际需要的审计管理体制，还需要不断探索和总结。

第二节　审计人员素质不高

一　审计人员知识结构单一

目前，我国审计机关审计人员总数已经超过 10 万人。在这个庞大的审计队伍中，有很大一部分是由会计、审计专业人员构成，具备一般的会计、审计知识，而其他专业（如法律、金融、宏观经济、计算机和外语等）的人员只占其中的一小部分，这就使得审计人员整体的知识结构相对比较单一，缺乏财政、金融等相关的专业知识以及计算机应用操作能力和外语能力。虽然能够基本完成目前开展的财务收支审计工作，但对于较高层次的审计工作，如通过绩效审计、计算机审计提出针对性较强的审计建议等，则由于能力有限而无法胜任，影响审计工作进度和质量，无法充分发挥审计应有的监督和服务职能。

二　审计人员开拓创新意识相对较弱

由于历史的原因，相当数量的审计人员原来从事的是财务会计工作，其中有的传统财务审计的观念比较浓，认为审计就是查账，查账的目的就是处罚[①]；有的思维方式比较单一，至今仍习惯以单纯会计思维方式来指导从事审计工作，一开始审计工作，就按以往的惯例，先账本、再报表、后凭证，把主要精力都集中在收集整理大量的会计数据之上，往往就事论事，缺乏综合分析能力，即很少采用如静态分析、动态分析等综合分析方法对审计事项进行深入剖析及提出高质量的审计结论。

三　审计人员风险意识不强

近年来，随着审计监督范围越来越广，需要审计的项目越来越多，使得完成审计任务的压力也越来越大。由于人员数量少，任务繁重，有的审计人员疲于奔波，忙于应付，却忽视了审计风险。这些审计人员审前准备工作不充分，对被审计单位的情况了解不够，或者对那些多次审计过的单位和项目不做审前调查，认为对对方的情况已经很了解了，但是他们却不知道被审计单位的情况是时刻处于变化中的；在审计过程中审计工作不规

---

① 张志杰：《提高政府审计质量的系统性思考》，《时代金融》2008 年第 5 期。

范，如压缩现场审计时间、审计程序，责任感不强，只求尽快完成审计工作，导致一些可能存在的问题不能被及时发现并解决，留下了风险隐患。

第三节　审计方法和手段落后

一　审计的理论研究滞后

我国政府审计起步较晚，对审计基础理论的研究大多建立在国外研究的理论基础上，而每个国家的国情不同，国外理论不一定适用国内，这就需要我们根据自身情况，总结国外的理论成果，研究出一套属于我们自己的，适合我国国情的具有中国特色的审计理论。

二　对审计新技术、新方法应用不够

我国的政府审计大多采用比较传统的方法：主要进行事后查处，不重视事前事中控制；查处的问题多，进行分析评价少；运用手工审计方法多，而计算机审计、联网审计等一些先进的技术只是作为辅助工具。

2007年以来，审计署已经尝试在各地普遍开展审计信息化工作，但是由于各种各样的原因，有的地方进行得很顺利，并且也看到了新的技术和方法带来的好处，而有的地方依然没有迈开步伐，仍停留在运用最原始方法的阶段，发展极不平衡。级别较高的审计机关比级别较低的审计机关的审计信息化运用水平要高；经济发达地区比欠发达地区审计信息化水平高；而领导重视程度和审计人员的素质高低也影响着审计信息化水平和审计资源的利用程度。

第四节　审计成果利用率不高

审计成果能够被有效利用是审计工作的出发点，也是审计质量最基本的保证。假若不能被有效利用，可能会造成许多不良的后果，如产生审计风险或者存在审计失败的隐患。事实上，我国目前就存在着审计成果利用率不高的问题。

一　审计成果的质量不够理想

一些审计人员由于知识结构单一，业务水平不高，缺乏职业判断能力，对被审计单位存在的问题揭示的不客观、不全面，提出的改进建议也缺乏可操作性，即使审计成果得到了利用，也达不到预期的效果；还有的情况是审计人员在结束审计项目后，通常只是对被审计单位在财务处理、内部管理等方面存在的问题提出一些审计意见，而很少是对体制、机制等宏观方面提出建议，这样的审计成果无法引起被审计单位领导的重视，自然也不会对其进行利用。

二　审计机关对后续的整改监督不严

"重审计，轻整改"的现象普遍存在于一些审计人员中，他们没有认识到审计成果的重要性，认为只要提出审计报告、下达审计决定，就已经完成审计任务，而被审计单位是否执行，就事不关己。尤其是对于那些需要一段时间才能整改完成的事项，不重视对后续情况的跟踪和监督，就不能及时地得到审计成果利用的反馈。

三　审计成果的公布程度不够

根据《中华人民共和国审计法》（2006 年修订）第三十条规定："审计机关可以向政府有关部门通报或者向社会公布审计结果。"而事实上，审计机关没有很好地利用这个权力。有的审计结果仅仅在被审计单位或与之相关的政府部门进行公布，不对外公布，或者只对外公布审计的金额等一些简单的信息，这使社会公众无法了解被审计单位的全面情况，不能发挥监督的功能。然而，如果缺少了社会的监督，被审计单位可能会故意拖延整改行为，甚至根本就不进行整改，每年都查出相同的问题，那么，审计机关得出的审计成果就没有任何意义了。

第五节　审计内容的全面性不够

目前，我国开展的审计工作主要还是财务收支审计为主，类型还不够丰富。这也是由于财务收支审计的产生时间较早，理论与实践上都发展得比较成熟，审计人员在这方面都已积累了相当丰富的经验，执行起来驾轻就熟。而其他方面的审计，如政府绩效审计、经济责任审计等，起步较晚，无论是理论还是实践，都发展得不成熟，这就使审计机关在分配审计资源时，将更多的资源分配给了财务收支审计。这种做法不利于政府审计的深入发展，远不能满足社会经济发展和社会公众的需要。

财政收支审计是对被审计单位财政收支的真实性、合法性和效益性所进行的独立的审计监督。它的审计对象仅仅是被审计单位的财政收支状况，存在着一定的局限性，若审计报告的使用者希望得到其他更多的被审计单位的情况，那么通过财政收支审计是反映不出来了。对于一些政府部门的特殊项目，如西部地区退耕还草项目、"三河三湖"水污染防治项目、农村义务教育经费保障项目等，只进行财务收支审计是无法判断这些项目开展的质量和效果的，而绩效审计就可评价这些项目的经济性、效率性、效果性。又如汶川地震灾后恢复重建项目、西气东输工程项目、京沪高铁建设项目等，不仅需要评价质量和效果，还要避免事后审计"虽然查出问题，但已成事实，纠正起来难度较大"这一难题，这就需要进行跟踪审计，随时监督财政资金的管理使用情况，可以防止损失浪费，提高资金使用效益等。可见，其他方面的审计的开展可以弥补财政收支审计的不足。

第六节　审计质量控制体系不健全

2004年4月1日审计署制定的《审计机关审计项目质量控制办法（试行）》（以下简称《办法》）开始实施，该《办法》对审计项目质量控制作出了具体的规定，但是实际执行过程中，一些审计机关，特别是基层审计机关，还不能够完全适应：有的没有制定本机关的质量控制办法；有的虽然制定了办法却不适用于本机关；还有的制定了较详细的质量控制办法却没有实施相应的措施。因此，到目前为止，很少有基层审计机关制定了适合自身使用的质量评价体系。

审计质量控制体系不健全，审计工作就缺乏操作性强的指导文件，因此在审计的过程中就会暴露出很多问题。例如，在审计项目质量管理工作中存在以下问题：

1. 审计实施方案编制不规范。有的审计方案的审计实施方案的审计内容、审计目标和审计重点不完整、不具体，不能起到指导审计人员行为的作用；有的审计实施方案的内容直接从审计方案中复制过来，不具有针对性；还有的审计实施方案缺少重要性水平确定即审计风险评估等内容。

2. 收集的审计证据不可靠。有的审计证据不充分，取证手续不全，漏盖被审计单位的公章，造成证明力不足；有的审计证据数字计算有错误，与准确数据相差少则几角，多则几万，或者没有注明金额单位；还有的甚至用铅笔填写审计证据。

3. 审计工作底稿编制不规范。有的审计项目的工作底稿未按规定原则（即"一事一稿"原则）编制；有的对审计工作底稿的编制没有全面、完整地反映审计过程；有的审计工作底稿没有记录和反映审计实施方案中的审计内容和重点以及审计报告中所列的问题。

4. 审计日记的编写不符合规定。有的审计日记只是照抄了审计工作底稿里的内容，使审计日记内容变得单调、重复；有的审计日记内容记录不全，没有将审计人员审计查证过程、审计人员的专业判断、所发现的问题及其评价定性、所依据的法律法规等内容记录完整；还有的审计日记编制的内容偏离了具体审计目标。

随着时间的推移，这些问题会慢慢淡化，然后又会有新的问题产生。审计质量控制体系不可能做到尽善尽美，但是可以做到尽可能完善。2010年9月1日审计署发布了修订后的《中华人民共和国政府审计准则》，并已于2011年1月1日开始实施，同时废止了审计机关审计项目质量控制办法（试行），可见，政府正在为进一步完善审计质量控制体系作出努力。

第九章 政府审计质量影响因素问卷调查

第一节 调查问卷调查情况概述

一 调查动机

虽然我国政府审计工作的起步较晚，但随着社会、经济的发展，其所处的地位越来越高，受关注的的程度也越来越大。这就要求提高政府的审计质量，而提高审计质量就必须了解影响审计质量的因素。通常认为，关于政府的数据资料不易从互联网、报纸等公开途径获取，往往只能单纯地进行理论研究，或者通过调查问卷的方式获取资料进行研究，如卢洁（2008）通过调查问卷的方式对政府审计独立性的影响因素进行了研究。因此，为了进一步了解影响政府审计质量的影响因素，找出其中相对较为重要的影响因素，笔者设计了本调查问卷。

二 调查问卷的设计

调查问卷又称调查表或询问表，是以提出问题和回答问题的形式系统地记载调查内容的一种工具。成功的调查问卷必须能将所要调查的问题准确无误地传达给被调查者并且能使被调查者乐于回答、便于回答，从而获得客观、真实的答案。可见，设计出高质量的调查问卷至关重要。

设计问卷时要注意以下几个方面：

第一，问卷应简明扼要，突出重点。内容不宜过多，问题要尽可能简短，语言简单，定义清楚，使被调查者易于理解，且应该根据调查的目的而确定，避免一般性问题。因为提问的目的是获得某种特定的信息，如果问题过于一般化，结果会使得到的答案无多大意义。

第二，问卷要有针对性。明确被调查人群，适合被调查者的身份，必须充分考虑受访人群的文化水平、年龄层次等。

第三，便于进行整理和分析。成功的问卷设计要充分考虑调查结果的容易得出和调查结果的说服力。因此，问卷的设计必须便于在调查后进行数据整理与统计分析工作，即数据容易录入并且可以进行具体的分析。

为此，笔者专门参考了相关学者，如杨肃昌（2004）、卢洁（2008）、宋夏云（2008）的论文中所采用的调查问卷，并结合本篇的实际情况以及笔者自身的能力水平设计出较为合理的问卷①。问卷主要包括被调查者的基本情况和影响因素的调查两部分。第一部分是被调查者的基本情况。主要包括被调查者的职业、学历、工作年限、专业以及对政府审计的了解程度和满意程度，共 6 道题。第二部分就是影响因素及其影响程度的调查，并分别对影响程度的 5 个标准，影响非常大、影响较大、影响一般、影响较小及无影响分别赋以 5、4、3、2、1。共 15 道题。

三　调查问卷的发放

对于调查问卷的发放，笔者主要采用的是电子邮件的方式。在 2011 年 8 月 20 日至 9 月 10 日间一共发放了 100 份调查问卷，最终成功回收了 69 份，回收率为 69%，基本满足了数据研究的要求。本次调查问卷的发放对象比较有针对性，主要选择了公务员、高校教师和注册会计师为调查对象。但是由于笔者资源的限制，接触不到大量的被调查对象，一部分的问卷依靠大学同学代为发放，另外一部分的问卷，通过导师的帮助，获得了大量被调查对象的联系方式，才得以成功发放并收回。由于时间的限制，未能发放更多的调查问卷，本次调查的样本可能不足以代表样本总体情况，但是对于本章的研究已经能够提供比较有效的分析基础。

第二节　影响因素的选取及假设的提出

对于政府审计质量影响因素的选取，大多基于相关文献以及政府审计现状。

---

① 问卷见附录一。

一 外部环境因素

政府审计管理体制。审计体制决定了审计规制的性质、作用形式、特点和效用，是影响和制约政府审计的重要因素之一。由前文现状分析可知，我国目前所采用的审计体制是行政型审计体制，这种体制相对于其他另外三种体制存在着更多的缺陷。当初确立这种体制是基本符合中国政体等国情的，但随着我国市场经济日趋完善、政府职能转变、审计环境的巨大变化，这种体制已逐渐暴露出许多弊端，已不再适合我国各项改革措施和经济发展的需要。因此，目前的审计体制势必会影响政府审计工作的开展，进而影响审计质量。

国家法律法规和现行政策。国家的法律法规和现行政策的制定一方面能够提供一个良好的制度保障，保证审计人员有明确的职责和相应的权限，即权、责、利相统一；另一方面能够提供明确的审计工作目标、统一的审计工作标准和严格的审计工作程序，即对审计工作起指导性作用。审计工作无论是事前的科学规划和设计，事中的分工协作、对外协调，还是事后的审核、检查，都离不开审计的相关法律政策。可见，完善国家的法律法规和现行政策是提高审计工作质量的基础。改革开放以来，我国的立法工作发展迅速，各项法律法规政策日趋完善，但是依然存在一些问题。若各部门出台的法律法规存在着冲突，审计问题的处理就会出现不同的结果，或者一些审计问题的定性、处理和评价缺少法律依据，都使审计工作存在一定程度的随意性，影响政府审计的质量。

综合上述两方面，提出以下假设：

假设1：政府审计管理体制、国家法律法规和现行政策与政府审计质量呈正相关。

地区经济发展状况。黄溶冰和王跃堂（2010）在对我国省级审计机关审计质量的研究中曾经得出这样的结论：经济越发达的地区，审计机关更加倾向于发挥预防作用[①]。目前我国大多数审计机关进行的是事后审计，很少进行事前和事中审计，试想，如果加强事前事中审计，充分发挥审计的预防作用是否能够提高审计质量，即地区经济的发展状况是否会影

---

① 黄溶冰、王跃堂：《我国省级审计机关审计质量的实证分析》，《会计研究》2010年第6期。

响政府审计质量。由此提出：

假设 2：经济越发达的地区，政府审计质量越高。

各级政府部门的配合和重视情况。在实际工作中，一项任务的完成，若是能得到相关各部门的配合与重视，必然能达到事半功倍的效果，审计工作也一样。若是政府审计机关在进行审计工作的过程中，被审计单位（主要指其他政府部门）能够重视审计工作，并进行有效配合，那么审计工作质量能够得到进一步的保证。若在某个具体项目的审计上能够得到相关部门的配合，那么也同样能够提高审计质量。因此，出于这方面考虑，将其作为一个审计质量的外部环境因素，提出以下假设：

假设 3：审计工作能够得到各级政府部门积极配合与重视，对政府审计质量有积极的影响。

二　内部因素

审计技术手段。其属于审计机关内部的物质资源。曾寿喜和刘国常（2007）提出审计的物力资源对政府审计质量有影响。这里所提到的物力资源主要是指审计的技术手段。例如，大力推广使用计算机审计，就会提高审计技术手段，以至于提高审计工作的效率和效果。目前我国审计大多采用的还是较为传统的审计方法，即通过审计人员进行人工审计，较为先进的技术手段应用得还不够普遍。不过在一些经济较发达地区，新的审计技术手段已经得到了广泛的应用，审计信息化也得以快速发展，并且在各个方面都取得了一定成效。由此推断，审计技术手段可能是审计质量的一个影响因素。

假设 4：先进的审计技术手段有利于政府审计质量的提高。

审计质量控制体系。这里所说的审计质量控制体系，是指审计机关及其审计人员为加强审计质量控制，达到预期的质量标准而建立的相互关联或相互作用的一组要素。这是根据审计机关自身的实际情况制定的一套适合本机关使用的标准，因此将其归类为审计机关的内部因素。从它的定义可以看出，制定的目的就是为了加强审计质量控制，达到预期质量标准。从前文分析也可知，审计质量控制体系不健全，会使审计工作暴露出诸多的问题。因此，审计质量控制体系是否完善必定影响着审计质量。

假设 5：审计质量控制体系完善程度与政府审计质量呈正相关。

审计的工作量大小和审计机关拥有的合格审计人员数量。将这两个看似毫无关联的问题结合在一起考虑，是因为在现实生活中，审计工作常常会遇到这样的情况：审计任务重，而审计人员少。因为一个人的能力是有限的，若让其进行超负荷的工作，即使最终顺利完成了，也不能保证结果一定是高质量的。审计人员进行审计工作也是一样。当面对大量的审计工作，审计人员即使想保证其顺利而又高质量地完成，也是心有余而力不足。因此，当出现这种情况时，主要原因是审计任务过重还是审计人员太少？

假设 6：审计的工作量越大，政府审计质量越得不到保证。

假设 7：审计机关拥有的合格审计人员数量越多，越有利于提高审计质量。

政府审计人员专业知识水平、职业判断能力及职业道德素质。这可以归纳为审计人员的综合素质，属于审计机关的人力资源。对于依靠脑力劳动创造审计成果的审计机关来说，这是最主要的资源之一。因此，提高审计工作质量第一位的还是要提高审计人员素质，人的因素是决定一切的因素。同时，在注册会计师审计中，也将审计人员的综合素质作为影响审计质量的一个首要因素。综合上述两方面的原因，在研究政府审计的影响因素时必然要将政府审计人员的综合素质这一因素考虑进去。

假设 8：高素质的审计人员是政府审计质量的有力保证。

审计机关的独立性。在注册会计师审计中，独立性是指注册会计师在进行审计工作、出具审计报告时在实质上和形式上都不受各方面因素的影响，保持着客观公正的态度。注册会计师的独立性一直都受到广泛的关注，并且被认为是影响注册会计师审计质量的重要因素。而在政府审计工作过程中，同样需要审计机关具有独立性。由前文可知，我国审计机关的独立性与政府审计体制存在着一定联系，目前实行的审计体制与其他三种体制相比，政府审计机关的独立性是最差的。审计机关独立性不高是否会影响政府审计质量，值得考虑。

假设 9：保持审计机关的独立性，有助于审计质量的提高。

三　其他因素

政府审计与社会审计的协调。J. 梅哈德（1991）认为，注册会计师与政府审计人员应该保持不断的对话，以便能分担问题，提出解决方法，这样有助于改善审计质量。与政府审计相比，社会审计无论是在理论上还是实践上都发展得更为成熟，而注册会计师在审计中所面临的问题更为复杂，因此，社会审计存在许多值得政府审计借鉴的地方，政府审计可以充分利用其审计成果。在一些不涉及国家机密的一般性审计项目上可以委托社会审计组织，使政府审计机关有更多的人力物力用于更为重要的审计项目上，这样可以提高审计质量。出于上述的考虑，笔者将政府审计与社会审计的协调作为审计质量的一个影响因素。

假设 10：加强政府审计与社会审计的协调有利于提高审计质量。

审计成果的利用率。从我国政府审计的现状可以看出，审计成果的利用率普遍不高，这就使一些审计工作结束之后并没有达到预期效果，更没有体现出审计的价值。而审计质量不仅是指审计工作过程的优劣程度，还指审计结果的好坏。因此，审计成果利用率的高低是影响审计结果好坏的一个因素。

假设 11：审计成果的利用率与政府审计质量呈正相关。

第三节　调查问卷的结果与分析

本节主要利用 SPSS17.0 对样本数据进行统计分析，包括描述性分析、信度分析、回归分析，进行假设检验。

一　被调查者基本情况的描述性分析

从表 9－1 中可以看出，公务员、注册会计师和高校教师的人数占了被调查对象总人数的 92.75%。之所以选择他们作为主要调查对象，是因为公务员属于政府机关的工作人员，既是代表国家开展政府审计工作的主体，又是被审计的对象，他们的意见较能反映出影响政府审计质量的主要因素；注册会计师虽然不参与政府审计，但是他们在社会审计中为提高审计质量所做出的工作和所具有的经验，也能为我们提供一定的借鉴作用；而高校教师不仅能从理论上，更能将理论结合到实际工作中来指出存在哪些影响审计质量的因素。通过细看，可以发现注册会计师的人数相对于其他两类人的人数偏少，可能是因为被调查者对问卷不够重视，或是工作忙忘记回复。但是这并不影响调查问卷结果的可靠性。

表9-1 问题1：您所从事的职业是什么？

所从事的职业	样本数	百分比（%）
公务员	33	47.83
注册会计师	8	11.59
高校教师	23	33.33
其他	5	7.25

表9-2 问题2、3、4：您的学历是什么？您工作了多少年？
您本身所学的专业是什么？

问题	选项	样本数	百分比（%）
您的学历是什么	研究生及以上	28	40.58
	大学本科	34	49.28
	大专	4	5.80
	大专以下	0	0.00
您工作了多少年	5年以下	16	23.19
	5—10年	12	17.39
	10—15年	9	13.04
	15年以上	32	46.38
您本身所学的专业是什么	会计（或财务管理）	33	47.83
	审计	19	27.54
	经济	7	10.14
	其他	10	14.49

从调查结果来看，在69名被调查对象中共有65人有大学本科以上的学历，占总人数的94.2%，大专以下学历的人数更是为零；有5年以上工作经验的有53人，占总人数的76.81%，其中15年以上工作经验的人有32个，将近占了总人数的一半；所学专业为审计或会计（或财务管理）的有52人，占总人数的75.37%。可见，本次问卷的被调查对象的综合素质相对比较高，因此从理论上来看，他们对调查问题所发表的看法是比较客观公正的，并且具有一定的代表性。

从调查情况看，对于这个问题的回答，有97.10%的人选择了了解，只有2个人明确选择了"不了解"。虽然这样的结果可能与选择的调查对象有关，但也说明了政府审计已经越来越得到人们的关注和重视。正因为被调查对象对政府审计的了解，才能更顺利地进行之后对审计质量因素的调查，并使调查所获得的结果更具可靠性，更有可信度。

表 9 - 3　　　　　　　　　问题 5：您对政府审计是否了解？

了解程度	非常了解	一般了解	了解很少	不了解
样本数	24	37	6	2
百分比（%）	34.78	53.62	8.70	2.90

从表 9 - 4 中可以看出，88.40% 的被调查对象对目前我国的政府审计质量的现状满意程度是鉴于一般满意和不太满意之间，只有一人选择了"非常满意"。这说明大多数人认为目前我国的政府审计还存在问题。即使将调查的结果反过来，只有少数人选择不满意，也不能说明政府审计工作已达到了完美。因为只要有一人不满意政府审计的现状，就说明政府审计工作还有值得改进的地方。因此，对接下去的研究就很有必要。

表 9 - 4　　　问题 6：您对于我国目前政府审计质量的现状是否满意？

满意程度	非常满意	一般满意	不太满意	不满意
样本数	1	39	22	7
百分比（%）	1.45	56.52	31.88	10.14

二　调查问卷的信度分析

本章对审计质量影响因素的研究采用的是调查问卷的形式，因此，在对调查问卷的结果展开统计分析之前，必须对其进行信度分析。只有信度在相关研究可以接受的范围之内，问卷调查的统计结果才是有价值的。

本次研究采用 α 系数作为评判标准。α 系数是衡量信度的一个指标，越大表示信度越高。一般来说，信度系数如果在 0.9 以上，说明信度非常好；如果在 0.8 以上，说明可以接受；在 0.7 以上，说明量表需要修订但不失价值；在 0.7 以下，则说明应该放弃。

从表 9 - 5 可以看出，本研究的 α 系数是 0.760，说明信度处在一个可以接受的范围之内，可以继续进行研究。

表 9 - 5　　　　　　　　　　信度系数可靠性统计量

克龙巴赫 α 系数	基于标准化项的克龙巴赫 α 系数	项数
0.760	0.792	14

表 9 - 6 给出了问卷中各题目的均值、极小值、极大值、方差等统计量。可以看出问卷中各题目之间均值的差异不大，均在 2.812—3.855 之间，方差在 0.155— 0.702 之间，14 个项目均值的方差只有 0.116；项方差范围为 0.547，项目之间方差差异不大，未发现极端的项目。

表 9 - 6　　　　　　　方差贡献率和累计贡献率摘要项统计量

	均值	极小值	极大值	范围	极大值/极小值	方差	项数
项的均值	3.517	2.812	3.855	1.043	1.371	0.116	14
项方差	0.321	0.155	0.702	0.547	4.525	0.021	14
项之间的协方差	0.027	- 0.114	0.189	0.303	- 1.648	0.003	14
项之间的相关性	0.094	- 0.308	0.705	1.013	- 2.291	0.036	14

三　调查问卷的统计分析

在得到相关数据资料后，需要对这些数据进行分析，研究各变量之间的关系。笔者采用的是回归分析的方法，其主要研究分析某一变量受其他变量影响。本文以政府审计质量为因变量，以影响因素为自变量，最终得出了相关数据。

（一）拟合情况

模型的拟合情况反映了模型对数据的解释能力。修正的可决系数（调整后的 R^2）越大，模型的解释能力越强。如表 9 - 7 所示，调整后的 R^2 为 0.744，可知此模型具有一定的解释能力。

（二）回归分析结果

由表 9 - 8 得出以下结论：

1. 政府审计体制与政府审计质量的相关系数为 0.238，Sig 值为 0.013，

表9-7　　　　　　　　　　　　模型拟合情况表

模型	R^2	调整后的 R^2	更改统计量			Durbin-Watson
			df1	df2	Sig. F 更改	
1	0.752	0.744	14	54	0.027	0.631

注：1. 自变量：审计成果的利用率，国家法律法规和现行政策，审计人员的职业道德素质，审计质量控制体系的完善程度，各级政府部门的配合情况和重视程度，当地经济的发展状况，审计的工作量大小，审计机关的独立性，政府审计与社会审计的协调，合格审计人员的数量，审计技术手段，审计人员的职业判断能力，政府审计管理体制，审计人员的专业知识水平。

2. 因变量：政府审计质量。

表9-8　　　　　　　　　　　　回归分析结果汇总表

项目	非标准化系数		Sig	T 值
	B	标准　误差		
（常量）	1.032	1.072	0.146	1.476
政府审计管理体制	0.238	0.039	0.013	3.307
国家法律法规和现行政策	0.210	0.120	0.021	2.983
地区经济的发展状况	0.247	0.093	0.184	1.644
各级政府部门的配合情况和重视程度	0.195	0.121	0.049	2.658
审计技术手段	0.075	0.116	0.270	-0.152
审计质量控制体系完善程度	0.202	0.132	0.076	2.66
审计的工作量大小	-0.311	0.096	0.205	-3.002
拥有的合格审计人员数量	0.149	0.113	0.011	2.689
审计人员的专业知识水平	0.362	0.223	0.005	3.732
审计人员的职业判断能力	0.316	0.237	0.032	3.423
审计人员的职业道德素质	0.325	0.141	0.045	4.577
审计机关的独立性	0.155	0.133	0.026	2.683
政府审计与社会审计的协调	0.215	0.108	0.338	0.938
审计成果的利用率	0.196	0.083	0.054	2.535

小于5%；国家法律法规和现行政策与政府审计质量的相关系数为0.210，Sig值为0.021，同样小于5%，因此，两者均与政府审计质量呈显著正相

关关系。在问卷调查中，认为两者对政府审计质量的影响非常大的被调查者都超过了半数。验证了笔者在前文中所提出假设1，即政府审计体制及国家法律法规和现行政策越完善，政府审计质量越高。

2. 地区经济的发展状况与政府审计质量的相关系数为0.247，概率 P 为0.184，大于10%，T 值为1.658，两者之间的正相关关系不明显。调查结果显示（见表9-9），超过半数的被调查者认为影响程度较小，并且有2人认为无影响。假设2未得到验证，出现这样的结果的原因：与被调查者的选择有关，尤其是对公务员的选择。在评价地区经济的发展状况与政府审计质量的影响程度时，公务员相对更具有发言权。被调查的公务员中有87.88%是来自浙江省内，且公务员占被调查对象总人数的将近一半。而浙江省各个地区的经济发展水平相对比较平均，审计质量是否受地区的经济状况的影响不能很好地体现出来。若在全国范围内进行调查，可能结果会有所不同。

表9-9　问题7：在您看来，地区经济发展状况是否影响对政府审计质量的优劣？

影响程度	影响非常大	影响较大	影响一般	影响较小	无影响
样本数	0	10	15	42	2
百分比（%）	0	14.49	21.74	60.87	2.90

3. 各级政府部门的配合情况和重视程度与政府审计质量的相关系数为0.195，显著性水平为0.049，小于5%，两者呈显著正相关关系。调查问卷中有68.12%的被调查对象认为各级政府部门的配合和重视情况会对政府审计质量产生很大影响。可见，假设3成立，各级政府部门对审计工作积极配合与重视会对政府审计质量有积极的影响。

4. 审计技术手段与政府审计质量的正相关关系不明显，因为显著性水平为0.270，远大于10%。同时，大部分的被调查对象认为审计技术手段对审计质量的影响不大（见表9-10）。可见，假设4不成立。可能的原因有二：一是像计算机辅助审计这样的审计技术，在审计人员看来，它的作用主要体现在帮助他们节约了审计时间、提高效率、减轻劳动量，而对审计质量的提高影响不大。二是审计工作的信息化发展是一项巨大的工程，涉及各个相关部门，并且从起步到发展成熟是一个较为漫长的过程，而目前我国的这项工程还处在发展阶段，因此为审计工作带来的好处还体现得不够明显。

表 9 - 10　　问题 8：您认为，审计技术手段对政府审计质量的影响有多大？

影响程度	影响非常大	影响较大	影响一般	影响较小	无影响
样本数	1	14	44	10	0
百分比（%）	1.45	20.29	63.77	14.49	0.00

5. 审计质量控制体系完善程度与政府审计质量的相关系数为 0.202，概率 P 为 0.076（小于 10%），T 值为 2.66，两者呈显著正相关关系。调查结果显示，100% 的被调查对象认为审计质量控制体系的完善程度对政府审计质量有较大影响。审计质量控制体系能对本部门审计工作起到指导性作用，是审计工作的开展符合相关的规定，而前文概括的政府审计质量的定义中包括了政府审计机关进行审计工作的规范程度，由此可见，完善的审计质量控制体系有利于提高审计质量。假设 5 得到验证。

6. 审计工作量与政府审计质量的相关系数为 - 0.311，Sig 值为 0.205，远大于 10%，因此，两者之间负相关关系不显著。从调查情况看（见表 9 - 11），超过一般的被调查者认为审计的工作量大小对政府审计质量影响程度一般。而合格审计人员的数量与政府审计质量的相关系数为 0.149，Sig 值为 0.011，小于 5%，可见两者呈显著正相关关系。调查结果显示，认为合格审计人员的数量对政府审计质量影响非常大和影响较大的被调查对象有 48 人，接近总人数的 3/4。由此得出，假设 6 不成立，而假设 7 成立。结果出现如此大的差异的可能原因：在现实情况下，审计工作主要是由上级审计机关下达给下级审计机关，因此，下级审计机关并不能决定审计工作量，也就是说审计工作量是一定的，只能通过调整审计人员数量并合理分配任务，才能保证审计工作有质量的完成。可见，在他们看来，影响更大的是审计人员的数量。

表 9 - 11　　问题 9：您认为，审计的工作量大小是否影响政府审计质量？

影响程度	影响非常大	影响较大	影响一般	影响很小	无影响
样本数	2	20	39	8	0
百分比（%）	2.90	28.99	56.52	11.59	0.00

7. 政府审计人员专业知识水平、职业判断能力及职业道德素质与政府审计质量的相关系数（显著性水平）分别为 0.362（0.005）、0.316（0.032）和 0.325（0.045），显著性水平均小于 5%，即政府审计人员的综合素质与政府审计质量呈显著正相关关系。问卷情况也显示，无论是政府审计人员的专业知识水平、职业判断能力，还是职业道德素质，都有超过 3/4 的被调查对象认为对政府审计质量的影响很大。其结果与笔者的假设是一致的。因此，审计人员的综合素质在政府审计和注册会计师审计中都是一个影响其质量的重要因素。

8. 审计机关的独立性与政府审计质量的相关系数为 0.155，概率 P 为 0.026（小于 5%），两者呈显著正相关关系。通过调查，100% 的被调查人员认为其对政府审计质量是有影响的，而且有 82.61% 的人选择了"影响非常大"和"影响较大"。这就验证了假设 9，审计机关的独立性越高，审计质量也越高。由此可以看出，独立性与审计人员的综合素质一样，不论是在注册会计师审计，还是在政府审计中，都是一个重要的影响因素。

9. 政府审计与社会审计的协调与政府审计质量的相关系数为 0.215，显著性水平为 0.338（大于 10%），表现为两者正相关关系不明显。从表 9 - 12 可以看出，绝大多数被调查对象认为此项因素对政府审计质量影响程度较小。假设 10 得不到验证的原因可能是：目前我国上市公司中大部分是国有企业，这些企业一方面要接受注册会计师的审计，另一方面又要接受政府审计的监督。这种重复审计表现出政府审计和社会审计没有做到很好的协调，浪费了大量的人力物力财力。因此，加强政府审计与社会审计的协调，即在国有企业的审计上，政府审计与社会审计进行分工合作，主要是对政府审计的范围产生影响，而不是影响审计质量。

10. 审计成果的利用率与政府审计质量的相关系数为 0.196，概率 P 为 0.054（小于 10%），两者呈现显著的正相关关系。调查统计结果显示，大部分的被调查者认为其有较大影响。假设 11 成立。审计成果的利用率主要体现在审计成果的质量、对后续整改的监督和审计结果的公开上，审计成果的质量影响审计结果与被审计单位真实情况的符合程度，对后续整改的监督影响政府审计机关进行审计工作的规范程度，审计结果的公开影响对审计需求的满足程度。从而审计成果的利用率影响政府审计质量。

表9－12　　　问题10：您认为，政府审计与社会审计的协调是否
会对政府审计质量产生影响？

影响程度	影响非常大	影响较大	影响一般	影响很小	无影响
样本数	0	7	43	18	1
百分比（%）	0	10.14	62.32	26.09	1.45

综上分析得出以下公式：

政府审计质量 = 1.032 + 0.238 × 政府审计管理体制 + 0.210 × 国家法律法规和现行政策 + 0.195 × 各级政府部门的配合情况和重视程度 + 0.202 × 审计质量控制体系完善程度 + 0.149 × 合格审计人员的数量 + 0.334[①] × 审计人员的综合素质 + 0.155 × 审计机关的独立性 + 0.196 × 审计成果的利用率。

由此可以看出，政府审计质量影响因素中影响程度最大的六个因素分别是：审计人员的综合素质、政府审计管理体制、国家法律法规和现行政策、审计质量控制体系完善程度、审计成果的利用率以及各级政府部门的配合情况和重视程度。

---

① 取审计人员的专业知识水平、审计人员的职业判断能力和审计人员的职业道德素质相关系数的平均值。

第十章 政策建议与局限性

第一节 提高我国政府审计质量的政策建议

通过前文对政府审计质量影响因素分析，借鉴国外政府审计的相关经验，针对其中的一些主要因素，对如何提高我国政府审计质量提出相应的对策与建议。

一 改革现有政府审计体制

（一）政府审计模式的改革

立法型政府审计模式是目前在国外最为流行的一种审计模式，尤其在西欧、北美等的发达国家十分普遍。这种模式下的审计机关是由议会直接领导的，依照相关法律，对各级政府部门和国家企事业单位的财政收支及有关经济活动等独立行使审计监督权，直接对议会负责并报告工作，不受行政当局的控制和干扰。审计机关的独立性和权威性都较强。例如，英国就是立法性审计体制的一个代表，其最高政府审计机关是政府审计署，独立于政府并直接向议会报告。美国的政府审计总署同样独立于政府，而隶属于国会。像这样的国家还有加拿大、澳大利亚等。这样的审计模式已经较好地适应了西方国家的市场经济深度发展的国情。

随着我国社会主义市场经济体制的不断发展和完善，立法型政府审计模式可以成为我国审计模式改革的方向。可以将各级审计机关从政府部门独立出来，直接对各级人大负责并报告工作。这样可以使政府审计不再是国家宏观调控体系的一部分，保持了审计机关的独立性，充分发挥审计的监督职能，提高政府审计的质量。

（二）审计机关领导体制的改革

从世界范围来看，审计机关的领导体制主要分为分级领导体制、垂直领导体制和双重领导体制三种。我国目前实行的是双重领导体制。当初采用这种体制，目的是为了加强审计工作的独立性，但是实际情况却是严重影响了审计的独立性，阻碍了审计监督功能的发挥，迫切需要改革。

分级领导体制主要表现为中央审计机关与地方审计机关相互独立，它们之间不存在任何的领导关系。而垂直领导体制表现为某一机关只由一个上级机关进行领导和管理。改革需要循序渐进，就目前来看，垂直领导体制比较适合我国审计机关领导体制的改革方向。在垂直领导体制下，中央审计机关和地方审计机关可以分别专门负责监督中央和地方的财政支出和相关经济活动，各司其职，强化监督力度。同时，政府审计机关直接接受上一级审计机关的领导，而不受同级政府的管理和干涉，可以彻底解决"一女共侍二夫"的问题，使政府审计不再成为政府的"内部审计"。

审计体制要改革，但又不能盲目地直接照搬国外的体制进行改革，要取其精华，并且结合自身的实际情况，制定出一套具有中国特色的政府审计体制，进一步提高政府审计质量水平。当然，这个改革的实现是一个漫长的发展过程，会涉及方方面面的改革，尤其是政治体制的改革，不可能一蹴而就，因此不能操之过急。

二　进一步加强"人、法、技"的建设

"人、法、技"，就是指审计队伍、审计的法律法规以及审计工作的手段和技术方法。由调查结果可知，前两方面都是影响政府审计质量的重要因素，而审计技术手段并未被列为政府审计质量的影响因素，但是在目前的情况下，推进审计工作的现代化是必然趋势。因此提出以下建议：

（一）加强审计队伍建设

1. 实行严格的政府审计资格准入制度。提高审计人员队伍的综合素质的一个途径就是实行严格的政府审计资格准入制度。只有这样，才能保证优秀的人才被招募进入政府审计机关。

目前，政府审计人员的招录一般是通过公务员考试选拔人才，而公务员考试是面向报考各个不同政府部门的考生的统一考试，不能体现出专业性，因此，审计机关可以根据岗位的需要，在报考条件上提出比现有条件更高、更具体的要求来选拔优秀的专业人才。另外，还可以建立政府审计准入资格考试，即只有通过考试取得一定的资格认证才能进入政府审计机关开展审计工作。这种方式与社会审计资格认证方式（如 ACCA、CPA 等）类似，有利于提高审计人员从事政府审计职业的社会认可度。

2. 提高现有审计人员的综合素质。对于已经在岗的政府审计人员，提高他们的综合素质的方法有：

（1）加强职业后续教育。对审计人员的业务能力和职业道德水平进行定期的培训，特别是要加强计算机操作、法律知识等的培训，并且将培训与考试相结合。这样可以不断地提高审计人员的业务素质，使其能够适应社会经济的发展，应对各种挑战，更好地完成审计工作。同时，更要加强对审计人员思想观念上的教育，要让他们深刻认识在新形势下提高审计质量的重要性。

（2）建立激励机制。在大多数企业中，管理者都会制定一套属于自己的激励机制，以调动员工工作的积极性，提高工作效率。这种方式同样适合用于审计机关。近年来，一些审计机关已经出现了各种各样的激励机制。但是由于审计工作的多样性和复杂性使审计人员的工作业绩很难被衡量，还未形成一套科学合理的激励机制。科学合理的激励机制能够有效地调动审计人员工作的积极性，发掘审计人员的潜能并且提高审计质量。因此，建立一套科学合理的激励机制很有必要。

（3）加强审计人员的交流。可以建立一个可供审计人员进行审计经验、审计方法交流的平台，使多样的审计方法和成功的审计经验得到推广，审计人员可以相互学习，共同进步，为提高审计质量提供良好的条件。

（二）加强审计法制建设

审计法制工作是审计工作的重要组成部分。审计法制工作的好坏影响着审计质量。从我国成立审计机关以来，审计法制的工作逐步建立健全，审计法制建设也取得了显著的成绩。时代在进步，审计法制的建设也应该紧随着时代的脚步得到进一步地加强，可以通过以下几个方面：

1. 完善审计的法律法规。随着社会主义市场经济体制的发展和日趋完善，我国经济形势发生了日新月异的变化，审计工作必定会面临新的情况、新的挑战，现行的法律法规可能会无法适应当前情况的变化，因此，必然需要对现有的法律法规进行完善。如 1994 年 8 月 31 日通过并在 1995

年 1 月 1 日施行的《中华人民共和国审计法》于 2006 年 2 月 28 日进行了修订。越发完善的审计法律法规才能进一步保障政府审计人员能够顺利进行审计执法工作，加强对违规单位的惩戒力度，而最终的目的是为了提高政府审计的质量。

2. 加大普法力度，建立法制队伍。在加强审计法制的建设过程中，仅仅只完善审计的法律法规是不够的。我们应该大力地开展对审计法律法规的宣传报道和学习培训，与此同时，可以建立一支诚实可靠、业务精湛、作风顽强的高素质的审计法制干部队伍，并让审计法制人员与审计业务人员相互交流轮岗，提高审计人员依法审计的理念，使审计机关依法行使权力。普法工作不仅是针对审计部门的人员，还要针对其他各个部门，要让他们了解政府审计的重要性，得到他们的协助和配合，就能保证审计工作的顺利完成，也保证了审计质量。

（三）实现审计工作现代化

1. 推广先进的审计方法。审计方法是提高审计质量的一个重要手段。近年来，许多审计人员在开展审计工作（尤其对一些重点审计项目上的审计）的过程中，摸索出了许多行之有效的经验和方法，但没有及时地进行归纳和总结，因此，无法将这些方法加以推广。如果我们把这些比较成熟的审计方法进行系统地归纳总结并进行推广，那么将对审计工作的发展具有很大的推动作用。例如，在 2010 年，审计署京津冀办针对投资审计具有审计类型、审计对象多样化及管理环节多、信息分散、缺乏系统性等特点，积极创新投资审计思路，通过对审计对象信息的标准化处理和共享交换甄别等方法，在提高审计效率，提升审计质量方面发挥了较好作用。这种投资审计的新思路得到了审计署的肯定，相信日后很有可能在投资审计中推广。因此，我们首先应该加强对新的审计方法、思路进行总结归纳，然后通过各种方式将这些新方法在审计实践中积极地推广，使单个审计主体的成功经验和方法变成审计集体共有的财富，为审计质量的提高提供了技术支持。

2. 推动审计工作的信息化。20 世纪 80 年代，随着科教兴国战略的实施，计算机、网络等现代信息技术在我国金融、海关等部门和民航、石化等重要行业得到了广泛应用。由于长期以来我国审计人员只会对纸质的账簿凭证进行检查，使得我国审计面临着巨大的挑战。因此，审计工作的信息化是审计事业发展的必由之路。于是，我国开始了一项推动审计工作发展的大工程——"金审工程"，即政府审计信息化建设项目。它的最终目标就是全面提升审计监督能力，提高审计质量。金审工程一期于 2002 年开始建设，于 2005 年通过国家发改委的竣工验收。工程试运行期间，取得了良好的效果，也为后期的建设打下了坚实的基础。目前我国就处在"金审工程"二期建设和运行过程中，许多成果已经投入使用。例如，2010 年，浙江省启动建设的社会保险审计数据分析系统，是浙江省金审工程二期核心应用系统国产化示范项目的子项目，它利用审计署联网审计平台建立了 168 个审计模型，覆盖了省级职工基本养老保险、基本医疗保险、工伤保险和生育保险等审计业务，并在相关社会保险审计项目中进行了应用。该系统提高了社会保险审计工作的及时性、全面性、客观性、准确性和便捷性，有效地促进了社会保险基金管理的规范化、精细化。

三　提高审计成果的利用率

审计成果是指审计人员在审计工作中经过实施规定的审计程序，汇总工作成果而形成的审计结论与建议，是审计机构、审计人员在依法履行职责过程中形成的工作结晶。它是审计工作的核心。在实际工作中，有些审计项目开展得轰轰烈烈，而最终却效果平平，一个主要原因就是对审计成果的利用不够，没有体现出审计的价值。

（一）提高审计成果的质量

审计成果质量主要体现在审计报告的质量上。因此，要提高审计成果的质量就必须提高审计报告的质量，这就需要我们做好各方面的工作。一是审计报告要体现出审计的服务功能。审计是一个监督的过程，也是为被审计单位改进工作提供服务的过程。因此，在完成审计报告时要充分考虑到被审计单位的客观需求，在此基础上客观、公正地评价被审计单位的情况并提出相应的处理建议；二是要保证审计报告的格式规范，语言精练且易懂。审计报告的使用者并非都是财会相关专业出身，若报告中使用过多的专业术语，一些非专业人员可能无法理解，就会影响报告的使用，因此提交的报告中所用的语言必然要通俗易懂；三是加强综合分析。综合分析是指对审计中发现的各种问题，运用科学的思维方法，对其进行多角度、多层次的分析与综合，进而提出解决和预防问题的办法。开展综合分析，是提高审计报告质量的关键一环。对于审计中查出的问题，不能就事论事，仅仅针对表面现象随随便便提出一些处理意见，而是要从大量的数据资料中找出规律，抓住问题的本质，结合问题产生的原因和可能造成的后果，并且联系实际情况进行深入分析，最终提出具有针对性和可操作性的意见和建议。这样才能真正体现出审计报告甚至是审计成果的质量。

（二）加强对后续整改的监督

审计的最终目的就是要对发现的问题进行整改，更深层次的是促进法律法规制度的完善。因此，审计质量的高低，不仅仅体现在审计过程中查出了哪些问题，提出了哪些建议，还体现在这些建议是否得到重视并被采纳，问题是否得到整改。简单地说，就是要充分发挥审计成果的作用。

1. 推行后续审计制度。审计工作的结束并不只是提交审计报告、作出审计处理决定，还需要对所发现的问题的后续整改情况进行跟踪监督。只有问题的整改落实到位，才是审计工作的终点。因此，要推行后续审计制度，确保发现的问题得到彻底整改。

2. 抓住整改的重点。审计过程中查出的问题多种多样，对于那些数额较大、影响范围广和危害性较大的问题，应该进行重点跟踪整改；对于社会公众较为关注的问题或者与公众利益息息相关的问题，应该加强对其后续整改的监督。在对某一行业进行审计所发现的较为普遍的问题，除了要予以纠正，还应把重点放在更深入的整改上，如健全行业制度、提高行业管理水平等。

（三）加大审计结果的公开力度

过去很长一段时间，审计报告、审计结果一般只对本单位及相关部门报送，而不对外公布，即使公布，也是内容不完整的公告，而且披露的问题很少。审计结果不公开使政府审计更像是政府部门的"内部审计"，也使政府审计真正的作用没得到充分发挥。前任审计署审计长李金华曾经说过：审计不是"风暴"，而是透明。因此，必须加强审计工作的透明度，加大审计结果的公开度。西方一些国家在审计结果公开方面的做法值得借鉴。如在美国，政府审计机关会定期向联邦政府和国会报送审计结果报告，而且这些审计报告大多都是公开的，任何单位和个人都可以向审计机关索取。在德国，联邦审计院不仅要向议会和联邦政府递交审计报告，同时还要召开新闻发布会向社会公布年度审计报告重点内容，并在公开刊物上刊登。在瑞典，注重把议会的监督与社会的监督结合起来，由议会将政府审计局提交的审计报告有选择地在报刊或政府公报上公布。

近几年，我国在实现审计结果公开方面取得了一定的成绩。例如，审计署公告了"20 个省有关企业节能减排情况审计调查结果"，其中，由审计署驻长沙特派办承担的湖南省节能减排专项资金审计和电力、钢铁、水泥等重点行业节能减排审计取得的相关审计成果，也是首次向社会集中公告。审计公告不仅通报了 2009 年来节能减排工作取得的可喜成绩，还揭示了存在的主要问题。审计公告发布后，一些报刊、网络等媒体都对此进行了报道，取得了良好的社会效果，形成了有利于审计整改工作的社会舆论监督环境。这就达到了加大审计结果公开程度的目的，有效地提高了政府审计质量，起到了维护审计形象、推动审计事业发展的作用。

四　完善审计质量控制体系

审计质量控制体系是指审计机关及其审计人员为加强审计质量控制，达到预期的质量目标而建立的相互联系或相互作用的一组要素。体系主要包括实现审计质量目标的组织结构及手段、各个机构的职责、工作标准和工作程序，等等。完善的审计质量控制体系能够有效地提高审计质量，实现审计目标。但是，审计质量控制体系的建立并没有一个统一的模式，而是根据审计机关自身的特点、所处环境、所具备的条件，且必须具有全面性、系统性、严密性和有效性等特征，并随着审计相关工作的开展进行不断深化和完善。

例如，青岛市审计局在落实新修订的《政府审计准则》的基础上，完善审计质量控制体系已取得了一些成绩。在业务管理方面，出台了《关于加强宏观服务型审计的实施意见》等十多项业务管理规定，建立了《审计过程中重大审计事项报告制度》、《审计业务会议制度》等二十余项业务管理制度。在技术方法方面，将审计重要性水平分析、风险评估、分析性复核等技术方法全面推行到财政金融审计、经济责任审计、绩效审计、政府投资审计中，并在探索以"三资"（资金、资产和资源）绩效审计为"龙头"的审计方法体系。在业务操作方面，制定了与《审计准则》实施相配套的规定，如《审计工作方案管理办法》、《审计实施方案管理办法》、《专项审计调查项目管理办法》等，以抓好审前调查、审计方案编制、审计实施、审计处理处罚等几个关键环节，以提高审计质量。

又如，上海市金山区审计局也在新《审计准则》和原有制度的基础上，结合自身的实际，补充了更多细化要求，印发了《审计项目质量控制规则》，这就为规范审计行为，提高审计质量提供了具体操作指南。

这些不仅是完善审计质量体系的体现，也可为其他地区的审计机关提供借鉴，共同提高政府审计质量。

五　加强政府部门之间的配合

政府审计质量得以保证，其中有一部分原因是被审计单位的积极配合，而这里的"被审计单位"一般是指各个政府部门。当然，在配合过程中，各政府部门不仅是审计客体的载体，有时还应作为审计主体协助审计机关完成审计任务。例如，对于扶贫资金的审计，江苏省滨海县审计局与财政局、监察局联合成立了审计调查组，对全县 2010 年以来实施的扶贫项目开展审计调查。三部门领导积极与审计调查所涉及的单位领导进行沟通，为审计工作提供了良好的工作秩序和组织保障。三部门之间的配合，不仅有利于进一步了解扶贫资金分配、管理和使用情况，找准扶贫项目建设以及资金分配、管理和使用中存在的问题，还可以使这些问题得到及时有效的解决，大大提升了审计质量。又如，对于社保基金的审计，需要社保基金征管、经办机构、财政、税务等部门的配合。

第二节　本篇的局限性

由于笔者的知识结构、认识能力以及工作经验的限制，在政府审计质量影响因素研究的深度和广度上还有待加强。主要存在的局限性有：

1. 对影响政府审计质量存在的因素考虑得还不够周全。调查问卷中的问题 18 "您认为可能存在的对政府审计质量产生影响的因素还有哪些？"许多被调查者都列出他们认为会对政府审计质量产生影响的因素，例如审计目标的制定以及定位、政府内部的企业文化和激励机制、审计的越位和非专业操作等。因此，可以看出，影响政府审计质量的因素还有很多，笔者在这方面的考虑还不够周全。

2. 在调查问卷的设计上还存在着缺陷，对问题的层次和范围不够深入。对影响程度的分析所采用的统计方法比较简单，可能会影响研究的结果，还需要进一步改进。

第三篇
公告制度下政府
审计风险研究

第十一章 绪论

第一节 研究背景：政府审计风险研究现状评述

我国学者对于政府审计风险的研究起步较晚，自 1983 年我国恢复审计制度以来，无论政府审计、内部审计还是注册会计师审计，对于风险的意识都还比较薄弱，即使随着审计风险观念的逐步渗入，人们也把大部分注意力集中在注册会计师审计的风险上，而忽视政府审计的风险，甚至有相当一部分学者认为政府审计是无风险的，并形成了政府审计有无风险的"派别之争"。出现这种情况一是在理论上人们对于审计风险的内涵认识不足；二是自政府审计机关成立以来，也几乎没有发生审计风险的问题。这样的现实直接造成了我国政府审计理论以及实践研究的滞后。到了 20 世纪 90 年代末期，随着"红塔审计案"等审计事件的发生，相关学者开始关注和研究政府审计风险，比如韩玉芹、刘日恒的《政府审计风险及防范措施》（1998）。1999—2000 年出现了政府审计风险研究的第一个高潮，但大多是以学术论文的形式出现，包括《试论政府审计风险》[1]、《政府审计风险的几个问题》[2]、《论政府审计风险的成因及控制策略》[3]、《政府审计风险的特征与控制》[4]、《试论政府审计风险的成因及控制》[5]，等

---

[1] 谭劲松：《试论政府审计风险》，《审计研究》1999 年第 6 期。

[2] 廖洪：《政府审计风险的几个问题》，《经济评论》1999 年第 3 期。

[3] 王会金、尹平：《论政府审计风险的成因及控制策略》，《审计研究》2000 年第 2 期。

[4] 朴峰、张希：《政府审计风险的特征与控制》，《中州审计》2000 年第 7 期。

[5] 李保伟、冀玉玲：《试论政府审计风险的成因及控制》，《山西财经大学学报》2000 年第 22 卷增刊。

等；而政府审计风险的第二个高潮则出现在 2002 年，《政府审计风险的成因及防范措施》①、《论政府审计风险的特征及其控制》②、《政府审计风险的控制措施》③、《谈谈政府审计风险》④ 等一系列学术研究成果相继问世，使得政府审计的研究日显规模化，如图 11 - 1 所示。

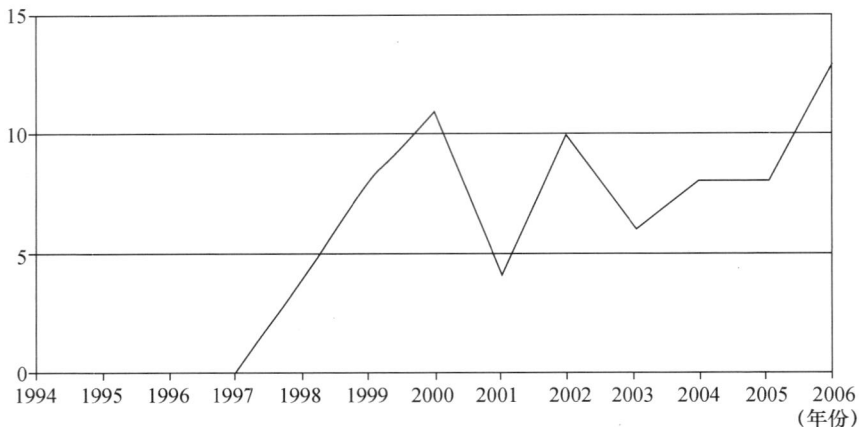

图 11 - 1　政府审计风险研究相关的文献总量年度变化

　　2003 年"审计风暴"的出现，学术界又开始刮起政府审计的"研究风"，特别是在审计结果公告制度实施以后，政府审计风险的防范问题显得更为急迫。审计署在 2003 年 7 月 1 日正式印发的《审计署 2003—2007 年审计工作发展规划》中明确提出"推行审计结果公告制度、充分发挥社会舆论监督作用"，并且要求"到 2007 年力争做到所有审计和专项审计调查项目的结果，除涉及国家秘密、商业秘密及其他不宜对外披露的内容外，全部对社会公告"。这使得政府审计工作被置于公众的监督之下，被审计单位的审计事项被公之于世，国家审计在审计过程中审计行为是否

①　陈媛：《政府审计风险的成因及防范措施》，《审计理论与实践》2002 年第 7 期。
②　陆强论：《政府审计风险的特征及其控制》，《山东审计》2002 年第 9 期。
③　王青云：《政府审计风险的控制措施》，《价值工程》2002 年第 1 期。
④　赵元、郑艳茹：《谈谈政府审计风险》，《审计理论与实践》2002 年第 6 期。

合法，披露被审计单位的情况是否真实、及时，出具的审计结果、审计建议等内容是否具有建设性意义等，这些问题若处理不当会扩展审计风险的影响，甚至会给政府审计机关带来诉讼风险，因此许多研究学者开始将研究的方向转向公告制度下政府审计风险的研究。例如，吴碧娥（2005）研究了审计结果公告制度实施以后政府审计风险的形成及其防范问题；审计署兰州办（2005）研究了审计结果公告制度下加强控制审计风险的必要性，并以此为出发点，构建了审计结果公告制度下政府审计风险模型，将审计风险影响因子归纳为重大隐瞒风险、检查风险和公告风险，即审计风险＝重大隐瞒风险×检查风险＋公告风险，并提出了控制方面的有关建议。此外，王晓锦在《审计结果公告制度与政府审计风险的防范》和文清在《浅谈审计风险与审计公告制度》中也提到了公告制度下政府审计的风险问题。

虽然政府审计风险随着经济发展、社会进步、政治文明的逐步推进而增长，并且因社会环境的变化、审计体制的转变而不同。但是从搜索的文献看，大部分学者对于政府审计风险的研究还是集中在政府审计风险的含义、风险的成因、风险的控制和风险模型四个方面，且大部分以规范性研究为主。通过将国外理论结合中国实际进行研究，在理论上提出政府审计风险的含义和成因以及如何在政府审计中防范审计风险的问题。上面我们提及的学术论文大多也是从这些角度进行研究。当然，这些研究成果为我国研究政府审计风险和审计结果公告制度问题提供了一定的理论基础和研究方法，但是我们也意识到国内学者对政府审计风险的研究主要集中在理论研究方面，即对风险的定性研究占大多数，而很少有人对政府审计风险进行定量研究；在研究方法上，基本上采用的是规范模式，这对我们有效地管理和控制政府审计风险是极其不利的。在研究政府审计公告制度与审计风险关系的问题上，也只是较为粗略地谈及了政府审计公告制度带来的审计风险，针对产生的风险提出了相应的防范措施，并没有真正把公告制度下的政府审计风险研究透彻。

综合评价我国政府审计风险的研究现状后，我们得出以下几点认识：

（1）政府审计是有风险的，且风险的形成是由不同因素造成的；

（2）政府审计风险的产生会给相关责任方带来损失，这种损失不一定是经济意义上的，更多的可能是政治的、社会的信誉损失；

（3）政府审计风险同样符合风险定义的范畴，因此具有风险的一般特征，是可以加以防范和控制的；

（4）对于风险成因认识的最终目的是为了更好地控制风险；

（5）目前我国对于政府审计风险的研究主要是规范、定性研究。

因此，我们不能对政府审计风险仅做理论上的研究，更要从实践的角度进行研究。特别是在政府审计资源有限的情况下，必须有针对性地对政府审计的高风险领域进行重点控制。因此，对政府审计风险的成因运用量化的方法进行合理的分析研究，以便全面系统地对政府审计风险加以识别、估计以及控制管理就显得尤为重要。

第二节　研究目的、研究方法与研究框架

一　研究目的

政府审计风险管理不是一个抽象概念，而是由具体的方法和程序构成的可操作的一系列行为过程，包括政府审计风险的认识、评价和控制。但是，目前更多的研究将关注的重点放在审计风险的识别和审计风险的控制上，即在分析风险产生的原因后直接提出风险控制的建议，忽视了审计风险评价这一过程，这就可能造成风险控制的盲目性。另外，对公告制度的出台，使政府审计风险的程度进一步扩大，因此本书选择从公告制度的视角重新研究政府审计风险的管理问题，通过定量分析，加强政府审计风险管理在风险评价方面的研究。

二　研究方法

（一）跨学科研究方法

本书将管理学中的风险管理理论和经济学中的成本效益理论结合，详细论述政府审计风险中风险管理理论的运用，并把成本效益理论运用到政府审计风险的控制中。

（二）规范研究和实证研究相结合的方法

本书主要从理论角度阐述公告制度下政府审计风险的特殊性，并且在此基础上构建新的政府审计风险模型；采用问卷调查，主要是针对政府审计风险的影响因素，获得相关数据，以期能够对政府审计风险的影响因素

进行量化，综合评价出高风险因素，并以此进行风险控制，这样就增强了本书与实际的联系，有现实意义。

三　研究框架

全篇基本的研究框架如图 11 - 2 所示。

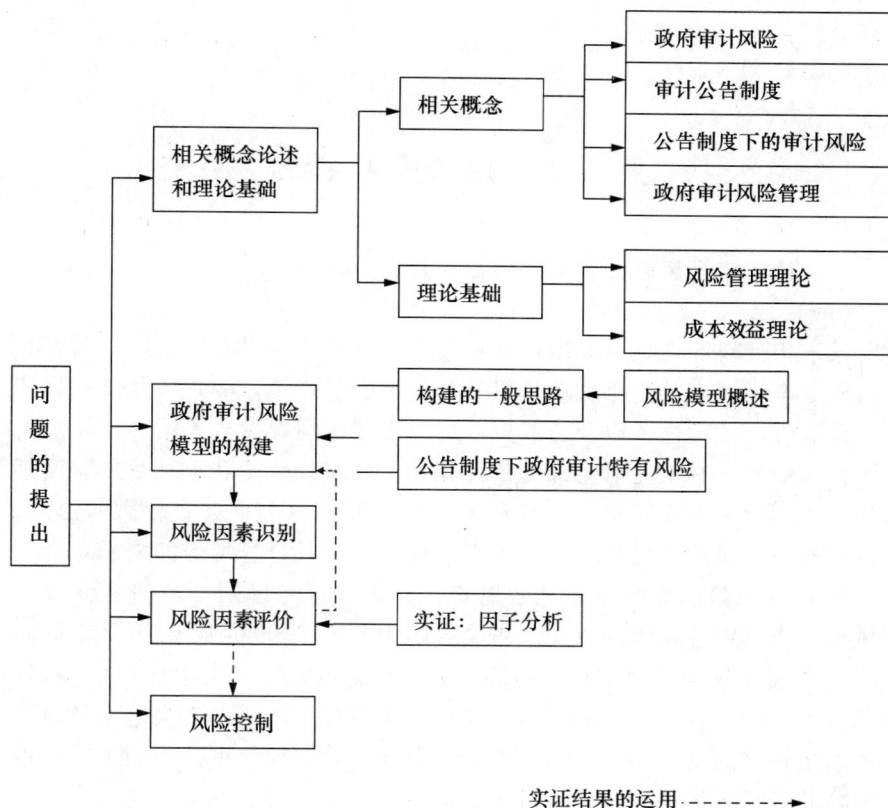

图 11 - 2　本篇研究框架

第十二章　相关概念论述和理论基础

第一节　相关概念论述

一　政府审计风险的含义和特征

（一）政府审计风险的含义

政府审计风险是指由政府审计机关代表国家依法对各级政府、国家金融机构、全民所有制企事业单位以及其他国有资产单位的财务收支的真实性、合法性、效益性，以及公共资金的收支运用情况发表不适当审计意见的各种可能性，其与注册会计师审计相比，在审计范围和审计目的方面都不相同，因此两者在职责、权限和审计方法的运用上也会有较大的出入，所以政府审计风险较之注册会计师审计相比，有其自身特定的内涵：

1. 审计风险的承受主体是政府审计机关，这是区别于注册会计师审计风险与内部审计风险的本质。王会金、尹平在 2000 年第 2 期《审计研究》上发表的《论政府审计风险的成因及控制策略》一文中认为："这种由于审计结论与客观事实的偏离以及审计主体行为的错误产生危害及审计主体承担相应的责任的可能性，称之为审计风险。如果审计行为主体和审计风险的承受主体是政府审计机关，此种风险就是政府审计风险。"正是因为这种主体的差异，使政府审计具有其自身的风险特征。

2. 审计范围和内容的限定性。政府审计包括财政收支审计、财务收支审计和经济效益审计三类。这些内容包括预算执行情况和其他财政收支的审计、政府部门或者国有企业事业组织财政收支、财政收支单项审计、有关行业或者专项资金的审计以及经济责任审计等。只有在一定范围内的有关事项不真实、不合法、无效益，而审计机关未查出和纠正，才会产生审计风险。

3. 审计机关仅就被审计单位未遵守有关法律法规的问题进行揭露与纠正。政府审计的主要任务就是真实性、合法性、效益性审计，审计标准是国家有关财经法律、法规和制度的相关规定，因此对被审计机关存在的"合法但不合理"问题，审计机关即使不予关注，也不会产生审计风险。

（二）政府审计风险的特征

与注册会计师审计风险一样，政府审计风险也具备审计风险存在的客观性、形成多因素性、可控性、潜在性等一般特征。此外，由于政府审计的特殊性，政府审计风险同时还具备一些不同于注册会计师审计风险的特征，主要表现在：

1. 表现形式的多样性。政府审计风险主要表现为审计执法程序方面的风险、审计检查中的失察风险、审计公证风险、审计评价风险以及审计定性和处理处罚风险等。政府审计人员在审计活动中由于审计各个环节的复杂性和各异性，使得在审计检查、评价、报告和处理处罚中都会面临不同形式的审计风险。

2. 损失的多重性。审计风险不同于注册会计师审计风险，尽管政府审计风险发生后也会产生一定的经济损失，但损失的社会性更强，主要表现在政治、社会、心理、名誉、信誉等诸多方面的损害。因为政府审计实际上是代表国家行使权力，是一种政府行为，具有执法性质。如果发生政府审计风险，比如，政府审计机关的审计行为发生偏误或结论与实际情况不符，所造成的损失远比注册会计师审计风险所造成的损失大得多，涉及面也要广得多。它的损失既有直接的也有间接的；既有经济的，也有社会的；既有审计主体的，也有授权者的；既有组织的，也有个人的；既有有形的，也有无形的。

3. 影响的广泛性和长久性。审计委托人不同会导致承担审计风险后果的范围不同。民间审计只受某客户全体股东委托，出险后只对利益相关的主体承担责任，而政府审计的委托人实际上是全社会和全体人民，出险后社会影响极大，而且给人们造成的心理阴影也不易在短时间内消除。另外，政府审计风险所造成的损失，常常耗费审计主体大量的时间和精力，有时还需要经历听证、行政复议、司法诉讼、判决和执行等环节，耗费较长的时间才能告一段落，其中任何一个环节处理不好，都又可能引发新的风险。

4. 承担责任的相对有限性。政府审计的主要工作范围是对各政府部门的财政收支、国有金融机构和企事业单位的财务收支进行合法性及效果性的检查，审计的主要目的是揭露违背公认标准的、违反原则和法规制度以及违背资源管理的经济原则的现象，采取纠正措施并对相关责任人进行行政或经济的处罚。即使审计人员在审计过程中未能发现审计问题而引起审计风险，也仅对审计中的失误承担风险。这一点不同于在注册会计师审计中的"深口袋"责任，即要承担本不属于审计过程中发生的失误行为所引发的审计风险。

二　政府审计公告制度

审计结果公告，就是审计机关将审计和专项审计调查的结果，除涉及国家秘密、商业秘密及其他不宜对外披露的内容外，全部对社会公告的行为。实行审计结果公告制度，就是要把审计置于全社会的监督之下，以使审计机关的审计依据、审计内容、审计程序、审计方法、审计标准、审计结果和审计处理、处罚意见公开透明，使社会公众可以对审计工作的水平和质量加以监督和评价。

审计公告制度一方面是经济社会发展的内在要求，社会主义市场经济的建立和发展必然要求党和国家建立依法行政、公开接受监督、公共信息资源共享的"阳光政府"。另一方面它是国家民主与法制建设的具体体现，它通过向社会公众反映受托责任者代表国家和公众利益履行职责的总体情况和存在的问题，可以有效地发挥审计监督、立法监督、舆论监督和社会监督多重约束机制的合力作用，促进受托责任者依法履行职责，维护国家的法律尊严，完善国家法律制度。审计公告作为解除受托责任的载体已成为各国审计工作必不可少的重要组成部分。

到目前为止，我国涉及政府审计结果公告制度的法规主要有：

1994 年颁布《中华人民共和国审计法》，它第一次以法律条文的形式提及审计结果公告。第三十六条规定，审计机关可以向政府有关部门通报或者向社会公布审计结果，但应依法保守国家秘密和被审计单位商业秘密，遵守国务院有关规定。

2000 年《中华人民共和国政府审计基本准则》第四十四条规定，审计机关每年应向本级政府和上一级审计机关提出审计结果报告。

2001 年颁布了《审计机关公布审计结果准则》，第一次以法规的形式确立了审计结果公告制度。其中第四条、第五条、第七条、第九条分别规定了审计机关公布审计结果的形式，审计机关向社会公布审计结果的报批，审计机关向社会公布审计事项审计结果的审批程序，以及向社会公布审计结果的保密原则。

2002 年 3 月发布《中华人民共和国审计署审计结果公告试行办法》，其中第三、四条明确了审计结果公告的含义和内容；第六条规定审计结果公告的审批程序；第八条则规定了公告审计结果应具备的条件。

2007 年 7 月 1 日审计署发布了《审计署 2003—2007 年审计工作发展规划》，其中明确规定审计系统要大力推行审计结果公告制度。到 2007 年，除涉及国家秘密、商业秘密及其他不宜对外披露的内容外，做到所有审计和专项审计调查项目的结果全部向社会公告。

随着相关法律法规的出台，审计结果公告制度也将日益完善。政府审计作为宏观经济监督的主体，作为促进社会民主和法制建设的重要力量，其作用也将越来越突出，这就意味着审计服务的对象和目标将朝着社会公众、立法监督及公共治理的方向发展，审计结果的处理和披露将越来越透明化、规范化。

三　公告制度下的政府审计风险的含义和特征

（一）公告制度下政府审计风险的含义

公告制度下的政府审计风险是指政府审计机关在其权限范围内将其所审计的被审计单位的审计结论依据、相关程序以一定的途径和形式向一定对象范围公告而产生不利影响的可能性。

（二）公告制度下政府审计风险的特征

"政府审计公告制度是一把双刃剑"，在公开透明的同时也会带来更高的审计风险。在公告制度实行前，政府审计风险本身就已存在。但是政府审计公告制度实行后，政府审计工作被置于公众的监督之下，对政府审计机关提出了更高的要求，因此政府审计风险也呈现出一些新的特点。

1. 风险的显性化。审计公告制度通过公示审计结果，强化了审计监督功能，改变了政府审计结果的沟通模式，实现了审计监督和社会监督的结合。通过审计公告制度的有效运行，将使审计机关由消极被动地向特定方面提供审计结果，变为积极主动地向社会公开审计结果。这就使得在原有的报告模式中存在的潜在政府审计风险逐步呈显性化特征。

2. 影响的深层次化。被审计单位的审计事项等相关内容被公之于世，一旦政府审计机关在审计过程中出现判断失误或采取了不适当的审计程序和方法使对外公告的审计事项不真实或未能准确地反映被审计单位存在的问题时，公众很容易将审计责任与政府审计联系起来，产生强烈的负面影响，引发各种不稳定因素，给政府工作造成被动。社会大众也可能由于这一原因在很长一段时间内对国家及其机构产生不信任的情绪。可见在审计公告的结果下，其影响是深层次的。

3. 诉讼风险的产生。政府审计在审计过程中审计行为是否合法，披露被审计单位的情况是否真实、及时，出具的审计结果、审计建议等内容是否具有建设性意义等，这些问题若处理不当会扩大审计风险的影响，甚至会给政府审计机关带来诉讼的风险。

4. 风险的延伸化。政府审计公告制度的产生，使得国家"审计信息"这一社会产品的供应链得到延伸，因此各个环节都必须有相应的法律法规加以规范和完善。但是，现行的相关规定大部分是以部门规章的形式做出的，其法律的级次相对较低，且约束力相对来说较弱。例如，现行的审计公告规章主要包括审计结果和审计结果公告的含义、公布审计结果的形式、内容、条件、审批程序和审计机关的法律责任六个方面的内容，但对于问责制度、风险赔偿制度、责任追究制度等方面的规定相对欠缺，这就会引发一些审计公告的后续风险即延伸风险的产生。

四　政府审计风险管理

政府审计风险管理是指政府审计机关针对不同类型、不同概率和不同大小的风险，采用相应到位的措施、方法和程序，尽可能使审计风险减少到最小限度（可容忍或可接受的程度）的活动。它不是一个孤立的行为，而是对审计风险进行系统的、全面的、连续的和及时的防范来达到减少损失、提高审计效果的过程。政府审计风险管理过程一般分为三个阶段：

第一阶段：风险的关注与预测。风险的关注是指对审计风险保持高度警惕，时刻注意其发生、发展动向。风险预测是对政府审计风险的感知，是分析一项审计业务所面临的各种风险及其影响因素，是对审计活动潜在的风险及可能承担的责任进行鉴定，以便掌握审计风险的来源和分布，为风险控制提供依据。

第二阶段：风险的分析与评价。政府审计风险分析与评价要解决的是风险的强度、可能造成的后果以及影响程度的问题。

第三阶段：风险的防范和控制。政府审计风险的防范和控制是指审计机关和审计人员在风险评价的基础上采取相应的措施和手段来预防、限定和减弱审计风险，是审计主体根据所掌握的审计风险程度，按照特定的条件和预定的目标，对审计风险施以主动影响的行为过程，其目的在于避免审计风险的产生或减低审计风险的作用力①。

第二节　理论基础

一　管理学理论基础——风险管理理论

人们在对风险的认识过程中，必然会涉及、思考面对风险的可能损失，以及如何对其进行有效管理。从历史角度看，风险管理的思想与方法的产生最早出现于企业的安全管理范畴。法国管理学家亨利·法约尔（Henri Fayol）在其著作《一般管理与工业管理》（General and Industrial Management）一书中提出用安全职能控制企业及其活动所遭遇的风险，维护财产和人身安全。虽然法约尔把这种早期的风险管理思想引入企业经营，但是当时并没有形成相对完整的安全管理或风险管理的系统理论体系②。1950 年，在加拉格尔（Gallagher）所撰写的调查报告《风险管理，成本控制的新阶段》（Risk Management, New Phase of Cost Control）中，正式提出了"风险管理"一词。随后，梅尔和赫奇斯的《企业风险管理》（Risk Management in the Business Enterprise）（1963）以及威廉姆斯和汉斯的 Risk Management and Insurance（1964）这两本书的出版，风险管理开始进行理论和实践的探究，并形成了一门新兴的风险管理学科。

1990 年以后，风险管理进入了一个全新的阶段——整体化风险管理阶段。新型风险管理的范畴较之传统的风险管理也得到了进一步的扩大。但人们对风险管理的范畴没有一致的看法。内部控制、审计、合规、基于风险的投资决策和绩效计量、衍生产品套期保值交易、资产负债管理、准

---

① 管劲松：《审计风险管理》，对外经济贸易大学出版社 2003 年版。
② 卓志：《风险管理理论研究》，中国金融出版社 2006 年版。

备金提取、保险、计算机系统相关风险（IT 风险），等等，都是人们在风险管理活动中关注的问题①。

目前为止风险管理并没有一个准确的定义，最早对风险管理作出较为准确定义的威廉姆斯和汉斯指出：风险管理是通过对风险的识别、衡量和控制而以最小的成本使风险所致损失达到最低程度的管理方法②。这一定义也是之后的学者对于风险管理定义的参考基础。另外对于风险管理的定义主要的分歧在于把风险管理看成是一种"控制行为"还是强调风险管理是一种"过程"，前种观点的代表主要有：班尼斯特（Bannister，J. E.）、鲍卡特（Bawcutt，P. A.）和迪克森（Dickson，G.）。而持后种观点的主要有特里斯曼（James S. Trieschmann）、古斯特夫森（Sandry，G. Smith）、霍伊特（Robert M. Luthardt）以及康斯坦斯·M. 卢瑟亚特（Constance，M. Luthardt）和巴里·D. 史密斯（Barry D. Smith），他们认为，"风险管理是指制定并执行处理损失风险决策的过程。它包括识别损失风险，以及以后使用各种技术消除、控制、转移那些风险或为那些风险融资"③。现代风险管理 20 世纪 60 年代传入中国台湾，直到 80 年代左右才传入内地，包括宋明哲、魏迎宁等教授都对风险管理重新作了定义，但基本上其对风险管理的定义与国外学者的定义并无多大差异，特别是陈秉正教授对于风险管理的定义对于研究审计风险管理有借鉴作用。他认为"风险管理是通过对风险进行识别、衡量和控制，以最小的成本使风险损失达到最低的管理活动"④。在这一概念里明确了风险管理是一项管理活动，其目标是使风险损失减到最小限度，同时风险管理的程序包括风险的识别、风险的衡量以及风险的控制，用图 12 - 1 来表示这种关系。

风险识别：风险识别包括确定风险的来源，风险产生的条件，描述风险特征和确定哪些风险事件有可能影响本项目。风险识别不是一次就可以完成的事，应当在项目的自始至终定期进行。

---

① 陈忠阳：《金融机构现代风险管理基本框架》，中国金融出版社 2006 年版。

② 何文炯：《风险管理》，暨南大学出版社 1999 年版。

③ 康斯坦斯·M. 卢瑟亚特、巴里·D. 史密斯、埃里克·A. 威宁：《财产与责任保险原理》，北京大学出版社 2003 年版。

④ 陈秉正：《公司整体化风险管理》，清华大学出版社 2003 年版。

```
┌──────────┐      ┌──────────────┐      ┌──────────┐
│ 风险识别 │ ───→ │ 风险衡量(评估)│ ───→ │ 风险控制 │
└──────────┘      └──────────────┘      └──────────┘
     │                   │                    │
  ╭──────╮        ┌──────────┐          ╭──────╮
  │最小成本│       │ 管理活动 │          │最小成本│
  ╰──────╯        └──────────┘          ╰──────╯
                       │
              ┌────────────────┐
              │ 减少风险损失程度 │
              └────────────────┘
```

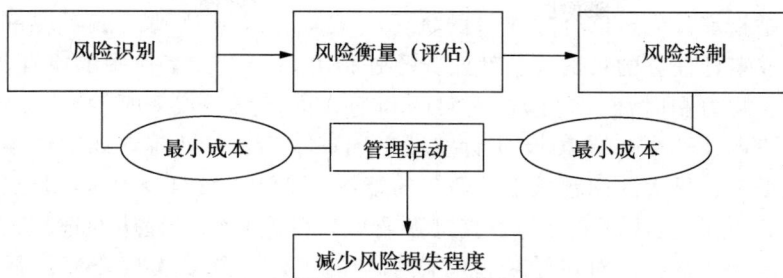

图 12 - 1　风险管理

风险量化：涉及对风险及风险的相互作用的评估，是衡量风险概率和风险对项目目标影响程度的过程。风险量化的基本内容是确定哪些事件需要制定应对措施。

风险控制：针对风险量化的结果，为降低风险的负面效应制定风险应对策略和技术手段的过程。风险应对依据风险管理计划、风险排序、风险认知等依据，得出风险应对计划、剩余风险、次要风险以及为其他过程提供的依据。

风险管理在政府审计中同样重要，有效的风险管理可以帮助审计人员抓住审计工作重点，将主要精力集中于容易产生重大风险的领域，尽可能地采取有效手段降低风险，将审计风险的防范工作从被动救火式转变为主动防范。标示出潜在的风险，评估它们可能产生的影响的大小，按重要性对产生风险的因素进行排序，然后采取方法来管理风险。

二　经济学理论基础——成本效益理论

所谓成本效益理论，就是要对经济活动中的所费与所得进行分析比较，对经济行为的得失进行衡量，使成本效益得到最优的组合，以获取最多的盈利。成本效益的概念首次出现在 19 世纪法国经济学家朱乐斯·帕帕特的著作中，被定义为"社会的改良"。其后，这一概念被意大利经济学家帕累托重新界定。到 1940 年，美国经济学家尼古拉斯·卡尔德和约翰·希克斯对前人的理论加以提炼，形成了成本效益分析的理论基础即卡尔德—希克斯准则。对于政府审计而言，成本效益原则中的成本，指的是审计机关在实施审计项目中所拥有的时间成本和人力成本等审计资源，效益则是指审计人员以合理数量的资源（成本）投入达到圆满实现审计目标完成审计任务的目的。"审计资源是指可用于审计工作中的审计人力、财力、物力和时间。它包括现实的和潜在的，第一线和后勤的资源。"①李金华审计长在总结 20 年审计实践时明确指出："目前审计工作存在的问题很多，最大的问题是审计任务的繁重与审计人员自身力量不足之间的矛盾。"审计资源的充足与否直接影响审计模式和审计程序的选择，因此政府审计人员在面对审计资源有限的情况下，必须要实现资源的最佳配置，通过有效的方法来避免由于审计资源不足而可能产生的审计风险。尽可能的在审计过程中，坚持以风险高低来确定及调整审计实施的策略和程序，将审计资源集中分配到高风险的审计领域，在限定的审计资源下，更好地保证审计质量和效果，实现成本效益原则。

---

①　郭道杨：《会计百科全书》，辽宁人民出版社 1989 年版。

第十三章　公告制度下政府审计风险模型的构建

　　审计风险模型是审计风险的数学表达式，主要研究构成审计风险的种类（或要素）、各要素之间的相互关系以及它们对审计风险的影响①。审计师通过运用恰当的审计风险模型，能有效地降低审计风险，提高审计的效率与效果。不同的审计风险模型的产生是随着审计风险模式的变化而形成的。从审计风险模型的定义来看，审计风险模型也可以作为审计风险识别和控制的工具。这也是目前注册会计师和政府审计人员采用的最广泛的风险控制的方法之一。因此在政府审计风险管理的研究中，构造新的公告制度下的政府审计风险模型对于有效管理新环境下的政府审计风险显得极为重要。

第一节　政府审计风险模型概述

　　世界各国迄今尚未明确提出政府审计风险模型，它们更多的是借用注册会计师审计准则中的有关模型。

一　传统审计风险模型

　　账项基础审计模式时期，审计受托责任人与报表使用人基本上为同一人即企业主，因此注册会计师具有相对的独立性。当时审计风险主要来自两个方面，一方面是经济业务本身具有发生重要错误或舞弊的可能性，这种可能性就是固有风险；另一方面是审计师没有发现存在错误或舞弊的凭证和报表的风险，也就是检查风险，因此审计风险控制模型表述为审计风险＝固有风险×检查风险。随着经济的快速发展所带来的企业规模的扩大

---

　　① 席龙盛：《现代审计风险模型及其应用研究》，河南大学，2006 年。

和资金的增加，企业的财务风险和经营风险在加大，同时舞弊行为的出现，使审计模式从原有的账项基础审计模式转换为制度基础审计模式。在这一模式下，要求注册会计师更加关注审计风险的存在并对其进行分析、量化，进而有效地控制审计中的审计风险问题。20世纪六七十年代，在西方国家"审计诉讼风暴"制度背景下，美国审计准则委员会在1981年和1983年分别发布了第39号审计准则公告《审计抽样准则》和第47号审计准则公告《审计业务中的审计风险和重要性》两个文件，并且在47号公告中要求运用审计风险模型并将审计风险模型规定为：审计风险=固有风险×控制风险×检查风险。这也就是我们传统意义上说的审计风险模式。它主要是通过对会计报表固有风险和控制风险的定量评估，从而确定实质性测试的性质、时间和范围，并在原有的基础上增加了控制风险一项，将被审计企业内部控制制度考虑进来。由于该模型比较全面地包括了主要的审计风险要素，并表明了它们的数量关系，具有广泛的适用性和可操作性，1985年国际会计师联合工会下属的审计实务委员会也接受了这一观点。

当然，在传统审计风险模型的基础上，不少学者也在审计风险模型方面有了一定程度的研究，主要有：霍尔斯坦姆和柯兰特的风险模型[①]、莱斯利、奥尔德斯利、科伯恩和莱特等人的LACR模型[②]、西奥多·J.莫克、弗丁斯基和玛丽·T.华盛顿多级风险评价法（HRAA）模型[③]以及杰奈特·L.科伯特、迈克尔·S.路易尔冯和C.威尼·阿尔德曼的审计业务风险模型[④]。

---

① 1983年，霍尔斯坦姆和柯兰特发表了一篇题为《审计风险模型：当代实践和未来研究的框架》的论文，提出：审计风险=固有风险×控制风险×分析性检查风险×真实性测试风险。

② 1986年，莱斯利、奥尔德斯利、科伯恩和莱特等人提出了新的审计模型，简称为LACR模型。该模型把审计视为一系列判断活动的集合，认为累加单个项目的审计风险，可求出总体资产负债表项目的审计风险；而单个项目审计风险的确定，必须考虑固有风险因素、内部控制评估和实际性测试。

③ 20世纪90年代初，西奥多·J.莫克、弗丁斯基和玛丽·T.华盛顿在《会计及审计中的风险评估》和《审计中的风险概念及风险评估》两篇论文中，提出了他们建立的审计风险模型——多级风险评价法（HRAA）。审计风险详细地划分为七个层次，促使注册会计师认真地评价和估计每个风险要素对终极风险的影响程度，可以提高审计风险评估的一致性和系统性。

④ 1996年，杰奈特·L.科伯特、迈克尔·S.路易尔冯和C.威尼·阿尔德曼三人合写题为《业务风险》的论文，提出新的审计风险概念，认为影响注册会计师审计业务的风险包括客户的经营风险、审计风险和注册会计师的经营风险三个因素。

但是，我们看到，对于政府审计来说，主要还是以注册会计师行业所认同的传统审计风险模型运用为主，或者是在传统审计风险模型的基础上稍加改动，对政府审计过程中可能存在的风险进行识别和控制，并没有对传统审计风险模型进行实质性的突破。随着传统审计风险模型在注册会计师审计过程中的种种弊端的暴露，比如在传统的审计风险模型中，审计师试图通过验证内部控制的信赖性，并依赖此结论大大减少实质性测试的工作量可能带来审计风险问题；在政府审计中，由于国家机关本身的特殊性，一些部门和单位在利益的驱动下表现出在收支违规、贪污、挪用公款和腐败等管理方面的舞弊。可见政府审计和注册会计师审计同样存在着管理层舞弊高风险，使得内部控制显得无能为力。因此越来越多的人也意识到如果仅仅是借用注册会计师审计准则中的有关模型，是难以满足政府审计对风险控制的要求的。

二　现代审计风险模型

进入 20 世纪 90 年代，社会公众对信息的需求不断扩大，信息的不对称性使社会公众对注册会计师所提供的信息有着极大的依赖性。一方面是审计人员的法律责任的日益扩大；另一方面社会公众对非会计信息的强烈关注，对审计作用的期望也在不断提高。审计行业必须增加信息的可信性，降低信息的风险，将客户所面对的战略经营风险与审计风险紧密相连，运用立体观察来判断企业在特定环境下如何应对、控制和改变经营战略。2003 年 10 月，国际审计和保证准则委员会提出了新的审计风险模型：审计风险 ＝ 重大错报风险 × 检查风险，将固有风险和控制风险合并为综合风险，用"重大错报风险"进行表示，通过实施风险评估程序，评估重大错报风险，并根据评估结果进一步设计和实施审计程序，以控制检查风险，将审计风险降低到可接受的水平。我们将此模型称为现代审计风险模型。我国在新修订的审计风险准则中也要求注册会计师应用新的审计风险模型进行审计。

新审计风险模型的理论进步在于其评估财务报告整体层次的重大错报风险时，不仅关注传统意义上的固有风险和控制风险，还引入了战略管理理论，将风险的认识提高到了一个新的层次，有助于审计人员从全局出发把握和控制审计风险，较好地满足了现代审计对风险控制的要求。这对于构建新环境下的政府审计风险模型提供了较高的参考价值。然而，由于政府审计与注册会计师审计在审计目的、审计程序等方面的差异，IAASB 新的审计风险模型依然不能被直接应用于政府审计。但是，我们可以通过注册会计师审计风险模型的制定的发展进程或发展的一般思路来借鉴如何建立政府审计风险模型。

第二节　政府审计风险模型改进的一般思路

从传统审计风险模型到现代审计风险模型的建立过程中，可以看出随着注册会计师审计风险模型的进一步改进和完善，给政府审计风险模型的建立提供了很多可兹借鉴的东西，但是我们也要意识到由于政府审计自身的审计目的、审计对象、审计过程的特殊性必然导致其审计风险不同于注册会计师审计。因此，我们在建立国家风险模型时要把风险模型发展的内容与政府审计的自身特点相结合，通过风险模型改进过程中的变化来考虑政府审计风险模型建立的一般思路：

一　将更多的审计风险因素纳入审计风险模型

最初的审计风险模型重点考察个别层次上的审计风险，由于总体审计风险与个别层次上审计风险间的内在关系，使得人们更多地将关注的焦点放在了模型本身及个别层次上的风险控制，并从风险控制程序上分解审计风险，将其简单地分为固有风险、控制风险和检查风险。而且过去只是从审计主体的审计检查方法和审计对象的经营、内部控制方面考虑审计风险因素，未充分考虑审计风险产生的其他原因。这种做法使得审计师将视野局限在较小的范围之内，使模型的适应性受到了较大程度的约束。所以，随着社会经济发展和审计事业的不断进步，审计环境的不断复杂化、多样化，更多的审计风险因素将被考虑进来，例如，2001 年张楚堂在《论审计风险的概念》中提出：审计风险 = 意见风险 + 环境风险，将环境风险加入审计风险模型。除此之外还有道德风险、诉讼风险、社会宏观法律风险因素，等等。由此可见，审计风险模型将朝着多元素化发展，实现风险的全面性。

二　在政府审计风险模型中引入"重大错报风险"概念

重大错报风险是在审计前存在着重大错报的可能性，也是影响信息使用者对此做出正确判断的可能性。它不是简单地把固有风险和检查风险合并，而是分析企业所处的宏观环境，从整体上把握企业经营风险，控制审计面临的风险。重大错报风险概念的引入，使审计主体在实施审计程序前就必须识别评估重大错报风险，这样在实质性测试中才能避免以往的审计过程测试的盲目性。这种审计思想是对传统审计弊端的一个较好的修正，因此它也是政府审计风险模型的大势所趋。审计人员不可能改变审计风险的客观水平，但可以根据其实行审计检查前的调查结果和对被审计单位的整体情况的了解对审计风险作出评价和判断，控制审计的检查风险。即使在政府审计中被审计单位不存在像企业那样的经营风险，但是其有自身的外部环境风险，比如各种行政风险。重大错报风险并不单单是一种审计程序、审计方法的改进，更关键的是一种审计思维的改进，将一种"局部"的审计思想转变为"整体"、"系统"的审计思想，而这种思想同样适用于政府审计中。虽然在实际应用中不能完全地照搬照抄，但是可以结合政府审计的自身特点对其进行必要的修正和改进。

三　定量和定性相结合

审计风险模型最大的特点或者优势在于其实用性，研究的目的也是为了能将其应用于审计的实务工作中以此降低审计人员在执业中的风险，这与审计风险模型的定义是一致的。通过使用审计风险模型，计量审计的终极风险，清楚地认识评估所承担风险的大小，以此把风险降到可以承受的水平范围之内。所以审计风险模型对于指导审计人员的工作是非常有用的。在对审计风险模型的具体应用中，审计人员会采取定性和定量相结合的方法来控制审计风险，但是我们也知道定量分析所得到的结论要比定性分析所得到的更加真实、可信。也就是说，审计风险模型中的越多的风险因素能够定量分析的话，就越有利于审计人员在审计过程中的审计风险计量与控制。因此我们在建立政府审计风险模型时要从两个角度更好地把握这一理念：

（一）审计风险模型中组成因素的细分因素的可计量

一般情况下，审计人员会考虑哪些因素会影响各个审计过程而将审计风险模型中的组成因素进行细分，再根据具体的情况分析影响程度，但是一般仅是凭借主观结论将其简单地定位为高、中、低不同的层次，这种模糊性的判断给审计风险的评价和控制带来了更多的不确定性。

（二）审计风险模型中组成因素之间的计量关系

传统的审计风险模型的各因素之间成联合分布的形式，将审计风险看成是各组成要素同时作用的结果，即一项风险的产生是由于其他各因素在审计过程中均没有发现的可能性的总和，而现代审计风险模型则更像是一个条件分布函数，即在审计前没有发现重大错报，审计在检查中亦没有发现的可能性。我们在建立政府审计风险模型时，一方面必须在细分因素中增加更多的可计量因素，另一方面应该更深入地考虑各风险因素之间存在着何种关系，这种关系是线性的还是非线性的，是正向影响还是反向影响的，是否需要在审计模型中添加系数因子等问题。

四　体现博弈的思想

博弈理论是一种独特的处于各学科之间的研究人类行为的方法。它认为，在人类的互动行为中，结局依赖两个或更多的人所采取交互式的战略，这些人们具有相反的动机或者最好的组合动机①。所以它要求在博弈一方的决策中，不仅要考虑自身行为，还要考虑博弈对方可能会采取的行为，在所有可能的结果中选择合理或相对令人满意的结果。我们也可以将博弈理论运用于政府审计公告的行为中。

首先，公众、审计机关之间存在着博弈行为。在两者的委托—代理关系中，既存在着目的上的一致性又存在着利益诉求上的矛盾性。在审计结果公告目的上，审计机关希望通过对政府机关的审计调查，提供给公众所需要的审计结果信息，因此解除审计责任；而社会公众则希望获得真实、可靠、全面、及时的高质量审计结果信息。但是在利益诉求上，审计机关又不希望过多的公告审计结果或希望尽可能少地披露完整审计结果中的部分信息。因为要达成公众期望质量的审计结果，需要耗费大量的人力、物力，而审计机关又面临审计资源有限性的约束。这就意味着，为了完成公众的信息需求，必须在一定的审计资源约束下进行更多的审计工作。另外，过多的公告审计结果信息，一旦披露的信息不当就可能会引来各方面的压力，产生不良的社会反应。

其次，是国家机关与审计机关的博弈。相对公众对审计机关的影响力，现行的审计模式让政府拥有更大的影响力，审计机关对政府态度有更

① 蔡春、刘学华：《绩效审计论》，中国时代经济出版社 2006 年版。

强的敏感度。① 作为审计者与被审计者的关系，审计机关必须如实披露政府机关的违法违纪行为。但是在现实中，我们也发现了审计工作受有关权力机关的影响甚至干扰的情况并不少见，有的甚至对审计机关施加压力；而审计机关也会考虑其与政府部门之间的关系，修正自己的工作结果，影响审计结果的公告质量。

由此可见，作为政府机关和公众的"桥梁"，既然没有办法达到理想中的共赢结果，审计机关就必然会在三者之间寻找权衡审计透明度而给国家机关及其自身带来的收益或惩罚风险与公众满意度之间的得失。也就是说风险不仅仅和审计过程的执行情况有关，同时与不同的审计各方的行为或反应有关。比如审计后可能产生的诉讼风险的大小直接取决于诉讼方的行为，如果被审计方或其他审计结果的利用方主观或客观上都不可能向审计人员或机构提起诉讼，那么政府审计风险中诉讼风险的概率就很小或几乎不存在。因此政府审计风险的产生并不仅仅是审计人员在执业过程所产生的，它更多的是各方博弈的结果，这就要求审计人员在衡量审计风险的时候，要充分地考虑其他审计利益方可能会做出的反应。我们在建立政府审计风险模型时也要考虑这一情况，而不是单一地考虑审计过程风险。

第三节 公告制度下新的政府审计风险模型

审计结果公告制度的实施，使得整个政府审计的程序、内容和结果等各方面被置于全社会的监督之下，由于审计结果的公开，会引起相应的审计风险。如果不把这一部分风险并入政府审计风险中加以考虑，必然会引起严重的后果。从政府审计报告制度到政府审计公告制度，从对内报告到对外报告的过程中，政府审计的风险在原有基础上进行了扩展和延伸，因此在政府审计公告制度实施后，我们要把这些风险尽量分析和提炼，加入到政府审计风险模型中，来进一步完善审计风险模型和降低审计人员的执业风险。结合这一背景，对公告制度下的政府审计产生的风险大致可以从以下几个方面理解：

---

① 吕支群：《政府审计结果公告制度研究》，华北电力大学。

一　审计公告前已经产生的风险，由于公告而被释放

笔者暂时将其定义为公告联动风险，这部分风险是由于前面的审计过程产生的风险导致的，通过审计公告的程序将此风险向社会公众公告，但可能受某些条件的限制，产生披露不完全或披露过度的情况，由此引发前置风险和过程风险的审计不足、审计错误等问题的暴露。比如保密要求等各种因素的限制，审计公告的内容很难与审计报告完全一致。一旦审计报告反映的某些问题未能在公告中披露，将直接导致社会公众产生"误受风险"，即认为被审计单位不存在这些问题，其产生的后果相当于这些问题在审计过程中没有被发现。

二　公告过程本身产生的风险

将其定义为公告形式风险。公告过程中，有一部分风险是跟审计过程中的风险没有直接或必然的联系，比如审计公告是否在规定的审计期限公告、审计公告的格式内容是否符合规定的标准等，它的直接产生可能缘于相关规章制度不健全、公告实施力度欠缺等原因。

三　审计结果公告后，政府审计出现诉讼的风险

根据现实的状况，这种诉讼请求更主要来自被审计单位。在实际结果内部公开的情况下，被审计单位对审计报告内容的关切度相对较低。有些内容虽然被审计单位不完全认同，但出于各种原因，其经常是保持缄默。审计结果公告后情况则大为不同，一旦公告内容叙述不恰当或者有不符合事实的地方，被审计单位肯定会提出，并可能运用法律手段来解决。但是诉讼风险是否存在是不必然的，它完全取决于诉讼方是否执行这一行为，如果不提起诉讼，即使审计报告中的某些内容有不当之处，也不会有实质性的外部利益冲突。

四　社会公众的认可度风险

社会公众作为审计的最初委托者，必定会关注审计公告的结果是否符合其最终目的，政府部门是否很好地履行了社会公众所交付的责任。一旦审计结果所达到的目标与社会公众的预期出现偏差，或是政府审计的结果使社会公众认为自己的权利并没有被很好地维护和利用时，那么审计机关将面临社会公众的不认可风险。从目前情形看，社会公众对于政府审计工作的期望度在日益增强，此类风险的影响也在逐渐扩大。

结合对审计公告制度下风险产生的理解，以及根据政府审计风险模型建立的一般思路，我们得到公式（3.1），在公式（3.1）的基础上得到公式（3.2）和公式（3.3），综合上述公式将政府审计风险模型重新设定为公式（3.4）：

政府审计风险＝审计人员执业风险×第三方行为风险　　　　　（3.1）

审计人员执业风险＝重大错报风险×检查风险×公告联动风险＋公告形式风险　　　　　　　　　　　　　　　　　　　　　　　　（3.2）

这里的"重大错报风险"既适用于政府审计的合规性、合法性审计，也适用于效益性审计。但这里的效益性审计更多的是从报表的层面上去把握，考虑到这一点，此风险模型不适合经济责任审计。

第三方行为风险＝a诉讼风险＋b社会认可度风险（a＝1或a＝0，b∈［0，1］）　　　　　　　　　　　　　　　　　　　　　　　　（3.3）

当a＝1时，诉讼方提起诉讼，审计机关面临审计诉讼的风险；

当a＝0时，相关责任方未提起诉讼，审计机关免除诉讼风险。

社会认可度的风险系数b的取值范围介于0—1之间，当b取0值时，表明社会公众对审计机关的审计结果心理上和行为上都表现为漠不关心，因此也就不会有来自社会公众这一主体所带来的风险；当b取1时，表示社会公众对审计结果具有完全评价和判断能力，这种能力包括认知上的能力和行为上的能力，这时只要是审计程序或审计公告带来的风险都可能会产生社会公众的不认可风险。但考虑到人们对事物的关注和理解不会处于两个极端，因此在大多数情况下，介于这两种可能之间的情况是比较合理的。

政府审计风险＝（重大错报风险×检查风险×公告联动风险＋公告形式风险）×（a诉讼风险＋b社会认可度风险）（a＝1或a＝0，b∈［0，1］）　　　　　　　　　　　　　　　　　　　　　　（3.4）

当a＝0、b＝0时，此时既无诉讼风险又无社会认可度风险，也就是说，被审计单位和社会公众对于审计人员执业的对错、好坏完全不发表意见或采取行动，那么对于政府审计来说，审计人员的行为结果不必对其他方产生任何影响，政府审计则无风险而言。

当a＝1、b＝1时，被审计单位提起诉讼，社会公众对审计人员审计行为决定是否认可的能力表现为最强，此时政府审计就面临审计执业风险的全部风险，即一旦在审计执业过程中形成的任何风险都将被释放。

该模型中审计人员控制的主要是审计执业风险，即包括重大错报风险、检查风险和公告风险。而第三方行为风险不是审计人员主观上可以控制的。但是，第三方行为风险是审计执业风险的影响事项，两者共同构成了政府审计风险的内容。

但是，这一政府审计风险模型并不适合所有的政府审计项目，通过对各项政府审计项目的审计目的、审计内容、审计主要方法的分析，得出审计人员审计时对被审计财务报表（与财务报表相关的财务信息）的依赖程度，进而得出是否适用新的政府审计风险模型，如表13－1所示。

表 13 - 1　　　　　　　　　　政府审计各项目审计情况分析表

	预算执行审计	固定资产投资审计	金融机构及行政事业单位财务收支审计	国有企业资产负债损益审计	经济责任审计	社会保障资金审计
审计目的	合法性、真实性、效益性	合法性、真实性、效益性	合法性、真实性、效益性	主要是合法性、合规性	合法性、真实性、效益性	合法性、效益性为主
审计内容	本级各部门（含直属单位）和下级政府预算的执行情况和决算以及其他财政性资金的管理和使用情况	投资管理方面的内容；建设资金与财务管理情况；建设管理情况；审查工程造价管理情况；项目效益情况的审计	国有金融机构资产、负债、损益的审计监督	常规审计和企业改制审计	财务收支状况真实性审计；任职期间资产质量的审计；任职期间经营成果审计；任职期间企业重大经营活动和经营决策审计；任职期间企业经营合法合规性审计	社会保障审计工作的重点是企业职工基本养老保险基金的审计
主要审计方法	账项审计为主的财务审计方法	财务审计方法和工程审计方法	账项审计为主的财务审计方法	账项审计为主的财务审计方法	账内审计方法和账外审计方法相结合	账项审计为主法
依赖报表程度	依赖程度较强	依赖程度一般	依赖程度较强	依赖程度较强	依赖程度较弱	依赖程度较强
是否适用模型	适用	部分适用	适用	适用	适用性较小或不适用	适用

第十四章 公告制度下的政府审计风险因素识别

第一节 审计风险模型下风险因素细分的局限性说明

现阶段的政府审计主要在财政预算审计、财务收支审计和经济责任审计等方面开展工作，虽然它们在政府审计的过程中有许多共通之处，但是不能一概而论。比如财政预算审计与经济责任审计在审计方式方法上有其特殊性。根据对政府审计各项审计项目的分析以及考虑审计风险模型的运用的有效性和实证的适用性。

一 以预算执行审计为例的原因

新修订的《审计法》在继续保留了关于"国务院和县级以上地方人民政府应当每年向本级人民代表常务委员会提出审计机关对预算执行和其他财务收支的审计工作报告"规定的同时，还特别强调"审计工作报告应当重点报告对预算执行的审计情况"。财政预算执行审计是政府审计机关对政府财政预算执行情况的真实性、合法性和效益性进行的审计监督。从党的十六届三中全会提出的"改革预算编制制度，完善预算编制执行的制衡机制，加强审计监督、建立预算绩效评价体系，加强各级人民代表大会对本级政府预算的审查和监督"① 的要求中就可看出财政预算执行审计在政府审计中占据着绝对重要的地位。财政预算执行审计有狭义和广义之分。狭义的财政预算执行审计就是审计机关对本级预算执行情况的审计

---

① 《中共中央关于完善社会主义市场经济体制若干问题的决定》，人民出版社 2003 年版。

监督；广义的财政预算执行审计，是指审计机关根据《审计法》规定的向人大常委会提交预算执行和其他财政收支审计工作报告的要求，不仅对本级预算执行情况，还对其他财政性资金收支和下级政府预算执行情况和决算进行的审计监督①。本例中讨论的是审计机关依照国家法律、行政法规等规定，对本级各部门（含直属单位）预算执行及其他财政收支的真实性、合法性和效益情况进行的审计监督。

二　预算执行审计的目标

根据审计法和《中央预算执行情况审计监督暂行办法》等规定，预算执行审计的总体目标可以概括为真实性、合法性、效益性。具体细化为存在与发生、完整性、权利与义务、计算准确性、合法性、效益性、揭示与披露七个方面。

（一）存在与发生

存在是指财政部门会计报表中所列的各项资产和负债在资产负债表日确实存在，发生是指部门财务报表所列的预算执行或者其他财政收支业务在会计期间确实发生。对于这一目标，审计人员关注的是，被审计单位是否把不应该包括的项目列入了报表项目中，造成报表项目金额的高估。

（二）完整性

完整性是指应在财务报表中列示的所有业务及相关账户均已在会计报表中进行了反映。对于这个目标，审计人员应该关注的是，被审计单位所披露的报表或项目中，是否遗漏或省略了应包括的项目，从而造成对报表项目的低估。

（三）权利和义务

权利和义务是指在某一特定时期，各项资产确属被审计单位的权利，各项负债确属被审计单位的义务。

（四）计算的准确性

计算的准确性是指各项资产、负债、收入、支出等会计要素得到正确的计量。按适当的账户和金额进行核算，相关的计算正确。

（五）合法性

合法性是指被审计单位的预算执行和其他财政收支活动是否遵守预算

① 李金华：《预算执行审计》，中国财政经济出版社1998年版。

法、会计法及其他相关法律法规的规定。审计人员在审查各项经济活动时都要关注其是否符合相关规定，并据以做出审计决定。

（六）效益性

效益性是指被审计单位的预算执行和其他财政收支活动的经济性、效率性和效果性。

经济性是指支出或其他财政支出实现了节约。为达到经济性审计目标，审计人员通常要关注预算资金的投入安排是否适当，实际投入和资源成本支出是否与预算、计划或定额一致，预算资金使用过程中有无浪费现象。

效率性是指政府财政预算或其他财政支出与提供产品或服务之间的比率关系，高效率的活动通常是在保证质量的前提下，以一定的投入实现较大的产出；或者实现一定的产出使用较少的投入。为实现效率性目标，审计人员通常要关注政府部门是否能在保证质量的前提下及时提供预定目标的产出水平。

效果性是指财政预算支出或其他财政支出实现预期的目标，审计人员通常要关注财政资金在管理使用中是否存在着问题，影响了资金的实际使用效果，以及是否达到预期的目标；政府部门在确定财政资金使用项目时决策的科学性，即是否存在因决策失误导致的项目失败、低水平重复投资、损失浪费等；从政府部门履行职责的角度，分析和评价该财政部门运用财政资金履行行政和管理职能的情况，以促进部门履行职责水平的提高。

（七）揭示与披露

揭示与披露是指会计报表上特定组成要素被适当地加以分类、说明和在报表上反映。为实现这一目标，审计人员要抽查有关业务的会计处理和报表的编制情况是否符合会计制度的要求[①]。

审计风险模型因素的细分以审计机关实现上述目标为基本出发点和最终的归宿，并在审计过程中考虑审计程序的实施，是否可以实现上述目标。

---

① 审计署行政事业审计司：《部门预算执行审计指南》，中国时代经济出版社 2007 年版。

第二节　重大错报风险因素

　　注册会计师审计中重大错报风险是指财务报表在审计前存在重大错报的可能性。它分为两个层次：财务报表整体层次、各类交易和事项、账户余额、列报与披露认定层次。财务报表整体层次重大错报风险是指与财务报表整体关系密切的重大错报和对财务报表认定有重要影响的错报。审计人员应当了解被审计单位及其环境，以足够识别和评估财务报表重大错报风险，设计和实施进一步审计程序。在设计审计程序以确定财务报表整体是否存在重大错报时，审计人员应当从财务报表整体层次和各类交易和事项、账户余额、列报（包括披露）认定层次考虑重大错报风险[①]。注册会计师主要负责审计被审计单位财务的合规性、合法性以及真实性。而国家预算执行审计的目标远远比注册会计师审计来的广泛，因此我们在分析重大错报风险组成要素时要把握国家预算执行审计的具体特点。

　　一　财务报表整体层次的重大错报风险的评估

　　第一层次的认定即财务报表整体层次的认定思想同样适用于预算执行审计。从整个宏观的角度来把握可能产生的重大错报问题，可将第一层次即报表整体层次的风险细分为以下几个方面：

　　（一）宏观审计环境风险

　　全球经济发展速度的加快和社会经济组织之间相互依赖性的增强使我们清楚地认识到被审计对象并不是一个孤立的主体。它的存在必定与其周围的事物有直接或间接地联系。因此，在审计的时候必须把财务报表作为整个"系统"来研究，才能够对其取得充分理解。外部的环境会时时影响审计人员所面临的情况：

　　1. 行政因素。我国实行行政模式审计体制，这种政府审计模式是政府审计机关建立之初，根据《宪法》的规定，由当时国家的政治经济环境所决定的。国务院是最高权力机关的执行机关，而审计机关作为执行机关的组成部门去监督执行机关本身，力度肯定会受到一定的影响，不利于

---

　　① 席龙盛：《现代审计风险模型及其应用研究》，河南大学，2006 年。

政府审计对国家行政机关行使公共资源的配置权和执行权的制约与监督。审计署在行政上受国务院领导，与国务院所属其他部委平级，要想对上级（国务院）或平级行政机关进行充分的审计监督，也存在一定的困难。特别是政府某些行政活动有悖于法律，或在行政活动中存在短期行为，或者发生区域利益、行政级次利益、部门单位利益冲突时，尤其会影响审计机关的独立性。财政预算执行审计也是如此，公民之所以需要财政预算执行审计，是希望通过审计机关及其工作人员的工作能够发现并且披露政府乱征和滥用税款的行为，使财政预算执行审计在国家运行中能够起到鉴证作用。而我国财政预算执行审计机关隶属于行政机关，审计机关在行政机关首长的领导下开展财政预算执行审计工作，按照这种审计体制安排，就是让审计机关监督自己的领导者，这不符合宪政的人性假设，显然不是完善的制度安排[①]。

2. 法律因素。随着一些审计法规相继颁布实行，在法律上明确了政府审计机关应承担责任的范围和后果，使各级审计机关具体行政行为在法律法规的监督之下，不容偏差，成为审计法规体系的重要补充。但是，我们也可以看到，我国目前的审计法规体系尚不够健全，部分法律法规存在着技术性和可操作性不强的缺陷，这就加大了审计工作的难度，不可避免地产生审计风险。同时，审计职业界与司法界在对于审计事项的认识、对于审计责任认定上存在的差异，也会增加政府审计的风险。

（二）微观审计层面因素

1. 预算执行单位行政地位和组织结构。《审计法》第十一条规定："审计机关履行职责所必需的经费，应当列入财政预算，由本级人民政府予以保证。"由于预算执行部门的行政地位直接制约着审计机关的经费问题，因此在审计机关审计过程中必定会受此影响而产生审计风险。

2. 领导层诚信度。个别领导干部伦理道德、法制观念淡薄，生活极度奢侈，为了获得个人利益或出现个人财务危机等具备进行舞弊的动机，领导层也有可能编造虚假业绩或授意财会人员在会计资料上做文章，记假账、报假表、故意制造虚假会计信息。如有的提供虚假资料及证明，用假单据、假账簿、假报表等误导欺骗审计人员，有的只提供财务部门公开的

---

① 龚彦宾：《财政预算执行审计风险问题研究》，湖南大学，2004年。

会计资料，而下属单位的会计资料、一些账外账却隐匿不报，这些都增加了审计难度，使得审计人员不能在短期内检查并发现全部问题，更难以准确真实地进行审计评价。

3. 预算执行单位内部控制的健全度。有效的内部控制，通过审核和检查预算编制情况和执行情况、收支范围和标准等，监督资产管理及时发现并纠正财政预算执行中存在的失真、违法、违规和低效的问题，防止财政财务收支违法、不当和浪费。在 2005—2006 年中央部门本级预算执行审计发现问题的分析报告中表明，内部会计控制的执行失效问题偶有发生，内部财务管理控制执行失效问题突出，尤其是本级预算和财务收支管理控制执行失效现象明显，部门预算项目执行的效率、效果控制执行缺位。而且调查表明，50.8％的政府部门内部审计机构没有开展内部控制测评工作，73.08％的政府部门审计机构没有开展风险评估工作。可见，内部控制缺失将成为审计风险产生的又一诱因。

4. 预算执行单位信息化程度的高低。信息技术的发展使得会计的书面信息变成只有计算机才能识别的磁性介质上的代码。这对审计人员而言，无疑是增加了审计难度。审计人员不能只简单查阅信息系统中原始凭证的内容，而且还要考虑原始数据的生成、生成数据的传递、数据的存储等管理控制方法的可靠性。因此预算执行单位的信息化程度越高，审计人员就越需要与之程度相当的计算机信息识别能力，否则很容易出现"绕行测试"的情况，从而加大审计风险。

5. 预算执行单位相关法律法规的遵循情况。审计人员应该查看预算执行单位内部人员对预算执行相关法律法规的了解程度、是否按照预算单位规定的程序进行预算批复、资金调拨、政府采购等一系列活动。预算单位以前年度遵守法律法规的情况，是否有过不良的或违规的记录。

6. 预算执行单位国家资金拨付情况和资金压力大小。预算执行单位一旦出现上级资金不足或资金收支紧张的情况，就有可能出现作假行为获得下年较多的资金预算，这种情况发生的概率远远要高于资金充足的机构或单位。审计人员要关注预算执行单位本身是否存在资金短缺的压力。

二　财务报表认定层次重大错报风险的评估

现代审计风险模型要求审计人员区分财务报表整体层次和认定层次来评估重大错报风险，而且要重视对财务报表整体层次错报风险的评估以及报表层次和认定层次错报风险之间的联系。与认定层次相比，审计人员在报表层次运用风险模型时只是针对评估的财务报表层次的重大错报风险，因此更侧重于从总体上采取应对措施和考虑对拟实施进一步审计程序的整体审计策略的重大影响。由于报表层次重大错报风险会影响多个认定，只有将风险模型运用于这两个层次，使二者很好地配合，才可能最终将审计风险降至可接受的低程度。由此看来，审计人员对报表层次重大错报风险的评估和对总体应对措施及其对整体审计策略重大影响的考虑的失当，将对认定层次重大错报风险的评估和检查产生广泛决定性的不利后果。[①] 因此，审计人员不能轻视新风险模型在财务报表层次的适当运用，在实施风险评估时，除了从报表的整体层次把握审计风险，还应当意识到识别和评估的重大错报风险是与特定的某类交易、账户余额、列报的认定相关，因此还必须将评估的风险与财务报表数字联系起来。这就要求我们在识别财务报表认定层次重大错报风险时要注意可能会引起审计风险的因素：

（一）预算执行单位会计政策的正确性

预算单位在业务活动中是否采用了其所选用的或制定的会计政策，内部会计人员对会计政策是否存在不了解或运用不恰当的情况。预算单位是否存在会计政策变更可能会引起会计确认、计量或记录产生差错的情况。

（二）确定预算单位会计账户金额时，需要运用估计和判断的程度

运用估计和判断程度的高低直接影响预算单位会计账户金额的可靠性。虽然在预算执行单位对于会计的估计的复杂度远远不及企业单位，但是我们不能完全否定其在预算会计确认时采用会计估计的可能性，因此需要了解企业作出估计的过程是否存在重大报表误导的情况。包括了解会计估计的基础数据和事项获得的途径，支持性数据的来源及其计算基础是否可靠，会计估计在不同的时期是否发生过变动等。

（三）容易产生错报的预算单位会计报表项目

容易产生错报风险的项目应引起审计人员的高度重视。例如，预算单位的基本支出科目一般没有项目支出科目管理严格，会计人员往往会把一些不合规或没有预算的日常公用经费在此科目中列支；还有"暂收款"

---

① 席龙胜：《现代审计风险模型及其应用研究》，硕士学位论文，河南大学。

和"暂付款"等科目往往也是容易引起错报的"高风险"领域，预算内资金转入预算外，逃避监督。财政部门为了扩大自己的权力，增加支出的随意性，将部分应纳入预算的收入不纳入预算，而是转到预算外，作为机动指标，逃避预算的约束，由财政部门支配。审计发现，某县财政部门将230万元应纳入预算的收入转入预算外，在预算外暂存款中挂账，并且直接在暂存款中进行支出。

（四）容易遭受损失或被挪用的预算资产

挪用预算资金一直是预算单位的"薄弱环节"，也是审计人员时常容易发现问题的环节。例如，虚报基建项目或多报工程预算骗取财政资金，项目单位通过不存在的建设项目或虚报工程量骗取资金或将非财政补助收入超收部分用于安排基本支出，等等。

（五）会计期间尤其是临近会计期末发生的异常及复杂的预算收支活动或事项

会计期末往往是风险发生的"高峰期"，预算单位有可能会为了以后的财政资金的拨付而改变原本的预算收支情况，因此如果预算单位在会计年末存在着异常的大笔活动支出或资金转移、拨付等情况时，要关注其可能引发的风险。除此之外还要注意在正常的会计处理程序中容易被漏记的活动和事项等内容。

（六）以前发生过错报漏报的账户

以前年度发生过错报漏报的账户，特别是在持续的几个会计年度里反复出现的问题，发生错报风险的概率要远远大于一般正常的账户。

（七）选择重点费用支出项目，注意是否有违效益原则

在考虑财务报表认定层次重大错报风险时除了要基于预算审计的具体目标来判断和识别合规性、合法性风险外，还要考虑效益性所产生的风险。预算执行效益审计是建立在绩效预算的基础之上的。所谓绩效预算，即建立一套科学的绩效指标，通过这些指标来确定公共资源的事前配置，以及衡量预算执行的质量和效果。审计部门在审计工作中也依据这套指标进行检查和评价。但目前，没有一套行之有效的指标。要建立这样一套指标，不仅需要一个较长时间的实践过程，而且也不可能靠审计机关单独完成。需要对部门预算执行的支出结构进行全方位多角度分析，分析资金投向的合理性和资金使用的效益性。通过对相同或类似的财政支出在不同部

门、单位间的支出效果进行比较，对支出绩效进行分析判断。可以重点选择公车费用、会议费、招待费、考察费等费用支出进行纵向比较，分析费用支出的合理性、效益性。同时，对项目安排、项目实施过程及完成结果进行分析，评价项目立项的科学性、资金安排的合理性和资金使用的绩效性是否符合预算要求。

第三节　检查风险因素

检查风险是指某一账户（或交易类别）单独或连同其他账户（或交易类别）产生重大错报或漏报，而未能被实质性测试发现的可能性。审计人员可以在实质性测试的过程中通过收集充分、适当的审计证据对检查风险进行控制和管理，从而把审计风险保持在可接受的水平以上。但因受审计资源、审计时间等要素的制约，审计人员不可能根除检查风险，也就是说，检查风险是必然存在的风险。检查风险更多的是与审计程序的有效性相关[①]。考虑到检查风险这一特性，在对因素进行细分时我们选择从检查风险的执行者即审计部门和审计人员这一个角度考虑影响检查风险的因素：

一　审计部门应考虑的因素

审计部门作为审计人员的机构载体，应从整上把握预算执行审计的风险，审计过程本身和审计技术带有一定的局限性，受时间、人力、经费和工具等条件的限制，这就要求审计部门对不同审计项目的资源分配、整体风险控制等方面作出计划和安排。这些内容会直接影响预算执行审计的风险：

（一）审计部门风险的管理水平

审计单位如果确定的是较低的审计风险管理水平，则意味着其审计人员要采用详细的审计程序，而详细的审计程序会使审计时间增加，从而增加审计成本，反之亦然。另外，审计部门风险管理的程度直接影响审计人

---

① Douglas R. Carmichael, Auditing Concepts and Method. A Guide to Currant the or Yand Practice, 1997.

员对于审计风险意识的强弱。

（二）审计资源的限制

审计机关除了一些常规审计工作外，还要听从"多头"指示，如同"救火队"四处出击，导致审计任务繁重与审计资源不足的矛盾尤为明显。以中央审计为例，按照现行财政财务隶属关系或国有资产监管关系，属于审计署及其派出机构审计的单位为 3 万多个，还不到全国 80 万个国有单位的 4%，但这些单位的资金占全国的 70% 左右①。

（三）审计部门审计力量的组织能力

审计部门的审计资源，包括人员力量、审计经费、审计时间等一般不会产生较大的变动。审计部门根据不同的审计项目组合审计资源的配置，但是不同的配置所产生审计风险的大小也不一样，审计力量组织的适当性就显得尤为重要。

二　审计人员应考虑的因素

作为审计活动的直接执行人，审计人员在执行审计程序中，不管是基于主观原因还是客观原因都有可能引发审计风险。预算执行审计在检查过程中由于审计人员的原因而产生的风险跟注册会计师审计基本雷同，主要包括以下因素：审计人员的独立性、审计人员的职业道德水平、审计人员的风险意识、审计人员的专业水平和职业能力、审计技术的运用程度、审计证据收集的难易度、审计质量评价标准的合理性、具体审计程序和方法运用的准确性、审计人员利用外部专家的程度等。

第四节　公告风险因素

一　公告联动风险的细分

审计结果公告联动风险主要是因为审计执行程序和审计报告的质量问题，在审计报告公告后给预算执行单位、相关责任人以及审计人员、审计机关自身造成的各种非正常影响。在这一点上关注的是审计结果公告前审

---

① 刘国常、曾寿喜等：《政府审计的改革与发展》，中国时代经济出版社 2007 年版，第 99 页。

计过程的结果可能产生的风险，而暂时不考虑由于公告程序、形式等方面的原因。即审计公告风险是由于审计准备阶段和审计实施阶段所引发的风险。

审计准备阶段，由于审前调查不够充分，内部控制测试程序失缺，重要性水平确定不准确，重要审计领域、重点审计部位被遗漏，而在实施过程中，又没有采取相应的补救措施，及时调整审计方案，实施相应的审计程序，应该履行审计职能没能完全到位，未能查出重大的错报漏报和舞弊，造成审计反映的问题与实际情况不符合，以致审计机关出具显失公正的审计报告而产生公告风险。

审计实施阶段，审计人员敷衍塞责，没有或没有完全按照审计方案履行基本职能、基本程序，没有查深查透，没有达到预期的审计目标，不能准确地说清被审计单位的账目是假是真；不能准确地说清相关负责人有没有擅自决策造成重大失误，以造成国家财产的重大损失；不能准确地说清被审计单位主要负责人有无重大经济问题的。具有指挥权的人员强令审计人员违法执法，或具有审批权的领导人员批准采取审计强制措施，给国家财产和企业生产经营造成不必要的损失的。审计人员徇私舞弊，故意隐瞒或夸大事实真相，造成审计机关作出不准确或失当审计决定而产生的公告风险。

基于重大错报风险和检查风险对于风险因素的分类，在考虑联动风险时主要考虑两个细分风险因素：

（一）公告项目选择范围的合理性

预算执行审计涉及的面广量大，不可能面面俱到，要深化预算执行审计，就必须选准重点。既要在审计内容上突出重点，又要在审计过程中抓住重点；既要侧重于政府关心的重点，又要侧重于人大所关心的热点，更要重点关注社会民生问题。预算执行审计项目的选择是否全面、突出重点，直接影响公告项目的内容。一旦选择出现偏差，忽视了一些掌握资金调拨权和管理使用大量财政性资金的部门单位，那么在审计结果公告时将会产生公告项目选择的风险。

（二）公告保密性的适宜度

审计过程中发现的问题，选择公开还是保密？如果公开，如何把握好公开的"度"的问题不仅直接影响到审计公告的效果，还会影响审计风险。审计结果必然涉及国家及有关单位财政、财务收支的内容，必须慎重把握审计结果对外公告的尺度，既要保证审计公告应有的透明度，又要从保密和大局考虑，着重审计公告的综合效果，这样才能避免"公告不足风险"和"公告过剩风险"。

二　公告形式风险的细分

审计结果公告规章作为一项制度性文件，其自身的一些不规范、不健全的规定必然会导致在执行或操作过程中出现问题。现阶段有关审计结果公告制度的发展还存在着很大的漏洞，限制审计公告制度效果的发挥，并且加大审计机关的风险。

（一）审计结果公告的内容、格式的规范性

审计结果公告制度没有规定每类公告的具体内容和格式，实际执行时难免使公告具体内容具有随意性。例如，同样是对于专项资金的审计结果公告，有的采用三段式，分为审计的基本情况及评价意见、项目建设效果方面存在的主要问题及原因、审计建议；而有的采用四段式，分为基本情况、审计发现的主要问题、审计处理情况和建议、审计发现问题的整改情况[①]。政府审计结果的公开就无法达到向社会公众传递被审计单位审计的相关信息的目的。

（二）审计结果公告的时效性

我国目前的审计结果公告制度没有对公告时间做出具体规定。实践中，审计机关发布审计结果往往在审计机关主要负责人受政府委托向人大常委会报告后的一段时间，具体时间不固定，如果审计公告还要附有被审计单位的整改情况，则审计结果公告花费的时间更长。公告的时效性较差。

（三）公告程序不合规

目前审计公告过程仅仅包括审计机关内部拟公告审计结果的报送审批，内部公告文件流转的过程。现行的审计体制下，审计机关按照现行审计公告的一般规定履行拟公告审计结果的审批程序符合审计实践与政府管理的要求。例如，预算执行审计结果需要公告的，应当在向政府行政首长提交的审计结果报告中说明，比如不同意见，方可公告。如果未按照有关

---

① 吴远：《我国政府审计公告制度实施中的问题与对策》，江西财经大学，2006 年。

规定擅自向社会公布审计结果，必然会引起不必要的负面影响。审计人员因此需要承担相应的责任，加剧审计风险。

（四）公告途径选择失误

现行审计公告办法将广播、电视、报纸、杂志、互联网、新闻发布会、公报、公告等都纳入了审计公告的形式。由于没有明确的规定，使公众无法把握审计公告活动的权威性，以及公告内容的真实性。

第五节　诉讼风险和社会认可度风险因素

一　诉讼风险因素细分

（一）责任认定标准欠缺

当预算执行单位存在违法、违规行为时，相关的责任认定标准就是衡量责任大小的"度"，一旦责任认定标准出现错误，就可能出现误断，相关责任人就会对此误断提起诉讼，由此产生诉讼风险。

（二）责任追究制度不健全

我国目前界定和追究审计机关、审计人员审计风险责任的法律、法规很不健全，仅有《审计机关错案和执法过错责任追究暂行办法》和《审计机关审计项目质量控制办法的试行》，对于怎样追究责任，依然未做出明确的规定，缺乏相应的可操作性。因此审计人员无法依据法律为自己因一些非可控因素导致的审计风险辩解，使审计人员被诉讼的风险加大。

（三）赔偿机制不完善

这一点在政府审计中的影响力没有在注册会计师审计中那么大，政府审计机关和审计人员的审计责任主要是被审单位申请行政复议或者行政诉讼。而且政府审计不存在丧失客户和成本上升的问题，且损失相对有限。但是随着审计公告制度的进一步完善，审计机关的赔偿责任也会相应增加，当然这里的赔偿不仅仅是指经济上的赔偿，针对政府审计来说，更多的是行政处罚赔偿。这种处罚赔偿可能使审计人员被免除审计职位，审计机关主要负责人接受行政处理，等等。

二　社会认可度风险因素细分

(一) 公告对象的理解能力

一般审计公告具有一定的专业性，因此在审计公告的内容中可能存在一些专业术语的表达，导致社会公众对审计公告的理解发生偏差，从而对审计公告的内容产生不信任情绪，怀疑审计机关的审计执行过程是否正确等引发的一系列问题，加大审计风险。

(二) 公告对象的认知能力

公众作为公告的最终使用者，其本身的认知能力直接影响公告被社会公众承认的程度。这里的认知能力包括阅读、计算、写作等基本能力。人的认知能力越强，对审计公告的要求就越严格，一旦审计机关在公告中出现任何"蛛丝马迹"，就会遭到社会公众对于审计结果的不认可。

(三) 公告内容与公告使用者的相关度

审计公告的内容必须是社会公众所关心、在意的事件，例如社会公众对经济责任审计情况较为关心，而政府在发布的审计公告中从未涉及这一内容，社会公众就会认为审计机关并未就其职责履行相应的义务而引发审计风险。

第十五章　公告制度下的政府
审计风险因素评价

第一节　问卷的设计和采样

问卷包括三部分，第一部分是简单的选择性问题。第二部分包含了39 个问题，采用李克特量表填答方式，每个问题 5 个选项，按照 5、4、3、2、1 赋予每个选项得分值。第三部分是补充意见。

本次问卷调查分别于 2007 年 6 月在杭州、武汉等地进行。问卷调查分别依托于杭州、武汉两地的审计系统。问卷主题是"公告制度下影响政府审计风险的因素研究（以预算执行审计为例）"，问卷采用集中发放的形式。本次问卷调查共发放问卷 220 份，实际回收有效问卷 191 份，总回收率 86.8%，并形成有效记录 187 条。其中，杭州地区发放问卷 150份，回收有效问卷 140 份，回收率 93.3%；武汉地区发放问卷 70 份，回收有效问卷 51 份，回收率为 72.86%。

第二节　指标层次表和模型的构建

在问卷调查的第二部分，问题 1—14 反映的是重大错报风险，问题15—26 反映的是检查风险，问题 27—33 反映的是公告风险，且前两项是公告联动风险，后五项是公告形式风险，问题 34—36 反映的是诉讼风险，问题 37—39 反映的是社会认可度风险。我们在此基础上构建指标层次表15—1 来表明各个风险因素之间的层次关系以及与政府审计风险的关系。

表 15 - 1　　　　　　　　　　　指标层次表

层次 A	层次 B		层次 C
国家审计风险	重大错报风险		行政模式审计体制的限制
			政府干预力度的强弱
			预算执行单位外部环境的稳定性
			相关法律法规的不完善
			预算执行单位行政地位
			预算执行单位的组织结构
			领导层诚信度
			预算执行单位内部控制的健全度
			预算执行单位信息化程度的高低
			预算执行单位相关法律法规的遵循情况
			预算执行单位国家资金拨付情况和资金压力大小
			预算执行单位会计政策和会计估计的正确性
			特定某类交易、账户余额、列报披露相关的错误
			预算执单行位绩效评价方法的可行性
	检查风险		审计部门风险管理水平
			审计部门审计力量组织能力
			审计资源是否受到限制
			审计人员的独立性
			审计人员的职业道德水平
			审计人员的风险意识
			审计人员的专业水平和职业能力
			审计技术的运用程度
			审计证据收集的难易度
			审计质量评价标准的合理性
			具体审计程序和方法运用的准确性
			审计人员利用外部专家的程度
	公告风险	公告联动风险	公告项目的选择范围的合理性
			公告保密性的适宜度
		公告形式风险	公告途径选择失误
			公告程序不合规
			公告时效性丧失
			公告格式、内容规范性
			公告对象范围的选择适当性
	诉讼风险		责任认定标准欠缺
			赔偿机制不完善
			责任追究制度不完善
	社会认可度风险		公告对象的理解能力
			公告对象的认知能力
			公告内容与公告使用者的相关度

　　我们的基本思想是通过对细分风险因素的影响程度进行量化，用具体的评估值来衡量风险的大小，进而层层递进地对整个政府审计的风险进行评价。基于这一思想，我们运用了软件风险控制的模型思路构建了政府审计风险的评价思路模型，如图 15－1 所示。

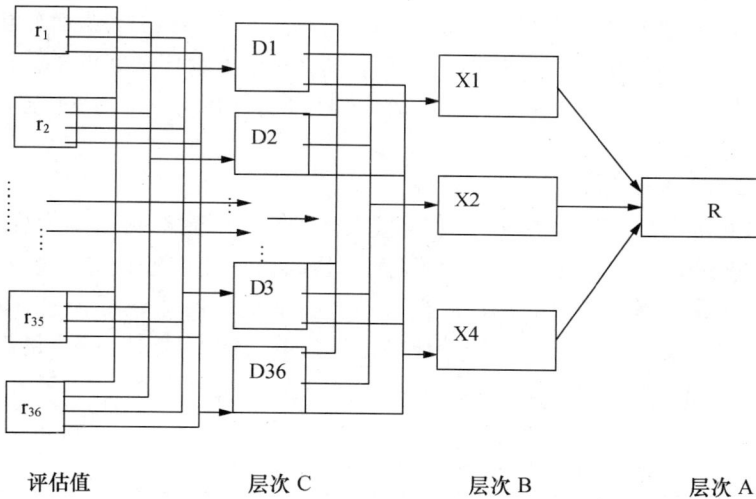

图 15－1　政府审计风险的评价思路模型

r_i（$i=1$，2，…，36）表示影响风险细分因素变量的评估值，D_j（$j=1$，2，…，36）表示风险细分因素，X1、X2、X4 和 R 分别代表四项审计风险影响因素和整体政府审计的最终风险。

第三节　审计风险因素评价的实证研究

　　对问卷调查的结果进行系统的探索性因素分析，通过共同性、方差解释率等对数据进行详细分析，探索政府审计风险模型下各审计风险因素的细分因素的分类和其对风险的影响权重。探索性因素分析采用 SPSS15.0 来进行，运用主成分分析法抽取因素，这也是因素分析中最常用的方法。

一　重大错报风险的实证分析

（一）效度测试分析

效度是指一个测验能够测到该测验所欲测的受试者心理或行为特质的程度。对本问卷量表效度的检测是通过 KMO 抽样适当性参数检验和巴特利特的球形检验来检测的。KMO 抽样适当性参数，表示变量间的共同因素数。通常题项的平均共同性应在 0.7 以上，才适合进行因素分析，表 3 - 1 效度检测结果表，反映样本 KMO = 0.764，表示变量间的共同因素较多，巴特利特的球形检验 χ_2 值为 1235.138 （自由度为 91）达到显著，表示量表有效。

（二）信度测试分析

本书使用的问卷即是 "多选项量表"，所以在检验时使用内在信度，内在信度最常使用的方法是克龙巴赫 α 系数，它能够准确地反映出测量项目的一致性程度和内部结构的良好性。一般优良的测试至少应具有 0.8 以上的信度数值。本书所采用的样本信度检验结果见表 15 - 2，量表 α 系数为 0.8153，在信度上通过检验，说明调查问卷是可信的。

表 15 - 2　　　　效度检测结果表 （KMO and Bartlett's Test）

取样适度性度量 （Kaiser - Meyer - Olkin Measure of Sampling Adequacy）		0.764
球形检验 （Bartlett's Test of Sphericity）	近似卡方分布 （Approx. Chi - Square）	1235.138
	自由度 （df）	91
	显著性 （Sig.）	0.000

表 15 - 3　　信度检验结果表 （RELIABILITY ANALYSIS - SCALE）

Reliability	样本数	项目数	α
	187	14	0.8153

第十六章 政府审计风险的控制

前两章主要建立了政府审计风险的新模型，以及在审计风险的模型上对审计风险进行实证分析，了解了审计执行程序中的高风险因素。有利于我们对政府审计风险的控制，降低风险的影响程度，这也是我们对审计风险进行量化分析的最终目的。基于前面的分析对如何控制政府审计风险加以阐述。

第一节 审计风险环境控制

审计环境的优劣是影响政府审计风险的根源性因素，在从具体的层次控制风险之前，先要从根源上把握风险的控制。

一 政府审计体制的深层次变革

现行的政府审计风险影响因素中有很多风险因素的存在根本上是由于政府审计在管理体制上的缺陷所导致的，比如审计单位的行政地位、政府的干预等。包括"审计风暴"的产生，它并不单是一种单纯的审计现象，不能仅从审计的行为方面对其进行理论探讨和实践，更应该从更深层次的原因把它看成是一种政治现象或社会现象，把我们思考的触角延伸到审计体制改革的领域。我国政府审计采用的是行政型审计模式，这种模式并不适合国际发展的趋势，因此必然要求审计机关脱离于政府而存在，这样才能解决政府干预等一系列问题，才能从源头上抑制政府审计风险产生的政治根源。一份审计署科研所的研究报告中俄罗斯联邦审计院院长谢尔盖·斯捷帕申在接受采访时说道："如果国家确实需要独立的财政监督，如果俄罗斯议会确实关注的不是把谁安置在何处，而是关注在议会手中有唯一的能够实现有效的财政监督的工具，借助有效的财政预算来监督政府，那么我们就应该改变审计院形成的途径。"中国也是如此,要想控制政府审计的风险,就要先改变政府审计的体制,这样才能达到治本的效果。当然目前对于采用什么形式审计体制的问题一直是学术界争论比较多的一个话题,形成了"立法论"、"审计院论"、"垂直论"、"双轨制论"等不同的观点。本篇更倾向于"双轨制"论。

(一) 双轨制审计体制的建立优势和操作障碍

双轨制论是在人大和政府分别设立不同的审计组织,担负不同的审计责任。人大所属的审计组织主要从事预算审计监督,政府所属的审计组织主要承担除预算审计以外的其他审计监督任务,包括国有企业审计、金融审计、经济责任审计,等等。虽然双轨制论的理论基础和原理与立法论并无太大差异,但是其在考虑和吸收了立法论的特点和优势后,又增强了自身特有的优势:(1) 人大的监督权得到了进一步落实,监督的效力大大增强;(2) 更好地实现了委托—代理的职责,实现审计结果的真正透明化、程序化、公开化;(3) 克服了现行预算审计监督中所存在的体制弊端,预算审计与政府保持了必要的独立性。

双轨制也面临着实际操作时的一些问题:(1) 交叉业务或重复监督事项的存在,造成审计资源的浪费;(2) 人大下设立的审计院内部组织机构和职能的界定;(3) 各级审计机关之间的行政关系,即领导与被领导问题的确立;(4) 审计经费的来源问题等。

(二) 双轨制审计体制下机构设置改进

针对这些问题,尝试建立了双轨制审计体制下的机构设置图,如图16-1 所示,希望尽可能解决存在的问题。

我们将人大下的审计院设立五个委员会,分别为预算审计委员会、特派监察委员会、咨询管理委员会、特别事项审计委员会、审计报告委员会;预算审计委员会直接隶属于审计院,从组织结构上直接保证了政府审计机构的审计地位的独立性,避免出现政府"自己审自己"的情况。另外又相应设立了四个不同的委员会负责不同的事项。特派监察委员会主要解决交叉业务和重复业务的问题。国务院下设的审计部门更类似于政府部门的内部审计组织,除了在行政关系上受政府部门领导,在职责权限同样也受审计院的领导,虽然两者的审计内容不同,但是审计院同样要对下级审计部门的审计工作进行检查,这样就可以通过特派监察委员会对下级审

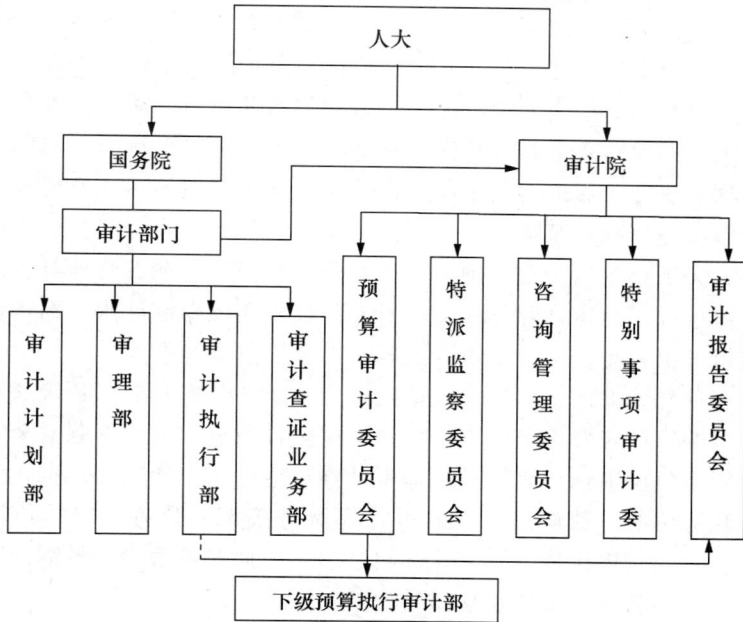

图 16 - 1　双轨制下审计机构设置

计部门的审计业务进行抽查。审计报告委员会的主要职责是将预算执行审计情况直接向人大进行报告，改变了以往通过政府再提交人大的做法，使审计结果更具真实性、可靠性。咨询管理委员会主要是对审计人员在审计过程中有关审计方法、手段、涉及相关经济、金融等法律的问题进行咨询。因此管理咨询委员会必须包含审计以及其他领域的专家。特别事项审计委员会的职责主要是针对一些非常规或突发事件采取行动的机构，包括诉讼、特别审计经费编制，等等。

　　对于国务院下设的审计部门机构的设置，建议采取湖南省审计厅的审计权能"四分离"政策，即下设审计计划部、审计查证业务部、审理部和审计执行部。审计计划部，以建立被审计对象基本情况数据库和信息资料库为基础，拟订审计项目计划，并负责对审计项目的执行情况进行评估。审计查证业务部门则负责进行调查、查阅、取证、函证、计算、分析方式得出审计结论，并草拟审计报告，并根据审理部门的审理意见书形成审计报告代拟稿。审理部门是对业务部门移送的全部审计资料进行审理，向业务部门出具审理意见书。审计执行部门负责送达审计机关对外审计业务文书，执行审计报告、审计决定、审计移送处理书、审计公告等结论性法律文书。跟踪检查落实审计建议事项、被审计单位自行纠正事项、审计处罚事项、决定收缴的有关款项、审计移送处理书中的移送处理事项及办理申请审计强制执行事项[①]。

在人大下设的审计院与国务院下设的审计部门存在着监督与被监督的关系，审计部门的审计除了提交政府部门以外还要由审计执行部将审计结果送交审计报告委员会，由审计报告委员会汇总提交人大。

在审计经费方面，必须要改革现行审计经费预算制度，各级预算执行审计部门的审计经费由下级审计机关根据审计职责、审计任务、全年审计工作计划等编制审计预算上报预算审计委员会，由审计院统一报人大常委批准。政府组织下的审计部门的审计经费直接编入政府部门的预算编制内，由政府部门进行核拨。审计部门必须将审计经费情况上报审计院。

二　完善和健全审计法规体系

建立与健全审计规范是审计机关审计风险控制的基础措施。审计规范是审计人员的行为规范和工作准则，不仅可以控制和减少审计风险，也是衡量审计人员法律责任的示准[②]。

我国的政府审计法律法规体系大致分为三个部分：法律法规规范、审计准则及其他。要健全和完善这一体系就要从这三个部分入手，这也是根本的解决方式。我们将三个不同的部分联系 2006 年 6 月 1 日新实施的《审计法》简要地分析现行审计法律法规体系存在的问题，并相应提出完善的意见。

（一）审计法律法规

审计法律法规的内容分为四个部分：一是审计组织法，主要规范审计机构的设置、人员任免及组成、机构之间的相互关系等；二是审计实体法，主要规范审计机关的责任、权限等；三是审计程序法，主要规范审计

---

①　唐会忠、任剑波、刘志军：《审计权能"四分离"探索依法行政新途径——湖南省审计厅实施审计权能"四分离"一周年浅析》，湖南省审计厅。

②　管劲松：《审计风险管理》，对外经济贸易大学出版社 2003 年版，第 99 页。

机关和审计人员的工作程序等；四是审计责任及审计机关违法失职应当承担的法律责任。

1. 制定审计组织法，将审计机关的设置、内部机构的建立、人员的任免、不同岗位任职资格条件法律化。现行有关这方面的规定散落在各个审计法律法规中，特别是对审计人员任职资格的规定，一直都是模棱两可，并没有一个很确切的规定。例如，《审计法》第十二条规定，"审计人员应该具备与从事审计工作相适应的专业知识和业务能力"，以及《审计法实施条例》第十条"审计人员实行审计专业技术资格制度，具体办法按照国家有关规定执行"等都没有从实质上对审计人员的执业资格和专业能力作具体规定。应建立审计组织法，将这些内容用具体的法律形式加以确定。

新审计法改进审计派出机构形式，将"审计特派员"改为"派出机构"。

完善基层审计机构体系，但未对设立的派出机构的审计事项范围作具体的规定。可以将列入审计署管辖范围内的审计事项交由派出机构审计，而上级审计部门例如审计院则专门负责审计中央部门、重大投资项目和专项资金等项目。

2. 审计实体法中有关审计职责和审计权限的改进。现行有关审计职责的相关法律依据有宪法第九十一条、第一百零九条，其对审计机关的设置、领导体制和职责作了原则性规定，其中，第九十一条关于审计职责的规定，"国务院设立审计机关对国务院各部门和地方各级政府的财政收支，进行审计监督"。《审计法》和《审计实施条例》第三章也对审计职责进行了进一步的明确。但是在审计职责的有关规定中，国家对于效益审计和经济责任审计职责方面的规定相对比较欠缺，虽然新《审计法》增加了效益审计的内容以及明确了经济责任审计的法律地位，但是对《审计法》中效益审计的内容和审计标准不清楚、审计程序不具体，这对效益审计在实际操作中设置了很大的障碍。这就要求在审计准则中对效益审计具体的审计标准、审计程序作出规定。另外，修订后的《审计法》增加了"审计机关按照国家有关规定，对国家机关和依法属于审计机关审计监督对象的其他单位的主要负责人，在任职期间对本地区、本部门或者本单位的财政收支、财务收支以及有关经济活动应负经济责任的履行情况，进行审计监督"。这改变了审计机关履行经济责任审计一直没有明确的法律依据的状况，但是，我们知道经济责任审计的程序复杂，如何评价经济责任和经济责任审计实施手段就成了另一个"盲区"，因此必须在审计法律法规体系下的审计准则层次作相关的规定。

我国现行权限包括要求报送资料权、检查权、调查取证权、采取强制措施权、建议权、处理处罚权以及通报公布审计结果权七项。但是对于《审计法》中的第三十条要求报送资料权的规定并不具体，满足不了当前计算机审计的现实需要。要在法律法规中规定审计机关有权要求检查被审计单位运用信息系统的安全及获得被审计单位提取计算机信息系统中的审计数据接口、有权自行提出测试方案并要求被审计单位按照此方案进行测试，另外，还可以规定被审计单位的电子数据资料保存年限等。在审计人员权限方面还应当增加审计机构参与制定相关法律法规的建议权，增强法律法规的可行性。新《审计法》第三十七条增加了提请公安、监察、财政、税务、海关、价格、工商等机关予以协助的权限。主要是要克服审计执法手段和范围的局限性，促进全面履行审计职责，进一步加强与其他机关的配合，以形成监督合力。但是，没有对这些外部机关协助的条件、方式、职权范围的划分等作规定，这也是下一步应该逐渐完善的地方。

3. 审计程序法中有关审计机关、审计人员的审计程序在《审计法》第五章作了规定，但是如具作为法律层次其规范的内容明显有泛泛之嫌，因此审计程序更适合作为政府审计准则规范的具体内容。

新的审计法中的第四十条和第四十一条对有关审计报告重新作了规定，将"审计机关审定审计报告，对审计事项作出评价，出具审计意见书"修改为"审计机关按照审计署规定的程序对审计组的审计报告进行审议，并对被审计对象提出的意见一并研究后，提出审计机关的审计报告"。这一规定取消了审计意见书，将审计事项的评价意见纳入审计机关报告之中，有利于推行和完善审计结果公告制度，但没有根本解决审计结果公告制度存在的问题。审计结果的公布仍然要被审计单位同意并签字后才能发布，对审计结果公告的模糊性规定也未加以修正，没有给审计结果公告推行提供良好的法律环境。

4. 有关审计法律责任的规定。新《审计法》弥补了原有的审计法中对审计客体的违法行为的详细界定和审计处理处罚条文规定缺失的遗憾，特别是修改了被审计单位提供不真实、不完整资料的法律责任的相关条文。这一条文对界定被审计单位的会计责任和审计机关的审计责任起到了很大的作用，有利于进一步促进被审计单位重视提供财务会计资料的问题，以提高审计效率，防范审计风险。

（二）审计准则

我国政府审计准则体系与独立审计准则体系较接近，也是由三个层次构成：第一层次是政府审计基本准则；第二层次是具体审计准则，包括通用审计准则和专业审计准则；第三层次是审计操作指南。我国政府审计准则到目前仅有 18 个，且有相当一部分准则并没有通过正式的准则或规定的形式对相关问题进行规定，使得审计人员在审计程序中遭遇很多"法律盲区"。而且我们政府审计准则将财政财务收支真实、合法、效益审计合为一体，试图制定出能满足各类审计业务需要的准则，这样反倒造成政府审计机关和人员使用上的不便。必须加快相关法律法规的建立和完善，减少审计人员审计工作的随意性，防止承担不必要的审计风险责任。同时制定详细的执业规范，提高执业规范的可操作性及技术指导作用，以尽可能减少审计活动过程中对技术操作上理解的偏差，使执业规范真正成为衡量政府审计机关和人员责任的重要尺度。

可以参照美国政府审计准则的格式，将审计基本准则分成"一般准则"、"外勤准则"和"报告准则"三个层次。在"一般准则"中可针对执行财务审计、鉴证业务和绩效审计的共性问题，提出确保审计结果可靠性的基本要求如独立性、实施职业判断、专业胜任能力、质量控制与保证等，规定所有审计人员和审计组织不仅指政府审计机关及人员在执行政府审计准则所约束和规范的业务时必须遵守。在"外勤准则"及"报告准则"中应充分考虑不同业务类型的特点和需要，区分财务审计、鉴证业务和绩效审计来分别规定的外勤准则与报告准则[①]。

另外，制定《政府审计质量控制准则》，建立科学、具体的审计质量考核评价体系，设立合理的考核评价指标，给评价审计工作质量一个科学、规范的标准，引导、促进审计质量的提高，降低差错，达到防范与控

---

① 张龙平：《政府审计 20 年回眸和反思——政府审计准则制定工作的总结及改进思路》，《湖北审计》2003 年第 1 期。

制风险的目的①。

（三）其他

其他法律法规包括财经法律法规、行政救济法律法规等，特别是行政救济法规中的《行政复议条例》和《行政诉讼法》。新《审计法》第四十八条规定了被审计单位对审计决定不服时的行政救济和司法救济程序。这一新规定加大了审计机关的诉讼风险，但是我们要注意新的《审计法》与《行政复议条例》和《行政诉讼法》中相关法律法规冲突的地方，如《审计实施条例》中对于复议延长时间的规定与《行政复议条例》不一致等情况，会导致审计机关在处理问题时增加审计难度，应尽快加以修正。

第二节　重大错报风险控制

在调查问卷统计中，有 36.43% 的被调查者认为，政府审计执行程序中重大错报风险是引起审计风险的主要因素。我们通过实证分析对影响重大错报风险的各个细分因素的影响程度进行了量化分析。在分析结果的基础上建议从以下方面对重大错报风险的报表层次风险进行控制。

一　以"内部控制的健全度"为着力点，关注被审计单位报表整体层次风险

2004 年，最高审计机关国际组织就已经在《公共部门内部控制指南》中说明了内部审计机关在内部控制中的地位，并规定了内部审计在内部控制中的责任和任务。但就国际组织对成员国的调查结果表明：各成员国公共部门内部审计存在着独立性不强、工作开展不顺和尚未建立内部审计机构等问题。而我国不管在内部控制的理论建设还是内部控制测试实践等方面都落后于国际水平。政府部门内部控制缺失，而审计人员在政府审计过程中往往只注重具体账项的检查，而忽视被审计单位内部控制的健全度。因此，审计人员在进行审计时，要关注其内部控制设计的合理性和运营的有效性，并对其进行检验和测试，发现薄弱环节和可能发生错报的风险，不能只是走形式。除了对于内部控制的关注，对其他可能影响报表整体层

---

① 管劲松：《审计风险管理》，对外经济贸易大学出版社 2003 年版，第 100 页。

次的重大错报的因素也要关注，比如被审计单位的信息化程度、被审计单位国家资金拨付情况和资金压力大小等影响因素。国家审计中被审计单位的外部环境可能没有企业的外部环境那么复杂，不必考虑类似市场、产品等经营风险的内容，但在实际操作中要根据政府审计风险影响报表层次的特定风险，不能生搬硬套注册会计师准则中对于重大错报风险的识别方法，要根据实际情况加以改进和应用。

二　重视合法合规性的同时，不忽视效益性审计

特定某类交易、账户余额、列报披露相关的错误对审计风险的影响也是比较大的，要对被审计单位容易出现错报漏报的项目等提高警惕度，通过识别重大错报风险是与特定的某项交易、账户余额、列报的认定相关还是与财务报表的整体广泛相关，进而影响多项认定。在实证分析中将Loading≤0.5的载荷量删除时，发现"被审计单位绩效评价的可行性"唯一有关被审计单位效益性的指标被剔除了，这也表明大部分被调查者对于效益性审计并不敏感，这也是当前政府审计工作的"软肋"。单单仅从合规、合法的角度进行的审计已不能满足当前审计发展的大环境，对财务支出是否节约、资源开发利用是否有效等从某种意义上讲，这些监督比经济活动合规合法的监督更为重要，因此政府审计机关必须将其审计评价监督的范围从财务报告的真实性、财务活动的合规性延伸到政府行为的经济性、效益性和效果性。

第三节　检查风险控制

被调查者中有46.7%的人认为检查风险是产生政府审计风险的主要阶段，实证结果表明具体审计技能的运用是影响检查风险的一大因素，包括具体审计程序和方法应用的准确性、审计人员利用外部专家等内容，而审计人员的风险意识、职业道德、专业水平等因素也有影响。

一　遵循必要审计程序，采用合适审计方法

审计程序是审计活动的核心部分，审计风险主要出现在审计程序中，因此履行严格的审计程序是防范和控制审计风险的关键。根据审计计划方案，结合审计目标，确定审计重点，通过人员的合理安排，使审计方案的程序落到实处，防止审计人员简化审计程序。另外，随着被审计单位信息化的进程加剧，审计人员不能只拘泥于传统的审计技术和审计方法，要引入新的审计技术，包括外部专家的利用等。

二　获取合适、充分的审计证据，实现审计目标

审计证据收集是否合适、充分直接影响审计结论的正确性，要防止"审计证据不足"和"审计证据过于充分"这两种情况的发生。在收集审计证据时除了要注意审计证据的数量，更要注重审计证据的质量。亚洲最高政府审计组织在《审计质量管理指南》中将审计证据的质量特征定为"胜任性（可靠性）、相关性、充分性"。我国采用的是《审计机关审计证据准则》中的"客观性、相关性、充分性和合法性"质量特征，审计人员必须保证其证据是从有效的渠道获得且足够实现政府审计的目标。

三　加强审计人员风险、道德意识，提高审计人员素质

防范和控制审计风险是保障审计质量、维护审计声誉、促进审计事业发展的需要。现阶段政府审计人员的风险意识不强，在审计工作中没有足够重视风险因素。随着风险导向审计的发展，审计人员必须加强自身的风险意识，才能应对日益复杂的审计环境，及时发现和察觉审计风险。同时，职业道德意识的淡薄也成为审计人员亟须解决的问题。

另外，政府审计人员的素质越高，产生审计风险的可能性就相对较小。审计人员素质主要包括业务能力、心理素质等内容。我国审计人员存在学历低、相关专业知识欠缺等问题。机构调查的结果显示，我国目前政府审计机关本科以上的学历所占的比例还达不到4%，本科及大专学历占了较大的比重，高达80%多，但是在这些人之中，大部分审计人员以会计或审计知识为主要架构，缺乏金融、数学等其他涉及审计领域所需的专业技能。因此要加强审计人员的业务培训，更新业务知识，以适应信息时代对审计工作的要求。

四　加快"金审工程"建设，优化信息内部存量，实现信息资源共享

审计署制定了《2004—2007年审计信息化发展规划》，利用计算机技术开展的审计项目将达到年度计划项目的60%以上。审计署已经组织开发了中央预算执行审计、海关审计、金融审计等方面的计算机软件，逐步建立了审计常用法规、审计项目档案、审计统计等审计信息资源库，开展

了与被审计单位财务信息系统的联网审计试点①。在此基础上实现网络化、数字化和公开化。另外，审计机关应积极开发审计体系内部及其他监督系统的信息资源，通过信息系统，使监督成果相互利用，发挥审计综合监督的职能，达到信息资源的共享。

五、关注审计机构审计力量组织能力，优化审计资源组合

要重视通过审计资源的优化组合来满足众多的审计任务，要把握审计的重点。审计机构可以建立审计人力资源数据库，掌握审计机关现有人员数量、年龄结构、知识结构和专业结构，以便于加强人力资源管理，形成整体合力。加强审计档案的数据库建设，提高对以前年度审计成果的利用，防止出现重复作业。

第四节　公告风险控制

一　重视审计过程风险，降低审计结果风险的释放

审计风险与审计结果公告没有直接联系，即使审计结果不公开，审计风险照样存在，但是一旦审计结果公开，审计结果公告就有可能扩大审计过程中已经存在的风险因素。因此，审计结果公告所增加的风险不是审计风险，而是审计人员的责任风险。审计人员必须在审计过程中就意识到这一点，把好审计程序的质量关。对审计报告进行审核和讨论决定以发现问题并决定取舍，对审计结果影响不大的问题要予以剔除，确保审计报告的内容正确。如果对某一问题应当进行审计或审计方案明确要进行的审计而未予以审计，应当发表审计说明，防止在审计结果公告后转变为审计公告风险。

二　完善审计公告形式风险，规范对外公告内容

审计公告本身的不完善也会导致审计风险。实证表明这类风险的影响程度没有公告联动风险的影响大，主要涉及公告途径选择、公告披露的程序、公告格式、内容和表达的规范性及公告的时效性等。这部分风险我们认为是缺乏可操作的法律依据直接导致的，可通过建立健全审计公告制度

---

① 张庆龙：《审计资源论》，中国时代经济出版社 2006 年版，第 171 页。

本身来控制。例如在规范审计结果公告的格式与内容时可以考虑借鉴民间审计的做法对审计意见进行分类，对不同意见类型的审计结果的公告采取不同的方法。对没有发现重大问题的审计结果相当于无保留意见的公告可采用标准式审计公告，即规定专门的格式、结构、各段的内容和措辞。对发现问题的审计结果宜采用非标准式审计公告。这种审计公告应以专门的段落说明发现的问题及其性质与可能导致的后果①。公布审计结果属于国家施政行为的范畴，有很强的严肃性，最好在主流媒体上公告，如各级党报、电台、电视台以及专业报刊公告等，而且只适合于高级审计机关必须及时通报重要审计结果时采用，不具有普遍适用性。目前，我国每年在新闻媒体上刊发预算执行审计工作报告，"两会"上宣读审计报告都是这种公告形式的体现。

第五节　诉讼风险和社会认可度风险控制

无论是诉讼风险还是社会的认可度风险，都来自审计人员以外的第三方对于审计人员的行为所采取的反应。审计人员针对这部分审计风险的风险控制力度是最弱的。从实证的结果看，社会认可度风险的重要性要高于诉讼风险，审计机关满足社会公众的预期方面应采取更为有力的措施。

一　建立责任认定标准，降低审计诉讼风险

审计人员对被审计单位的责任人应负责任认定一定要严格遵守责任认定标准，要建立审计公告质量管理和监督机制，一方面，建立并完善审计公告责任追究机制。在对外公告审计事项时，明确政府审计机关和审计人员的权利和责任；另一方面重视后续审计，建立审计公告反馈机制。政府审计机关收集并分析这些信息、集思广益，对被审计单位存在的问题提出整改意见，并不断改进审计公告的方法，尽可能减少审计风险。

二　慎重选择公告项目，尽力达成公众预期

在审计公告保密性的允许下，尽量选择一些社会公众关注的热点问题进行公告，公告发布的文件必须采用社会公众可以接受的语言。尽可能从

---

① 卢传锋、李家：《审计结果公告风险研究》，《财政监督》2006年第11期。

公众的角度考虑审计公告的社会影响度和社会认可度。

　　审计人员在考虑诉讼和社会认可所带来的风险时，要关注第三方的反应，主动预测第三方的反应可能引发的风险，以更好地控制程序风险。

三　进行社会满意度调查，建立回访调查数据库

　　在审计结果向社会公布后，审计机关要及时对社会公众有关审计结果的满意度进行调查。这种调查可以面访调查、电话调查以及电脑辅助调查等。调查结束后，审计人员应将调查结果汇总，录入计算机系统，形成相关的数据库。

四　有效利用社会大众媒体资源，及时准确接受和传达民意

　　公众对大众媒体上的调查报道的可信度认知较高。大众媒体是与公众沟通的平台，一方面可以通过运用"情况反映"、"新闻热线"等方式，行使部分"信访"职能，大众媒体把基层民众的声音及时准确地传递给相关部门；另一方面，媒体客观、公正地将审计的相关事项反映给民众，实现两者的有机互动。

调查附表

公告制度下政府审计风险影响因素问卷调查

尊敬的女士/先生：

　　您好！

　　基于研究的需要，我们设计了这份问卷，恳请您帮助回答，不胜感激！

　　本问卷为无记名问卷，问题无所谓对错，只要反映您真实的看法就是最佳答案，就对我们的研究非常有价值。本研究纯属学术性质。期盼您能拨冗填写，并尽快回复，谢谢您的支持！祝您工作愉快！

　　1. 您认为在政府审计中，哪个阶段是最重要的：（　　　　）了解重大错报风险（　　　　）检查过程（　　　　）公告过程

　　2. 下面列举了很多因素，请您选择该因素对政府审计风险的影响程度有多大进行打分。（具体做法：在您所选的分数下面画"√"）

　　五个级别含义参考标准如下：

　　1分表示影响非常小，说明该因素对公告制度下政府审计风险基本上没有影响。

　　2分表示影响较小，说明该因素对公告制度下政府审计风险有一定的影响，但影响不是很大。

　　3分表示一般，说明对公告制度下政府审计风险有一定影响。

　　4分表示有较大影响，说明该因素对公告制度下政府审计风险有重大影响，理由较为充分。

　　5分表示影响极大，说明该因素对公告制度下政府审计风险有决定性的影响，并有充分的、肯定的理由。

序号	影响因素	影响非常大	影响比较大	一般	影响比较小	影响非常小
1	行政模式审计体制的限制	5	4	3	2	1
2	政府干预力度的强弱	5	4	3	2	1
3	预算执行单位外部环境的稳定性	5	4	3	2	1
4	相关法律法规的不完善	5	4	3	2	1
5	预算执行单位行政地位	5	4	3	2	1
6	预算执行单位的组织结构	5	4	3	2	1
7	领导层诚信度	5	4	3	2	1
8	预算执行单位内部控制的健全度	5	4	3	2	1
9	预算执行单位信息化程度的高低	5	4	3	2	1
10	预算执行单位相关法律法规的遵循情况	5	4	3	2	1
11	预算执行单位国家资金拨付情况和资金压力大小	5	4	3	2	1
12	预算执行单位会计政策和会计估计的正确性	5	4	3	2	1
13	特定某类交易、账户余额、列报披露相关的错误	5	4	3	2	1
14	预算执行单位绩效评价方法的可行性	5	4	3	2	1
15	审计部门风险管理水平	5	4	3	2	1
16	审计部门审计力量组织能力	5	4	3	2	1
17	审计资源是否受到限制	5	4	3	2	1
18	审计人员的独立性	5	4	3	2	1
19	审计人员的职业道德水平	5	4	3	2	1
20	审计人员的风险意识	5	4	3	2	1
21	审计人员的专业水平和职业能力	5	4	3	2	1
22	审计技术的运用程度	5	4	3	2	1
23	审计证据收集的难易度	5	4	3	2	1
24	审计质量评价标准的合理性	5	4	3	2	1
25	具体审计程序和方法运用的准确性	5	4	3	2	1
26	审计人员利用外部专家的程度	5	4	3	2	1
27	公告项目的选择范围的合理性	5	4	3	2	1
28	公告保密性的适宜度	5	4	3	2	1

序号	影响因素	影响非常大	影响比较大	一般	影响比较小	影响非常小
29	公告途径选择失误	5	4	3	2	1
30	公告程序不合规	5	4	3	2	1
31	公告时效性丧失	5	4	3	2	1
32	公告格式、内容规范性	5	4	3	2	1
33	公告对象范围的选择适当性	5	4	3	2	1
34	责任认定标准欠缺	5	4	3	2	1
35	赔偿机制不完善	5	4	3	2	1
36	责任追究制度不完善	5	4	3	2	1
37	公告对象的理解能力	5	4	3	2	1
38	公告对象的认知能力	5	4	3	2	1
39	公告内容与公告使用者的相关度	5	4	3	2	1

注：另外，由于本人学识有限，思考不全，很多影响因素并没有包括在调查表的问题中。希望您能将补充建议写在第三部分，十分感谢。

3. 若您认为存在实现影响公告制度下政府审计风险的其他影响因素，请把您的补充意见填写在下面：

本问卷到此结束，由于时间紧迫，望尽快回复！再次向您表示感谢！

第四篇
政府审计结果公告
对资本市场的影响
——基于信号传递机制的视角研究

第十七章 绪论

第一节 研究背景

2003 年 6 月，李金华向全国人大常委提交了《关于 2002 年度中央预算执行和其他财政收支的审计工作报告》，披露了多个国家机关单位在预算执行审计中的问题。由于此次报告披露的问题多、涉及的部门范围广，因此引起了全社会的广泛关注，被称之为"审计风暴"。2003 年 7 月审计署在《审计署 2003—2007 年审计工作发展规划》中提出：到 2007 年力争做到除了涉及国家机密、商业秘密和其他不宜对外公开的项目外，所有审计和审计调查项目的审计结果全部对外公开。随后 2003 年 12 月审计署发布了第一份审计结果公告，正式确定了我国的审计公告制度。之后每年审计署都会发布大量的审计结果公告，且数量逐年递增，我国的审计公告制度正在慢慢地走向正轨。审计长刘家义认为，政府审计监督不但是我国国家监督体系的重要组成部分，也是国家治理的重要工具和手段，政府审计要在充分保障国家经济方面起到"免疫系统"的作用。而要发挥政府审计的这种"免疫系统"作用，更需要通过完善的审计结果公告制度，营造一个全民监督的良好氛围，让政府的行为越来越接近阳光。

与此同时，随着经济体制改革的日益深入，我国经济越来越趋于多元化。在我国的资本市场上存在着大量的国有资本，所有者和经营者角色的关系模糊和社会审计本身的"制度缺陷"使得审计寻租成为可能。近年来越来越多关于上市公司舞弊和会计师事务所的丑闻使得社会审计的独立性受到了极大的质疑，而缺乏独立性的审计报告没有任何价值。2001 年"安然事件"使得当时"五大"之一的安达信直接退出审计市场。上市公司与事务所的串谋无疑会极大地损害所有者的利益，使得现代商业社会的基础委托—代理关系失去平衡。作为资本市场的"监督者"该由谁来监督？谁又来保证资本市场上的国有资产？这些问题已经受到公众和学术界的广泛关注。2005 年审计署公布了 2005 年第 4 号（总第 12 号）审计公告，公告抽查了 16 家会计师事务所，其中有 14 家存在出具不实审计报告的现象，证明了我国的社会审计确实存在严重的问题。公众期望审计署在披露资本市场问题、保护资本市场中的国有资产、促进和监督资本市场健康运行能起到积极的作用。

近两年来，审计署又公布了大量的关于国有或国有控股企业财务收支情况的审计公告，仅 2011 年上半年就公布了 19 个有关国企的公告，证明了政府审计机关对于国有企业和保护国有资产的重视程度。那么我国的政府审计对于资本市场的审查情况怎么样？审计公告是否会给资本市场带来影响？市场对审计公告又会有怎样的反应？带着这些问题对目前的审计署审计结果公告展开了研究。

第二节　研究方法和思路

本篇采用规范研究和实证研究相结合的方法对我国审计署发布的涉及资本市场的审计结果公告进行研究。首先，回顾国内外的相关文献，总结评述相关的基础理论。然后，运用信号传递机制对我国的审计结果公告所包含的信息进行解读，在对我国现有的审计公告进行综合分析的基础上研究和讨论审计公告对资本市场可能产生的影响。之后，运用实证方法考察市场对审计公告的反应，主要考察审计署公布审计公告这一事件前后，股价是否有显著的波动。最后，结合上述研究提出结论，并期望从中找出某些对于完善我国审计公告制度有帮助的建议。具体结构如图 17 - 1 所示。

第三节　本篇创新点

本篇的创新点主要有：

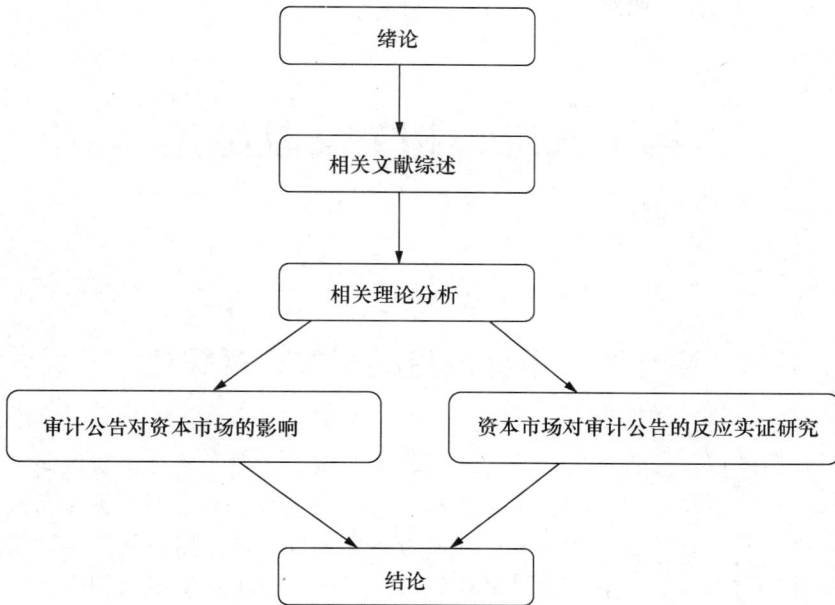

图 17 - 1　本篇研究思路

（1）本篇基于资本市场考察政府审计，以及政府审计结果公告对资本市场的影响。

（2）基于信息不对称，从信号传递机制的角度解读审计署审计结果公告的信息含量。

（3）以关于审计国有或国有控股企业的审计公告为研究对象，包括2011 年 5 月最新的审计公告。以实证的方法从总体上考察资本市场对发布审计公告的反应。

第十八章　相关文献综述

第一节　审计公告的相关文献综述

在国外审计公告制度已经是比较普遍的做法，对于审计公告的研究也比较丰富。但是，国外的资本市场几乎完全是私有资本，国有资产已经基本退出，基于资本市场的政府审计公告研究十分罕见。国内的资本市场虽然有着大量的国有资本，而且审计公告确实也有关于资本市场的内容，但是，由于我国的审计公告制度起步较晚，2003 年才正式公布第一份审计公告，没有这方面的直接研究，相关研究有以下几个方面：

一　审计公告制度的理论基础研究

欧美国家的审计公告制度起源于公民的知情权，美国在 1966 年制定的《信息自由法》首次以法律的形式明确了公民的知情权。1974 年修订后的《信息自由法》以及随后颁布的多部有关法律，在法律上和宪法形成体系，充分保障了公民的知情权。审计公告制度就是在这种法律基础上发展起来的。

我国的审计公告制度也有相应的法律基础。1994 年的《中华人民共和国审计法》规定：审计机关可以向政府有关部门或社会公布审计结果。2002 年的《审计署审计结果公告实行办法》对审计公告公布的内容、范围以及相应的审批程序作了进一步规定。

湖北省审计学会课题组（2006）基于受托责任论、政府制度约束论、公共选择理论等多项理论分析了政府审计公告制度的理论依据。

许家林、申慧慧（2006）从控制论和行政信息公告理论的角度阐述了政府审计公告制度建立的基础。在现代民主政治下，一切权力属于人民，人民和政府是一种对于公共财产的委托—代理关系。政府审计是人民控制政府的必要手段，审计结果的公开是实现这一手段的重要环节。建立政府审计公告制度是保证公民知情权和对于政务的监督权的重要措施。

二　审计公告的内容和信息含量相关研究

廖洪、王芳（2002）最早研究了政府审计公示，对公示的内容、形式和范围提出了要求和建议。认为审计公示内容必须包含"好消息"和"坏消息"。审计公示的信息质量应该具有明晰性、客观性、及时性、谨慎性和保密性。

谢荣、宋夏云（2006）对审计公告中国家预算执行情况审计的公告内容提出建议：认为该类公告至少应该包含预算执行情况的审计范围、相关被审计单位的责任、审计机关的责任、审计所依据的职业规范、此次审计的整体性的结论以及对于该审计单位的改进建议等。

张立民、丁朝霞（2006）从信息理论和信号传递的研究视角出发，解读了审计公告向公众传递的一种额外信息。揭示了之所以审计署公告引发"审计风暴"是因为审计公告在本身的内涵外，还向公众传递了"审计署的高审计质量、审计署的独立性、政府的民主法制进程和服务于公众等信号。"

欧阳华生（2007）对2003—2006年政府审计署公布的审计公告做了一次比较全面的研究分析。研究认为，我国审计结果披露力度正在逐步加大，各被审计单位对于审计署的审计公告均比较重视，但整改结果不甚理想。

三　审计公告风险相关研究

汪国平（2005）认为，由于政府审计难以再监督，所以其风险具有隐蔽性，并通过对于传统的审计风险模型的修正，提出了审计公告下的政府审计风险模型：政府审计风险 = 重大隐瞒风险 × 检查风险 + 公告风险，其中公告风险包括独立性风险、理解性风险和保密性风险。

雷俊生（2006）指出，审计公告只是可能加大审计失败的影响，而与审计风险的产生没有必然的联系。不公开只能掩盖风险。所以审计公告增加的是审计人员的责任风险。

朱锦余（2005）指出，审计结果公告可能会带来审计风险，而且可能会给其他单位带来负面影响。

四　审计公告制度的缺陷和改进

我国的审计公告制度刚刚起步，因此有大量研究是讨论现有审计公告制度缺陷和改进方式的。

项俊波（2004）认为，由于我国的《审计法》没有对审计公告的公布作出严格规定，所以目前我国正式公告的内容只占查处案件的很少一部分，绝大部分审计结果并没有披露，影响了审计监督职能的发挥。

张大敏、黄约（2004）更细致深入地从法律规范的角度研究了我国政府审计公告制度的问题，认为我国的政府审计公告制度主要存在的法律缺陷有：法律层次不高、内容不完整、表达不够规范和某些有关法律之间存在冲突等问题。

张晓梅、兰蓉（2004）提出了实施审计公告制度要处理好公告结果与保密、保持独立与遵守程序、协调审计公告法规与其他相关法规、公告质量与数量等各个方面的关系。

吴秋生（2007）提出，从国际经验来看，我国完善审计公告制度要遵循公众利益至上、符合公共责任性、公开是原则、不公开是例外，以及注重公告成本等原则。而且提出当前首要解决的几项工作，包括：将政府审计公告制度以法律的形式确定、正确定位审计公告的地位、防范审计公告风险。

谢荣、宋夏云（2006）认为，我国目前的审计公告存在的问题有：（1）审计公告内容缺乏代表性，披露的问题只是实际查处问题的一小部分，与透明、公开的法律原则相去甚远。（2）审计公告及时性较差，很多问题都是查出一年之后才予以公布，社会公众无法及时获取所需信息。（3）在形式上审计公告也不够统一、规范、合理。

赵明（2006）认为，我国目前的审计公告制度存在的障碍主要在于审计结果公开在法律上没有"硬约束"和缺乏规范性的公开程序。

第二节　资本市场效率和投资者行为特征相关文献

一　关于我国资本市场有效性的研究

有效市场假说假设投资者都是理性经济人，股票价格中包含了所有可以获得的决定供需的信息。这些信息既包括行业的、公司的各项公开信息，也包括企业内部的非公开信息。

法玛（Fama，1970）进一步把有效市场细分为强势有效市场、半强式有效市场、弱势有效市场。在强势有效市场中，股票价格已经包含了一切信息（公开的和内部的），任何消息都无法使投资者获得超额收益。在半强式有效市场，所有基本面的分析都会失效，除非获得内幕消息否则不能获得超额收益。弱势有效市场中，基本面的分析能帮助投资者获得超额收益，对于相关的重大事项，股价会做出迅速的反应。强式有效市场一般被认为是一种理想状态，不可能达到。对于全球范围内的股票市场，一种较为普遍的看法是，美国、欧洲等金融发达、相关制度完善的国家和地区的股票市场为半强式的有效市场。

对于中国的资本市场的效率研究，一般认为还没有达到半强式有效性市场，但对于是否已经达到了弱势有效性，目前的实证研究尚未有共同的看法。

魏刚（1998）对 1997 年我国股价对上市公司股利分配的反应进行实证研究，发现我国股市对于不同的分配信息可以做出不同的反应，但是市场的反应呈现不足或者反应过度。我国市场的弱势有效性特征并不明显。

季健（2011）对上证的 A 股市场进行过度波动检验，实证研究结果表明，上证 A 股指数在过去 5 年内的回报率与未来 5 年内的回报率存在显著的负相关关系。也发现中国股市存在过度波动现象。

孙碧波、方健雯（2004）对我国证券市场的股票用技术分析获得超额利润的能力进行实证研究，对中国证券市场弱态有效性进行了检验，发现某些技术分析还是可以帮助投资者获得超额利润，所以认为，中国的市场还未达到弱势有效性。

陈晓、陈小悦、倪凡（1998）研究了上市公司股票股利政策公布后的市场反应，发现上市公司的股利分配方案在公布日前后会带来超额收益。吴纬地（2011）在陈晓、陈小悦、倪凡的研究基础上进一步对金融危机后的中国股票市场进行研究，发现相对于现金股利中国股票市场的投资者更加偏好股票股利，认为中国属于弱势有效市场，但过度投机的氛围仍然比较浓。

林春艳、孙淑杰（2009）对 1997—2008 年的上市综合指数和深市成分指数进行随机游走检验，结果表明我国的股票市场达到弱势有效性。

傅倞轩（2010）以 2006—2008 年在深圳上市并且披露内部控制鉴证报告的上市公司为样本，发现内部控制鉴证报告有信息含量，披露前后股价均有变动。作者基于自己的研究也认为，中国的资本市场仍未达到半强式有效，还是处于弱势有效市场。

二　关于我国市场投资者行为特征的研究

要了解一个市场的特性，除了了解市场效率外，该市场投资者的行为特征也是一个很重要的研究焦点。

石磊、魏玖长、赵定涛（2010）发现上市公司捐赠行为会对股票价格产生负面效应。投资者不太关心企业的社会责任会为其带来的良好声望，投资者反而会担心企业履行社会责任带来的巨大成本会影响到企业的效益。而邓德军、肖文娟（2011）的研究没有发现上市公司的社会责任报告具有信息含量。投资者不太关注企业的社会责任完成情况。

有意思的是，除了具有经济意义的事件会引起股价波动以外，一些表面上没有任何经济意义的"事件"也会引起股票市场的波动。对于这种无意义"事件"的研究不仅仅是出于有趣，它能帮助我们更全面地认识我们所处的市场的效率和投资者行为的特征。

股票名称的变更这一"事件"本身没有任何经济意义，也没有向市场传递什么有价值的信息。刘力、田雅静（2004）以中国 A 股市场1999—2001 年期间变更过名称的股票为研究样本，发现在排除了并购、重组等重大事项之后，单纯的股票名称变更也同样会引起股价的显著波动，而且这种波动具有"过度反应"的特征。

叶成超（2010）实证研究了中国股票市场的数字偏好，发现中国的股票市场确实存在数字偏好现象：（1）股票代码中以 4 为尾数的股票数显著小于股票代码以 8 为尾数的股票。（2）代码以 8 为结尾的股票对股票的交易量有显著的正面影响。（3）回归分析发现股票代码尾数对股价的涨跌也有显著影响，尾数 8 对于股价的波动有显著的正面影响，以 4 结尾则会引起股价的下跌。

单纯的股票名称变更和市场上的数字偏好这种完全没有任何经济意义的事件仍然具有信息含量，受到投资者的关注，且引起了市场的波动。这说明我国的证券市场不但是处在弱势有效市场，而且市场中还存在投机行为，我国证券市场中的投资者也存在"非理性行为"。

何兴强、李涛（2007）运用非对称均值检验以在沪市的上市公司为样本实证研究了在不同态势下市场反应情况。该研究发现无论在"牛市"还是"熊市"沪市对于"利空消息"的反应要比"利好消息"更强烈，而在"牛市"阶段"利好消息"会反应不足。

三　市场对监管信息披露的反应

监管信息的披露一直是国内外学者研究的焦点，目前这方面也有大量的案例和实证研究结果。格雷蒂和莱恩（Gerety and Lehn，1997）运用超额收益法研究了美国证监会 SEC 对于上市公司处罚的市场反应。发现 SEC 对于上市公司舞弊行为处罚的处罚日前后三天的窗口期内平均累计超额回报率 CAAR 为 -3.15%，且通过显著性检验。

钱尼和菲利佩奇（Chaney and Philipich，2002）实证研究了市场对著名的"安然事件"的反应。发现当安达信被披露审计丑闻之后，安达信的其余 284 家客户在此期间的累计超额市场回报率显著为负。

朱冠东（2011）对于 2008—2010 年期间有违规行为的 A 股上市公司进行研究，发现上市公司违规行为在股票市场上有显著的负面反应。

杨忠莲、谢香兵（2008）实证研究了证监会处罚和财政部处罚的市场反应。以 1993—2005 年间沪深两市中因为财务报告舞弊而被证监会和财政部处罚的上市公司为研究样本。发现在处罚这一事件日前后 3 天的窗口期内，样本公司的平均累计超额回报率 CAAR 显著为负。

四　社会审计报告的市场反应

Chen、Su、Zhao（1998）运用回归分析法分析了保留意见的审计报告引起的市场反应，他们以 1995 年和 1996 年我国被首次出具保留意见的审计报告的上市公司为样本，在窗口期内建立起超额回报率和不同审计意见的回归方程，该实证研究发现被首次出具审计意见会引起股价的负反应。

单鑫（1997）运用事项研究法对 1997 年被出具保留意见审计报告的上市公司进行研究，发现我国资本市场对于上市公司被出具保留意见审计报告这一事项有显著的负反应，主要发生在 [-5，0] 这个窗口期内。

陈晓、王鑫（2001）也实证研究了证券市场对于事务所出具的保留意见审计报告的反应，却得出了不同的结论。该研究同时采用超额收益法和多元回归法，以 1998 年被出具保留意见审计报告的 33 家上市公司作为研究对象，并选取了与这 33 家上市公司有相近净资产收益率但是被出具标准意见审计报告的上市公司作为参照，共 66 家样本。研究发现 1998 年的资本市场并未对保留意见有显著的负反应。作者认为投资者对于保留意见审计报告的态度从 1998 年开始有了转变。可能由于审计风险的缘故，会计师事务所会增加出具保留意见审计报告的概率，因此资本市场对此已经开始习以为常了。也可能由于近年来越来越多的审计市场寻租丑闻使得事务所出具的审计报告的可靠性大打折扣。

五　政府审计对资本市场的影响

由于经济体制的原因，国外对基于资本市场的政府审计的研究几乎没有。而我国因资料缺乏等原因，这方面也研究也很少，目前可以找到的只有方哲和王淑梅两篇关于政府审计对资本市场影响的实证研究。

方哲（2008）对审计署公布的《2005 年第 4 号（总第 12 号）：16 家会计师事务所审计业务质量检查结果》进行了实证研究。我国审计署在 2005 年 9 月 28 日对 16 家具有审计上市公司资格的会计师事务所的审计业务质量进行抽查，发现其中有 14 家会计师事务所出具了不实的审计报告，并点名通报了其中的 10 家会计师事务所。但是在审计署公布的审计公告中并未提及涉及这 10 家事务所的上市公司名称。2005 年 9 月 30 日《第一财经日报》公布了一份由上海国家会计学院提供的《审计署 2004 年 CPA 执业质量检查涉及上市公司名单》，名单公布了审计公告中涉及的上市公司名称。方哲（2008）以其中 9 家上市公司为基础，再加上 129 家由被通报的 10 家事务所审计的上市公司作为样本，通过实证分析后发现在审计署公告公布当日这 138 家上市公司的股票有显著变化，并且 9 月 30 日《第一财经日报》公布专家解读消息后，涉及的 9 家上市公司股价有明显的负面反应，而且未被提名但只要是被这 10 家事务所审计的上市公司在当日的股价也有很明显的负反应。这说明专家解读这样的"二手信息"也有信息含量。而且市场由于无法辨别专家解读的可靠性，乃至这种负面效应波及其余未被提名的 129 家上市公司。

王淑梅（2008）运用多元回归分析和超额收益法对审计署移交证监会处罚事件进行研究。通过对政府审计移交证监会处罚的上市公司处罚前后的信息披露的盈余管理水平的相关分析和回归分析，发现处罚信息是否公开对审计监督效果具有重要意义。通过对政府审计移交证监会处罚前后的盈余管理披露水平的回归分析发现，审计署移交处罚提高了上市公司的信息披露质量，对资本市场起到了积极作用。而对于审计署移交处罚这一事项的超额收益研究发现，事项日前后短期的窗口期的平均累计超额回报率并不显著为负，但30天以后的长期平均超额回报率通过了 t 检验，显著为负。作者认为这是由于我国市场上存在信息提前泄露。但长期来看，处罚事件还是对上市公司起到负影响。

第三节　本章小结

通过上述国内外的相关文献综述可以发现，对于审计公告的研究目前大多集中在审计公告制度的理论探讨和完善建议方面，或者是关于审计公告内容和信息质量的规范研究，实证研究比较罕见。而对于市场效率和投资者行为特征以及监管信息披露的市场反应的研究却成果丰富，国内外均有大量的案例和实证研究。可见，审计公告对于资本市场影响的研究以及具备相当成熟的相关理论准备，只是因为我国审计公告制度起步较晚，数据缺少，因此这方面的研究才比较少见。

第十九章　审计公告相关理论分析

第一节　审计公告的含义

　　审计公告从标准意义上有广义和狭义之分，也有学者把狭义的审计公告叫做审计结果公告。狭义的审计公告或者说审计结果公告是指政府审计机关依法对某项资产或某单位进行审计或审计调查之后形成的结论性的对全社会公开的信息公告，是政府审计最后的工作成果。广义的审计公告是指与政府审计工作所有有关的任何形式的内容，甚至包括审计工作发生之前的相关信息。本章要研究的对象是狭义的审计公告，且仅限于审计署官网公布的审计结果公告。从目前审计署公布的审计公告来看，审计公告内容一般包括对政府部门预算执行、财政收支和税收管理的审计公告、专项资金使用情况的审计公告、国有企业的财务收支以及资产负责损益情况的审计公告、项目进程评估审计的审计报告、环境审计报告，等等。

一　审计公告与审计公告制度

　　审计公告制度即为出具公开、独立的审计公告所设立的一系列规则，是审计机关对重要审计事项的内容、程序、过程、结果等采用适当的方式向社会公开的制度。依照国际惯例实行审计公告制度是政府审计机关的法定义务。审计结果除涉及国家安全和商业机密的都应向社会公开。公告是原则，不公告是例外。与我国审计公告制度相关的法律主要包括《审计法》、《审计署审计结果公告试行办法》以及《审计机关公布审计结果准则》。

二　审计公告和审计报告

　　审计报告是对于被审计单位审计情况和结果的意见。一般来说，完成对一个单位或者某项项目的审计或审计调查都会出具一份审计报告，比较类似于会计师事务所出具的审计意见报告。审计公告则有可能是一系列审计报告的总结和提要。

三 审计公告和会计事务所审计意见报告

审计公告的目的主要是满足公众的知情权以及更好地行使对政府的监督权。因此审计公告应该是易理解的且总结性的政府审计工作情况公开的说明。这点与会计事务所出具的审计意见报告不同，事务所审计意见报告的受众主要是企业的所有者或者投资者以及其他利益相关者，因此每家上市公司的审计报告都会公开。政府审计公告的受众是全体公民，如果把每家被审计单位的审计报告都详细公布，那么公众可能会因为信息量过多、过于专业而忽视审计公告。当然，独立性、公正性是这两者共同的要求。除此之外，政府审计公告强调综合性、注重结论，社会审计意见报告强调针对性。

第二节 审计公告和政府审计介入资本市场的基础理论分析

一 委托—代理理论

委托—代理理论最早起源于 20 世纪 30 年代，由于生产规模的日益扩大，分工日益专业化，生产经营所需的专业知识和时间使企业所有者无法亲自经营企业，美国经济学家伯利和米恩斯开始倡导所有权和经营权的分离。与此同时产权理论认为产权所有者有较强的动机去提高企业的效益，因此委托—代理理论认为，所有权和经营权应当分离，企业的所有者保有对企业剩余利润的索取权，而将经营权让渡。而在这种委托—代理关系中，委托人和代理人的效用函数是不同的，委托人即企业的所有者追求的是自身财富最大化，代理人追求的也是自身利益最大化，专业上的分工使得企业的实际经营者和所有者之间存在信息不对称，企业的经营者可能为了自身的利益而侵害所有者的利益。委托—代理理论主要就是研究如何在委托人和代理人之间存在利益冲突和信息不对称的情况下，委托人如何设计某种激励约束机制或契约，以最小的成本促使代理人努力工作，最大限度地实现委托人的效益。

在现代民主社会人民是一切公共资源的所有者，纳税人所纳税款、国家的土地、资源等一切的所有权属于全体人民。人民委托政府使用并管理这些资源，这就形成了一种委托—代理关系。政府在具体使用和管理这些资源的时候又必须进行一定层次的分工，上级管理者把公共资源和管理职责委托给下级管理者使用管理。这样上下级管理者之间由于分工的需要又形成了一层委托—代理关系。下级管理者对上级管理者负责，最终还是对资源的所有者人民负责。现实中由于成本效益原则和有序民主原则，每一个公众不可能亲自参与公共资源的征集、分配、监督，而是一般通过立法机关作为民意代表代表人民行使权力，在我国即是全国人民代表大会，这样其实是形成了民意代表和政府之间的委托—代理关系。如果要梳理这种关系的话，可以看做是一系列的委托—代理关系组成的链条。民众把权力授予立法机构，立法机构把公共资源授予政府，上级政府通过分工再次委托下级政府。每一层的委托—代理关系都形成一种公共责任。在这个链条中只要有一个环节出现权力滥用、责任不明的情况就可能对全体民众的利益和整个国家的运行产生巨大的影响。在现代民主国家，人民是通过民主政治和选举保证人民和民意代表的委托—代理关系。民意代表与政府之间，上级政府和下级政府之间就需要通过审查财务收支的情况来了解其履行公共责任的情况。由于专业知识、人力、时间等众多因素的限制，无论是公众还是立法机构亲自审查政府的公共责任都是不现实的，由此才产生了专门的政府审计机关。可以说政府审计是基于公共责任监督和运行的需要才产生的。

二　公共经济责任

公共经济责任（Public Accountability），也称公共责任，公共受托经济责任。"公共责任"最早由最高审计机关亚洲组织提出，1985 年该组织在《关于公共责任指导方针的东京宣言》中指出："公共责任是指受托经管公共资产的人员或组织有责任报告对这些资产的经管情况并附有财务、管理、计划项目方面的责任。"INTOSAI 最高审计机关国际组织认为，公共责任是指授予被审计个人或实体的责任，显示他已经根据资金提供者的条件对委托给他的资金进行了管理或控制。按照上述委托—代理理论的委托关系，公共经济责任也可分为两个层次：第一层是政府与人民之间的公共责任，第二层是政府内部上级部门与下级部门之间的委托责任。在民主国家一切权力属于人民，政府管理运行所需的一切资源都来自纳税人所缴纳的税款。所以政府与人民之间也是一种基于公共资产所有权和经营权分离的受托与代理的关系。政府在实际管理和使用公共资产的时候往往也需要分工，上级部门把工作授权给下级部门完成，在这种分工中又形成了另一种上级部门与下级部门之间的委托—代理关系。正是这两层公共资产的委托—代理关系产生了公共经济责任。公共责任内容分为事项责任和报告责任，事项责任是指政府应有效使用和经营管理公共资产并使其增值保值的责任。报告责任是指公共资产委托人对于公共资产的使用情况、经营后果有知情权，政府有向公共资源委托人报告公共资产使用情况和后果的责任。公共责任的范围则是涉及公共资产的所有领域。

我国资本市场上的上市公司有很大一部分是国有企业控股，根据委托—代理理论，有委托—代理关系的地方就有公共经济责任，有公共经济责任的地方就需要政府审计。那么按照以上理论，政府审计的职责范围应该是扩展到一切公共责任的领域，显然国有控股的上市公司也含有这种公共责任关系，也应当接受最高审计机关审计署的审查。美国 1945 年颁布的《政府公司控制法案》也规定 GAO 应当对政府全资公司以及政府合资公司在政府投入资本期间进行审计。法国的政府审计职责也包括国有企业以及国家拥有部分资产的合资企业。世界各国对于处于竞争性领域的含有国有股份的企业，并非要求都归入政府审计的范畴。但是对于政府控股的情况，多数国家规定应该纳入政府审计的范围。

公共责任包括事项责任和报告责任，因此政府有责任向人民公布一切国有资产的使用情况，人民则应有监督权和知情权。政府审计源于公共责任，是对政府有关机构使用国有资产的一种监督，从根本上也是人民的一种权利，所以审计的结果理应公之于众。政府审计是人民控制政府的一种重要手段，但真正要实现这种控制，能否将审计结果及时公布给公众是一个极其关键的因素。审计公告是公共经济责任履行的保证，建立完善的政府审计公告制度是确保人民及时知晓行政信息的重要措施。

三　新公共经济管理理论

新公共管理理论（New Public Management，NPM）是以现代经济学和现代企业管理理论为基础，其来源于 20 世纪 80 年代欧美国家的一系列政府的实践活动。20 世纪 20 年代西方资本主义国家一致推崇市场的力量，认为这只"看不见的手"可以自行调节一切，市场的需求就是最优的资源配置，政府被认为不应干预市场，"最好的政府就是让人感觉不到它的存在的政府"。随后发生的经济危机使人们认识到市场也会失灵，政府必须对其进行必要的干预。这之后美国一直信奉凯恩斯主义，政府的职能大大地扩张，主要表现在更多的市场管制和打造"福利国家"。随着社会保障等支出不断增加，政府逐渐开始入不敷出，许多国家的政府甚至陷入严重的财政危机之中。同时由于政府规模的日益庞大，造成了公共服务部门低效率、官僚主义，社会普遍不满，人们开始重新反思政府的作用。1980年，撒切尔夫人首先在英国实施改革，包括将大量国有经济私有化，让私有经济进入公共服务部门，将私企的管理模式引入政府，更加关注政府管理中的经济、效率和效益（即3E）。随后，新西兰、澳大利亚和美国纷纷效仿，这一系列的公共管理领域的政府改革集中体现为新公共管理理论。新公共管理理论强调企业的管理原则、方法、技术在公共管理中的应用，主张政府应以市场或顾客为导向，提高提供公共服务的效率和质量；政府应分权，公共部门应分解成更小的单位；要更注重产出量；明确目标和绩效管理，等等。对于公共服务产品，新公共管理理论认为可以由市场自身提供的公共产品应该交由市场自身，政府应该放权，仅保留那些市场不愿意做也没有能力去做的领域。新公共管理理论是源于英国政府公共领域的改革实践的一种理念总结。

建立一个高效负责的政府必须有一个独立的部门对政府的管理和绩效情况做出评价和考核。公众也需要通过这个独立的部门了解政府运行是否有效率。因此就需要特别注重对于政府的绩效审计和经济责任审计。而把审计结果通过审计公告的形式传达给公众也满足了公众了解政府运行成本和效益情况的需求。

四　公共选择理论

公共选择理论是以经济学的角度研究和理解政府行为。把经济学中"经济人"的假设引入政治领域。因为政府和政府行为的主体还是"经济人"，即政府中的行政官员也是和商人和消费者一样，是有理性的，是会追求自身利益最大化的。他们个人的目标可能与追求公共利益最大化有矛盾，因此很可能受自身利益的驱使而做出有损公众利益的行为。由他们组成的政府其运行的结果可能并不一定能代表人民的利益，所以必须建立相应的监督和制约制度。政府审计是政务公开、制衡和监督权力的基本保障。而只有把政府审计结果公开才能使公众和舆论实现真正意义上的监督政府行为，使其符合公众利益的需求。

五　法律基础

1983 年国务院转批的《审计署关于开展审计工作几个问题的请示》中规定："审计机关要对国营企业和相当于国营的集体经济组织的财务收支进行审计监督。"1994 年的《中华人民共和国审计法》已对审计署审查国有企业的职责作了相应的调整，2006 年修订后的《审计法》第二十条规定："审计机关对国有企业的资产、负责、损益进行审计监督。"第二十一条规定："对国有资本占控股地位或者主导地位的企业、金融机构的审计监督，由国务院规定。"这是新经济形式下我国政府审计对于国有上市公司进行审计的直接法律依据。

审计公告制度的相关法律依据主要有《宪法》、《审计法》以及其他相关的行政规章。《宪法》第二条规定："中华人民共和国的一切权力属于人民……人民按照法律规定，通过各种途径和形式，管理国家事务，管理经济和文化事业，管理社会事务。"1994 年的《中华人民共和国审计法》第三十六条规定："审计机关可以向政府有关部门通报或者向社会公布审计结果。"1997 年颁布的《中华人民共和国审计法实施条例》第三十五条规定："审计机关可以对社会公布以下审计事项的审计结果：1. 本级人民政府或者上级审计机关要求公布的；2. 社会公众关注的；3. 法律法规规定向社会公布的。"2002 年颁布的《审计署审计结果公告试行办法》对审计署的审计公告内容、范围、审批程序作了原则上的规定。2002 年 7 月颁布的《审计署审计结果公告办理规定》明确了政府审计公告的办理程序以及具体操作要求，使得审计公告制度能够实施。

第二十章　审计公告对于资本市场的影响

第一节　资本市场的政府审计

一　审计署对于国有控股上市公司的审计

目前，我国的国有企业由我国国务院下设有专门的国有资产管理和监督委员会（简称国资委）聘请社会审计进行财务报告的真实性审计。从审计公告来看，审计署也会对国有企业和国有控股的上市公司进行财务收支和资产负债损益情况进行审计。

基于委托—代理关系分析，人大把国有资产委托给国务院，国务院作为政府机关不宜亲自参与市场竞争，于是仅仅作为出资人，把国有资产进一步委托给国资委，国资委统一监督和管理这部分经营性的国有资产，并把这部分资产委托给各个国有企业管理者。那么这其实是一条上下级代理关系的链条。国务院和国资委是上下级代理关系，国资委和国有企业经营者也是上下级代理关系。那么由上级聘请第三方的审计机构审计下级也是合情合理的。

但是只要有公共资产的领域就有公共经济责任，所以政府审计的领域应该是一切涉及公共经济的领域。对于国有企业的审查是审计署的权限，也是不可推辞的职责。

因此，政府审计应该保有对国有控股上市公司的审计权限，但是在审计方式和范围上审计署应该重点对国有控股上市公司进行绩效审计和相关的经济责任审计而非财务报告真实性审计，在工作过程中要善于利用社会审计的结果。

二　审计署对于社会审计质量的检查

审计署还公布了一条关于有审计上市公司资格的会计师事务所的执业质量抽查的审计公告，因此政府审计对于资本市场的审计质量也有影响。

新公共管理理论要求打造一个高效的政府，认为如果借助市场本身就可以解决公共产品的供给，政府应该放权给市场，政府应该集中力量于市场不愿干也无法干的领域。对于公共服务，现代政府治理理论认为政府不是唯一的供给者，一般来说，如果可以的话，政府应该尽可能地利用市场本身来提供公共服务，因为这样更高效。政府应当尽量充当组织、规范、监管的角色。

对于国有企业的审计服务也是一种公共服务，房巧玲（2006）实证研究证明我国的审计市场总体上是有效率的，并且这种趋势越来越显著。那么，有效的社会审计市场本身就能提供高效率的公共服务——对财务报告真实性的审计报告。所以把国有企业的财务报告审计交给社会审计组织审计，会减少社会总成本。政府审计可以把更多的资源投入其他公共领域的审计中去。因此本章认为，政府审计署不应该对我国的审计市场施以过多干预和影响，目前我国的审计市场确实存在寻租问题，但是对于会计师事务所的监管和执业质量的抽查已经由财政部统一执行，审计署不应该以监督社会审计质量的目的再对事务所的执业质量进行检查。当然，这并不意味着政府审计不能对社会审计质量施加影响。因为审计署应当以检查国有资产为目的，对相关的社会审计报告进行核查。对于在审计国有企业的时候发现对该企业进行财务报告审计的事务所确实有串谋协助舞弊的行为，审计署应当移交证监会，再由证监会查实之后给予处罚。2006年修订后的《审计法》也作了相关规定："社会审计机构审计的单位依法属于审计机关审计监督对象的，审计机关按照国务院的规定，有权对该社会审计机构出具的相关审计报告进行核查。"

第二节　审计公告传递的信息

一　信号传递机制

信息论最早起源于 20 世纪 60 年代，信息不对称是信息论主要研究的问题。信息不对称是指在买方卖方市场中，人们对于相关的信息的掌握程度不同。掌握信息越多的人，往往在交易中处于优势地位。一般认为卖方比买方掌握更多的信息，卖方对于产品的质量比买方了解更多，而买方由于不知道产品的质量到底如何，所以只能按照市场上的平均价格购买。优质的产品可能无法接受这个平均价格而退出市场，从而出现"逆向选择"。为了从一定程度上弥补这种信息不对称，优质产品的生产者会向市场发出某种信号，使得自己产品的价格区别于劣质商品。这种信息传递的方法被称为"信号机制"。信号机制起作用的先决条件是市场上存在有优劣之分的商品。信号的发出人必须考虑到信号接受者的理解和反应能力，才能决定需不需要发出信号，以怎样的形式发什么样的信号。信息不对称指出在当今的市场经济下信息的重要性，并揭示了市场经济的缺陷，完全依靠市场不一定带来好的效果强调了政府监管的重要性。通过政府加强对能力市场的监督，尽量降低信息的不对称程度，弥补因市场机制不足所造成的不良影响。

二　审计公告形式向公众传递的信息

如果换个角度把政府审计看成是审计署的一种产品的话，审计署本身也要通过一种信号传递机制向公众传递信号，以表明审计署发布的审计信息是"好产品"。这种信号传递机制就是审计公告，审计公告发出了某些超越审计本身内容的信息。审计署工作很早就展开，但是，直到2003年审计署正式开始发布审计公告才引起了社会的广泛关注。这说明审计公告这种形式本身就传递了某种信号。从这个角度出发，审计公告至少传递了两方面的信息。

（一）审计公告传递了政府具有较高的审计质量的信号

信号显示机制认为，"好产品"的卖方为了区别与"劣质产品"更有动机发出信号。审计公告制度带来透明公开的同时也会面临影响更大的审计风险，因此审计结果的公开向社会传递了审计公告已经具备了相应水准的质量这一信号。在审计公告制度下不仅政府行为受到监督，审计机关的工作也会受到监督。这种监督包括被审计单位的监督、社会舆论的监督，甚至审计机构内部各个单位也会关注彼此的工作结果。审计结果公开化也从客观上促使审计单位和相关的审计人员要不断提高自身的素质和工作的质量。

（二）审计公告传递了审计署具有比较强的独立性的信号

独立性是审计的最根本的本质，但是如果从催生审计独立性的角度分析，社会审计和政府审计的独立性是不同的。社会审计的独立性来源于市场的需求。所有权和经营权的分离导致信息不对称，各利益相关者有需求聘请客观的第三方对财产管理者经济活动的真实性进行审计。如果某个审计师或者事务所为了短期利益，与企业管理者串谋出具不真实的审计报告，那他就有可能遭到监管机构的处罚，继而市场就会对他的诚信度提出怀疑，乃至最终被市场淘汰。可以说缺乏独立性的审计师出具的审计报告的价值比几页白纸高不了多少。曾经是全球五大之一的安达信会计师事务所就是因为卷入安然丑闻而退出审计市场的。所以说审计师为了满足市场的需求，必须保证应有的独立性。而政府审计的独立性来源于法律以及各个政府权力制衡的制度设置。所以说政府审计和社会审计的独立性有相同的本质，也有各自的不同，不能单纯地拿两者来比较谁的独立性更高。在有效的市场和完善的法律制度下，对高质量审计的需求高，社会审计的独立性也会相对较高。相反，如果是混乱的市场，法制也不健全，再加上审计市场的竞争压力，就很有可能存在购买审计意见、寻租等现象。社会审计的独立性就会相对较低。再比如在立法型审计体制下，审计机关隶属于立法机关，审计经费直接列入立法机关年度预算，无须政府审批，其独立性就相对较高。在行政型审计体制下，审计机关的权利和经费主要来自上级行政机关，其独立性就相对较低。2006年修订后的《中华人民共和国审计法》第十六条规定：审计机关对本级政府各部门（含直属单位）和下级政府预算的执行情况和决算以及其他财政收支情况进行审计监督。第十七条规定：地方各级审计机关分别在省长、自治区主席、市长、州长、县长、区长和上一级审计机关的领导下，对本级预算执行情况和其他财政收支情况进行审计监督，向本级人民政府和上一级审计机关提出审计结果报告。而地方各级审计机关的经费一般是纳入本级政府预算。这种情况下审计机关在审计下级政府单位的时候独立性较高，而审计同级单位的时候独立性就相对较低了。所以，地方审计机关一般披露的审计结果比较少，而审计署每年能公布相对较多的审计结果公告，说明审计署具有较高的独立性。

三　审计公告内容向资本市场传递的信息

信号传递理论认为，企业对于股利的提高和削减是极为谨慎的。只有在他们确信企业未来收益能够达到某一水平并且这种状态是可持续的，才会提高股利。相对应的，企业管理当局也不会削减股利，除非已经难以为继。基于信息非对称，假设管理当局能够预知企业的运行情况并且掌握某些内部信息，这些信息是外部投资者所不具有的，投资者只能通过某些可公开的可观察的变量来预测企业的走向，管理当局就会运营股利政策来传递这种信息。米勒（Miller）在总结前人研究的基础上认为股利分配具有信息含量，企业的股利政策能够向市场传递企业发展方向的信息，如果这些信息投资者以前未能预期，那么股票价格就会做出相应的变化。非预期的股利提高使得投资者对于该企业的预期也提高，股票价格就会上涨。同样非预期的股利削减则会使股票价格下跌。由于风险厌恶，股利削减有更确定的信息含量。

从上述分析我们可以看到，股利分配政策在企业经营者和投资者信息不对称的情况下，具有向市场传递关于公司未来走势的信息。假设企业管理当局知道市场对于股利政策会有这种理解和解读，仍旧增加或者削减股利，那么这种信息传递可以看成是企业管理当局对自身企业的一种主动的、直接的信号传递。审计公告同样也会传递类似的信号，审计署在对国有上市公司进行的审计和审计调查具有强制性和较高的独立性，所以审计署对被审计单位的财务收支、内部管理、经营绩效、可能存在的问题等有比较深入的了解，这些信息可能是市场之前没有掌握的，审计署通过审计公告把这些信息传递给公众，从一定程度上也降低了市场上的信息不对称。这种信息传递与企业股利政策的信息传递功能不同的是，这种信息传递是间接的，是审计署把所掌握的对于被审计单位的信息传递给市场的过程。

从目前的审计公告内容来看，审计署公告至少向市场传递了三方面的信息。

（一）审计公告内容向市场传递国有控股上市公司经营情况的信息

审计署对国有企业进行审计，并公布审计结果公告。其中一部分审计公告是直接针对国有控股上市公司的，比如对于招商地产、农业银行、光大银行、招商银行等的审计报告。由于政府审计具有强制性和较高的独立性，而且其审查的重点与社会审计不尽相同。因此该类审计公告中可能含有社会审计报告中没有提及和市场中没有掌握的信息。如果含有这类预期信息，那么市场就会重新调整对于该企业的预期。如果审计公告中包含的信息证明该上市公司经营业绩良好，之前市场没有预期，那么股票价格就会上涨。如果审计公告中提到该企业在管理经营存在漏洞、在财务收支上存在违法违规等问题，并且市场之前没有了解这些信息，那么市场就会降低对该企业的预期，股票价格就会下降。当然，一般来说，市场降低预期的可能性比较大。毕竟市场未了解的信息如果是"好消息"的话，上市公司自己就会公布出来，不必非要等到审计署来帮它"报喜"和"宣传"。

（二）审计公告向市场传递上市公司控股股东财务状况的信息

审计署还公布了大量对于国有集团公司的审计结果公告，审计的对象为该国有集团公司本部以及延伸的下属子公司。未上市的国有集团公司的财务报告是不要求强制公开的，所以市场对于这些公司的经营情况和财务状况并不十分了解。然而这些集团公司往往是我国许多上市公司的控股股东。第一大股东的经营管理是否存在问题会对该上市公司未来走势有重大的影响。所以，如果审计结果公告证明某上市公司的第一大股东的经营业绩良好、财务管理规范、未来发展前景乐观，而市场没有了解到这类信息，那么公告之后市场就会重新调高对于该上市公司未来的预期。如果审计公告中包含了某上市公司第一大股东财务收支有重大违规、经营状况出现问题、相关人员涉嫌违法等不利信息，且市场以前没有了解这部分信息的话，市场会认为第一大股东出现的问题可能会影响到该上市公司，从而重新降低对该上市公司的预期。

（三）审计公告向市场传递企业接受社会审计质量情况的信息

2005 年审计署还公布了一份关于检查社会审计质量的审计公告。对于 16 家具有审计上市公司资格的事务所的执业质量进行检查，发现其中 14 家出具了不实的审计意见。前文已经对审计署是否应该对社会审计进行检查做过简单的分析，这里对此不作过多的评价。本章关注的重点是该项公告对于资本市场的影响。如果审计署公布了有问题的会计师事务所，那么市场会对该事务所的审计意见的真实性产生怀疑，进而怀疑以前被该事务所审计过的上市公司的财务报告的真实程度。所以，这一审计公告会使市场对于此类上市公司的预期重新调整，可能会影响到股价。

钱尼和菲利佩奇（2002）对著名的"安然事件"的研究证明了这一点。该实证研究发现当安达信被披露审计丑闻之后，安达信的其余284家客户在此期间的累计超额市场回报率显著为负。市场对以前被安达信审计过的企业产生了怀疑。

方哲（2008）则专门针对审计署公布的《2005年第4号（总第12号）：16家会计师事务所审计业务质量检查结果》进行了实证研究。发现与被披露的这10家事务所相关的138家上市公司在此期间的股价都出现了负反应。

第三节　审计公告对资本市场的影响

一　我国现有的审计公告内容分析

政府审计公告是在现代民主政治下保证人民享有知情权和行使监督权的必要保证，审计公告制度也是目前世界各国普遍实行的制度。我国的审计公告制度起步较晚，目前还有许多地方需要改进，但确立完整正式的审计公告制度是我国政府审计事业发展的必由之路。2003年时任审计署审计长李金华向人大常委递交了2002年政府的预算执行和财政收支情况的审计报告，并向社会公开了该报告。该公告披露了包括财政部在内的各政府部门在财政管理方面存在的问题，引起了社会各界的强烈关注。但正式的第一份审计公告是2003年12月发布的关于防止"非典"专项资金和社会捐赠物资的审计结果，表明我国审计公告制度的正式确立。随后审计署陆续发布了一系列审计公告，截至2011年，审计署共公布了128份审计报告。（标注）

表20-1列出了2003—2011年上半年以来政府审计机关的工作情况和审计署公告的数量。从这9年来看政府审计机关每年都会审计大量的相关企事业单位并对其出具相应的审计报告。以2010年为例，该年三个季度政府审计机关共计对87124个单位进行审计，出具了77396份审计报告，为国家追回资金、节约开支共计320亿元。审计期间移送司法检查部门的案件、事项为616起，涉及1003人。从审计公告的数量上看，自从2003年审计署公布第一份公告开始，审计署每年的公告数量都基本呈递

增趋势，2011年仅上半年就已经公布了41份审计公告，公告数量比2003年有了大幅的提升。但是，从审计机关所做的工作来看，公告的只是很少一部分，大部分审计结果并没有告知社会。这里首先需要明确两点：

表20-1 　　　　　　2003—2011年上半年政府审计机关工作情况

单位：亿元

	2003年	2004年	2005年	2006年	2007年	2008年	2009年	2010年三个季度	2011年上半年
审计单位	133213	124168	124825	137350	142734	124139	123549	87124	48540
出具报告	95196	92666	93264	—	107944	115600	123206	77396	46194
节支增收	248	384	417	491	631	868	803	320	189
移送司检	1210	1207	881	939	920	1410	1456	616	268
涉及人数	846	916	1063	1564	718	—	1839	1003	278
审计公告数	1	5	8	7	8	14	18	26	41

　　第一，表20-1统计的审计机关工作量指的是审计署以及全国各地方审计机构共同审计的单位，查出的问题。审计公告数仅指审计署官网公布的公告数。不过事实上地方的审计机关官网上根本没有什么公告信息。

　　第二，审计公告的主要目的是告知公众审计署的工作结果，满足公众的知情权以达到监督政府的效果。审计公告应区别于审计报告，更不可能像社会审计报告那样，针对每家被审计单位都公开出具。社会审计报告的主要使用者是股东和各利益相关者，每份审计报告的受众是不同的。而审计署公告是每个民众关注的焦点，如果把所有原始的政府审计报告都公布出来，那么民众可能会因为信息超载效应而选择忽视所有的审计公告，这样就适得其反了。因此政府审计公告应该是审计报告和审计工作的总结。

　　但是即使考虑到这两点，目前我国的审计公告数量还是比较少的，只能说较以前有了进步，和真正做到"以公开为原则，不公开为例外"的要求差的还很远。以美国为例，美国政府责任评估署GAO（以前名为美国审计总署）在2000—2009年这10年间共计发布了9672个公告，平均每年公布近千个。而且GAO的审计范围较我国也要广泛得多，涉及国家安全、经济安全、环境保护、社会保障等所有政府事务 GAO 都可以审查。

　　表 20 - 2 归纳了 2003—2011 年上半年我国审计署公布的审计公告涉及的范围，并初步做了分类。"财政管理"主要是指政府各部门以及地方政府的预算执行、财政收支、财政管理情况。"项目评估"是指对于政府大型项目的进展情况、资金安全等方面的审查，比如审计署对于青藏铁路项目的审查。这两类公告数量最多，几乎占了总公告数目的一半。

表 20 - 2　　　　　　　　　　审计署公告主题分布情况

排序	公告主题	公告数目（个）	比例（%）
1	财政管理	36	28.10
2	国企审计	31	24.20
3	项目评估	25	19.50
4	救灾跟踪审计	13	10.10
5	专项资金	8	6.30
6	结果报告	8	6.30
7	环境保护	4	3.10
8	社会保障	2	1.60
9	社会审计检查	1	0.80
	合计	128	100.00

　　"救灾跟踪审计"主要是对于汶川地震、青海地震期间政府活动的审查，包括救灾款项和物资的发放和使用情况，灾后重建工程的进展和资金使用是否合规。汶川地震、青海地震的灾情是全国人民关注的焦点，救灾跟踪审计结果的公开符合公众的期望和要求。

　　审计公告的主题也是某种信号，它向民众传递了政府审计关注的问题以及政府工作的重点。"结果报告"是以前查处的问题和涉及的相关责任单位和责任人处理情况的公告，体现了审计公告的连续性，增强了审计署的公信力。2011 年公布的第 38 号公告是关于 20 个省节能减排的调查结果，2010 年公布的第 22 号公告是关于保障性住房审计的调查结果，像这样的"环境保护"类审计公告和"社会保障"类审计公告关系到每个民众的切身利益，体现了政府在提高民生方面的作为和决心。

对于国有控股企业股东和国有控股企业的审计体现了政府审计对于国有资产"守护者"的职责，共31个公告，占总公告数目的24%，表明对于国有企业的审计一直是审计署的工作重点。中国目前的经济结构还是国有经济占主体，很多国有企业的子公司都在我国的证券市场上市，因此对于国有企业的政府审计必然会影响到资本市场。

二　涉及资本市场中国有股份的审计公告

中华人民共和国审计署2003—2011年总共公布了128项政府审计公告，其中涉及国有企业审查的公告共有31个，再加上2005年公布的2005年第4号（总第12号）："16家会计师事务所审计业务质量检查结果"，总共32个涉及资本市场中国有股份的审计公告。从这32个政府审计公告中我们可以看出审计署工作的重点。审计署公布的这32个公告中，直接对于国有控股上市公司的审查仅占4个，分别是：2007年第5号公告《中国银行股份有限公司、交通银行股份有限公司、招商银行股份有限公司2005年度资产负债损益审计结果》、2008年第8号公告《国家开发银行、中国农业银行、中国光大银行股份有限公司、原中国人保控股公司、原中国再保险（集团）公司2006年度资产负债损益审计结果》、2010年第8号公告《中国农业银行股份有限公司2008年度资产负债损益审计结果》、2011年第28号公告《招商局地产控股股份有限公司2007至2009年度财务收支审计结果》。这四个审计公告表明审计署直接对于国有控制上市公司的抽查以大型的国有银行为主，体现了审计署对于国有企业的审查"以点带面、抓重点"的工作原则。

其余27个审计公告都是针对国资委管理的中央集团公司。这27个政府审计公告集中在近两年发布的2010年9个公告，2011年18个公告。说明审计署对于保护国有资产的重点将主要放在审查央企。

2005年公布的第四号审计公告是对于16家具有审计上市公司资格的会计师事务所执业质量的检查，其中公告指出有14家会计师事务所存在出具不实审计报告，并曝光了其中的10家会计师事务所名称。审计署对16家事务所抽查执业质量，其中14家有问题，这本身也说明了审计市场确实需要监管。

　　对于审计署以上的 32 个审计公告的分析，我们发现涉及资本市场的审计公告大致可以分为三类：第一类属于政府审计直接对上市公司资产负责损益情况的审计公告，涉及中国银行股份有限公司、交通银行股份有限公司、招商银行股份有限公司、中国光大银行股份有限公司、中国农业银行股份有限公司、招商局地产控股股份有限公司 6 家上市公司。第二类审计公告，政府审计对于中央企业资产负债和财务收支情况的审计，延伸审计和影响的下属上市子公司，涉及中国国航、东方航空、中国联通、万科等 34 家上市公司。第三类审计公告即是对于事务所执业质量的抽查所延伸的上市公司，涉及《第一财经日报》所披露的 10 家上市公司。

　　随后的实证研究主要以这 50 家上市公司为研究对象，具体名称见表20 - 3、表 20 - 4 和表 20 - 5。

表 20 - 3　　　　　　　　审计署直接审计的国有上市公司

类型	审计公告	审计内容	被审计单位	涉及上市公司（股票名称）
直接审计	2011 年第 28 号	财务收支	招商局地产	招商地产
	2010 年第 8 号	资产负债损益	农业银行	农业银行
	2008 年第 8 号	资产负债损益	光大银行	光大银行
	2007 年第 5 号	资产负债损益	中国银行、交通银行、招商银行	中国银行、交通银行、招商银行

表 20 - 4　　　　审计署检查社会审计质量延伸审计的上市公司

被审计单位	天职孜信会计师事务所、中瑞华恒信会计师事务所有限公司、四川君和会计师事务所、中勤万信会计师事务所、信永中和会计师事务所、上海万隆众天会计师事务、湖南开元有限责任会计师事务所、万信会计师事务所、德勤华永会计师事务所、中鸿信建元会计师事务所
涉及上市公司（股票名称）	天一科技、漳泽电力、天科股份、武昌鱼、南京熊猫、天津磁卡、华菱管线、ST 昌源、古井贡、吉林敖东
审计公告	2005 年第 4 号：16 家会计师事务所审计业务质量检查结果
审计内容	社会审计执业质量检查延伸审计

表 20 - 5 审计署审查上市公司的第一大股东

审计公告	被审计单位	涉及上市公司（股票名称）
2011 年第 27 号	中国中钢下属两家子公司	吉林碳素
2011 年第 26 号	中粮集团	中粮生化、中粮屯河、中粮地产
2011 年第 25 号	电信科学技术研究院	大唐电信、高鸿股份
2011 年第 24 号	中国交通建设集团	路桥建设、振华港机
2011 年第 23 号	中国核工业集团	中核科技
2011 年第 22 号	中国兵器装备集团	长安汽车、中国嘉陵、ST 天仪
2011 年第 21 号	船舶重工集团	风帆股份、鑫茂科技
2011 年第 20 号	联合网络通信集团	中国联通
2011 年第 19 号	南方电网	
2011 年第 18 号	远洋运输	中远航运、中远发展
2011 年第 17 号	中国中化集团	中化国际
2011 年第 16 号	中国海洋石油	海油工程
2011 年第 15 号	中国铝业	山东铝业、兰州铝业、包头铝业、焦作万方
2011 年第 14 号	中国建筑工程总公司	中国建筑
2011 年第 13 号	大唐集团	桂冠电力、华银电力、大唐发电
2011 年第 12 号	长江三峡集团公司	
2011 年第 4 号	中国人寿集团	
2011 年第 3 号	中国人保集团	
2010 年第 18 号	华润集团	万科、东阿阿胶
2010 年第 17 号	神化集团	
2010 年第 16 号	华电集团	华电能源、华电国际
2010 年第 15 号	东方航空集团	东方航空
2010 年第 14 号	南方航空集团	ST 南航
2010 年第 13 号	航空集团	中国航空
2010 年第 9 号	出口信用保险公司	
2010 年第 7 号	农业发展银行	
审计内容	财务收支审计	
类型	对上市公司的第一大股东审计	

三　审计公告对上市公司的影响

上文总体上分析了审计公告的内容和所包含的信息，同时找出了涉及资本市场的三类审计公告，总的来说，就是对于国有控股企业股东或者国有控股企业的审计公告和对于社会审计执业质量检查的审计公告。审计公告势必影响到上市公司。表 20 - 6 归纳了在审查国企的审计公告中披露的国有企业存在的问题。

表 20 - 6　　　　　　　　审计公告中国有或国有控股企业存在的问题

项目	包括问题	涉及企业数
会计核算和财务管理的问题	项目虚列；支出多列，未缴税款，合并报表不合规；少记多记项目等	24
内部管理的问题	对下级公司管控不严；管理层级过多；私设小金库，其他内部资金收支不合规	18
经营业务管理的问题	相关主要业务管理不规范，金融机构贷款担保不合规	18
投资管理风险控制的问题	投资不合规，投资分析不足导致投资失败	12
资产处置、转让的问题	国有资产处置未评估；资产转让不合规；低价转让	9
重大决策的问题	重大决策分析不足；缺少风险控制	5
职工薪酬福利管理的问题	违规发放薪酬；扣回代缴个人所得税等	5
信息系统管理的问题	信息系统闲置，安全问题	2
建设项目的问题	项目未经审批不合规；项目过程中招标采购不合规等	4
其他	包括关联交易；负债过高导致经营困难	
	涉嫌移送案件 496 起	

从对于国有控股企业股东和国有控股企业的审计公告来看，披露问题中最多的是会计核算方面的问题，共有 24 家企业有类似的问题，包括虚列项目；多列开支、费用；未缴纳税款；多记收入利润；少计成本、所有者权益等问题。其次是 18 家企业都有业务管理和投资风险管理方面的问

题，比如审计发现金融机构存在大量的不合规贷款，面临收不回来的风险。而像中国兵装这样的大型集团公司内部的管理层级过多，导致公司对下属子公司无法实施严格的控制。另外，许多企业在房地产等项目上的投资也不合国家规定，没有深入分析就贸然投资，投资过程中的控制也不规范，常常有订金无法追回。还有像随意处置国有资产、低价转让资产、职工薪酬福利发放不合规等问题在国有企业内也相当普遍。其他问题中如大唐集团 2009 年的资产负债比率达到了 87.79%，面临很大的经营风险，旗下的上市公司大唐发电可能也会受到重大影响。相关的国有企业审计公告中涉嫌违法违规移送的案件共计 496 起。

对于审计公告披露的这些问题，相关的国有企业还是能比较认真地对待的，审计署审计是实行边审边改，审到问题就会责令整改。对于上述提到的问题，企业高度重视，大多数在审计公告公布前企业已经有所整改。会计核算和财务管理问题涉及的金额 60% 以上已经被追回或更改。中国兵装法律层级有 5 级，4 级以下的子公司更是多达 168 家，总部对很多企业无法实施有效控制。审计署指出其内部控制问题后，兵装集团对扭亏无望的企业和竞争力不强的非主业企业实施有序退出。

审计公告的内容是企业的财务报告和审计报告的很好补充，而且各个国有企业也能比较认真地对待整改，在财务的合规性、风险控制、内部管理等方面做出了改进。因此，无论是对于国有股东还是对于该股东控股的上市公司，从长期来讲都是有好处的。

第二十一章　市场对审计公告的反应

第一节　审计公告的信息含量

对于审计国有控制上市公司股东的审计报告，由于也会延伸审计到上市的子公司，上市公司的控股股东的经营状况会对该上市公司有影响，所以认为该类审计公告对于市场有信息含量。对于事务所执业质量检查的审计公告，包含了审计上市公司的事务所的独立性和被审计财务报告的真实性的信息，因此认为，这三类审计公告均有信息含量。当市场发现与预期不一致时，审计公告公布后市场会相应作出调整预期。而且在对涉及资本市场的审计公告的分析中，本书认为，审计公告对资本市场具有积极的影响。那么市场对于审计署公布审计公告又会不会有反应呢？下文将综合研究这三类审计公告的市场反应。

第二节　研究假设的提出

一　我国市场效率和投资者行为特征

有效市场可以分为三种形态，即强式有效市场、半强式有效市场、弱式有效市场。

在强式有效市场中，股票价格已经充分反映了所有信息，包括公开信息和非公开的信息，因此即使内幕交易也不会对价格产生影响，投资者无法获得超额利润。

在半强式有效市场中，股票价格已经反映了所有公开的信息，包括企业的经营状况和未来盈利的预测。投资者无法通过基本面的分析获得超额利润，只有未公开的内幕消息才能获得超额利润。

在弱势有效市场中，股票价格只是反映过去的历史信息，技术面的分析也可能带来超额利润。

要提高资本市场的有效性，信息披露是关键。因此上市公司的信息披露制度是至关重要的。

目前的研究大多认为，我国的资本市场是有效弱势，而对于投资者行为特征的研究认为我国的投资者确实存在"非理性行为"，且对于政府相关信息特别关注。

二　政府审计公告的可信性和关注度

社会审计的独立性直接来自市场需求，客户需要注册会计师保持应有的独立。政府审计的独立性直接来自法律和政府权威机构的授予。但是，在现有中国的资本市场中由于存在社会审计的"制度缺陷"，事务所很有可能串谋。而对于有强制性、权威性的政府审计如果介入资本市场，而有相对较高的独立性。因此，在对事务所的审计报告持怀疑态度的背景下，民众也会比较信任审计署的审计公告。

自从 2003 年审计署公布审计公告以来，审计署披露了很多政府部门和相关单位的问题，刮起了一阵"审计风暴"，自此审计署开始渐渐树立起自己的威信，也引起了社会的广泛关注。在中国的资本市场中有大量的国有资产存在，这部分国有资产也是审计署审查的职责范围，因此资本市场中的投资者也会特别关注审计署的审计公告。

三　审计公告披露的内容

以 2003 年至今审计署公布的审计公告为准，我们可以发现目前审计公告还是有一定的格式和规范的，其中的信息主要包括如下三类：首先介绍被审计单位的大致财务情况和某些方面取得的改进，然后是审计过程中发现的问题，最后是审计署对其整改建议和整改的情况。不过，即使同样的信息内容，由于不同的利益相关者关注点不同，其对于不同的群体的信息含量可能也会不同。对于被审计单位，最后的整改建议不会有什么实质影响，所以不会太过关心，他们主要关注的是审计公告中取得进步和发现问题这部分。对于所取得的进步之类的信息，被审计单位是期待的。而审计公告中披露的问题会直接影响到被审单位的利益，因此会引起被审计单位的特别抵制和关注。公众只关心审计公告中所披露的问题这部分信息。

被审计单位的一般状况这些基本属于公开的信息，他们可以轻松获得。至于被审计单位取得的进步这类信息，被审计单位本身都会大肆宣传，因而没有必要去审计公告中特意搜寻这类信息。如果审计署的公告中没有问题披露这类信息，公众会对审计报告丝毫不感兴趣。

何兴强、李涛（2007）对不同态势下的股票市场的非对称反应进行了实证研究，研究发现无论是在熊市还是牛市，中国的股市往往会对"利空消息"反应过度，在中国利空消息比利好消息更能引起股价的波动。政府审计报告在内容上虽然大致分为被审计单位情况、今年来取得的成绩、存在的问题和整改意见及结果，但是站在投资者的角度，最关心的还是公告中披露的这一部分内容。政府审计公告虽然用词模糊，对被审计单位毁誉参半，但是由于投资者关注点以及在中国股市利空消息比利好消息要引起更大的反应，政府审计报告对于投资者更倾向于利空消息。

四　研究假设

依据上述的理论分析，基于中国资本市场的效率和投资者的行为特征，资本市场的投资者更加关注审计署公布的审计公告内容中的问题部分。因此审计公告对于市场来说应该是一个利空事件，且有信息含量。

因此提出第一个假设：

假设1：审计署发布公告这一事件会对上市公司有显著的负面影响。

前文对审计署公布的涉及资本市场的审计公告做了大致分类，把涉及的上市公司分为三类：第一类是审计公告中提及的直接被审计署审查的上市公司；第二类是审计署审查的央企的下属上市的子公司；第三类是审计署审查事务所执业质量时延伸审计的10家上市公司。如果把审计署审计公告分类考虑的话，对于第一类审计公告由于是直接针对上市公司的审查报告，因此本书认为，第一类审计公告会引起更大的市场反应。第二类审计公告审计署审查的是集团公司，虽然会延伸审查其旗下的子公司，但中央企业下属的上市子公司的具体名称以及是否被审查到存在问题，审计公告内容没有明确提及。一方面如果作为上市公司第一大股东的国有企业出现问题，投资者肯定也会降低对该上市公司的预期，会对股价造成负面的影响；另一方面由于这类公告的不明确性，投资者可能会是一种观望怀疑的态度，不如第一类那么明确。所以，预计第二类审计公告的发布也具有信息含量，但市场反应应该不如第一类大。

因此提出第二个假设：

假设2：第二类审计公告发布引起的市场反应小于第一类审计公告。

第三节　实证研究

一　研究方法

超额收益法（Cumulative Abnormal Return，CAR）被普遍应用于各类审计意见对股票价格影响的研究中。其原理是通过考察审计意见（或其中的某种特定意见，例如保留意见）披露日前后某个特定的研究窗口中每隔一定时间间隔（可以是一天、一周或一个月）的平均或累计超额收益偏离 0 的程度来判断审计意见是否具有一定的信息含量。这种研究代表作包括 Chow 和 Rice（1982），Elliott（1982），Dodd、Dopuch、Ho Lthau Sen 和 Leftwich（1984），Dopuch、Holthausen 和 Leftwich（1986）等。以 Dopuch、Ho Lthau Sen 和 Leftwich 的文章为例，他们选取了 114 个被媒体披露"将被出具保留审计意见"的股票为样本，其中 75 个为首次被出具保留意见。以媒体披露日为 t = 0 时刻，并检查在窗口 t ∈ [−2，+2] 内是否存在其他信息的披露，结果表明，无论是首次被出具保留意见的样本还是连续被出具保留意见的样本，在 t ∈ [−1，+1] 区间内，与媒体披露"将被出具保留审计意见"相连的平均超额收益显著小于零，说明保留意见与股票超额收益负相关。就此，试建立超额回报率模型。

要排除市场整体经济的因素，先要确定市场的"正常收益"。确定市场收益的方法一般有市场指数调整法、均值调整法和市场模型法三种。国外有大量研究认为这三种方法在结果上没有区别，本书选择市场指数调整法来确定正常回报率。

（一）异常回报率的计算

个股异常回报率 AR（Abnormal Return）：

$$AR_{it} = R_{it} - R_{mt} \qquad (21.1)$$

其中，i 表示具体每只个股，m 表示市场回报率，沪市的个股用上证综合指数，深市的个股用深证综合指数，t 表示时间。

个股的累计异常回报率 CAR（Cumulated Abnormal Return）：

$$CAR_i = \sum_{t=t_1}^{t_2} AR_{it} \qquad (21.2)$$

表示某一时间段个股的累积异常回报率。

平均异常报酬率 AAR（Average Abnormal Return）：

$$AAR_t = \frac{1}{N} \sum_{i=1}^{N} AR_{it} \qquad (21.3)$$

其中，N 表示样本公司数。

累计平均异常回报率 CAAR（Cumulated Average Abnormal Return）：

$$CAAR = \sum_{t=t_1}^{t_2} AAR_t \qquad (21.4)$$

表示样本在某一段时间内平均的异常回报率。

（二）统计量的构造

如果我们假设中国股市的个股回报都是相互独立且符合正态分布，就可以构造 t 统计量，来检验均值是否为 0，从而判断股价是否有异常波动。

构造 t 统计量：

$$T(AAR_t) = \frac{AAR_t \sqrt{N}}{S(AAR_t)} \qquad (21.5)$$

其中，标准差为：

$$S^2(AAR_t) = \frac{1}{N-1} \sum_{i=1}^{N} (AR_{it} - AAR_t)^2$$

$$T(CAAR) = \frac{CAAR_t \sqrt{N}}{S^2(CAAR)} \qquad (21.6)$$

其中，标准差为：

$$S^2(CAAR) = \frac{1}{N-1} \sum_{i=1}^{N} (CAR_i - CAAR)^2$$

（三）假设检验

（21.5）式和（21.6）式都符合方差未知的均值 t 检验，所以，对平均超额回报率和累积平均超额回报率进行假设检验。

假设审计署公告在当日没有引起股价的异常波动，即 $H_0: AAR_t = 0$，$H_1: AAR_t < 0$，检验统计量（21.5）。

假设审计公告发布期间没有引起股价的异常波动，即 $H_0: CAAR = 0$，

H_1: $CAAR < 0$, 检验统计量 (21.6)。

二　样本数据选择

(一) 样本来源

本书收集了 2005—2011 年 5 月 20 日为止, 审计署公布的审计公告中涉及的上市公司作为研究样本, 上市公司各项指标均来自国泰君安数据库。上市公司来源有: (1) 审计署检查社会审计执业质量, 曝光其中 10 家会计师事务所出具不实审计报告提及的有问题的上市公司 10 家, 来源于审计署公告的《2005 年第 4 号: "16 家会计师事务所审计业务质量检查结果"》和《第一财经日报》(2005 年 9 月 30 日) 所披露的信息。(2) 为审计署直接审查国有上市公司, 涉及 5 家上市公司来源于审计署 2007 年第 5 号公告、审计署 2010 年第 8 号公告以及审计署 2011 年第 28 号公告。(3) 审计署审查国有集团公司延伸涉及的上市公司, 本书只选择被审查的国有集团公司为第一大股东的上市公司, 共计 27 家, 来源于审计署 2010 年和 2011 年的相关审计公告。合计共 42 家上市公司。

(二) 样本筛选

需要剔除 9 家上市公司, 剔除原因如下: 一是审计公告公布当年刚上市的导致前期的部分财务报告数据为上市前的, 与上市公司的财务报告不具可比性, 故予以剔除。二是在事项研究的窗口期, 由于停牌等原因导致在本书的研究窗口期数据不全的予以剔除。三是在本书研究的窗口期, 有股东大会召开、重大关联方交易、涉及违规和法律诉讼等重大事项披露的上市公司予以剔除。

B 股和 H 股的两家也予以剔除。

中国人寿 (601628)、海油工程 (600583)、中国建筑 (601668) 这三家上市公司虽然符合上述要求, 但是由于这三家上市公司在审计署发布公告前已经就审计署即将发布关于本公司或者本公司控股股东的审计报告这一事项作出了说明, 而且该说明还指出该企业对于审计署提出的问题已经完成整改, 所以市场可能已经提前消化了这个消息, 这三家也予以剔除。

最后, 收集 33 家上市公司作为研究样本。

三　实证研究分析

从图 21 - 1 可以很直观地看出样本公司中超额回报率为大于 0 和超额回报率小于 0 的公司在 [- 10, 10] 窗口期内各天的分布情况, 只有在

审计署公告发布前第 5 天、第 3 天、第 1 天以及审计公告发布后的第 5 天
这四天超额回报率小于 0 的公司占大多数（超过了 60%），其余时间超额
回报率为负和超额回报率为正的公司基本一样多，维持在 50% 左右。

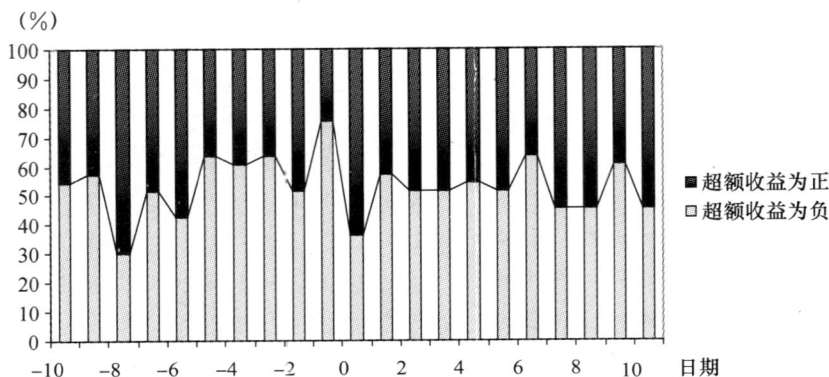

图 21 - 1　　审计署公告的市场反应

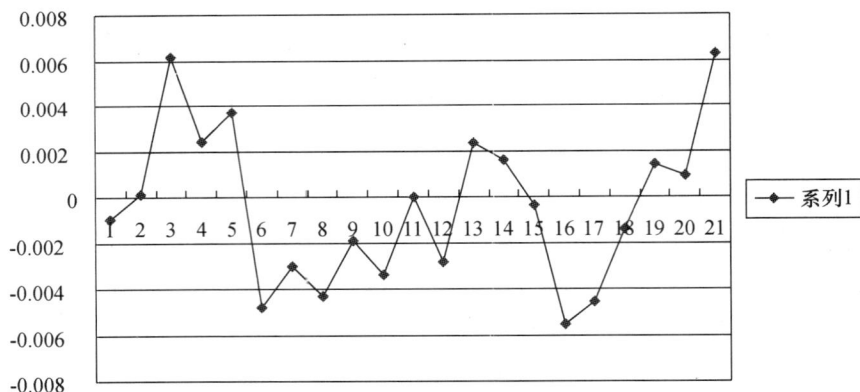

图 21 - 2

　　样本股票在审计署公告前后 10 天的平均异常波动如图所示，在审计
署公告公布当天 AAR 并没有异常波动，在公告前后 5 天内 AAR 也只是在
小范围内震荡，反而在 [-10，-5] 和 [5，10] 这两个时间段 AAR 有

比较大的波动，对于 AAR 在这 20 天里的 t 检验，更说明了样本股票的超额回报率在此期间内并没有太大的波动。如表 21-1 所示样本股票的平均超额回报率只有在 t = -8，t = -5，t = 10 这三天里通过了 5% 的检验，其余时间，包括审计署公告公布当天和前后两天内的 AAR 都通过了 95% 的检验，也就是说，假设 H_0 成立，样本均值为 0，审计署公告并没有在公布当日引起股票市场的异常反应。

表 21-1

日期	AAR	T 值	Sig
-10	-0.000993474	-0.275	0.785
-9	0.000137895	0.069	0.945
-8	0.006168158	2.341	0.026
-7	0.002419763	0.089	0.38
-6	0.003719895	1.333	0.192
-5	-0.004819974	-2.064	0.047
-4	-0.003005289	-1.301	0.202
-3	-0.004332316	-1.908	0.065
-2	-0.001931184	-0.646	0.523
-1	-0.003378684	-1.045	0.304
0	6.84211E-07	0	1
1	-0.002849184	-1.284	0.208
2	0.002345474	0.84	0.407
3	0.001581079	0.501	0.62
4	-0.000364605	-0.224	0.824
5	-0.005545026	-1.926	0.063
6	-0.004567474	-1.744	0.091
7	-0.001423421	-0.644	0.524
8	0.0014385	0.587	0.561
9	0.000936816	0.223	0.825
10	0.006298316	2.325	0.027

　　窗口期的平均累计超额回报率 CAAR 如图 21-3 所示，从 t = -5 开始就呈现下降的趋势，到审计署公告公布后一周为最低点，随后又呈现上升

的趋势。对可能有负面影响的窗口期的 CAAR 进行 t 检验，具体如表 21 -
2 所示，在窗口期 [-8，8]、[-5，5]、[-3，3] 的 CAAR 均通过了
5% 水平的显著检验。说明在这段窗口期内市场是有一定的负面反应。

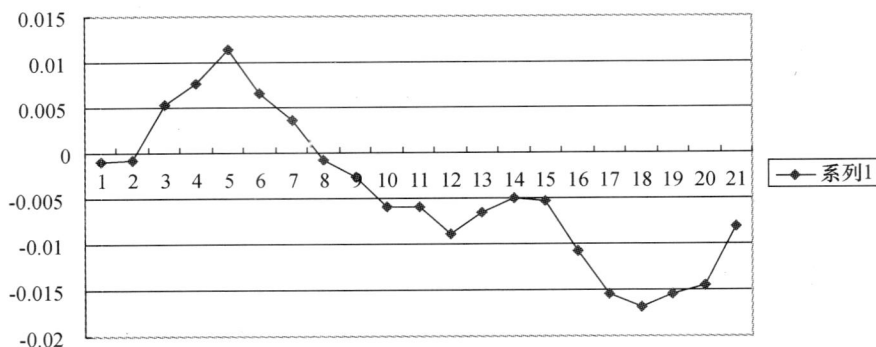

图 21 - 3

表 21 - 2

窗口期	CAAR	T 值	Sig
[-10，10]	- 0.00623	- 0.275	0.785
[-9，9]	- 0.00581	0.069	0.945
[-8，8]	- 0.00856	2.341	0.026
[-7，7]	- 0.01193	0.089	0.38
[-6，6]	- 0.0223	1.333	0.192
[-5，5]	- 0.02315	- 2.064	0.047
[-4，4]	- 0.02215	- 1.301	0.202
[-3，3]	- 0.01454	- 1.908	0.065
[-2，2]	- 0.01347	- 0.646	0.523
[-1，1]	- 0.00816	- 1.045	0.304
[-5，0]	- 0.00483	0	1
[0，5]	- 0.66374	- 1.284	0.208

由于市场对于不同的审计署公告的反应不同，导致综合的结果 AAR
不显著，表现为波动并不大，为了进一步研究市场是否对于不同的审计署

公告的反应不同，所以本书把原本 33 家样本公司根据审计署公告的不同
类型，分为三大类，再一一进行超额回报率的研究分析。

我们把 33 家样本公司进一步分为直接审计的上市公司 4 家，间接审
计的上市公司 20 家，事务所延伸审计的上市公司 9 家。

图 21-4 比较直观地表现出直接审计的 4 家样本公司在审计署公告公
布第二天确实有比较大的负向波动，如表 21-3 所示，事件日第二天
的 AAR 通过了 5% 水平的显著检验，所以拒绝原假设 H_0，即均值不为 0，
证明事件日第二天股价确实有异常波动。而 [-1，1]，[-2，2]，[0，
1] 的 CAAR 也通过了 5% 水平的显著检验，如表 21-5 所示。证明直接
针对国有上市公司的审计公告公布这一事件确实在事件日前后对市场有
影响。

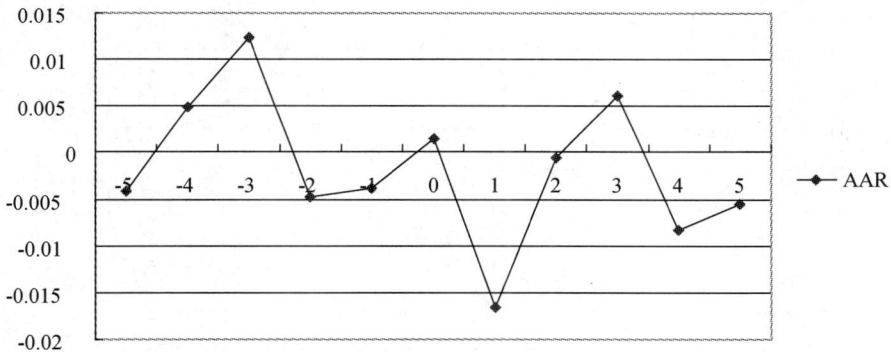

图 21-4　直接审计公告的市场反应

窗口期的 CAAR 也很好地证明了这一点，如图 21-5 所示，CAAR 在
事件日前两天开始有下降的趋势，事件日之后一直到事件日后 9 天 CAAR
降到最低点。证明直接针对上市公司的审计署公告在公布日前后一段时间
内确实对股票市场产生了影响。

从图 21-6 可以很直观地看出审计署公告发布当日 AAR 并没有明显
的差异，在公告发布前后若干天一直是在 [-0.5%，0.5%] 这个区间
徘徊。对于前后 10 天的 AAR 显著性水平为 5% 的检验见表 21-5，发现

在公告当日附近 AAR 均显著为 0。在第五天有较大的波动，查找了相关数据，虽然未发现这一天相关上市公司有重大事项披露，但是考虑到如果事件对股价有影响，在没有信息泄露的情况下，一般股价都会在当日或者次日做出反应。到第五天才有较大的波动的这种"滞后反应"应该是极少的，而且表 21 – 5 对评价累计异常回报率做的 t 检验结果显示，在可能有影响的窗口期内 CAAR 均是显著为 0。所以出于谨慎性，本书认为，在窗口期内间接审计公告并未对市场有显著影响。

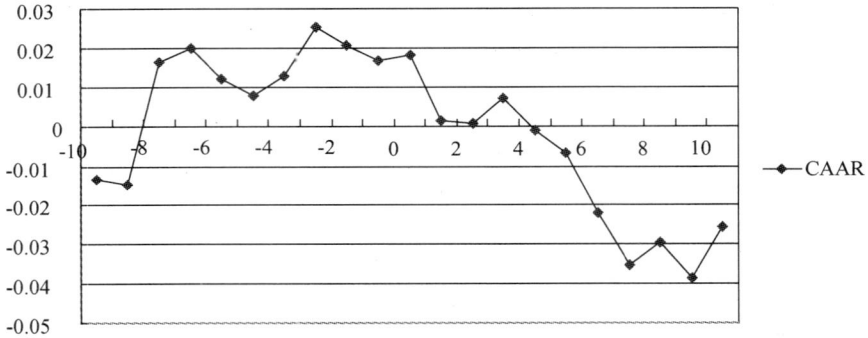

图 21 – 5

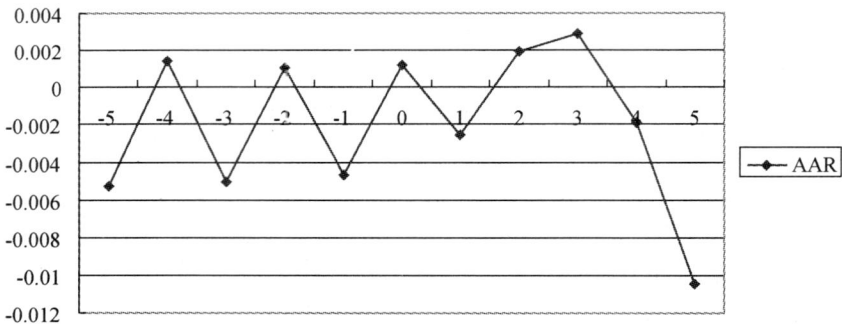

图 21 – 6　间接审计公告的市场反应

表 21 - 3

日期	AAR	T 值	Sig
−5	−0.00416	−0.621	0.579
−4	0.004922	0.709	0.529
−3	0.01235	1.192	0.319
−2	−0.00473	−0.873	0.447
−1	−0.00386	−2.311	0.104
0	0.001422	0.199	0.855
1	−0.01659	−4.233	0.024
2	−0.00057	−0.143	0.895
3	0.006175	0.450	0.683
4	−0.00826	−2.292	0.106
5	−0.00554	−0.608	0.586
6	−0.01567	−4.407	0.022
窗口期	CAAR	T 值	Sig
[−1, 1]	−0.01903	−3.888	0.03
[−2, 2]	−0.02433	−4.21	0.024
[0, 1]	−0.01517	−3.028	0.046

表 21 - 4

日期	AAR	T 值	Sig
−10	0.0026	0.441	0.664
−9	0.001519	0.61	0.549
−8	0.004411	2.031	0.057
−7	0.00061	0.155	0.879
−6	0.004177	1.169	0.257
−5	−0.00532	−1.818	0.085
−4	0.001451	0.638	0.531
−3	−0.00504	−2.276	0.035
−2	0.001058	0.265	0.794
−1	−0.00469	−1.345	0.195

日　期	AAR	T 值	Sig
0	0. 001169	0. 275	0. 786
1	- 0. 00256	0. 435	- 0. 797
2	0. 001929	0. 578	0. 566
3	0. 002914	0. 468	0. 741
4	- 0. 00192	- 1. 137	0. 27
5	- 0. 01042	- 2. 346	0. 03
6	- 0. 00647	- 1. 569	0. 133
7	0. 000253	0. 199	0. 907
8	0. 000818	0. 202	0. 842
9	- 0. 00063	- 0. 085	0. 933
10	0. 003535	1. 315	0. 204

表 21 - 5

窗口期	CAAR	T 值	Sig
[- 10，10]	- 7. 91	0. 439	- 0. 01061
[- 5，5]	- 1. 337	0. 197	- 0. 02144
[- 3，3]	- 0. 381	0. 707	- 0. 00522
[- 1，1]	- 0. 789	0. 44	- 0. 00608
[0，3]	0. 388	0. 703	0. 003448
[0，5]	- 0. 874	0. 393	- 0. 0089
[6，10]	- 0. 281	0. 782	- 0. 00249

第四节　结　　论

　　本篇考察了这 33 家上市公司在审计署公布政府审计公告日前后 10 天窗口期内的超额回报率的变化情况，并构造 t 统计量进行显著性检验，当把这 33 家上市公司作为整体研究时发现，审计署公告公布这一事件日前后，33 家上市公司的平均超额收益率并没有显著变化。之后把 9 家事务所延伸审计的上市公司剔除，并分为直接审计和间接审计两组。对这两组的 AAR 和 CAAR 分别做显著性检验，发现间接审计组在事件日前后 AAR 和 CAAR 都没有显著的波动，证明审计上市公司的控股股东并不能给该上市公司的股价造成影响。直接审计的上市公司则在事件第二日的 AAR 有了显著的负变化。证明审计署直接对于国有控股上市公司的资产负债损益情况的审计会引起资本市场的反应，且该市场反应为负，说明投资者把审计公告看成"利空消息"。

本书认为，只有直接针对国有上市公司的政府审计公告才能引起市场的反应，审计上市公司的控股股东并不能引起股价的异常波动。

未引起市场反应的原因可能有以下三点：

第一，审计署公布的审计公告往往时效性比较差，审计署完成审计结果和公布审计公告之间间隔了很长一段时间，很多公告都是在查处问题一年之后才公布。在这么长的间隔时间内可能会发生很多事情，被审计单位可能已经完成整改了，公告中提到的问题有可能已经不复存在，而且很可能在公布之前就已经有内部消息泄露了，市场已经提前消化了该信息。

第二，审计署公布的审计公告在内容上往往比较模糊，无法得知审计署的态度。在审计公告中首先会介绍被审计单位近年来取得的进步，在提及问题时则往往采用"该单位（或企业）的财务收支和列报基本规范属实，但也存在一些问题"这样比较温和的语句。在同一审计报告中既有赞扬又有问题，如果把问题的披露看成是利空消息的话，那么赞誉就是利好消息。利空消息和利好消息很有可能会相互抵消，因此市场上不会有什么大的反应。

第三，审计署的审计公告很少直接涉及上市公司。最多的是对于央企的审计报告，只是在审计央企的时候会延伸审计该集团公司下属的上市子公司，但是审计报告中一般不会提及延伸审计的上市公司的具体名称。审计署公布的对有资格审计上市公司的会计事务所的执业质量审查，会延伸到审计上市公司，同样也不会具体说明是哪家上市公司，这种并非直接针对上市公司的审计公告在资本市场上没有信息含量。

第二十二章 结论

第一节 主要结论

本篇对政府审计介入资本市场，审查国有企业或国有控股上市公司的形式和途径进行了分析，在此基础上基于信息不对称，从信号传递机制的角度对政府审计结果公告的信息含量进行解读。最后，运用事项研究法对审计公告的市场反应进行实证考察。通过研究，得出以下几点结论：

（1）目前我国的审计公告制度已取得较大进步，审计署公布的审计公告以及公告所披露的问题正在逐年增加。但是，从审计机关每年的审计和审计调查单位数、查出的问题来看，被公告的还是很少一部分。离审计结果做到公开是原则，不公开是例外的标准还相去甚远。

（2）审计公告从形式上至少传递了审计署独立性较高、政府审计质量较高这两个信号。从内容上看，审计署的审计结果包含某些市场以前无法得到的信息，从一定程度上降低了信息不对称。从审计结果公告对资本市场的影响来看，审计公告促进了上市公司及其母公司的财务核算更规范、内部管理和风险控制夏完善，使会计师事务所出具不实审计公告的成本更高，客观上监督了社会审计质量，因此审计公告对于资本市场长期的稳定健康发展具有积极作用。

（3）对于审计公告的市场反应的考察发现，总体上，审计公告未能对股票价格在公告日前后造成显著的影响。结合前人的研究结果发现，市场对于直接针对国有控股上市公司的审计公告有显著的反应，对于社会审计质量检查的审计公告以及随后的专家解读市场也有显著反应，且这种反应波及了其他相关的上市公司。而对于审查上市公司控股股东的审计公告股票价格在公告日前后并未作出显著的反应。我国投资者对直接信息比较敏感，而对于某些需要分析的信息，投资者并未作出反应。综合来看，我国的某些审计结果公告对于资本市场还是有信息含量的，且市场多数是作出负的反应。

第二节　相关建议

一　尽快从法律上明确审计公告制度，保障人民的知情权

我国目前的审计公告制度只能说刚刚起步，还有很多不足需要改进。首先，我国的审计公告制度缺少明确的法律规定。2006 年修订的《中华人民共和国审计法》是审计公告制度最直接也是最明确的法律依据，其第三十六条规定："审计机关可以向政府有关部门通报或者向社会公布审计结果。"这里运用的措辞是"可以"、"或者"而非"必须"、"并且"，这种相对暧昧的措辞很难让人把审计公告看成是一种应负的责任。

二　保证审计公告内容的可靠性和相关性

审计公告向公众传递了审计署较高独立性和政府审计拥有较高的审计质量这两个信号，同时也增加了审计署的责任。审计公告必须保证其可靠性，未经查实的信息可能会误导公众。同时公告的内容必须要与各个利益相关者相关，多公告公众关注的内容，因为公众更关注审计公告中所披露的问题。所以应该尽量多些问题披露，少些"歌颂"。

三　审计公告应注意及时性和内容的清晰性

目前，我国的审计公告往往时效性比较差，审计署完成审计结果和公布审计公告之间间隔了很长一段时间，很多公告都是在查处问题一年之后才公布。审计公告的信息具有时效性，如果公告不及时，可能无法达到应有的效果。在内容上审计公告应该更清晰，延伸审计涉及的问题企业审计公告往往以"某企业"代之。这种不明确的信息很可能会误导市场，起到相反的作用。

四　建立与利益相关者进一步解释的相关平台

某些企业在政府的审计结果公告之前就已经自行对市场做出公告，称近期审计署将发布对于本企业或者本企业的控股股东的审计报告，该报告

中涉及的相关问题本企业已经整改。再当审计署披露该企业的问题时，市场就会持怀疑观望态度，负面反应就会降到最低。因此，审计署应该进一步建立与利益相关者的沟通平台。对于上述企业的问题到底有没有完全整改等相关的后继细节问题做出进一步的解释。

第三节　本篇的局限性

由于笔者掌握的资料有限，因此实证研究的样本偏少，而且各个审计公告发布的时间跨度比较大，而市场对于同一事项在不同时间会做出不同的反应。对于审计公告对资本市场的影响，仅对直接审计上市公司、审计上市公司的控股股东和检查社会审计质量这三点进行研究。政府审计对于资本市场中的国有企业的审查和影响还有很多方式，由于笔者的知识和认知能力有限，未能对此进一步展开研究。

第五篇
上市公司管理舞弊的
审计策略与方法研究

第二十三章　绪论

第一节　研究背景及意义

一　理论意义

上市公司管理舞弊一直是审计界关注的问题。1721 年英国政府对"南海公司事件"中舞弊公司的审计，标志着独立审计和舞弊审计同时诞生。进入 20 世纪 60 年代以来，随着管理舞弊在美国的泛滥，作为治理舞弊的有效措施之一，舞弊审计开始受到社会的广泛关注与审计理论界的深入研究。

管理舞弊的审计方法与策略是研究审计实践主体从事舞弊审计工作的基本步骤的理论，是审计基本理论的重要组成部分。综观国外关于舞弊审计的研究，在研究方法方面，既有规范研究又有实证研究；在研究内容方面，把管理舞弊的征兆作为一种经验分析引入管理舞弊审计的研究中来，使研究体现了强有力的预警功能，但国外实证研究的成果之间差异较大，使得其应用能力有所限制。国内学者在研究管理舞弊审计时，综合运用归纳法、规范分析法、实证研究等多种研究方法，针对财务指标的异常进行舞弊识别的方法普遍被研究者所采用，这些研究成果对识别、防范与治理我国上市公司管理舞弊提供了有力的理论依据。目前就我国对上市公司管理舞弊审计的研究主要是针对利润舞弊展开的，研究方法中，个案研究较多，综合性统计研究较少；规范研究较多，实证研究少；尤其是针对管理舞弊审计采取的特殊方法及策略的研究，我国还处于初探阶段，使得这方面的参考资料有限。因此，深入研究上市公司管理舞弊审计方法及策略具有重要的理论意义。

二　现实意义

管理舞弊审计的方法与策略本身也是一个与实践联系十分紧密的问题，近年来，上市公司管理舞弊现象无论在规模上还是在复杂程度上都是越发猖獗了。据有关部门统计，美国每年舞弊和财务操纵可使经济耗费400亿美元。与此同时，随着我国财务结构的复杂性和商业竞争的激烈性逐渐加深，管理舞弊行为越来越难以发现，成为严重制约社会经济发展的障碍。从琼民源、成都红光、东方锅炉、银广夏等一系列上市公司管理舞弊案件中不难看出，我国证券市场上舞弊之风日盛，金额重大，后果严重。报表审计是证券市场发展的基石，也是确保上市公司会计信息质量的保证，面对日益盛行的管理舞弊，审计人员可谓如履薄冰。如何检查管理舞弊行为、避免审计失败引起审计实务界的极大关注，是我国证券市场一个迫切需要解决的问题。由此可见，深入研究管理舞弊审计方法与策略，设计出一系列行之有效的管理舞弊审计模式，有助于审计人员提高反舞弊的技术水平，具有极为重要的现实意义。

第二节　国内外研究现状

自从会计信息作为传递经济信号的媒介以来，管理舞弊就与之形影相随。证券市场的发展历程中往往伴随着上市公司的舞弊现象。一系列重大管理舞弊案件的曝光，也引发了理论界和实务界对管理舞弊审计的研究和探索。国内外学者及政府均就如何有效地遏制管理舞弊开展了广泛深入的探讨。

一　国外研究现状

审计期望差问题在世界范围普遍存在，该问题受到了世界各国的关注。英国、加拿大、丹麦、西班牙、澳大利亚、比利时、南非、日本等国的会计组织都对审计期望差进行了研究，但仍未找到缩小审计期望差的有效途径。以美国为代表的西方国家学术界和实务界非常重视研究如何提高审计舞弊效果，以缩小审计期望差，并已经开展了大量的实证研究，主要研究成果有：

（一）识别舞弊的预警信号

Albrecht 和 Romney（1986）首次实证检验的红旗标志具有显著舞弊预警能力；之后，Loebbecke、Eining、Wllingham（LEW，1989）、Bell、Szykowny、Willingham（BSW，1991）、Bell、Carcello（2000）、Hansen、McDonald、Messier、Bell（1996）、Calderon、Green（1994）、Beasley（1996），Summers、Sweeny（1998）等进行实证研究发现，首席执行官诚实、控制环境、压力、重大关联方交易、过度复杂的公司结构、财务分析者预测的盈利和管理层的交易行为等红旗标志具有显著的舞弊预警能力。Barbara A. Apostolou（2001 年）等研究了有关红旗标志的重要程度和权重的确定。

（二）影响审计师评估舞弊风险的因素

Hackenbrack（1992），Hoffman、Patton（1997），Zimbelman（1996，1997）等研究发现因心理学的"稀释效应"，过多的红旗标志会削弱审计师舞弊风险评估能力，为此必须为 CPA 提供关注的舞弊线索。Ponemon（1993）、Knapp（2000）、Schultz（1998）、Pincus（1990）等研究发现，拥有审计大客户和舞弊经验，具有较高道德推理水平，独立性强和职业警觉性高的审计师评价舞弊风险更准确。

（三）建立模型辅助审计师评估舞弊风险

Pincus（1989）首次验证采用红旗标志调查表评价舞弊风险更具综合性和一致性，随后 LEW（1989），BSW（1991），Eining、Jones 和 Loebbecke（1997）等研究建立舞弊风险评价工具辅助审计师决策。

（四）通过调整审计计划等其他途径，能有效揭露舞弊

Bloomfield（1995）、Johnson 等人（1991）认为，审计人员改变和调整审计测试的性质是提高舞弊审计效果最关键的步骤；Matsumura 等人（1992），Jamal、Johnson、Berryman（1995），Erickson 等人（2000）案例研究表明，加大对审计师的惩罚、加强内部控制、增加审计费用，能够客观理解交易经济实质，可有效地揭露舞弊行为，等等。

综上所述，以美国为代表的西方国家对提高审计舞弊效率问题的研究已取得了卓有成效的成果，是未来研究的基础。但因舞弊案保密性高、研究样本小、时间变化等困难及各国经济、法律、审计市场、资本市场等环境差异因素，研究的成果不一定适合各国。究竟有哪些标志具有显著的舞

弊预警能力，至今尚未得出较为一致的结论。至于如何更有效审计管理舞弊问题，我们从近年来世界舞弊案频繁发生的事实可知该问题未能得到很好的解决，需继续开展深入研究。另外，西方审计理论研究偏重于应用理论，虽然已建立了一套比较规范的审计程序，但对审计模式的规范理论尚未总结归纳，也缺乏深入系统的研究。

二　国内研究现状

国内学者开展如何有效审计和遏制管理舞弊研究的代表成果有：

（一）舞弊案例研究

李若山教授（1998）精选了国外审计诉讼案例，郑朝辉（2001）探讨分析了我国上市公司 10 大管理舞弊案例，黄世忠（2002）等总结了美国舞弊财务报告的 6 大症结等。

（二）探讨 CPA 监管模式遏制管理舞弊的研究

葛家澍等（2002）探讨了"安然事件"对美国会计准则制定和 CPA监管模式的影响，孙峥等（2002）研究了美国《2002 年 SOX 法案》，从政府监管、公司变革和公司治理 3 个方面提出规避舞弊风险，刘明辉（2002）等认为，会计监管是一种有效的制度安排，陆建桥（2002）研究了后安然时代会计、审计发展问题。

（三）开展审计理论和模式研究

胡春元等（2001）较为系统地探讨了风险基础审计的审计思想和方法，刘峰等（2002）研究认为我国不能简单套用风险导向审计，黎世华（2002）借助舞弊风险因素理论对舞弊审计的优化环境和技术策略进行了探索。

（四）开展实证研究

耿建新等（2002）验证净利润与调整后经营现金流量之间的差异也可以作为盈余操纵和预警信号等。

国内学者总体上大多为规范研究，或介绍、分析国外舞弊案例，或限于对个别案例和个别预警信号的探讨等，缺乏对审计管理舞弊的效果进行系统、深入、科学的理论和实证研究，针对现行审计模式特点，从审计模式理论创新入手，发展创立新的审计管理舞弊的模式，克服和解决现行审计模式的理论缺陷，才是刃实提高审计管理舞弊能力的有效途径。

第三节 研究思路和框架

一 研究思路

本篇在借鉴西方较为成熟的舞弊审计理论和相关研究成果的基础上，采用规范研究、定性和定量分析与案例分析相结合的方法。首先，从管理舞弊的含义与动因、行为与征兆分析入手，得出我国上市公司管理舞弊的一些规律，并总结管理舞弊审计方法在审计模式发展各阶段的演变过程；其次，运用调查研究的手法分析评价目前常用管理舞弊审计方法应用的有效性；然后，构想创新出一系列针对上市公司管理舞弊审计的方法及策略，重点设计计算机辅助管理舞弊审计系统框架和重要项目实施的特殊侦查策略；再次，通过对闽越花雕重大管理舞弊案例的分析，探讨在对上市公司审计中如何检查管理舞弊，防止审计失败的对策；最后，对全篇进行总结和对管理舞弊审计方法发展前景的展望。

二 结构框架

第一部分绪论提出本篇研究的背景及意义、国内外研究现状、研究思路和框架以及本篇的创新之处。

第二部分总结了管理舞弊的基本要素及其审计方法的演变过程：管理舞弊的基本概念，并对 2002—2007 年我国上市公司管理舞弊行为进行了统计和分析；管理舞弊审计方法的演变。

第三部分从管理舞弊审计方法的特点出发，总结了现行审计体系下常用的管理舞弊审计方法，并设计调查问卷对这些方法运用的有效性进行调查，评价了上市公司管理舞弊审计方法的运用现状。

第四部分至第六部分针对目前上市公司管理舞弊审计方法效果不理想的情况，构想出一系列审计策略，重点设计了计算机辅助管理舞弊审计系统的框架以及对重要项目实施的特殊侦查策略。

第七部分以中国证监会发布的处罚决定为线索，对闽越花雕管理舞弊案例进行分析，重点运用上述构建的管理舞弊审计方法和策略，说明其对于管理舞弊审计的有效性。

最后对全篇进行归纳和总结，并展望管理舞弊审计策略与方法的发展前景。

第四节　本篇的创新

（1）根据中国证监会公布的处罚公告对上市公司管理舞弊的具体行为进行分析，并在此基础上构想一系列行之有效的审计策略。

（2）针对目前国内上市公司管理舞弊审计时采用的审计方法及其运用现状，设计调查问卷展开统计分析，分析评价目前常用的管理舞弊审计方法的运行的有效性。

（3）创新管理舞弊审计方法，重点构建计算机辅助管理舞弊审计系统框架，以及设计针对上市公司重要项目实施的特殊侦查方法。

（4）以闽越花雕股份有限公司的重大管理舞弊案例分析，探讨本篇提出的管理舞弊审计方法与策略的具体应用。

第二十四章　管理舞弊的基本概念及其审计方法的演变

第一节　管理舞弊的基本概念

一　管理舞弊的含义

舞弊分为管理舞弊和非管理舞弊，其舞弊的主体和方式不尽相同。非管理舞弊或称雇员舞弊（Employee fraud），通常表现为非管理层雇员将现金或其他资产窃为己有。而管理舞弊（Management fraud）是管理层用欺骗的方式损害他人（如公司、股东、债权人或其他利益相关方）的利益。SAS No. 82 将舞弊分为财务报告舞弊和资产私占，前者通常指管理舞弊，后者主要指雇员舞弊。这是从会计信息提供的角度定义这两种舞弊行为的。

G. 杰克·波罗格纳和罗伯特·J. 林德奎斯特[①]认为，管理舞弊是由担负管理职责的职员从事的谎报公司或本单位业绩水平的舞弊，其目的是从这类舞弊中寻求获得晋升、奖金或其他经济激励的地位象征的好处。管理舞弊可以是对企业有利，也可能损害企业的利益，例如，价格制定、公司逃避税收、违反环境法等通常都对提高企业的经营业绩有利。

管理舞弊的主体是管理层，受害者是投资人和债权人等公司利益相关者，而把二者联系起来的舞弊工具是财务报表，因此出具重大误导性财务报表舞弊是管理舞弊的主要特征，管理舞弊属于财务报表舞弊。管理舞弊

---

① G. 杰克·波罗格纳、罗伯特·J. 林德奎斯特：《查处舞弊技巧与案例》，中国审计出版社 1999 年版，第 9 页。

通常是因为"渡过困难时期的需要"。管理层把困难看成是暂时的，相信在获得新的贷款、增发新股或其他方式运用之后，能够顺利渡过困难时期。另外，管理层也可以利用舞弊来使他们自身获得各种利益，如声誉、名气、社会地位等。根据国外注册会计师的经验，舞弊性财务报告总是显示出比当前行业状况更好，或比公司自身历史水平更好的业绩或相关比率，且大部分这种报告显示的业绩恰好刚刚达到管理当局几个月前宣布的目标，或刚好符合某项贷款或配股或增发新股的要求。在近年的著名管理舞弊案件中（如安然公司、世通公司）管理层均粉饰了他们的财务报告，使公司股票持有者相信比它们实际情况好得多的财务状况。

由此可以得出管理舞弊的特征：

（1）舞弊人员是公司的管理层，在公司的管理职责中担任一定的角色，不是普通雇员。

（2）管理舞弊是一种欺骗行为，常见的方式是通过编制虚假财务报告以欺骗股东、债权人或其他利益相关者。

二　管理舞弊的动因

目前美国理论界研究解释舞弊产生的原因中运用得最多的是舞弊三角理论（Fraud Triangle），它是由美国的 Dr. Donald R. Cressey 在 1953 年出版的 *Other People's Money: A Study in The Social Psychology of Embezzlemen*（《别人的钱：贪污的社会心理学研究》）中提出的。根据舞弊三角理论，所有舞弊行为都由三个要素构成：动机/压力（incentive/pressure）、机会（opportunity）、借口/合理化解释（pretext/rationalization）。压力要素是企业舞弊者的行为动机，机会是使得企业内部人员有机会实施舞弊而又不被发现或逃避处罚的可能，压力和机会是管理当局舞弊的成因，借口则是用来掩饰舞弊的最佳手段。一项舞弊行为往往是三个舞弊风险因子的"合力"共同作用的结果。

（一）我国上市公司管理舞弊的动机/压力

上市公司所进行的舞弊常常表现为要达到某一目的或完成某些指标而对会计信息进行伪造、篡改。如企业申请上市或发行债券、银行贷款、企业负责人的目标及企业业绩认定等，这无疑都会对企业产生外在压力。在无力达到目的或无力完成相关指标时，就可能产生舞弊动机。因此，在进行舞弊审计中，审计人员应密切关注执行者是否遭受较大的压力，尤其在以下情况时则应加倍警惕：盈利目标过高并且在这些目标基础上设计管理当局薪酬奖励制度；管理当局过分关注股票价格及一些财务指标而不惜通过运用不当的会计处理方法，以维持一定的股票价格和盈利趋势；管理当局给执行人员定下过高的财务目标和预期等。具体来说，上市公司管理舞弊的动机有：

1. 新股发行、增发或配股。为了从证券市场募集大量资金，许多上市公司发行股票和股票上市的愿望十分强烈，但按证券法的规定：首次申请公开发行股票和增发股票的公司必须符合若干规定，如发行人最近三年内应当在实际控制人和管理层没有发生重大变化且持续经营等。于是某些公司为了能上市或为了再筹资以增发新股或配股，就竭力进行财务造假，主要靠举债经营或不符合上市条件的企业，为了使股票顺利发行且取得较高的发行价，往往通过隐瞒负债、变更会计核算方法，甚至伪造经济业务等方法实现盈余操纵。同样，为保住配股资格，有些达不到要求但与要求相近的公司就会设法利用诸如资产重组、关联交易、股权投资等手段进行会计报表粉饰。

2. 避免暂停交易或终止上市。公司上市后可能受到的处罚包括各种原因引起的批评、谴责，特别是因财务状况和经营状况恶化而被特别处理、停牌等。上市公司如果因亏损而被处理、暂停上市乃至终止上市，就会丧失融资机会，公司以及其管理者、投资者、债权人和其他利害关系人的利益都将受到损失。为了避免公司股票被戴上 ST 帽子并被终止上市，一些公司会竭力粉饰其经营业绩，尽可能避免连续亏损情况的出现。

3. 操纵股票价格。操纵公司股价一方面有其经济动机，上市公司股价的高低与公司及其管理人员、投资者、债权人、公司职工等各方面的利益直接相连。股价上升、公司股票市值增长，可使公司树立良好的市场形象，给人以其股票投资价值很高的假象，同时因为他们手中大都持有本公司公开发行的股票，也为公司管理人员、公司职工等带来好处。另一方面还具有政治动机，股价上升会成为公司管理人员显示政绩，保官、升官的工具。

4. 管理层应付业绩考核。管理层可根据当年经营业绩的好坏获取额外的业绩奖励，如奖金、红利、购股权等，并以此决定是否得到提升。为了获取业绩奖励，管理者会尽力经营好企业，倘若未达到当年获取业绩奖励的利润目标，管理者将很有可能进行舞弊，制造虚假经营业绩。

5. 为取得银行信用、商业信用。银行等金融机构出于风险考虑和自我保护的需要，一般不愿意贷款给亏损企业和缺乏资信的企业。银行从其资金的安全性考虑，往往将资金投放于资金实力雄厚、效益良好的企业。企业提供的会计报表是作出判断的重要依据。这使得有些财务状况、经营业绩并不理想的企业为取得银行对其资金实力的信赖，编制虚假的财务报表。

（二）上市公司管理舞弊的机会

机会是指客观环境中存在的因素，这些因素为舞弊者提供了便利。

1. 信息不对称或知识差别。股份公司管理舞弊以及由此产生的财富流失实质上是公司在委托—代理制度安排下形成的内生交易费用。在知识差别的情况下，公司所有者很难对公司的经营目标提出确切的要求，或者即便公司所有者有可能对公司经营者提出确切的经营目标，但因管理信息非对称分布，管理层凭借自己对公司的管理权威，在有关信息的分布上处于有利地位。在这种情况下，如果管理层具有舞弊的动机和欲望，管理舞弊就会发生。在信息不对称情况下，除了管理层可能欺骗股东外，管理层与股东也可能共同利用不对称信息条件，通过管理舞弊等行为损害第三方如国家、其他利益相关者的利益，以在更大程度上实现股东利益。

2. 内部控制存在漏洞。内部控制是一个企业防范舞弊的基本屏障，有效的内部控制能辨认舞弊行为的迹象并揭发尚处于萌芽状态中的舞弊行业，降低舞弊的几率。从这个意义而言，舞弊的存在和发生与企业内部控制制度是否存在、是否有效执行有着直接的关系。许多专家认为，财务报表舞弊更多的是因为缺少控制而不是控制不严造成的。设计严密、执行有效的内部控制能给审计人员提供线索的迹象包括文件凭证丢失、支票上的二次背书、字迹不同寻常的签字、无法解释的存货余额的调整、无法解释的对应收账款的调整、连续几个月的银行存款调节表中都存在的项目、拖欠已久的未付支票、银行存款变动的不寻常项目等。

3. 董事会、监事会监督不力。由于受传统管理体制的影响，造成监事会缺乏独立性，削弱了监督的力度，成为舞弊产生的直接原因。现代企业制度要求公司建立规范的法人治理结构，股东会、董事会、监事会、经理层应相互监督，相互制约，然而目前我国上市公司"一股独大"的股权结构造成董事会往往被国有股控制。而国有控股权的不明确性使国有股权形同虚设，内部管理者成为公司事实上的控制者。许多公司的董事长和总经理往往是一人，势必导致董事会监督独立性的丧失，管理层舞弊肆无忌惮。

4. 外部控制环境乏力，相关法律法规不健全。我国信息披露方面在法律规范的制定上存在着过于原则化、缺乏可操作性等不健全的地方，在指导实际工作时，需要会计人员的专业理解和职业判断，致使舞弊者有机可乘。另外，即使上市公司管理舞弊行为被发现，相应的法律制裁措施也较弱。迄今为止，我国监管部门主要依靠行政处罚等手段来打击上市公司的管理舞弊行为，对直接责任人追究刑事责任的少之又少，民事赔偿更是微乎其微。一方面上市公司舞弊行为被发现的概率极小；另一方面即使被发现了，所付出的代价也是极其有限的，这种造假成本与造假收益的不对称助长了管理舞弊行为的发生。

5. 会计师事务所参与造假。国外有安达信会计师事务所与全美国最大的能源巨头安然公司互相勾结欺骗投资者的重大舞弊案例，国内有银广夏、麦科特和黎明与"中天勤"、华鹏、华伦等几家事务所串通作假丑闻。出现会计师事务所参与造假丑闻的原因除了经济上的利益外，主要还是事务所业务范围问题。咨询服务已超过了审计业务，成为事务所主要的业务，使得事务所在进行审计时不得不考虑咨询业务的收益。

（三）上市公司管理舞弊的借口

在面临压力、获得机会后，真正形成管理舞弊还有最后一个要素——借口，即管理舞弊者必须找到某个理由，使管理舞弊行为与其本人的道德观念、行为准则相吻合，无论理由本身是否真正合理。管理舞弊者常用的借口有：

（1）凭自己对公司的贡献应获得更多的报酬；

（2）我们只是为了暂时渡过困难时期；

（3）没有人会因此而受到损害；

（4）我会通过其他方面予以更多的回报；

（5）大家都这么做；

（6）某些东西如荣誉或正直等是可以牺牲的等。

三　上市公司管理舞弊的行为

通过中国证监会 2002—2007 年所披露的上市公司行政处罚决定（数

据主要来源于 www. csrc. gov. cn），其中涉及上市公司的有 96 例。我们剔除了因定期报告披露不及时而受到处罚的 19 家公司，违反《证券法》规定"法人非法利用他人账户从事证券交易"的 7 家公司，将受到 2 次处罚的 4 家公司合并为一个样本，最后得到了 66 个存在管理舞弊行为的样本。经过统计分析，我们发现，被处罚上市公司的舞弊行为如表 24 – 1 所示。

表 24 – 1　　　　　　　　　　　上市公司舞弊行为分析

行为	虚增收入	虚减成本	虚减费用	少计利息	少提减值准备	虚增投资收益	会计政策变更	不恰当合并报表
数量（家）	35	6	13	2	8	10	2	3
比重（%）	39.1	9.4	20.3	3.1	12.5	15.6	3.1	4.7

行为	资产虚假		负债虚假		股东权益虚假	
	虚增	虚减	虚增	虚减	虚增	虚减
数量（家）	10	8	0	5	4	1
比重（%）	15.6	12.5	0	7.8	6.3	1.6

舞弊行为	数量	比重（%）
隐瞒对外担保	25	39.1
隐瞒关联方资金往来	15	23.4
虚假披露募集资金使用情况	14	21.9
隐瞒股权或资产质押	12	18.8
虚假披露关联方交易	8	12.5
隐瞒法律诉讼	8	12.5
虚假披露对外投资	7	10.9
隐瞒其他重大事项	23	35.9

　　通过以上分析，总结出我国上市公司主要通过以下行为进行财务舞弊：

　　（一）虚增收入，虚减成本

　　虚构销售业务（21 家公司，占 32.8%），提前确认收入（4 家公司，占 6.3%），少转销售成本（6 家公司，占 9.4%）。其手段通常有：虚列销售收入交易事项，虚开销售发票虚构主营业务收入，同时多计应收账款；会计期间划分不确实，或会计原则适用错误，提前确认销售收入；由于虚增期末存货价值，致销售成本随之虚减。

（二）虚减费用

管理费用、营业费用不入账（8家公司，占12.5%），推迟确认入账（2家公司，占3.1%），或将其计入其他应收款、在建工程、递延资产等。少计当期财务费用（3家公司，占4.7%），手段有银行借款不入账，以收取资金利息冲减财务费用等。

（三）虚增投资收益

主要是虚构投资收益（7家公司，占10.9%），未入账投资损失（2家公司，占3.1%），以及未摊销股权投资差额。

（四）少计提资产减值准备

少计提坏账准备（9家公司，占14.1%）和存货跌价准备（4家公司，占6.3%），以及少提固定资产、无形资产、长期股权投资减值准备等。

（五）虚增资产

包括比重最大的虚构在建工程（5家公司，占7.8%），如管理费用、营业费用等虚构在建工程；其次虚构银行存款、无形资产（均为3家公司，占4.7%）；虚构固定资产和其他应收款（均为2家公司，占3.1%），如少提折旧，少提固定资产减值准备；多计存货价值，对存货成本故意计算错误以增加存货价值降低销售成本，或虚列存货，隐瞒存货盘亏和毁损；以及虚构对外投资等行为。

（六）虚减资产

银行存款不入账（4家公司，占6.3%），虚构收回其他应收款（4家公司，占6.3%），虚构收回应收账款（2家公司，占3.1%）。

（七）虚减负债

主要有账外负债，银行借款不入账（4家公司，占6.3%），虚减银行借款（1家公司，占1.6%）等。

（八）虚增股东权益

虚增实收资本，记录未收到出资（3家公司，占4.7%），和未记录已付股利。

（九）隐瞒重要事项的揭露

如对外担保、关联方交易、募集资金使用情况、重大讼案、财产质押、借款的限制条款、或有负债、会计方法改变等，未予适当揭露。

第二节　管理舞弊审计方法的演变

一　账项基础审计阶段

账项基础审计是审计方法模式发展的第一阶段，在审计方法史上占据了十分重要的地位。它以账单核对为中心，以审查账目有无舞弊为目标，以数据的可信性为着眼点，以会计科目为入手点构成一个完整的方法模式。

早期审计产生于股份有限公司成立之后。由于当时股份有限公司数量不多，且证券市场发展水平较低，公司资金的主要来源是股东投资和银行贷款。所以，审计需求者主要是公司股东和银行，股东关心的是自己投入公司的财产是否安全完整、公司经营管理人员在经营过程中是否忠诚地履行了应尽的职责、有无舞弊行为。提供贷款的银行关心的是公司是否按贷款要求使用了资金、能否及时足额的还贷。这一阶段审计的主要目标是揭露公司经营管理人员在经营过程中有无错误和舞弊行为。由于当时股东人数不多、公司规模不大、业务数量较少且相对简单，使其能够进行全面的详细审计，并可以发现绝大部分错误和舞弊行为。

二　制度基础审计阶段

由于社会公众投资者非常活跃，且经济危机的爆发严重破坏了资本主义正常的经济秩序，为了保护投资者的利益，美国于1933年《证券法》中明确规定，在证券交易所上市的企业的财务报表必须接受注册会计师审计，并向社会公众公布审计报告。从此，审计的重点已从保护债权人为重点的资产负债表审计转向保护投资者为目的的损益表为重心的整个财务报表审计。又由于公司的经营管理人员职责不断地扩大，广大的利益相关者对财务报表是否公允也提出了要求。

随着社会经济的发展，企业规模逐步扩大，业务量急剧增加并日益复杂。账项基础审计由于工作量大、人力耗费多、费用高等原因，使得社会需求与审计资源不足的矛盾日益深化，促使审计模式实现了由账项基础审计向制度基础审计的发展变革。

制度基础审计模式以了解和测评被审单位内控机制的健全有效性为基础，将审计重点放在对被审计单位内控制度各个控制环节的测评上，然后根据了解和评价的结果决定实质性测试的性质、时间和范围，确定审计抽样的范围、重点和方法。它的重点放在对制度中各个控制环节的审查上，目的在于发现控制制度中的薄弱环节，然后针对这些薄弱环节扩大检查范围，它在合理保证审计结论可靠性的前提下提高了审计工作的效率。

但是，制度导向审计并不直接处理审计风险，而是集中在被审计单位的内部控制上，过于依赖内部控制的测试而忽视审计风险产生的其他环节。这种审计模式的一个致命弱点是，它对管理层舞弊无能为力。因为企业内部控制本身无法防止管理层舞弊。在正常情况下，企业内控机制是在管理层的主导下构建的，各种控制程序和手段虽然是管理工具，却不能发现和防止那些负责监督控制的管理人员不正当使用权力甚至滥用职权。尤其是管理层蓄意舞弊时，凭借职务分离而产生的内控机制会因集体串通而瓦解。制度基础审计下舞弊审计程序的形式性和审计责任的模糊性使审计人员在揭露舞弊方面的职责难以落到实处，相应的审计资源投入难以得到保障。

三　现代风险导向审计阶段

由于世界范围科学技术和政治经济的巨大变化，企业之间的竞争愈演愈烈，不稳定性也在增加，许多企业破产倒闭，控诉事件不断增多，这就要求审计人员应充分把握被审计单位各方面的情况，以对付各种风险因素。20 世纪 90 年代以后，为了缩小频繁爆发的管理层舞弊和审计失败事件所造成的审计期望差，当时的"五大"事务所、理论界以及政府监管者探索出了一种新的审计模式——风险基础战略系统审计（risk - based strategic - systems audit），即现代风险导向审计（谢荣、吴建友，2004；陈毓圭，2004）。

现代风险导向审计是指审计师通过对被审计单位进行风险职业判断，评价被审计单位风险控制能力，确定剩余风险，执行追加审计程序，将剩余风险降低到可接受水平。它立足于对审计风险进行系统的分析和评价，并以此作为出发点，制定审计战略和审计计划，使审计工作适应社会发展的需求。这种审计方法为更有效地控制和提高审计效果和审计效率提供了完整的结构，有利于进一步弥合公众期望差距、减轻审计师的责任，注册会计师由被动地承受审计风险到主动地控制审计风险。

管理舞弊导向审计属于风险导向审计，是对风险导向审计中如何将审计风险具体落实到审计实务中的一种新模式。它融合制度导向审计，且不排斥账项导向审计，是二者的融合、发展与完善。管理层舞弊实际上是管理层和审计师之间博弈的结果，倘若审计师不将管理层舞弊视为审计重点或即便被视为审计重点，但如审计不到位、不彻底，发现管理层舞弊的概率不高时，管理层仍然会采取舞弊行动。因此，应制定管理层舞弊博弈审计策略，提出创立管理舞弊导向审计，切实提高审计管理层舞弊效果，发挥独立审计对管理层舞弊的威慑作用（王泽霞，2004）。

第二十五章　上市公司管理舞弊审计策略和方法的调查与述评

第一节　管理舞弊审计策路和方法的特点

审计方法是在审计过程中为取得审计证据、完成审计任务而采取的各种手段的总称。审计过程是对证据加以收集、审查、判断和运用的过程，审计方法实质上也就是审计师收集和分析证据的手段，因此，所谓舞弊审计方法就是收集能够证明舞弊审计结论的证据的方法。舞弊审计方法是决定一个审计项目是否成功的关键。审计人员在实际工作中根据舞弊审计具体的目标和要求，选择使用恰当的审计方法，有助于提高审计工作质量和效率。由于舞弊审计对象的复杂性，舞弊审计方法呈现出与财务审计方法不同的特点。

一　多样性

管理舞弊审计方法是舞弊审计区别于常规审计的一个重要方面。在财务审计中，由于审计对象和审计目的相对固定，财务审计的方法也相对固定，不论是什么性质和规模的单位，审阅、验算、核对、盘点、观察、询问、函证、比较分析、账户分析和内部控制测试等方法的使用差别不大。然而，由于管理舞弊审计的思路以重点识别和判断管理层舞弊的风险为审计工作的切入点，开展以查找管理层舞弊为核心的风险导向审计。该审计思路是基于管理层舞弊为高风险审计领域，且管理层舞弊属于蓄意行为，具有多样性，常规审计方法往往并不能满足要求，舞弊审计方法也体现出更加多样性的特点。只有根据舞弊审计项目的实际情况灵活采用适当的审计方法，才能恰当地收集、评价、分析和利用审计证据，进而实现舞弊审计目标。

二　运用有错推定审计假设

传统的审计假设中有一条"无反证假设"，即如果没有证据证明报表中有重大错报，则推定会计报表是真实的，这条假设中还隐含着对管理当局人品的中性假设，即管理当局既不是很诚实也不具有欺骗倾向。在这个假设下，审计人员要保持应有的职业谨慎，充分关注可能存在的舞弊；另一方面，审计人员在审计的过程中应考虑审计的成本效益，所以需要谋求与管理层的合作。这个假设对于验证财务报表的公允性是可行的，但是若用于指导舞弊审计则不可行。

中外著名的财务舞弊案都是管理层造假，普通的员工舞弊通过有效的内部控制是可以发现并防止的，但是，管理当局的造假通常是绕过内部控制，再加上公司治理结构的缺陷，致使无人对管理当局的行为作出有效的监督。因此，当有迹象表明管理当局存在舞弊行为时，应该假设管理层是不可信的。审计假设应重新定为"有错推定假设"，即注册会计师如果没有充分、适当的审计证据证明该项交易事项或科目余额是真实的，则推定存在问题。在这样的假设下，审计人员才可能始终保持高度的谨慎，将职业怀疑主义精神贯穿于审计过程的始终。

三　强调对审计证据的鉴定

传统审计要求审计人员评价审计证据的充分性和适当性，通常不涉及鉴定文件记录的真伪，注册会计师也不是鉴定文件记录真伪的专家，但应当考虑用作审计证据的信息的可靠性，并考虑这些信息生成与维护相关控制的有效性。

在管理舞弊审计下，审计人员有责任对收集到的审计证据进行真伪鉴定，如果没有确切的证据证明审计证据是真实的，则不得签发无保留意见的审计报告。因此审计人员在执行审计程序时不仅仅是账证核对、机械地执行盘点和函证，而是要对原始凭证、回函文件的真伪及内容的正确性给予鉴定。

可见，在风险导向下的舞弊审计中，审计人员需转换以往的审计思维模式，而 AICPA 的副主席查克·兰德斯（Chuck Landes）也说："执行新准则需要审计人员改变他们的审计方法甚至是审计程序本身。"

第二节 常用的舞弊审计策略和方法

一 审计开始前

（一）了解被审计单位及其环境

我国现行审计准则规定，审计人员应当从以下几个方面了解被审计单位及其环境：（1）行业状况、法律环境与监管环境以及其他外部因素；（2）被审计单位的性质；（3）被审计单位对会计政策的选择和运用；（4）被审计单位的目标、战略以及相关经营风险；（5）被审计单位财务业绩的衡量和评价；（6）被审计单位的内部控制。

审计人员需要了解客户的行业状况和报告的管理动机，特别是高层和委托人的动机（股票发行和配股、政治动机、贷款动机等）。客户的经济状况不佳，可能影响管理层的诚信，进而影响到财务报表的可靠性，评估客户的经济状况，有赖于审计人员对客户的经营及其产业的了解。经济状况包括内在及外在两个因素，外在因素包括经济景气及竞争情况，内在因素包括财务结构及经营绩效。外在经济景气及竞争情况可能说明客户经济活动及经营结果的变化或发现某些个别问题，如经济衰退可能造成催收困难，科技改变可能导致存货呆滞陈旧，同行激烈竞争的结果可能使营业额（市场占有率）减少或毛利率降低。了解这些因素，有助于审计人员评估客户财务报表有无遭受重大错误或舞弊的可能性，判断在审计过程中可能遭遇的困难程度。

从美国 SAS 109 "了解被审计单位及其环境以评估重大错报风险"中可以看出，了解被审计单位的环境有着很强的针对性与目的性，这一程序可以帮助审计人员发现潜在的各种风险。环境因素很可能是导致企业舞弊的根本原因。因此审计人员在了解被审计单位时应关注被审计单位是否存在这些因素。比如市场衰退而公司有维持利润高速增长的压力、融资压力；高管手中所持股票套现的动机等。有很多信号可以反映出这些潜在的因素，比如有以下迹象时审计人员应保持高度警惕，它们通常是管理舞弊的信号：整个行业状况不容乐观；过多的产量或高额负债；关联方交易大量增加且繁杂；组织结构过于复杂、存在无明显经营动机的法人实体、分支机构；实现利润的压力巨大；外部竞争激烈；营运资本缺乏；扩张太快导致负面效应，等等，关注这些诱因可以提高舞弊审计的效果。

（二）与前任审计人员沟通

开始审计或接受委托前，后任审计人员应当与前任审计人员进行必要的沟通，并对沟通结果进行评价，以确定被审计单位是否存在舞弊风险。沟通的内容通常包括：（1）是否发现被审计单位管理层存在诚信方面的问题，如被审计单位的商业信誉如何等。（2）前任审计人员与被审计单位管理层在重大会计、审计等问题上存在的意见分歧，如会计政策和会计估计的运用，财务报表的披露等方面的意见分歧等。（3）前任审计人员曾与被审计单位治理层（如监事会、审计委员会或其他类似机构）沟通过的关于管理层舞弊、违反法规行为以及内部控制的重大缺陷等问题。

另外，审计人员应当提请被审计单位管理层以书面形式允许前任审计人员对其询问做出充分答复，以及查阅其工作底稿。

（三）考虑管理当局的诚实性

上市公司所进行的舞弊行为常常表现为达到某一目的或完成某些指标而对会计信息进行伪造、篡改。由于我国证券市场不够规范等客观因素使得对国内上市公司的审计风险非常高，这就应该注意规避由被审计单位管理当局不诚实所带来的审计风险。

审计人员为了避免这些问题，对于新客户必须有所选择，对于现有客户的持续也必须定期评估，最好是能够制订书面计划。可以通过查阅该上市公司以前年度是否受到证监会的处罚的记录，或经其他会计师事务所审计所出具的审计意见，以发现被审计单位管理层是否存在诚信问题。

管理层的态度、品行、声誉是影响"重大错报风险"的重要因素之一。对其进行测试的内容包括：管理层对审计的态度方面，是否表现极不自然，在收费方面给予更多的优惠，要求提交报告的时限过紧，对审计范围进行限制，员工被要求尽可能少地与审计人员交谈，或表现出过分亲热或回避等异乎寻常、前后不一致的态度；品行方面，是否法制观念淡薄，表现出与其收入极不相称的生活标准；声誉方面，是否存在不诚实行为及其他试图进行欺诈的行为，甚至违法行为而受到媒体的批评。

对管理人员品行和正直程度等个体行为方面的分析判断不仅要求审计人员拥有执业所需要的专业知识，更要求其具有充分的职业敏感和丰富的经验。当审计人员对管理人员的诚实性非常担忧或者认为不可能达到委托的要求，应考虑拒绝接受委托。

（四）评价内部控制制度

内部控制在防止无意的错报以及员工舞弊方面有着积极意义。当审计人员在审计员工舞弊行为时，应对内部控制制度进行重点评估。审计人员对于企业内部控制的评价可以分为三个步骤：（1）健全性测试和评价，即调查了解企业的内部控制情况，并做出相应的记录；（2）符合性测试和评价，即实施一定的测试程序，证实有关内部控制设计和执行的效果；（3）综合性评价，即评价内部控制的强弱，并确定在内部控制薄弱的领域扩展审计程序。

在防止管理当局舞弊方面，内部控制往往是无能为力的。这一点可以从我国所发生的上市公司舞弊案件中找到很多例证。在我国上市公司财务报告舞弊案中主角几乎都是高层管理人员，如在郑百文财务造假案中，涉案的三个被告分别为郑百文前董事长、前副董事长兼总经理、前财务处处长。因此，在进行管理舞弊审计时要对公司管理层本身进行测试，评估内部控制时要考虑舞弊审计所涉及的嫌疑人在企业中的影响力或职务级别。

舞弊审计与一般审计对内部控制评价的目的不同。一般审计对于发现的内部控制缺陷只是提出改进建议，而舞弊审计则要调查有缺陷的内部控制是否已被管理层利用（机会要素）并实施了舞弊行为。

二　审计过程中

（一）运用询问技术获取更多的信息

直接向被调查者询问对于舞弊审计人员很重要，因为审计人员往往可以从中获取启发和线索。审计人员要具有巧妙的对被调查人提问的技巧，能够合理地、有针对性地设计要提出的问题，并设法从被询问者口中得到需要的信息。舞弊易于掩盖，但并不意味着没有线索，而通过询问很可能发现线索。由于调查舞弊是一个比较敏感的话题，因此应把握好询问的时机，应做到谨慎，特别注意不要与有可能涉及舞弊的管理人员讨论舞弊的可能性。应将询问过程和结果记录于审计工作底稿。

由于许多舞弊者是被审计单位的高级管理人员。因此，当审计师就被审计单位可能存在的舞弊进行审计时，应当重点询问管理当局、审计委员会、内部审计部门以及关键管理人员。此外，注册会计师还应询问公司的法律顾问、工程师、仓库保管人员、装运人员和刚离职的人员等。

（二）现场调研和利用专家工作

对财务报表合法性和公允性的审查，大多采用从报表向总账、明细账、记账凭证以及原始凭证追索审查的方法。但重大财务报告舞弊常涉及虚构经营业务，企业往往会伪造销售合同甚至销售发票等业务凭证，那么这种以查账和对账为基础的审计方法必定失败。扩大实地调查程序必然能为发现舞弊提供有意义的线索。调查工作可以从内外两方面进行。应深入生产、管理现场，观察生产经营过程，并询问相关人员：采购员、销售员、保管员、生产工人等，可以了解管理漏洞，获得有关内部控制、生产经营实际情况的重要信息，发现生产经营中存在的问题。另外，如有必要，还应该对相关的供应商、代理商、消费者、类似产品的市场竞争者等外部环境进行调查。如对虚构收入的舞弊审计，观察供产销过程、函证供货商及客户可以得到很多线索。

舞弊审计涉及大量审计人员不熟悉的领域，对于审计人员来说，掌握丰富的知识是必要的，但咨询专家通常是更经济可行的做法。如在高科技行业、工程建筑行业等专业性较强的领域，审计人员必然要咨询外部专家的意见。此外，由于舞弊审计常常与法律诉讼相联系，咨询法律专家的意见更是舞弊审计中经常做的事。

（三）有效地利用分析程序

由于商业经营的复杂性及人性弱点，要完全消除错误及舞弊是不可能的。但是，审计人员如能秉持专业怀疑，并熟悉各种可能的舞弊迹象，必然可以提高揭发财务报表虚饰的可能性。

当审计进入风险基础审计阶段，分析程序成了最主要的审计方法和程序，其目的是了解被审计单位及其环境并评估财务报表层次和认定层次的重大错报风险。审计人员应当站在战略角度分析被审单位所处的行业发展前景及公司的前景，对被审单位的财务情况从多角度进行分析，包括行业分析、会计分析、财务分析、前景分析。分析程序可以帮助审计人员发现财务报表的异常变化，或预期发生而未发生的变化，识别潜在重大错报风险的领域，还可以帮助审计人员发现管理舞弊的征兆。

（四）分析关联方财务报表及其附注

关联方财务报告若不符合披露的充分性及重要性原则，则明显有舞弊嫌疑。有的上市公司通过关联方交易将巨额亏损转移到不需审计的关联企业，从而隐瞒其真实的财务状况。有的上市公司则与其关联企业虚构一些复杂交易，比如大股东截留货款，转为对上市公司的应收款项，长期拖欠，造成上市公司资金周转不灵，最终陷入困境。以下交易明显有对投资者欺骗的嫌疑：非同寻常的大额和获利丰厚的交易；以远高于账面价值的价格将下属公司转让给控股股东却收取少量或未收取现金；在未花费代价或很少代价的情况下收购控股股东下属的子公司；将大量的款项贷给控股股东，款项回收不理想；控股股东减少利息费用或减免债务；控股股东以非现金资产认缴股份，而且作价远高于账面价值；股东以向公司借款或虚构银行进账单认缴股份；巨额的法律诉讼等。

对关联交易的分析通常采用重要性原则揭示异常情况。分析时，往往采用比较分析法比较本期与上期发生额，从增长额绝对数、增长率相对数两方面比较以揭示异常情况。"银广夏"有重大作弊嫌疑的正是在年报的报表附注资料中，没有披露天津广夏公司及其最重要业务收入和利润来源的报表及其说明，但对投资者判断用处不大的数十家子公司股权投资和其他股权投资概况却做了大篇幅的列示，不符合披露的重要性原则，明显有对投资者欺骗的嫌疑。

（五）保持应有的职业怀疑

国际审计和保证准则委员会（IAASB）第 240 号要求审计师在全过程中保持职业怀疑态度，考虑管理层凌驾于控制之上的可能，并应意识到在已识别舞弊导致的重大错报风险的情况下，仅实施旨在发现错误的审计程序是不适当的；美国反舞弊准则（SAS）第 99 号强调对审计师"职业怀疑态度"的要求，AICPA 前主席巴里·梅兰康（Barry C. Melancon）指出，该准则试图使审计师在审计每个项目时都要保持高度的职业怀疑态度，不能推测管理层是诚实可信的，审计师首先要考虑是否有舞弊的嫌疑。要求审计小组全体成员在审计计划阶段，集中讨论因舞弊导致的财务报表重大错报风险，就被审单位财务报表中最有可能产生舞弊的方面交换意见，并将讨论记录于工作底稿；我国新《审计准则》规定：注册会计师应当在整个审计过程中以职业怀疑态度计划和实施审计工作，充分考虑由于舞弊导致财务报表发生重大错报的可能性，而不应依赖以往审计中对管理层、治理层诚信形成的判断。

在整个管理舞弊审计过程中，审计人员应该在"管理层不可信任"的假设前提下，以怀疑的思维方式去制订并实施审计计划，去评价所获取证据的有效性，并对相互矛盾及引起对文件或管理层声明的可靠性产生怀疑的证据保持警觉，慎重考虑管理层和治理层对询问所作答复的合理性，以及提供的其他信息的合理性。

（六）增加审计程序的不可预见性

美国舞弊审计准则要求审计人员对可能存在的重大错报采用"出其不意的审计程序"，对风险特别显著的领域采用非常规审计程序，目的是克服传统舞弊审计思路带来的缺陷。

我国审计准则规定，针对特殊的风险点，实施以下审计程序：（1）对某些以前未曾测试的低于设定的重要性水平或风险较小的账户余额和认定实施实质性程序。如果这些领域有可能被用于掩盖舞弊行为，审计人员就应当针对这些领域实施不可预见的测试。（2）调整实施审计程序的时间，使其超出被审计单位的预期。如在一日之内或近期之内突击盘点两次现金，第一次盘点很容易让舞弊者事先有所准备，而在出其不意的第二次盘点中，就可能发现贪污或挪用行为。或者从测试 12 月项目调整到测试 9 月、10 月或 11 月的项目，避免被审计单位对 12 月的项目有所准备。（3）采取不同的审计抽样方法，使当年抽取的样本与以往年度有所不同。（4）选取不同的地点实施审计程序，或预先不告知被审计单位所选定的测试地点。如在存货监盘程序中，审计人员可以到未事先通知被审计单位的盘点现场进行监盘，使被审计单位没有机会事先清理现场，隐藏情况。

第三节　常用管理舞弊审计策略和方法及其运用现状的调查

一　会计师事务所运用舞弊审计方法的调查问卷设计和采样

我们设计的问卷包括两部分，第一部分包含了 10 个方法，采用李克特量表（Likert scale）填答方式，每个问题五个选项，按照 5、4、3、2、1 赋予每个选项得分值。第二部分是补充意见。

（1）审计开始前：了解被审计单位及其环境（A_1）、评价内部控制制度（A_2）、与前任审计人员沟通（A_3）、考虑管理当局的诚实性（A_4）。

（2）审计过程中：运用询问技术获取更多的信息（A_5）、现场调研和利用专家工作（A_6）、有效地利用分析程序（A_7）、分析关联方财务报表及其附注（A_8）、保持应有的职业怀疑（A_9）、增加审计程序的不可预见性（A_{10}）。

本次问卷调查于 2008 年 5—7 月在上海、杭州、郑州等地进行。问卷调查分别依托于上海、杭州、郑州三地的会计师事务所。问卷主题是"上市公司管理舞弊审计策略与方法相关问题"，问卷采用集中发放的形式。本次问卷调查共发放问卷 145 份，实际回收有效问卷 106 份，总回收率 64%，并形成有效记录 106 条。其中，上海地区发放问卷 20 份，回收有效问卷 15 份，回收率为 75%；杭州地区发放问卷 100 份，回收有效卷 72 份，回收率 72%；郑州地区发放问卷 30 份，回收有效问卷 19 份，回收率为 63%。

二　调查结果描述与分析

（一）调查结果描述

对调查结果进行处理，取其汇总数、平均数，统计性描述见表 25 - 1。我们发现，管理舞弊审计方法有效度的整体得分值不高，基本徘徊在中等水平，这也说明我国上市公司管理舞弊的审计方法在运用效果上仍十分有限。

表 25 - 1　　　　　　　　　　　　　调查结果分析

	A1	A2	A3	A4	A5	A6	A7	A8	A9	A10
合计	433	390	348	307	401	319	387	339	398	385
均值	4.08	3.68	3.28	2.90	3.78	3.01	3.65	3.20	3.75	3.63

（二）调查结果分析

分析调查结果后显示，"了解被审计单位及其环境"得分最高，说明大多数审计人员均认为了解被审计单位及其环境在管理舞弊审计中起着很重要的积极作用；其次是"运用询问技术获取更多的信息"和"保持应有的职业怀疑"，说明该两种方法对于审计管理舞弊也较为有效；得分最低的是"考虑管理当局的诚实性"和"现场调研和利用专家工作",说明在现行的审计体制下,单纯的考虑管理层的诚实度还不能为管理舞弊审计提供可靠的基础,而现场调研和利用专家工作这一方法在审计事务中实际实行的很少。其他几种管理舞弊审计方法应用效果显示为一般。具体如图25-1所示。

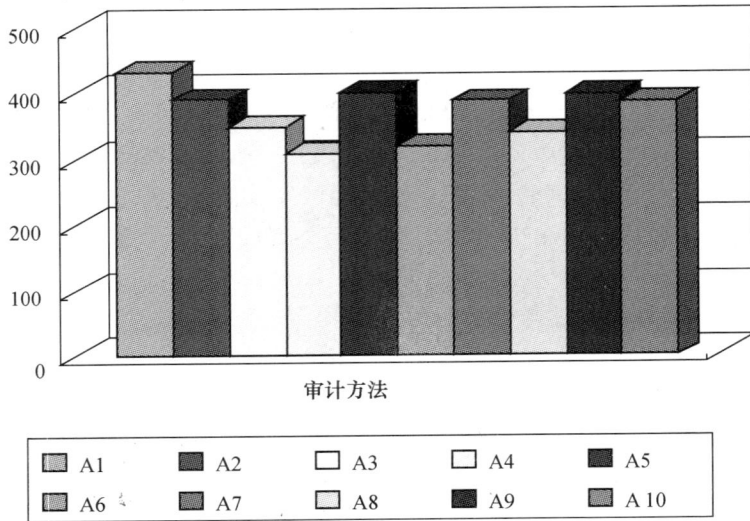

图 25-1 调查结果统计

第四节 上市公司管理舞弊审计策略和方法的运用现状评价

从以上管理舞弊审计方法有效性调查结果的分析来看,目前我国上市公司管理舞弊的审计方法还存在很多不足,运用它们来进行管理舞弊审计的效果并不理想。总结我国上市公司管理舞弊审计方法运用现状,评价如下:

一　面对管理舞弊，传统舞弊审计策略显得无能为力

传统审计观点认为舞弊审计不同于常规会计报表审计，是一种发现性而非结论性的冒险活动。因此在财务报表舞弊审计中，审计人员往往将注意力集中在已发生的事件上，寻找与舞弊行为有关的证据，并确定其具体细节、损失金额及问题的影响范围，而非事先预计或测算。事实上，许多舞弊审计失败的案例证明，在有管理层参与组织的会计报表舞弊时，仅通过查找舞弊留下的痕迹，如评价被审计单位的内部控制等方法，来识别报表舞弊显得比较无力。

研究发现基于管理层所处的特殊地位及拥有公司实际控制权，原始凭证的真伪正误及传递的及时性等主要受制于管理当局，管理当局是会计信息系统的主要干扰因素[①]。那么，在以依赖内部控制评价为基础的传统审计模式下进行管理舞弊审计，必然存在致命的缺陷，即面对有意舞弊的管理者，无论设计多么完美的内部控制都将失去作用，仅仅依靠对内控的评价和测试是无法发现这种串通舞弊的，反而可能陷入管理当局设计好的陷阱中，传统审计模式失灵在所难免。

二　审计策略的计划不充分

我国目前的上市公司管理舞弊审计，计划的审计策略往往和常规审计相似，在拟信赖被审计单位内部控制的前提下，以财务报表和相关会计记录为依据计划和实施审计程序。一般的技术方法对于寻找和发现非故意的行为造成的错误无疑是非常有效的，但对于查找、确定事先预谋，周密策划，采用隐蔽手段进行的管理舞弊行为，实践证明并非那么有效。因为，舞弊行为既然是有目的而为之，必然会在舞弊后采用各种手段对其进行粉饰，使其表面上看似合理，使人不易觉察。在可能存在管理舞弊的情况下，内部控制是不可靠的，尤其在管理层凌驾于内部控制之上时，会导致审计人员计划的审计常规策略失效。因此，仅仅靠了解被审计单位基本情况，实施风险评估程序，根据风险评估结果制定实质性程序的性质、时间、范围等审计策略是远远不够的。需要由有经验的审计项目经理甚至主任会计师针对管理舞弊来制定特殊的审计策略，以降低审计失败的风险。

---

① 徐伟：《试论风险导向审计及其在我国的运用》，《审计研究》2004 年第 4 期。

三　成本—效益原则的不当运用

为了权衡成本与效益以高效地完成审计工作，审计人员通常需要谋求与管理层的合作。但这种合作却存在管理层提供虚假证据误导审计人员的风险。这也是传统审计实务中所无法回避的一种尴尬局面。因为这种合作已经隐含了审计人员默认客户管理层是基本可信的前提，这恰恰为管理层操纵会计报表舞弊大开方便之门，使得原本处于信息弱势地位的审计人员更加被动。这就使得审计人员在传统舞弊审计策略下，考虑管理当局的诚实性以识别和揭露管理舞弊有极大的困难。

由于在成熟资本市场上，对于大多数公司而言，管理层舞弊本身不是经常发生的事项，一旦发生后果极其严重的，所以管理舞弊审计不能遵循"成本—效益"原则，不论舞弊金额有多大，在性质上它都应该被认为是重要的。但是，管理舞弊审计的实际运作成本比较大，决定了它不可能像常规审计一样频繁进行。因此，许多理论上可行的管理舞弊审计方法在实务审计工作中却很少运用，如增加审计程序的不可预见性、现场调研和利用专家的工作等。

四　实质性分析程序存在客观困难

分析程序是审计人员分析被审计单位重要的比率或趋势，包括调查这些比率或趋势的异常变动及其与预期数额和相关信息的差异，目的是评价业务和余额的总体合理性。分析程序通过财务资料与非财务资料之间的表面关系或可预测关系来评估财务信息的合理性，因此能收到多方面的效果，它可取代其他实质性测试的功效，揭示出的差异会引起审计人员的注意，辅助审计结论，提高审计效率，降低审计风险。国际上也公认分析程序的运用是审计职业界承担揭示重大舞弊目标的关键技术。但是，使用分析程序的前提是公司账户要基本可靠，正如我国审计准则指出的"如果分析性复核使用的是内部控制生成的信息，而内部控制失效，注册会计师不应该信赖这些信息及分析性复核的结果"。此外，分析程序究竟能在多大程度上提供有用的实质性证据主要取决于它们在具体情况下的原始资料的可靠性。

第二十六章 上市公司管理舞弊的审计策略构想

由于现行上市公司管理舞弊审计方法及其运用的局限性，使其在查找管理舞弊方面的有效性欠佳。因此，针对所述的情况，我们重点构想出以下几项上市公司管理舞弊审计策略：

第一节 识别、评估及应对管理舞弊风险

国际审计和鉴证准则委员会（IAASB）在 2003 年发布了 3 个国际审计风险准则：《了解被审计单位及其环境并评估重大错报风险》、《针对评估的重大错报风险实施的程序》、《审计证据》，引入"重大错报风险"概念，并规定评估重大错报风险为首要审计程序，这要求注册会计师围绕此设计和执行审计程序，实现目标。注册会计师应实施以下审计程序获取用于识别管理舞弊所需的信息，以识别、评估及应对管理舞弊风险：询问被审计单位的管理层、监管层以及其他相关人员，以了解管理层针对舞弊风险设计的内部控制，及监管层如何监督管理对舞弊风险的识别和应对过程；考虑是否存在舞弊风险因素；考虑在实施分析程序时发现的异常关系或偏离预期的关系；考虑有助于识别舞弊导致的重大错报风险的其他信息。

一 管理舞弊风险评估时应考虑的内容

在实施舞弊风险评估时，要求管理舞弊审计人员对从微观的账户层次到宏观的内外部环境的诸多方面，采取观察、询问、分析性程序等进行分析，以确定被审计单位的经营风险、生存能力、管理能力等，并将其与重大错报风险联系起来。根据新审计准则规定，在此过程中注册会计师还应

当考虑管理舞弊风险因素、异常关系或偏离预期的关系、在了解被审计单位及其环境时所获取的其他信息。其他信息可能来源于项目组内部的讨论、客户承接或续约过程以及向被审计单位提供其他服务所获得的经验。关注和评价管理舞弊风险是现代管理舞弊审计的重要内容，同时也是一种基于现代风险意识的审计策略、思维，是风险导向审计在管理舞弊审计过程中应用的重要体现。

二　识别和评估管理舞弊导致的重大错报风险

传统审计思路以评估控制风险为核心，而在现代管理舞弊审计中，控制风险的高低主要与重大错报的员工舞弊有关，而固有风险主要与重大错报的管理层舞弊有关。管理舞弊审计的重点是发现管理层舞弊，评估重点是固有风险，但固有风险不可直接评估，所以要直接评估重大错报风险。在运用职业判断评估管理舞弊导致的重大错报风险时，审计人员应当考虑：实施风险评估程序获取的信息，并考虑各类交易、账户余额、列报，以识别舞弊风险；将识别的风险与认定层次可能发生错报的领域相联系；识别的风险是否重大；识别的风险导致财务报表发生重大错报的可能性。

审计人员应当了解管理层为防止或发现舞弊而设计、实施的内部控制，以进一步了解舞弊风险因素及管理层对舞弊风险的态度。对重大错报风险的评估应关注管理舞弊的舞弊信号：在管理层方面，管理舞弊信号包括管理层是否过度关注保持或提高公司股价或收益趋势；管理层对内部控制认识不够，企业决策由一个人或少数几个人掌控，公司治理结构流于形式，管理层约束机制失效；管理层与当前或前任注册会计师关系对立；管理层的诚信存在明显问题；高管层低报酬甚至不领取报酬。在经营财务方面，管理舞弊信号包括组织机构复杂或不稳定，且复杂程度不合理；存在重大的异常交易；与同行业对比增长过高或存在非常收益；经营净现金流量为负、净收益为正或持续上升；存在筹资等动机或巨大压力；财务方面出现了可能导致持续经营能力受到重大影响的迹象；行业竞争异常激烈或公司利润率迅速下降等。

三　舞弊风险的应对措施

第一，改变拟实施审计程序的性质，以获取更为可靠、相关的审计证据，或获取其他旁证性信息，包括更加重视实地观察或检查，在实施函证程序时，改变常规函证内容，询问被审计单位的非财务人员等。

第二，改变实质性程序的时间，包括在期末或接近期末实施实质性程序，或针对本期较早时间发生的交易事项或贯穿于整个本期的交易事项实施测试。

第三，改变审计程序的范围，包括扩大样本规模、采用更详细的数据实施分析程序等。

第四，针对管理层凌驾于控制之上的管理舞弊，应实施的特定审计程序包括：测试日常会计核算过程中做出的账务处理，以及为编制财务报表做出的调整是否适当；复核会计估计是否有失公允，从而可能产生舞弊导致的重大错报；对于注意到的、超出正常经营过程或基于对被审计单位及其环境的了解显得异常的重大交易，了解其商业理由的合理性。

第二节　利用公司数据库进行的分析性程序

当审计进入风险导向审计阶段，分析性程序就成为最主要的审计方法和程序。传统舞弊审计对信息的再加工重视程度不够，分析性程序主要用在报表分析上。在管理舞弊审计中，应该扩大分析性程序的范围，不仅对财务数据进行分析，还应对非财务数据进行分析。分析性程序的分析工具不再仅限于财务比率分析，还应充分借鉴现代化管理方法，包括 PEST、VCA、SWOT 在内的战略分析、绩效分析及前景分析。多种分析方法的应用，使得分析性程序对管理舞弊风险的评估成为多元评估，使得多种分析结果相互印证，进而使管理舞弊风险的评估结果更加可靠。

在使用计算机辅助管理舞弊审计时，可以利用被审计单位的会计系统数据库，采用模块库中预先设计的各种分析模型，包括行业分析模型、财务分析模型、预测分析模型等，对被审计单位数据实施计算机分析程序，这样不仅可以大大提高审计效率，而且使审计人员对于被审计单位财务报表认定的总体合理性也有了较为全面的了解。通过分析性程序注意到异常现象，并确定这些异常为审计重点，从而计划进一步审计程序以发现舞弊事实。

第三节　行为经济学的运用

在管理舞弊审计中，除了应用专业判断、专业怀疑能力及其审计技术外，从被审计单位人员的行为心理及其表象特征进行判断与推理，可以对一些舞弊行为进行有效的判断，借以提高审计人员的专业判断能力。运用心理学原理，获得审计证据，例如，在管理舞弊审计中，被审计单位人员可能出现紧张、恐慌、抵触、担忧、怀疑、顾虑等心理反应，这些心理行为是审计人员应当注意和考虑的，以帮助对舞弊行为的专业判断。

审计人员在追踪舞弊迹象的过程中，可以运用一定的心理学知识，推测舞弊行为人的心理活动，获得有价值的审计证据。在审计中，利用对方在没有思想准备，没有完整的防御体系，没有编好一套谎言的时候，审计人员突然发出一连串的问题，使对方措手不及，或是提出舞弊嫌疑人认为隐瞒很深的不会暴露的问题，使对方不清楚审计人员究竟掌握了多少舞弊事实，迫使他全面交代舞弊行为。

由于舞弊行为人作弊之后，不管其作弊手法多么高明，多么隐蔽，总会在会计资料中留下一些蛛丝马迹。另外，有的财务人员对管理舞弊敢怒不敢言，既没有勇气检举揭发，又害怕将来被查出与违法乱纪之人同罪，希望其他有心人能够发现管理舞弊，因而故意在会计资料中留下一些记号或做一些"画蛇添足"之举。如果审计人员能够掌握一定的心理学知识，便能够洞察舞弊人的心理动机和会计资料中的作假手法，理解财务人员的良苦用心，充分利用所获得的会计资料，揭露管理舞弊。

为了发现舞弊迹象，在审前分析、审计计划及参加询问的人员分工等方面都应该进行细致、周全的考虑，可以运用以下策略：适当运用已有证据，捕捉对方心理弱势；重复提问并等待时机；引导注意力，顺水推舟；出其不意，攻其不备；连续审查，循序渐进等。

第四节　结合法务会计进行管理舞弊审计

上市公司只要出现重大舞弊，就难免会和投资者或债权人产生法律纠纷，此时法务会计就应运而生。根据 G. 杰克·波罗格纳与罗伯特·J. 林德奎斯特对法务会计的解释，法务会计就是"运用相关的会计知识，对财务事项中有关法律问题的关系进行解释与处理，并向法庭提供相关的证据，不管这些法庭是刑事方面的，还是民事方面的"。可见，法务会计是特定主体利用会计知识、财务知识、审计技术和调查技术，针对经济纠纷中的法律问题，提出自己的专家性意见作为法律鉴定或者在法庭上作证的一门学科。管理舞弊与法务会计有着密不可分的联系。随着舞弊问题越来越受到人们的关注，管理舞弊审计成为法务会计业务中最重要的一部分。

在常规财务报表审计中，审计人员通常会对所要执行的审计工作制订计划，并将计划告知被审计单位以获得协助。但是法务会计在识别管理舞弊时，所作的计划通常是在发现舞弊线索后制订的，在调查的早期阶段，法务会计师将重点放在发现有关舞弊的蛛丝马迹上，他们的思绪往往是杂乱的，常规的财务审计模式只会限制审计人员的思维。因此，在调查舞弊时，不能采用与常规审计一样的思维模式，应结合法务会计进行侦查的特殊思维模式，以此作为调查会计舞弊的切入点，在头脑中形成对舞弊的种种意识。舞弊的侦破需要创新的和创造性的思维以及严谨的科学态度，对于舞弊审计人员来说，固执、坚持和自信是比智商更重要的品质。舞弊审计人员要想查清管理舞弊行为，最有效的策略是以舞弊行为人的角度进行"换位思考"，看哪一种是最好的作假方法，然后从此处入手进行审查往往会有所收获。同时还要寻找不正常的事项，从背后和跨越这些会计事项进行审查，重新建立可能导致哪些结果或从哪些事发展而来的线索。

法务会计的策略方法对管理舞弊审计人员的工作有巨大帮助，能规范操作、提高效率。管理舞弊审计借鉴法务会计的策略方法包括：

一　财务报表分析

财务报表能提供特定期间公司经营成果汇总和特定日期公司的财务状况。通过对财务报表的审查能使审计人员对公司和公司的财务环境获得总体认识。但是，审计人员必须关注财务报表的可靠性问题，信赖不精确或误报的财务报表可能导致虚假的结论。

二　资料鉴定

资料分析一般是通过对现有会计资料的审查、归纳和分析，从而取得证据并为管理舞弊的发现提供证据支持。但有些财务会计资料是需要鉴定才能确定它的法律效力，所以在舞弊审计中应将资料分析法与鉴定分析法结合使用，如此才能提出适当的、令人信服的管理舞弊审计证据。

三　信息收集

审计人员从各种途径收集信息，即可以从公众领域，也可能从私人领域。最重要的调查方法是使审计人员既能收集和分析财务信息、行业信息，又能结合调查中收集到的其他信息。在调查一个公司时，可通过政府统计、电子新闻数据库和从政府办公室文档中收集行业信息，行业信息可能会协助分析公司的财务状况。舞弊审计案件的成功很大程度上取决于获得信息的质量、数量和适当性。

四　资金追踪

资金追踪的目的是确认非法使用资金购买的资产的性质、种类、所有权和地点，确认资金非法使用和用资金购买资产的个人和其他实体，确认发现其他测试中关注的领域、资金的来源和运用。编制资金来源和使用分析表，目的是决定钱来自何处，去向哪里，它是企业一定期间现金交易的报告。尤其要关注来源和流向于特定个人或公司的金钱数量。

五　实物勘查

舞弊审计人员通过对实物的勘查以了解审计单位实物数量和实有金额，以判断其是否存在毁损、变质、短缺等现象。主要适用于对固定资产、货币资金和存货类等实物资产的审计。在被审计单位或有关人员没有任何准备的情况下进入被审计单位实地进行观察核实，以了解其经济业务及管理和内部控制制度的执行情况，或者在取得有关法律机关的配合和审批后，通过对被审计单位进行搜查，获得有力的证据。首先要查清被审查单位所拥有的实物资产的数量，然后再采取科学合理的计价方法对被审计单位的资产进行估价以发现会计造假、财务舞弊和其他经济犯罪的疑点。实物勘查不仅能够通过实地观察准确掌握被审计单位对国家有关政策、法规和内部控制制度是否贯彻执行及执行情况等，也能直观地了解被审计单位的全部经济过程，以及人员分工、授权审批、操作规程管理等各环节工作是否合乎规范，从而对其实物资产进行更公平、合理的估价，最终确定出其资产的实际价值。

六　询问

舞弊审计的主要策略之一是询问过程，它使审计人员能以清楚和简洁的方式获得非文件证据。审计人员必须区分被询问人由于紧张做出的不清楚的解释和不想做解释或害怕动机被识破的人为解脱而做出的解释，而且还必须控制和指导询问过程，挖掘出进一步的舞弊证据。

七　辅助调查软件

近些年，计算机软件被用来协助复杂的调查活动。辅助调查软件包括在计算机中保留数据和分析程序，例如能识别各种证据的来源和依据，并可以对不同领域的信息进行选择、排序、比较、分析来帮助调查。

第五节　实施连续审计策略

由于舞弊往往跨越几个会计报告期间，审计人员需考虑针对其中的一段期间执行或实施连续审计策略。实施连续审计对于重大事项的关注很重要，对于委托人变更审计人员的情况，应向委托单位和原有审计人员了解原因，使审计工作不间断地有序进行。

审计后，还应跟踪其连续业务的进展情况，以帮助对管理舞弊的发现和揭露：

一　延伸性审计程序

审计人员通过各种技术方法对被审计单位进行审计后，许多疑点在审计过程中或被证实或被消除，对于那些无法获取充分审计证据的疑点，审计人员应该对被审计单位进行有针对性的复核或突击检查。延伸性程序视审计人员个人思维、审计程序的设计和管理层合作程度的不同而不同，任何被认为是必要的合法程序都可以成为追踪舞弊的审计程序。

审计人员执行舞弊审计业务时，可采纳"错误与舞弊推定"原则，即未搜索到充分、适当的审计证据证明被审计单位会计报表的合法性、公允性和一贯性，那么应推定公司存在重大错误或欺诈嫌疑。常用的延伸性程序包括：突击盘点两次现金，第一次盘点很容易让舞弊者事先有所准备，而在出其不意的第二次盘点中，就可能发现贪污或挪用行为；对供应商及客户的调查，这可以发现虚构的供应商及客户；特别的函证支票的二次背书，如被背书人是否属于组织内部的授权人，这就可能为发现舞弊行为提供线索；舞弊审计询问程序，在进行询问时，应做到谨慎，特别注意不要同有可能涉及舞弊的管理人员讨论舞弊的可能性。可以在平常的审计中设计一些针对舞弊的常规问题，让相关人员解答，这样就不会引起舞弊者充分的警觉，而审计人员也可以从这些问题的解答中获得线索；跟踪支出分析，这种分析类似于财产净值分析，将正常的收入同所有的支出进行比较，假如支出超越了收入，那么超出部分也许就是舞弊所得。

二 附加审计程序

审计人员在揭露舞弊后不应该认为他们的审计工作已经结束了，应视不同情况采取相应的附加审计程序，给舞弊者严厉的打击并杜绝以后类似舞弊状况的再次发生。附加审计程序通常有：将被审计单位的舞弊行为报告给有关主管部门；起诉舞弊者；让舞弊者采取相应的弥补措施或退出审计业务。

第六节 针对管理舞弊专门实施的特别审计程序

美国舞弊风险准则要求，审计师应对舞弊风险评估结果做出适当反应的三种审计程序，即应考虑舞弊风险评估结果对审计工作的总体影响；考虑已识别舞弊风险对审计工作的具体影响；考虑执行下列审计程序，但不限于这些程序，进一步确定有关管理层无视内控的舞弊风险对会计报表产生重大错报的影响：

一 检查账务处理和其他调整事项

很多管理舞弊报表往往是通过编制不当账目处理或其他一些打"擦边球"的调整分录的方式来操纵的，新准则更强调了解会计报表的手工或自动编制过程及有关信息的披露过程，特别关注重大错报可能会怎样发生，明确规定审计师应依据职业判断评价舞弊风险因素，不是先考虑内部控制在有关财务报告的哪些方面能够得到有效实施，而是依据会计报表及账户的性质和复杂性，验证各种证据，包括手工或电子证据。

二　复核会计估计

许多公司的报表舞弊通常是通过蓄意利用会计估计差错的方式达到目的。SAS 第 99 号还要求对以前年度的重大会计估计实施再复核程序，以发现任何潜在的可能单个出现时却属适当盈余管理行为的舞弊情况。

三　评价重大非经常性交易的合理性

复杂的经营结构及交易安排，特别是涉及特定目的个体或关联方的恶意交易安排，是近年来舞弊会计报表的惯用手段。新准则再次强调清楚了解重大非经常性交易的实质，评价其内在合理性，并将其作为审计重点。这些都为管理舞弊审计带来了新思路、新尝试。

第二十七章　上市公司管理舞弊审计方法的创新

本章重点创新计算机辅助管理舞弊审计方法和对重要项目的特殊侦查方法。

第一节　计算机辅助管理舞弊审计系统框架的构建

一　计算机辅助管理舞弊审计系统功能模块的划分

从目前已经研制出和投入应用的计算机决策支持系统开发方法来看，基本思路都是强调用户的参与，将典型的软件系统研制过程中最重要的几步（分析、设计、实施运行、评测）合并为一个步骤，通过开发人员和用户之间的反复交互形成一个往返多次的过程。审计决策支持系统（Audit Decision Support System，ADSS）是以计算机为工具，运用数量经济学、模糊数学、控制论和模型技术，对财务系统中的结构化、半结构化和非结构化问题进行决策分析的人机交互系统。

（一）ADSS 系统结构划分

在设计分析模块时，首先必须将方法用规范化的公式来描述或定义，并将其保存在方法库或函数库中。其次要设置源数据库、中间数据库、结果数据库以保存各种分析方法中的初始数据、中间数据及结果数据。同时，应设置与用户沟通的界面，并提示用户进行数据输入等操作，在操作不当时予以警告等。

针对管理舞弊审计而设计的这套审计决策支持系统（ADSS）是一种具有发觉舞弊迹象并解决问题能力的智能计算机程序，能够处理现实审计工作中需要由相当丰富审计知识和经验的专家来分析解决的复杂问题，利用包含专家推理方法的计算机模型来分析问题。ADSS 系统由四部分组成：知识库、推理机、知识获取工具和人机接口（见图 27－1）。

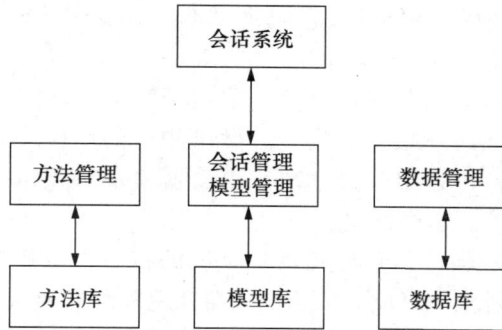

图 27－1　ADSS 系统结构

（1）方法库。方法库中储存有 ADSS 系统求解问题所需的方法和经验，包括比率分析、绝对值分析、误差分析等，部分方法库内容会被动态更新。将 ADSS 与专家系统结合，通过专家经验、数据挖掘和知识学习，从定性分析角度解决决策问题，充分做到定性分析和定量分析的有机结合，实现了决策支持系统的智能化。

（2）模型库。模型库中有线性模型、非线性模型、网络模型、表格模型、曲线模型等分析模型。其中，非线性 Logistic 模型是目前对管理舞弊进行实证检验的最理想模型。Logistic 模型的具体形式为：

$$P_i = 1 \diagup \left[1 + e^{-(\alpha + \beta X_i)} \right]$$

式中，e 为自然对数的底，α 和 β 为待估计的系数向量，X_i 为描述公司 I 的一组可测度财务特征的比率列向量，P_i 表示公司 I 发生财务危机的概率。国外文献中对判别财务报表真实性模型变量的选择主要有：公司的控制权、审计压力、代理问题、资本结构、运营结果、领导人风格、诉讼情况和财务比率等。

（3）数据库。数据库是审计人员工作的平台，审计人员需要依靠此平台，根据审计工作需要调用数据仓库、模型库和知识库中的数据，以展开审计工作。此外，审计人员还需要数据库系统整合审计数据，收集审计证据。由于审计人员的会计报表审计活动，主要数据来源于外部，同时审计工作也围绕被审计单位会计数据进行，因此审计决策支持系统数据库中数据的来源主要是经转换而来的被审计单位审计年度会计数据，从而决定数据库管理系统不仅应对自身数据进行管理，还要对被审计单位审计年度转换后的会计数据进行管理。

（4）会话系统。从被审计单位获取电子数据的功能模块。当触发条件满足时，它被激活并接受数据流，做出相应的反应。当出现异常情况时，它将信息直接传递给反射模块，由反射模块对该情况做出反应，否则，信息流直接进入建模模块。

（5）信息处理器。信息处理器是系统的核心，由建模模块、决策规划控制模块和反射模块组成。信息处理器在接收到非异常信息后，先通过建模模块进行过滤预测并提出行动建议，然后由决策规划控制模块进行决策规划。决策规划的结果是执行相应动作信息、给其他模块传递信息和更新知识库信息等。

（二）计算机辅助管理舞弊审计系统的主要功能模块

按照用户需求，基于 ADSS 系统构建的计算机辅助管理舞弊审计系统包含的主要功能模块设计如图 27 - 2 所示。

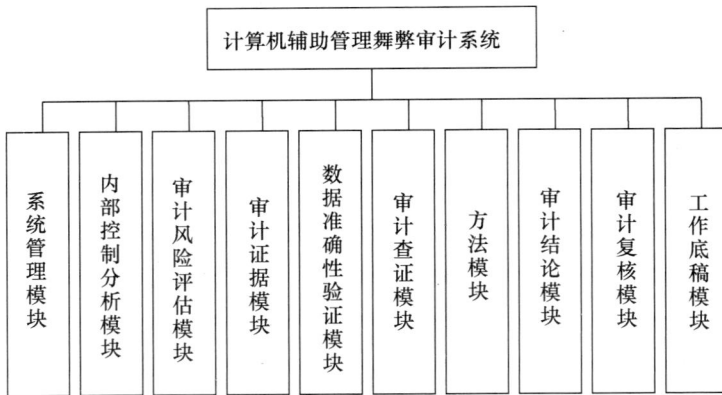

图 27 - 2　计算机辅助管理舞弊审计系统功能模块

（1）系统管理模块。该模块的功能在于对系统初始化、系统运行情况、角色权限、审计数据归档、历史数据查询、行业数据维护等的管理。系统初始化保证系统的运行，角色权限管理记录各审计人员的基本信息及操作权限，要求系统对角色权限能具有增、删、改、查、变更权限的功能。

（2）内部控制分析模块。内部控制分析模块收录包括被审计单位所属行业及被审计单位历史内部控制制度的内控分析模版，模版根据审计人员的需要增加和删除相关项目，可由审计人员自由定义每项测试的分值和比重。

（3）审计风险评估模块。审计风险评估模块中的审计风险，包括与审计人员执行审计工作相关的所有风险的评估模型。如财务报表层次和认定层次的重大错报风险的评估以及舞弊风险的评估等。

（4）审计证据模块。审计证据模块收录审计人员收集的必要的审计证据，提供审计证据的获取方法，以及获取审计证据实现管理当局认定的程度。

（5）数据准确性验证模块。数据的可靠性验证模块负责全面测试被审计单位数据的可靠性。具体包括凭证的正确性校验、账户平衡校验、年度间结转校验、总账与明细分类账校验，可测试被审计单位的账表是否一致。

（6）审计查证模块。审计查证模块是本系统中最为关键的一个模块，包括利用总账、凭证查账工具或单位、个人、部门查账工具对科目进行多角度查证。它为审计人员提供查账平台，可以利用多种查询、统计、计算工具和图形化分析，方便地实现审计程序，为审计人员提供有效舞弊审计线索的过程。

（7）方法模块。方法模块包括审计程序指南和查账技巧、审计意见、相关法规、管理建议以及底稿常用术语。通过对审计人员审计过程的跟踪，及时将审计人员的审计思想，由系统自动编制成为一个独立的、可执行的语句，实现对审计方法使用权限的管理，并提供不进行项目时定义审计方法的平台。

（8）审计结论模块。审计结论模块的功能是生成并储存审计结论。

（9）审计复核模块。该模块由复核人员来操作，针对审计人员执行审计程序和得出的审计结论，系统根据获取的原始资料利用特定方法重新执行审计程序并得出结论，将其结论与原审计结论进行核对，复核原实施审计程序的充分性以及原审计结论的合理性。

（10）工作底稿模块。该模块主要根据审计过程中收集的证据、执行的程序以及得出的审计结论，生成各类审计项目规范的审计工作底稿，并自动产生审计报告及管理建议书。同时，对审计过程生成的审计文档进行统一规范的档案化管理，实现审计文档的积累和信息共享，提供对档案进行统计汇总的功能。

二　计算机辅助管理舞弊审计系统数据流程

计算机辅助管理舞弊审计系统的数据流程的设计是模仿传统的手工审计程序来进行的。其主要流程如图27-3所示。

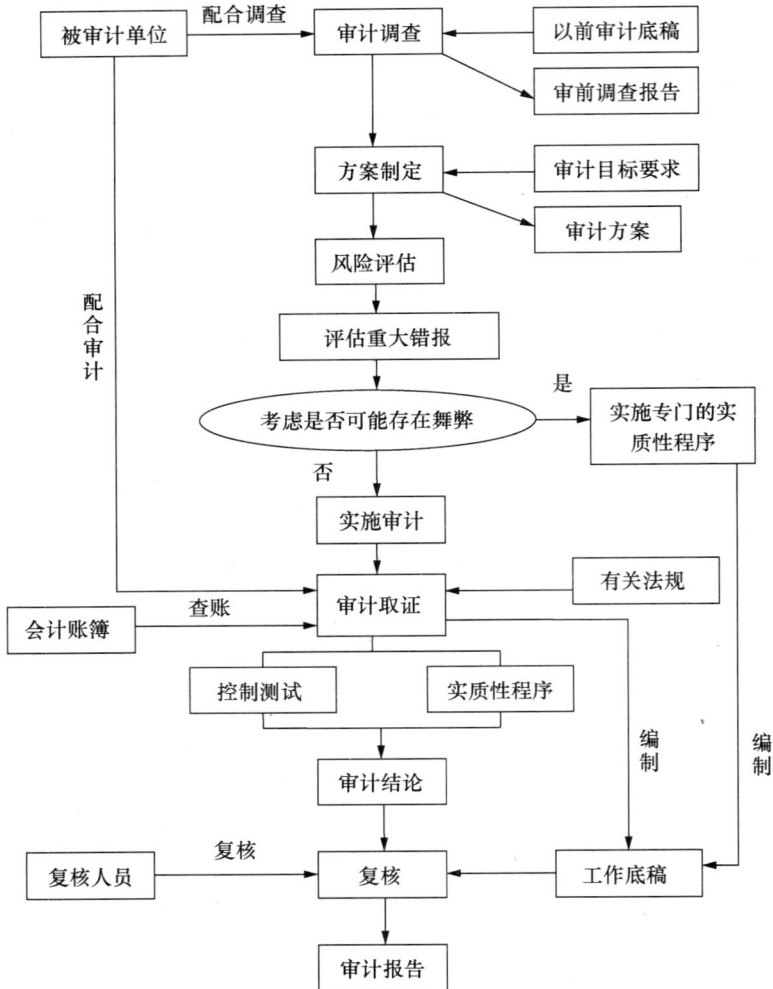

图 27-3　项目审计过程工作流程

（一）审计调查

在传统审计模式下，不论审计项目的大小，在审计之前都要对审计对象的基本情况进行了解，以便制订切实可行的审计方案，有条不紊地开展审计工作。计算机辅助审计方式下同样需要审计人员进行审前调查，而且审前调查的内容不仅要了解常规审计方法下的所有内容，还要追加与计算机有关的内容，具体有以下内容：

（1）业务流程。要详细了解被审计单位整个业务从头至尾每个环节的具体操作方式和目的，并根据了解的情况绘制业务流程图。目的是使审计人员有一个初步的审计思路，更好地设计切实可行的审计方案，同时初步确定数据采集的范围。

（2）业务操作准则。了解被审计单位业务中所使用的会计准则，包括国家制定的各种规定和被审计单位内部制定的各种守则，方便为审计中发现问题查找依据。

（3）计算机系统。主要是了解被审计单位计算机的软件配置情况，包括操作系统和常用软件，目的是方便数据的采集和转出。

（4）数据库系统。了解被审计单位业务系统所使用的数据库系统的基本情况，包括数据库系统的名称和版本，数据库系统本身的数据格式，数据库系统本身可导出的数据格式。

（5）被审计单位基本情况。如果是首次接受委托，审计人员需要了解诸如单位性质、所属行业、单位主管、连续数年主要指标数据等；若是连续审计，则可从审计档案中调用该单位的基本情况和往年的审计资料以做参考。

（6）初步分析。根据所了解的情况，预先采集部分数据，对数据进行初步分析，以确定适合的计算机审计软件和审计方式。

（二）方案制订

根据具体审计目标的要求制订审计方案，包括：

（1）明确审计目的。审计目的不同审计人员要获取的审计证据、判断的标准、审计业务约定书的格式、审计报告的格式等也不相同。为达到特定审计目的，计算机辅助审计系统会自动生成相应的模板。

（2）签订业务约定书。根据系统生成的审计业务约定书格式，修改其中部分表达作为正式文本输出，一式数份。

（3）制订审计方案。把握总体情况，在对审计调查获取的信息进行分析的基础上，选择审计重点，制订总体审计策略和具体审计计划。包括配备审计人员和计划时间安排。

（三）风险评估

对于连续审计，可以利用以前年度审计中获取的内部控制信息，重点调查变动的部分，同时注意原有的内部控制是否仍然有效地被执行。对于首次接受委托进行审计，其内部控制调查的方法可以通过询问会计人员、资产保管人员等相关人员、检查内部控制生成的凭证文件和记录、观察被审单位的经营活动（如对某一笔业务进行跟踪观察）等方法，结合被审单位提供的内部控制文件，判断各控制点内部控制设计是否合理，以及内部控制的执行是否有效。

审计人员在获得被审单位内部控制设计和运行的相关信息后，就可以对交易相关的审计目标进行风险评估。其具体做法是：首先确认控制弱点（步骤：确认现有的控制措施、确认关键控制是否缺乏、确定可能导致的潜在重大错报、考虑存在补偿性控制的可能性），然后将与业务相关的审计目标作为列标题、将控制弱点作为行标题构建控制风险矩阵以评估控制风险。在评估内部控制是否有效时，在关键控制点，审计人员必须通过询问被审单位有关人员、检查凭证记录和报告、观察与内部控制相关的活动等方法进行符合性测试，以确定财务报表发生舞弊风险的可能性。

（四）审计取证

也就是采集数据，全面掌握被审计单位的基本情况，包括会计账簿数据和相关法律法规，并对所采集的数据进行验证、清理和转换，存入数据库，建立审计中间表，生成满足审计分析所需的审计数据表，做好计算机辅助审计的数据准备工作。

（1）获取被审单位会计信息系统中的数据，其方法主要是利用审计接口获取数据并存入专门的数据库中。

（2）了解相关非电子数据，需要审计人员将这部分数据录入审计软件系统中，并存入专门的数据库中，这些非电子数据主要包括：银行对账单、固定资产折旧年限与方法等基本数据、坏账准备计提的方法与计提的比率、短期投资减值准备等各类资产减值准备的计提方法与比率、长期待摊费用摊销的方法与期限等、外币业务记账利率的确定方法、长期负债的利息率、合并报表中合并方法的选择等。

（五）实施审计

针对采集的数据进行控制测试和实质性测试，按照审计方案实施计划的审计程序和审计方法，并根据审计人员经验，建立审计分析模型，对所获取的具体数据进行分析。

（六）形成审计结论

在实施审计程序的基础上，对审计证据进行分析，对发现的问题进行验证、落实，得出审计结论。

（七）复核人员对审计项目完成的工作底稿进行质量控制复核

复核人员依据审计风险与可容忍误差，针对审计人员执行审计程序和得出的审计结论，根据获取的原始资料利用特定方法重新执行审计程序并得出结论，将其结论与原审计结论进行核对，复核原实施审计程序的充分性以及原审计结论的合理性，以判断被审单位的报告中是否存在重大错报或漏报。

（八）生成审计报告

根据生成的审计工作底稿，同时根据被审单位是否接受审计人员提出的调整意见和是否已经做出调整等情况，审计人员必须确定审计意见的类型及措辞。除专业要求说明外，不同类型意见的审计报告可由专用审计模板生成。专业说明段可由审计人员根据实际情况输入，之后与前述模板一起组成审计报告。

若被审单位还需要管理建议书，则可以根据前述的控制弱点缺陷生成建议书。

三　计算机辅助管理舞弊审计系统工作过程

计算机辅助管理舞弊审计系统的工作过程是根据非线性 Logistic 模型，利用数据库中存储的历史数据和本次审计获取的数据，采用逐步回归选择变量的方法，对若干个样本依次进行回归分析，从众多变量中选取若干变量，然后采用最大似然估计法对这个模型的参数进行估计，经过多次变量组合的实验，并去掉一些不显著的变量后，就可以得到使最大似然函数值最大时的参数估计值，据此判断在当前的数据下是否存在管理舞弊，并通过该模型研究财务危机与管理舞弊之间的内在联系，从而计算得出管理舞弊的比率。

我们首先通过一种"过滤器"的算法，初步判断被分析目标（上市公司）的某些相关数据和指标是否有异常现象；然后随机选取一组指标，通过对大量相关指标数据的训练拟和来确定参数，即可建立判别上市公司是否存在舞弊现象的非线性模型——Logistic 模型，将被分析目标的相关数据输入模型中，可以判断其财务状况；最后，通过系统症结辨识的模糊分析可以找出症结的所在，然后再选取另一组指标，重复上述算法，可以进行全面的舞弊审计决策分析和决策模拟，提高识别舞弊信息的准确性和及时性。本系统的工作过程如图 27 - 4 所示。

我们在已经设计出的计算机辅助管理舞弊审计系统流程图的基础上，对 ADSS 系统应用于识别管理舞弊导致的虚假财务报表信息的过程提出建议，从前面章节所述现有的管理舞弊审计方法来看，财务报表使用者一般是通过审计意见识别法、会计报表附注分析、财务分析等方法对报表信息加以分析，为了拓宽管理舞弊信息识别系统的使用范围。我们在识别信息时，拟采用以下工作过程加以识别：

（一）考虑该公司前两年的审计意见类型而非仅是当年的审计意见类型

因为审计意见是财务报表审计后注册会计师的结论，应该将它放在舞弊识别系统识别出虚假报表信息后的结论中使用。利用前期的审计意见是为了建立我们庞大的数据库，并且利用它们以初步了解被审计单位管理层的诚实度，也可以为我们建立识别系统的第一个"危险信号"。

（二）查询被审计单位所属的行业

我们将所要分析的上市公司进行细分类，判断上市公司所属的行业类型，以便找到该行业的最高值、最低值、平均值以及该公司前两年的数据，对上市公司的财务数据及财务指标进行同业比较和趋势分析，判断该企业偏离其所属行业基本情况的程度以及是否存在较大的波动，从而初步判断是否存在管理舞弊行为。在这一过程中过滤器将初步发挥功能，对行业的划分、公司财务数据的汇总与提炼、指标的构建是我们研究和开发的重点。

（三）利用建立的指标体系进入"过滤"分析阶段

对上市公司的主要指标进行分析，对其盈利能力、偿债能力、资产负债管理能力、现金流量状况、成长能力以及其他相关联的财务指标加以分析，在考虑三张财务报表的关系并利用其相互的勾稽关系的同时，观察主

```
            ┌─────────────────┐
            │  确定分析目标    │
            └────────┬────────┘
                     │
            ┌────────┴────────┐
            │    过滤器        │
            └────────┬────────┘
                     │
            ╭────────┴────────╮
            │    是否异常      │
            ╰────────┬────────╯
                     │
            ┌────────┴────────┐
            │  选取一组指标    │
            └────────┬────────┘
                     │
            ┌────────┴────────┐
            │ 非线性回归模型的拟合 │
            └────────┬────────┘
                     │
            ┌────────┴────────┐
            │ 计算 α 和 β 参数  │
            └────────┬────────┘
                     │
            ╭────────┴────────╮
            │   是否存在舞弊   │
            ╰────────┬────────╯
                   是│
            ┌────────┴────────┐
            │ 症结辨识模糊分析  │
            └────────┬────────┘
                     │
            ┌────────┴────────┐
            │ 因果网络层次分析图 │
            └────────┬────────┘
                     │
            ┌────────┴────────┐
            │    模糊决策      │
            └────────┬────────┘
                     │
            ╭────────┴────────╮
            │    满意否        │
            ╰────────┬────────╯
                     │
            ┌────────┴────────┐
            │     结束         │
            └─────────────────┘
```

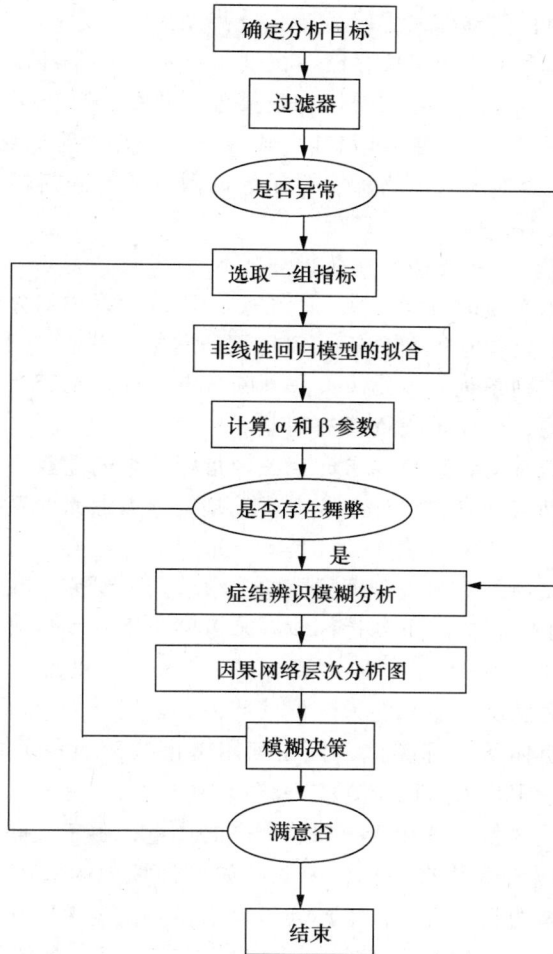

图 27 − 4　舞弊信息识别系统工作过程

要财务数据是否和财务指标相背离，找出信息操纵的可能区域或者判断公司是否出现财务困境。

（四）管理舞弊信息操纵手法模块的分析

通过对指标体系的"过滤"筛选，对可能出现管理舞弊的会计科目加以分析，进入管理舞弊信息操纵手法模块的分析过程。在前面章节，我们已经对上市公司管理舞弊的手段和迹象分类型加以了总结，将它们作为财务报表信息操纵手法的子模块存储在识别系统中，为我们的"诊断"提供进一步的数据。通过系统症结辨识的模糊分析并结合财务报表的识别要点判断公司财务报表信息操纵的大概区域。若上市公司处于财务困境之中，我们就更应该留意对于投资者而言最敏感的财务数据和指标的真实性，以判断被审计单位财务报告的真实性。

（五）对会计科目进行详细分析

对经过初步判断的可能出现问题的会计科目加以详细分析。我们可以借助附注分析、公司基本面分析、现场调研等方法进行全面的决策分析，通过舞弊信息识别系统的模糊决策来判断被审计单位是否存在管理舞弊及操纵信息的行为，以保护投资者的利益。

四　计算机辅助管理舞弊审计系统中指标体系的建立

计算机辅助管理舞弊审计系统本质上是基于方法库的系统，因此在构建舞弊信息识别系统时方法库无疑是十分重要的。随着对上市公司管理舞弊研究的深化，通过对出现管理舞弊的上市公司的研究，在前人建立的各种指标的基础上，建立起下列指标体系来考察被审计单位财务报表的真实度，具体如表27-1所示。

其中，财务状况、盈利能力、偿债能力、营运能力、成长能力等指标与常规审计分析体系指标类似，旨在利用上市公司财务数据发现异常现象，从而有助于审计人员确定查找舞弊行为的重点。另外，关联交易指标主要分析其他应收款占流动资产和总资产的比重，由于关联交易往来款一般通过"其他应收款"来核算，因此，如果计算出的关联交易指标非常大，则出现舞弊的几率很大，审计人员应当格外重视关联交易的审查。内部治理结构指标主要检查上市公司股权集中度、董事会的独立性、监事会的监控能力等状况。外部治理结构指标主要分析公司以前年度财务报表的审计意见，发现是否有非无保留意见以及其原因；分析所得税占利润总额比例，判断根据会计公式计算的应缴税金期末余额与公司的实际期末欠税额相差是否很大，从而判断公司是否存在舞弊；检查公司会计估计方法的变更及重大会计差错更正的频率，分析公司在行业中的市场占有率是否过小，法律诉讼涉及的金额是否重大等，判断管理层操纵利润的可能性。

表 27 - 1　　　　　　　　　　　评价指标设计

分类	指标定义
财务状况指标	资产负债率 = 负债总额/资产总额
	营运资金占总资产的比例 = 营运资金/总资产
	现金债务总额 = 现金净流量/债务总额
盈利能力指标	净资产收益率 = 净利润/股东权益总额
	主营业务利润率 = 主营业务利润/主营业务收入
	每股收益 = 净利润/普通股股数
偿债能力指标	速动比率 = （流动资产 - 存货）/流动负债
	利息保障倍数 = （利润总额 + 利息费用）/利息费用
	权益负债比率 = 负债/年末股东权益
营运能力指标	应收账款周转率 = 主营业务收入/平均应收账款净额
	存货周转率 = 主营业务成本/平均存货总额
	总资产周转率 = 主营业务收入/平均资产总额
成长能力指标	主营业务收入增长率 = 本年主营业务收入/上年主营业务收入 - 1
	利润增长率 = （本年度净利润 - 上年度净利润）/上年度净利润
	每股收益增长率 = 本年末每股收益/上年末每股收益 - 1
关联交易度指标	其他应收款/流动资产
	其他应收款/总资产
公司内部治理结构指标	股权集中度 = 前三大股东持股比例的平方和
	董事会独立性 = 董事平均持股数/总股数
	监事会监控能力 = 具有财务专业知识和经验的监事人数/监事会总人数
公司外部治理结构指标	以前年度审计意见 = 非标准审计意见数量/审计报告总数
	所得税占利润总额比 = 应纳所得税/利润总额
	公司会计估计方法的变更及重大会计差错更正的频率
	行业中的市场占有率
	法律诉讼涉及的金额

第二节　对重要项目实施的特殊侦查方法

一　关注公司内部和外部治理结构，测试和评价与财务报表相关的内部控制

管理层操纵下的财务报表舞弊与公司治理结构的缺陷密切相关，它是管理层的趋利行为与特定制度背景下的产物。有效的公司治理结构的目标之一就是保证公司内部会计信息系统的正常运作，提高会计信息的质量，防止管理层通过操纵会计信息欺骗投资者等相关利益群体。通过特定制度的安排对管理层形成的制衡机制成为实现这一目标的重要手段之一。测试与评价公司治理结构的内容至少包括：

（一）执行董事与独立董事的比例

执行董事与独立董事的比例在一定程度上体现了公司治理结构内部约束力的强弱。独立董事对管理层的制约在整个公司治理结构中起着关键性作用。当然，审计人员不能只从独立董事的数量上来考察，独立董事的质量或他们的独立性无疑在这种约束机制中更具说服力。

（二）内部审计委员会

董事会下属的内部审计委员会是否设置，是否保持了应有的独立性及其专业胜任能力，与股东大会、监事会的沟通情况，是否实现了对管理层会计信息生成过程的督导。

（三）监事会

监事会作为股东大会授权成立的专门监督实体，是否具有专业胜任能力，是否履行了诚实、勤勉义务。

（四）公司外部治理方面

审计人员在必要时应向有关法律界的专家进行咨询，将咨询得到的信息再融入个人的职业判断进而评估管理层舞弊的成本。

审计人员需要使管理当局确信最低限度的内部控制是非常必要的，并将理由反馈给委托的客户，帮助委托人完善公司治理结构，对董事和经理的责任加以明确。健全内部控制制度、使不相容职务分工合理、增强会计处理程序对加强防范舞弊性财务报告的能力非常有效，并且可以留下良好

的审计轨迹。审计人员对设有弱效董事会和内部审计机构的公司应密切注意，应评价委托人董事会的构成质量，并对由内部人员和其他公司紧密关系人控制的董事会保持清醒认识，审计人员也须对由非财务人员组成的内部机构或没有设立内部审计机构的公司持谨慎态度。

二　侦查现金、银行存款的舞弊

随着审计方法的不断完善，越来越多的企业信奉最危险的地方就是最安全的，把目标瞄准到现金舞弊，往往更改原始数据，编制虚假银行收付款凭证、银行存款账簿记录、银行对账单，伪造公司印章等。这些舞弊给上市公司审计带来严峻的挑战。我国现行审计模式主要以风险导向为基础，虽也将现金列入高风险的范围，但是，往往以查找贪污、挪用为重点，其审计程序及方法存在严重缺陷，因此，舞弊审计人员应专门实施舞弊审计程序：

（一）核对资金流水账

传统的银行存款审计，只关注银行存款的期末余额，对银行存款流水不够重视。在实际中，特别是一些资金流量大的企业，可能存在一定的风险。为了控制资金挪用等风险，需要核对资金流水账，寻找没有入账的资金收付。须注意以下几个方面：

（1）取得本期银行全部对账单，根据审计重要性水平，结合专业判断，确定需要核对的金额下限。

（2）将限额以上的资金收付和银行存款日记账进行核对。没有入账的资金收付，如果没有形成未达账项，肯定借贷双方都有发生，所以，为了减少核对工作量，可以只核对日记账贷方发生数。

（3）如果发现没有入账的资金收付，要认真查找原因，可能的原因包括被审计单位出借银行账户、收入不入账、挪用资金等：出借银行账户的情况多见于小企业和特殊行业的企业，一般是在对账单上先有一笔资金收入，在相近日期又有一笔资金支出，金额相等，常以整数出现；收入不入账的情况多见于有避税需求的企业。一般是在对账单上先有一笔资金收入，然后一次或分次转出；挪用资金的情况多见于资金存量和流量都比较大，内部控制不完善的企业，资金支付可能以现金的方式进行，也可能流向证券公司等其他单位。

对于出借账户和收入不入账，要进一步追查资金的来源和去向，必要时，可进行函证。核对有关的销售合同，查明是属于出借账户，还是收入没有入账。如发现挪用资金，除了进一步采取追查措施外，要根据情况必要时向适当的管理层反映情况。

（二）定期存款、保证金等受限制银行存款

票据贴现融资是企业较为方便可行的融资手段之一。票据法规定，在银行开立存款账户的法人企业及其他组织之间需要具有真实的交易关系或债权债务关系，才能使用商业汇票。但为避开银行贷款的门槛，他们通常找另一家单位配合，签发无实质交易的银行承兑汇票，随即办理票据贴现，变相取得银行贷款。如果管理层出于粉饰经营业绩、虚增利润的动机，虚构收入及应收账款，但若期末应收账款过大，会引起审计人员的重点关注。为避免引起审计人员的怀疑，企业还要制造销货款及时回收的假象，使用账外票据贴现是其手法之一。

审计人员面临的风险在于未发现被审计单位的账外票据贴现融资。当被审计单位有定期存款和承兑保证金时，要考虑其是否存在未入账贷款和应付票据的可能性。审计人员在查找舞弊时，应注意索取定期存单原件，若只提供复印件，则有可能已质押；详细审查承兑保证金的入账记录，根据保证金合理推断应付银行承兑汇票的规模；结合应付票据审计，索取申请银行承兑汇票的内部控制制度和应付票据备查登记簿，结合长短期借款审计，索取被审单位的贷款卡等。

（三）关注未达账项

对于大额未达账项，要核实其真正用途。要做到区分未达账项是否正常，大额资金支出去向是否明确，收入来源是否可疑，并结合资产负债表日后公司的相关业务的会计记录加以判断：若未达账项在资产负债表日后及时入账，应核实所附单据是否完整、真实、合法；若未达账项迟迟不入账，应怀疑其是否正常，视公司能否做出合理解释来判断其是否存在问题。

三　销售或应收账款的虚构侦查策略

虚构应收账款，以虚增利润是上市公司最常见的舞弊手法，其往往与虚增收入、虚减成本配合使用。

对于夸大销售或应收账款，分析性程序的应用可以显示出非正常销售变化或极低的应收账款周转率；对于通过提前确认收入的方法夸大销售，销售截止测试应该能帮助舞弊审计人员识别这种误报。

因为这种舞弊存在的可能性，所以应找出易于管理当局制造舞弊的环境，并采用适当的程序来发现这些问题，通常包括：审阅大额或非正常交易的会计记录，尤其是最近期间记录的交易；识别关联方并确定是否与公开的关联方有重大交易；执行分析性程序以判定收入或毛利的变化，判断变化水平或交易活动是否有异常波动。

四　存货监盘过程中的特殊考虑

与其他资产项目相比，存货的审计较为复杂、费时，因为对一般制造业而言，存货是资产负债表的主要项目，种类、项目繁多、差异性大，成本计算烦琐，可能因为呆滞、过时、陈旧及受损而发生减值损失等情况，所以，存货舞弊是管理层选择最多的地方。对存货的舞弊，最主要的方式是虚增、多计数量或单价。关于数量的多计，审计人员可以做好存货盘点时的观察加以防范。审计人员应通过询问、观察、分析性程序和检查来应对存货风险。主要采取以下侦查策略：

（一）分析性程序的应用

一般情况下，通过将存货周转率等指标与以前年度、与行业平均水平或同行业其他企业、与企业同期计划的相关数据进行对比分析，通过对企业会计报表科目内部结构的变化进行比率分析，能够有效地发现存货舞弊的迹象所在，通过与存货的保管、生产、销售、财务及内审人员交谈发现存货控制的薄弱环节。

（二）对存货内部控制的测试

健全的存货内部控制制度在得到良好执行的情况下，可以准确发现和预防存货在数量、金额等不一致情况。因此，在了解企业的存货内部控制制度的基础上，通过对企业的采购、生产、保管、核算、销售等环节的存货实物流转程序和记录程序进行测试，观察企业是否一贯执行，授权是否明确，职责是否分离。如果发现企业存货内部控制制度设计不健全，或者已建立的存货内部控制制度未能得到有效执行，审计人员应转为实质程序，进行细节测试，重点应放在存货的盘点上，特别是对以前年度存在账实不符的存货、价值高的存货、数量变动大的存货、长期未用的存货、毁损报废的存货、调账频繁的存货应列为监盘的重点。

（三）存货的异常增加的审计

审计人员应该询问管理当局其中的原因。存货增加的原因是多种多样的，可能是下一年销售的增加引起的存货的短缺，也有可能是管理当局为了高估收益而虚构存货。如果管理当局的解释是令人满意的，审计人员可加以确认；如果管理当局不能提供令人满意的解释，审计人员应扩大存货的实质性测试。下列测试有助于确认原因：在存货监盘时，收集存货毁损、短缺等的证据；增加存货盘点的数量；扩大购买和存货截止程序；对在存货清单上的存货扩大计价和数量测试；在外地的或在他人仓库的重要的存货运用盘点而非函证程序。

（四）关注账面红字、成本核算、费用分配方法以及相关原始凭证

对于数量为零或正数、金额为红字的账户，数量和金额都为红字的账户，价值高的存货账户，数量单价变动幅度大的存货账户，长期账实不符的存货账户，积压毁损报废的存货账户，单位价值变动大的成本核算账户，费用分配方法有重大变化的成本核算账户，有重大会计调整事项的存货账户、成本核算账户以及所依据的原始凭证等，审计人员应予以重点关注。

（五）存货监盘中的考虑

存货的监盘，是存货审计环节中最关键的一环，是以真实有效的实盘数，调整到账实相符，真实地反映企业存货实际资产情况。监盘时注意以下几点：

（1）盘点时间的选择。如果存货一年盘点一次，可在会计年度最后一季的某个月份盘点（如果存货的收发数量变动性较大或者对处理存货收发控制薄弱，应于年终即 12 月 31 日盘点；如果对存货的收发控制较好，或者被审计单位在年中陆续使用了循环盘点制度，则在年终前，如12 月 20 日左右盘点）。

（2）实施监盘时关注的问题。存货监盘小组应由熟悉客户营运的有经验审计人员进行，风险越大，要求的经验越高；对于缺少经验的助理人员，应给予适当的督导，并鼓励他们遇有疑点时告知现场合伙人、经理或其他领导。

被审计单位是否按照盘点指令进行；是否系统地进行盘点；是否有重复或遗漏；是否所有仓库被纳入盘点范围；盘点时间所有的存货进出是否妥善处理；盘点人员是否如实记录数量；是否检查一些诸如存放于密封盒内的货品数量；寄销、寄存货品是否包括在内；对于很久未用的存货项目，或存放的地点或方式不寻常，应确定是否有受损、过时现象，盘点人

员是否记录过时或损坏的货品，以供日后查阅；如果不是每一个地点均列入监盘范围，不要事先或过早告知客户监盘地点；如果采用循环监盘的方式，不要轻易让客户熟悉选样的模式；盘点时应尽量避免或减少仓库间的存货调拨收发活动，如不可避免，应确定是否已做好适当控制。

（3）抽查测试。抽查的重点应是高价值的项目，特别是账面出现红字的品种必须抽查，并对照被审计单位盘点结果，如有必要，抽取部分货品样品（如化学、混合液体等货品），聘请专家进行分析，并予以记录。对于重大或不寻常的盘点差异、由客户人员记录抽查项目、客户人员对监盘程序过度关心等，均应提高专业警觉性。

五　固定资产大量增加或闲置的侦查

（一）固定资产增加的侦查

在一般情况下，处于新的迅速成长或重建过程中的公司，可能会在固定资产上进行大量投资，而处于衰退或成熟行业的公司通常会处置过时的资产，不会增加固定资产投资。对于前一种公司，审计人员应检查固定资产账户的借方数，评估增加的会计处理和估价，在可能的情况下，在测试的基础上对固定资产进行盘点；对于后一种公司，在审计人员发现固定资产大量增加的情况下，应考虑修理费用被资本化而未费用化的可能性。

（二）固定资产严重闲置的侦查

在这种情况下，审计人员必须特别注意期末固定资产中折旧费用的合理性。如果折旧的计提是建立在正常产量和年限的基础上，那么折旧费用计入期末固定资产。如果闲置固定资产是不正常的，应将超过实际生产能力的部分折旧确认为当期损失。固定资产生产能力严重闲置的情况下，往往意味着公司销售不力，会影响盈利能力，在这种情况下客户有可能不计提或少计提折旧，或者改变折旧政策，审计人员应认真评估客户折旧政策及其计入固定资产的方法，以确保其会计政策符合会计准则规定并一贯地使用。作为固定资产检查的一部分，审计人员应该将期末折旧费用占固定资产的比例与上期相比较，超出正常的比例则意味着有一部分折旧费用已资本化。固定资产的高估意味着利润的虚增，对于审计人员来说，风险是较大的。

六　侦查重大关联方交易

利用关联方交易调节利润是上市公司普遍使用的一种舞弊手法，而且日渐隐秘。虚增投资收益，虚构收入往往通过关联交易进行。因此舞弊审计人员一定要在审查工作中认真细致地搜寻关联方及其交易，识破公司的舞弊行为。

（一）通过询问、观察、检查发现关联方舞弊

我国的上市公司背后大多都有一个庞大的集团公司，而整个集团公司就像一个大家族，存在着难以理清的子公司、孙公司、兄弟公司。有的公司为了达到一定目的，会通过各种办法安排和改变股权结构，致使一些关联交易从表面上看完全是两个独立法人之间的交易。另外，由于我国目前还没有披露终极所有者的规定，而审计人员在审查关联方时，也很少会关心公司的实际控股股东是谁，因此往往看不出公司设计的圈套。这一切都加大了审计人员审查关联方及其交易的难度，这就要求审计人员应理顺整个上市公司的产权关系，遇到异常交易时多问为什么，仔细审阅公司的会议记录，有策略地向管理当局询问，以发现关联方交易舞弊。

（二）考虑交易的经济实质

关联方交易的存在使上市公司与其控股公司（或控股股东）进行销售非常容易，例如将公司生产的产品卖给控股股东，而实际上控股股东却未能将其再销售出去。大多数关联交易的特点是：交易价格偏离市场价格；在确认交易时手续不完整；没有或只有少量的现金流量，或者即使有现金流量又会通过某种渠道转出去；非核心的一次性交易多。

财务报表只是形式上符合一般公认会计原则，并不能保证财务报表不对使用者产生误导。过去很多实例都反映出经营者常创造一些交易事项，其处理虽符合一般公认会计方法，却未能反映交易本质。关联交易的存在也使费用从一个公司转移到另一个公司较为容易。例如，研究开发费用就可以通过将竞争性项目卖给关联方而转移到关联方。再如，公司可以通过将有价值的专利卖给控股公司而使每股收益大增。由于这种专利是通过公司内部开发而获得，其价值难以判断。控股公司的款项来源是通过公司为贷款提供担保而获得的，又通过购买流到公司。根据审计准则的要求，审计人员必须确认关联方、确认并审查重大的关联交易。关联交易产生主要的风险因素在于法律形式与经济实质的偏差。在两者发生冲突时，会计准则要求实质重于形式。因而，审计人员必须优先考虑关联方交易的经济实质，判断会计报表是否披露了重要关联交易的经济实质。

第二十八章　上市公司管理舞弊案例分析

第一节　闽越花雕重大管理舞弊案

根据 2004 年、2007 年中国证监会发布证监罚字〔2004〕34 号、证监罚字〔2007〕26 号的处罚决定，对福建闽越花雕股份有限公司管理舞弊案进行分析。

通过查阅相关资料了解到闽越花雕股份有限公司（600659，原名福建福联，后改名为神龙发展，最后改名为闽越花雕）主营针纺织品、百货以及房地产等业务。公司创建于 1984 年 8 月，系由 78 家全民所有制企业法人持股的股份有限公司，1991 年始进行规范化股份制改组，将发起人净资产和现金投入折为发起法人股 3083.10 万股，法人股 1404.9 万股，经同年 11 月首次公开发行。其资本市场进退历程如下：

1993 年 5 月 28 日，福建福联在上海证券交易所挂牌交易，总股本 6388 万股，社会公众持股 1900 万股。

1998 年 9 月，福建福联国有法人股股东福建省纺织工业公司等四家公司将持有的福建福联共 2149.2 万股转让给福建省神龙企业集团有限公司，占福建福联总股本的 17.35%，转让价格每股 2.20 元人民币。

2001 年 3 月，福建福联董事会通过增发不超过 4000 万股 A 股的议案，拟募集资金 5.6 亿元。

2001 年 12 月 12 日，财政部披露 2000 年度会计信息质量抽查工作的抽查结果：福建福联长期股权投资账表不符的 2886 万元，少提法定盈余公积 192 万元，少提公益金 96 万元，少提坏账准备 107 万元，未如实申报企业所得税 377 万元。

2002 年 2 月 4 日，福建福联更名为神龙发展。

2002 年 4 月，神龙发展董事会通过公司再融资方案，由增发新股改为配股。

2003 年 7 月，神龙发展注册地拟迁往上海，公司拟更名为上海福联股份有限公司，但议案被股东大会否决。

2003 年 11 月 4 日，上海证券交易所对神龙发展及公司现任董事和原董事予以公开谴责。

2003 年 12 月 23 日，因涉嫌违反证券法规，中国证监会对神龙发展立案调查。

2004 年 4 月 20 日，神龙发展更名为闽越花雕。

2004 年 4 月，闽越花雕控股股东更名为上海福建神龙企业集团有限公司。

2004 年 9 月 16 日，中国证监会公布证监罚字〔2004〕34 号，对公司 2001 年和 2002 年的造假行为处以 40 万元罚款；公司总裁陈克根、前任董事长陈克恩被证监会认定为市场禁入者。公司被实行 *ST 退市风险警示的特别处理。

2006 年 3 月 23 日，由于未能依法按时披露 2005 年半年度报告，公司股票被终止上市。

2007 年 9 月 24 日，中国证监会公布证监罚字〔2007〕26 号，针对闽越花雕通过少提坏账准备、虚构交易、少计利息等方式，在 2004 年年度报告中虚假记载利润的行为，处以 40 万元罚款；对时任董事长、董事总经理、董事、独立董事及财务总监给予警告并处以 3 万—15 万元罚款。

第二节　管理舞弊审计策略与方法的运用

一　了解闽越花雕及其环境

通过对闽越花雕基本情况的了解，我们发现公司主营业务经营情况不佳，一直处于亏损状态，产品结构调整尚未到位，且在同行业中竞争力也不强；公司其他业务，如房地产、百货等利润较低；收入的较大部分来自投资收益和营业外收入；流动资金紧张，销售下降，成本上升，制约了生产经营的发展。这些都表明闽越花雕的持续经营能力存在不确定性。

另外，在 2002 年、2006 年连续两年亏损的情况下，根据我国《证券法》的相关规定，公司若连续三年亏损应当暂停交易。说明公司管理层存在提高利润以避免第三年亏损被暂停上市的压力。

二　分析公司内部治理结构及评价内部控制

闽越花雕的股本结构中，非流通股 12885.17 万元，占 74%，这种结构为大股东一股独大主导公司资本运作提供了便利。1998 年随着公司大股东神龙集团的入主，加大了资产重组的力度。神龙入主的 8 年间，进行过几十次重组，但这些重组一直被怀疑是报表式的欺诈重组。

此外，审计人员发现公司高管人员的变更频繁。2001 年年底至 2004 年，闽越花雕董事长和总裁走马灯似的换了五届，副总裁也是换得面目全非，财务总监、董事会秘书两个重要岗位还一度空缺，这样的管理层对保证公司正常经营和长远发展将产生极大的威胁。不仅是高管不稳定，就连董事长和总裁也平均每半年换一任，闽越花雕创了上市公司高管频繁变更的纪录。而且神龙集团作为闽越花雕和 ST 昌源的控股股东，其派出的高管甚至还在 2 家上市公司之间来回游走。

由于管理层舞弊通常要依赖会计人员对财务报告的不真实反映来完成。这时，企业的会计主管往往处于两难境地：一方面要遵守财经法纪，另一方面又迫于最高管理层的压力，常常不得已而舞弊。所以，如果公司在一段不长的时期内连续更换会计主管时，审计人员应查明真实原因，其中很可能隐含着舞弊行为。同样，管理层中的董事、监事调动频繁，也应引起审计人员的注意。

2004 年 10 月，陈克根因舞弊行为被中国证监会认定为市场禁入者，5 年内不得担任上市公司高管职务。这也说明高管的频繁变动为神龙集团操纵闽越花雕进行管理舞弊提供了机会。

三　分析以前年度受审情况

分析公司各年度接受会计师事务所审计的情况，1999 年、2000 年由福建华兴会计师事务所审计，2001 年变更为上海上会会计师事务所，2002 年变更为中勤万信会计师事务所。频繁变更会计师事务所表明管理层有可能有意进行舞弊。管理者频繁变更委托的会计师事务所也可以显示出管理舞弊的迹象。管理人员与注册会计师会因与财务报表相关事项的意见分歧发生争执，可能对审计人员提出不合理的要求、态度异常恶劣；对注册会计师的工作进行种种限制，对注册会计师的询问无法说明理由或理由牵强附会。这些情况通常隐含着不可告人的秘密，而这些秘密往往是注册会计师寻找舞弊行为的契机。

同时，我们注意到1999—2002年闽越花雕财务报表的审计意见均为标准无保留意见，而2003年、2004年则为保留意见，表明执行审计的会计师事务所认为公司存在较大的舞弊风险，并提醒报表使用者予以关注。

在中国证监会2007年9月24日公布的处罚决定中，由于对部分审计项目没有保持应有的职业谨慎，导致对会计报表存在的重大错误、漏报未能提请闽越花雕进行调整或发表恰当的审计意见，中勤万信会计师事务所及对闽越花雕执行审计的注册会计师受到警告处罚。

四　识别、评估及应对管理舞弊风险

根据实施风险评估程序获取的信息，并考虑各类交易、账户余额、列报，以识别舞弊风险，将识别的风险与认定层次可能发生错报的领域相联系，考虑识别的风险是否重大，以及识别的风险导致财务报表发生重大错报的可能性。

运用询问、观察、检查和穿行测试等方法进行风险评估。评估结果显示，闽越花雕高管层低报酬甚至不领取报酬；由于2004年因舞弊而受到证监会处罚，管理层的诚信存在明显问题；管理层过度关注提高公司利润以避免暂停上市；公司决策权由大股东神龙集团掌控，公司治理结构流于形式；组织机构变动频繁；存在重大的异常交易和非正常经营收益；经营净现金流量为负；资金周转不灵，持续经营能力受到重大影响等。

说明财务报表层次的重大错报风险较大，存在管理舞弊的可能性较大。因此，应当计划采用管理舞弊风险的应对措施：（1）改变拟实施审计程序的性质，包括更加重视实地观察或检查，在实施函证程序时，改变常规函证内容，增加对合同条款的函证；询问公司的非财务人员等，以获取更为可靠、相关的审计证据。（2）改变实质性程序的时间，包括在期末或接近期末实施实质性程序，或针对本期较早时间发生的交易事项或贯穿于整个本期的交易事项实施测试。（3）改变审计程序的范围，包括扩大样本规模，采用更详细的数据实施分析程序等。（4）针对管理层凌驾于控制之上的管理舞弊，应实施的特定审计程序包括：测试日常会计核算过程中做出的账务处理，以及为编制财务报表做出的调整是否适当；复核会计估计是否有失公允，从而可能产生舞弊导致的重大错报；对于注意到的、超出正常经营过程或基于对被审计单位及其环境的了解显得异常的重大交易，了解其商业理由的合理性。

五　实施评价指标分析确定审计重点

利用计算机辅助管理舞弊审计系统所构建的指标体系，对闽越花雕各项评价指标进行计算分析，如表 28 - 1 和表 28 - 2 所示。

表 28 - 1　　　　　　　　　　　评价指标

科目（单位：元）	2004 年 12 月 31 日		2003 年 12 月 31 日		2002 年 12 月 31 日		2001 年 12 月 31 日	
	公司值	行业平均	公司值	行业平均	公司值	行业平均	公司值	行业平均
财务状况								
资产负债比率（%）	62.64	99.81	53.44	61.14	61.47	71.02	62.53	75.05
盈利能力								
净资产收益率	- 3.23	0.63	0.49	- 1.15	1.34	- 0.04	8.8	- 8.26
主营业务利润率（%）	- 2.93	23.19	13.24	23.34	14.5	24.04	11.31	18.13
每股收益	0.03	- 0.05	- 0.48	- 0.01	- 0.2	- 0.09	0.13	- 0.07
偿债能力								
速动比率	1.05	0.79	1.03	0.89	0.78	1.27	0.85	1.15
利息保障倍数	- 0.83	4.6	3.18	3.71	3.2	3.78	3	- 28.9
股东权益比率（%）	27.41	- 12.9	36.27	15.71	26.98	- 0.45	26.17	8.42
营运能力								
应收账款周转率	0.35	2.82	0.39	2.3	0.88	1.61	4.21	6.86
存货周转率	2.08	1.24	2.1	1.16	2.1	0.77	6.85	2.81
总资产周转率	0.04	0.12	0.04	0.09	0.08	0.08	0.35	0.36
成长能力								
主营业务收入增长率（%）	- 17.6	71.75	- 58.7	297.3	36.51	11.82	13.73	8.35
净利润增长率（%）	- 528	25.11	- 61.8	- 104	- 252	- 0.18	- 10	- 266
净资产增长率（%）	- 35	20.48	4.49	- 4.48	- 0.13	- 12	5.63	- 781

表 28 - 2　　　　　　　　　　　　　　　**评价指标**

项目	2004 年	2003 年	2002 年	2001 年
关联交易指标				
其他应收款/流动资产	0.66	0.65	0.58	0.51
其他应收款/总资产	0.4	0.43	0.29	0.29
内部治理结构				
股权集中度	0.03	0.02	0.04	0.05
影响董事会独立性	0	0.14	0.14	0.12

资料来源：由 www.cnlist.com 统计计算得出。

由表 28 - 1 我们可以看出，闽越花雕的主营业务利润率自 2001 年以来就明显低于同行业水平，2004 年甚至达到 - 2.93%，而且主营业务收入增长率也自 2003 年开始变为负增长，表明公司主营业务收入增长严重缺乏动力。净资产收益率、每股收益逐年减少，而 2004 年在净资产收益率继续恶化的情况下，每股收益则由负数变为正值，这显示出异常。闽越花雕在 2002 年、2006 年连续两年亏损的情况下，2004 年却奇迹般的扭亏为盈，有可能公司管理层为了避免公司股票暂停上市，进行报表利润的粉饰。从报表数据可以看出，闽越花雕 2004 年的利润在很大程度上依赖非主营业务收益，若剔除非主营业务收益，其营业利润为 - 963.03 万元，这似乎说明了查找舞弊的方向——投资收益和营业外收入。同样，在 2004 年利润增长的同时，利息保障倍数却由正变为负，并且公司的财务状况均低于同行业水平，这说明公司财务费用可能较大，其负债和财务费用均存在可疑之处。

由表 28 - 2 可以看出，闽越花雕的其他应收款占流动资产总额和资产总额的比例都很大，且呈现逐年上升的趋势，这说明公司的关联交易金额巨大，成为公司日常业务的重要部分，这将引起审计人员的警惕，因为关联交易的舞弊几率较高且隐蔽性强。另外，股权集中度较高和董事会独立性较低都表明存在管理层舞弊的可能性较大。

闽越花雕在 2004 年、2007 年被证实存在利用关联交易虚构收入、虚增投资收益、少提坏账准备、少提利息费用等方法进行虚假报表披露的行为，被证监会处罚。因此可以看出，我们构建的评价指标体系能够帮助审计人员发现管理舞弊的线索。

六　分析关联方及其交易

审计人员应当特别关注公司存在的异常交易，如数额或方式反常、交易对象为关联企业、价格异常（偏高或偏低）、交易目的不明、不合商业逻辑、未遵循通常的商业渠道；支付佣金或服务费用数额较高或支付的目的不明；资金来源不明或与所经营的业务无明确关系；与顾客及供应商的交易模式发生异常的变化；无正当理由或在非常不平等条件下进行投资交易，或者将投资转让给第三方。

分析闽越花雕的关联方交易，我们发现其突出特点是，利用关联方莫须有的设备租赁，虚构租赁收入，参与造假的关联公司多达 15 家。2001—2002 年间，虚构公司与其子公司上海福联国际贸易有限公司、福建省中威纺织工业有限公司及优星纺织有限公司的设备租赁收入，虚增税前利润 15518930.56 元；虚构子公司福建省绿得生物股份有限公司的并表子公司福州绿得商贸有限公司及福建麒麟啤酒工业有限公司设备租赁收入，虚增税前利润 4446473.85 元；虚构子公司上海福联投资发展有限公司与福清鑫龙食品开发有限公司设备租赁收入，虚增税前利润 3168727.22 元。经检查，闽越花雕及其关联子公司没有相互出具发票，实际上该设备转让和租赁业务并未发生，也未取得租赁收入。

此外，虚构子公司绿得生物与麒麟啤酒、鑫龙食品的商标租赁收入，虚增税前利润 5317928.06 元；虚构子公司福建省福联经贸发展有限公司与优星纺织的信息服务收入，虚增税前利润 944500 元，且未及时履行相应的临时公告义务；隐瞒神龙发展及其并表子公司绿得生物、孙子公司绿得商贸与优星纺织等 7 家关联企业的关联交易，虚增利息收入 9239889.50 元，虚增税前利润 8869649.75 元。

七　针对管理舞弊专门实施实质性程序

针对以上分析确定的管理舞弊审计重点，实施以下专门的实质性程序进行详细审查，以发现闽越花雕的舞弊行为：

（一）检查账务处理，发现投资收益违规确认

通过从投资收益明细账追查至相关投资协议、收益确认标准及原始凭证，发现有提前确认收益现象，虚增 2002 年税前利润 645.93 万元，隐瞒公司及并表子公司绿得生物、孙公司绿得商贸与优星纺织等 7 家关联企业

的关联交易，虚增利息收入 923.99 万元，虚增税前利润 886.96 万元。违规确认转让晋江福联轻纺市场有限公司 25% 股权的投资收益 2461725.50 元，虚增利润 2461725.50 元。

通过查阅控股子公司上海福联投资发展有限公司的财务报表及其审计报告，发现虚构与福建省融埔建筑工程有限公司之间的合作投资款及投资收益，闽越花雕因此虚增利润 1016400.00 元。

（二）复核会计估计，发现滥用会计估计，少提坏账准备

对闽越花雕资产置换业务进行检查，复算其会计处理的正确性。发现公司以拟进行资产置换为由，滥用会计估计，少提坏账准备 6440456.97 元，虚增利润 6440456.97 元。

对应收款项账龄进行分析，发现公司任意调整账龄，少提坏账准备 1112552.80 元，虚增利润 1112552.80 元。

对其他应收款重新分类调整的检查，发现公司将其调列为预付账款，少提坏账准备 2350279.43 元，虚增利润 2350279.43 元。

（三）对银行贷款专门函证，发现少提利息费用

对闽越花雕的银行借款进行函证时，专门附加对贷款的函证，发现 2001 年少计短期贷款 3500 万元，因此少计提利息支出 1869525 元，虚增税前利润 2419525 元；2004 年年报少提贷款利息 2732817.92 元，虚增利润 2732817.92 元。

（四）进行资料鉴定，发现虚构股权转让收益

查阅与福建省第一建筑工程公司福州分公司的合作投资的相关合同，发现闽越花雕违规确认福建省绿得生物股份有限公司股权转让收益，虚增利润 8037458.84 元。

（五）评价重大非正常性交易，发现利用关联方交易虚构利润

闽越花雕重大的非正常交易大都是关联交易，通过检查与关联交易有关的会计记录及其原始凭证、合同、发票，发现上述（六）中的关联方交易舞弊。

八　保持适当的职业怀疑

从 2001 年开始闽越花雕的资金链就开始紧绷，这从公司一系列法律诉讼集中爆发于 2001 年和 2002 年就可以看出。而且那段时间公司的对外担保也急剧增加。截至 2004 年 6 月 30 日，闽越花雕对外担保余额为

40721.36 万元，其中违规担保 36681 万元，对外担保余额占公司净资产的比例达到 229.37%，而且绝大部分已逾期。审计人员就此应当提高警惕，保持适当的职业怀疑。

同时发现在很多重大事项披露上闽越花雕也是遮遮掩掩，甚至出现前后矛盾、虚假陈述的情况：

2001 年闽越花雕向农业银行贷款 3500 万元，并分三笔将汇给福建省丝绸联合公司和福州中威实业有限公司，福建丝绸和中威实业均是神龙集团所控制的企业。对此项行为未履行临时公告义务，也未在 2001 年度年报中进行披露，直到 2002 年 5 月才办理相关账务处理手续。由此公司 2001 年年报少计短期贷款和其他应收款各 3500 万元。

当神龙集团持有的闽越花雕股权被司法拍卖时，闽越花雕也不履行临时公告义务。闽越花雕 2002 年年报显示，报告期内神龙集团持有的上市公司股份减少了 859.68 万股，但此前闽越花雕没有临时公告。

2002 年 3 月 28 日，闽越花雕与上海致达科技（集团）股份有限签订股份转让合同，将持有的兴业证券 6000 万股股份，每股 1.69 元，转让总价为 10140 万元。但后来合同并没有执行，闽越花雕也未及时披露。直到 2003 年 4 月 19 日，闽越花雕用持有的兴业证券 5480 万股股权抵偿公司在建设银行福州分行短期借款本息 8100 万元时才被迫说明。

经查明，闽越花雕信息披露违规还表现在虚假陈述上。2003 年 4 月 23 日，神龙集团与上海浩然投资有限公司签署《社会法人股转让合同》，将持有的闽越花雕 1526.11 万股社会法人股转让给浩然投资，公告披露此部分股权不存在任何权利限制。但事实上，这部分股权一个月前因欠款涉诉已被上海市第二中级人民法院冻结。

第二十九章　总结与展望

近年来上市公司舞弊案不断爆发，而由于我国证券市场一些深层次的原因，上市公司舞弊难以在短时间内予以彻底消除，这就对管理舞弊审计方法的发展和研究提出了迫切的需要。本篇采用规范研究、案例分析、定性分析和定量分析相结合等方法，在国内外研究成果的基础上，针对现行审计模式下管理舞弊审计方法的低效现状，围绕管理层舞弊的动因及手段展开研究，提出一系列管理舞弊审计策略和方法，并得出以下结论：

（1）从国内外学者研究观点出发，分析我国上市公司管理舞弊的涵义和动因，统计近几年受到中国证监会处罚的上市公司管理舞弊的主要行为和手段，以供查找舞弊线索，同时也总结了管理舞弊审计方法的演变过程。

（2）针对目前我国会计师事务所进行管理舞弊审计所常用的方法设计调查问卷，并对调查结果进行分析。结果表明我国目前审计模式下对上市公司实施管理舞弊审计方法存在一定的局限性。

（3）介绍上市公司管理舞弊审计的特殊方法和程序。在管理舞弊审计过程中，审计人员应深入了解被审计单位及其环境，评估管理舞弊风险，利用公司数据库进行分析性程序、运用行为经济学发现舞弊迹象、实施连续审计、运用计算机辅助管理舞弊审计、对重要项目实施特殊侦察策略等方法。同时，构建出一套计算机辅助管理舞弊审计框架及其评价指标体系。

（4）以闽越花雕的管理舞弊案为例，进行管理舞弊行为的分析，并运用我们提出的管理舞弊审计方法，来说明其在发现舞弊和分析舞弊方面的有效性。

由于管理层的不良动机以及公司治理结构尤其是股权结构的不完善进而引起的内部控制失效，是导致管理舞弊的直接动因，国家会计准则与制度、法律法规的不完善为管理舞弊提供了可乘之机，因此优化股权结构，完善相关法律法规是防治管理舞弊的有效途径。本篇仅就上市公司管理舞弊审计方法和策略进行了探讨，内容还不尽完善，要在目前我国现行的审计体制下充分应用还有一定的困难。尤其是要将设计出的计算机辅助管理舞弊审计框架进行编程和实际运用还需要计算机专业人员来执行。管理舞弊审计方法和策略的发展和完善是一个持续的进程。

附录一

上市公司管理舞弊审计策略与方法问卷调查

尊敬的女士/先生：

您好！

我们正在进行一项有关上市公司管理舞弊审计策略与方法的研究，可否请抽出 3 分钟时间帮我们填写一份问卷。本问卷纯为学术研究而设计的，答案都是您所思、所见、所闻。您的所有信息都会被严格保密，只被用作研究之用。谢谢！

下面列举了一些方法与策略，请您选择其对上市公司管理舞弊审计的有效程度有多大进行打分。（具体做法：在您所选的分数下面画"√"）

五个级别含义参考标准如下：

1 分表示无效，说明该方法对上市公司管理舞弊审计基本上没有效果。

2 分表示效果不明显，说明该方法对上市公司管理舞弊审计有一定的效果，但效果不明显。

3 分表示效果一般，说明对该方法的效果无法判断或认为无所谓。

4 分表示效果较明显，说明该方法对上市公司管理舞弊审计有明显效果，理由较为充分。

5 分表示极为有效，说明该方法对上市公司管理舞弊审计极为有效，并有充分的、肯定的理由。

		极为有效	效果较明显	效果一般	效果不明显	无效
		5	4	3	2	1
1	了解被审计单位及其环境	5	4	3	2	1
2	评价内部控制制度	5	4	3	2	1
3	与前任审计人员沟通	5	4	3	2	1
4	考虑管理当局的诚实性	5	4	3	2	1
5	运用询问技术获取更多的信息	5	4	3	2	1
6	现场调研和利用专家工作	5	4	3	2	1
7	有效地利用分析程序	5	4	3	2	1
8	分析关联方的财务报告及其附注	5	4	3	2	1
9	保持必要的职业怀疑	5	4	3	2	1
10	增加审计程序的不可预见性	5	4	3	2	1

注：另外，由于本人学识有限，思考不全，很多影响因素并没有包括在调查表的问题中，希望您能将补充建议写在第二部分，十分感谢。

第二部分

若您认为存在哪些对上市公司管理舞弊审计有帮助的其他策略和方法，请把您的补充意见填写在下面：

附录二

调查结果数据

	A1	A2	A3	A4	A5	A6	A7	A8	A9	A 10
1	3	2	4	5	2	1	3	2	3	5
2	3	4	2	4	4	3	3	2	4	5
3	5	4	5	3	4	3	2	2	5	5
4	5	3	2	2	3	3	3	3	4	4
5	4	4	3	4	5	2	4	4	4	4
6	5	4	4	4	4	4	3	3	4	4
7	5	4	4	5	3	2	4	2	5	5
8	5	4	3	5	2	4	5	5	4	5
9	4	4	3	3	3	4	3	3	3	3
10	5	5	3	5	2	3	4	2	4	4
11	5	4	5	3	3	5	5	5	4	4
12	3	2	4	4	1	4	5	2	4	4
13	3	4	3	3	3	3	3	4	4	4
14	5	5	3	4	4	5	2	2	5	5
15	4	4	3	3	3	3	3	4	3	3
16	4	2	2	2	1	4	4	4	4	4
17	5	5	4	4	3	5	5	3	5	5
18	5	4	3	3	3	3	3	3	2	3
19	4	4	3	3	3	2	3	2	5	5
20	5	5	4	1	3	4	4	5	3	4
21	5	4	2	3	1	3	5	2	1	4
22	5	4	5	3	3	4	4	2	3	3
23	3	3	3	3	3	4	4	4	4	4
24	3	3	3	3	3	3	2	2	3	2
25	3	3	3	3	4	3	3	3	3	5

续表

	A1	A2	A3	A4	A5	A6	A7	A8	A9	A10
26	4	4	4	3	4	4	3	3	5	5
27	5	5	5	5	5	5	5	5	5	5
28	5	5	3	3	5	5	4	4	5	5
29	4	4	4	3	3	4	4	4	3	4
30	4	2	3	4	3	5	5	2	5	5
31	4	5	3	4	3	5	5	5	5	4
32	5	4	2	4	4	4	3	2	3	4
33	5	4	2	4	4	2	3	2	4	4
34	5	4	2	4	3	4	3	2	4	4
35	5	4	2	2	3	2	4	2	4	4
36	5	4	2	4	4	1	3	2	4	3
37	3	4	3	3	4	4	4	4	4	4
38	3	2	3	3	4	2	4	4	3	4
39	4	4	3	5	3	4	3	3	3	3
40	3	4	4	2	3	5	3	2	5	4
41	5	5	3	3	4	1	5	3	3	3
42	4	4	4	5	3	1	4	3	3	4
43	3	3	4	4	4	4	3	2	4	4
44	3	3	3	2	4	2	4	4	4	4
45	5	5	4	4	3	3	4	2	5	1
46	3	4	5	2	2	3	3	4	3	4
47	5	4	4	4	3	4	4	4	3	3
48	3	4	3	4	3	3	3	3	5	5
49	3	3	3	4	3	3	5	2	3	4
50	3	3	3	2	2	3	3	3	4	3
51	5	5	4	2	4	2	4	2	3	3
52	5	5	5	1	2	4	5	5	3	5
53	4	4	3	3	4	3	3	3	4	4

	A1	A2	A3	A4	A5	A6	A7	A8	A9	A10
54	5	4	5	3	1	5	4	5	4	3
55	4	3	3	4	2	2	3	4	3	4
56	5	3	3	5	2	5	4	3	5	4
57	4	4	2	2	1	3	4	4	3	3
58	4	3	3	3	3	4	3	3	3	3
59	5	3	3	3	3	2	5	2	5	5
60	3	3	3	3	3	3	5	2	5	3
61	4	4	4	4	2	3	4	4	3	4
62	4	2	3	3	3	5	3	3	4	4
63	4	2	3	3	3	5	3	3	4	4
64	3	3	3	3	3	4	4	3	3	3
65	4	2	3	3	3	2	2	2	3	3
66	4	3	5	1	1	3	3	3	3	3
67	5	5	3	4	2	4	4	3	4	4
68	4	4	4	4	3	3	5	3	4	4
69	5	4	2	5	3	5	5	4	3	5
70	4	4	4	2	4	2	4	4	4	4
71	3	3	3	3	3	4	4	2	4	4
72	3	3	3	3	3	4	4	2	4	4
73	5	5	3	3	4	1	4	3	3	4
74	4	3	2	2	2	3	2	2	3	4
75	4	3	2	4	2	4	3	2	3	4
76	2	5	2	1	1	5	3	2	4	3
77	4	4	3	1	4	4	4	4	4	3
78	2	4	2	2	2	4	3	2	2	4
79	4	5	3	3	4	4	3	4	4	4
80	5	2	4	1	3	4	4	4	4	4
81	5	5	5	3	3	5	5	2	5	5

	A1	A2	A3	A4	A5	A6	A7	A8	A9	A10
82	4	2	3	4	3	3	3	3	2	4
83	2	2	3	2	2	2	2	2	3	2
84	4	4	4	3	3	4	4	3	4	3
85	4	3	4	3	2	4	4	4	4	3
86	4	4	5	3	2	3	3	4	5	5
87	4	4	3	4	3	2	2	2	4	4
88	2	4	3	4	4	3	5	3	5	3
89	5	5	2	5	3	5	4	3	5	5
90	2	5	4	4	2	2	5	4	4	5
91	5	2	5	4	4	2	5	3	4	4
92	5	5	4	1	2	4	4	4	5	5
93	5	3	4	4	2	3	4	4	2	5
94	4	4	3	4	3	4	3	3	5	4
95	5	3	2	2	2	4	3	4	4	2
96	5	3	3	4	4	3	5	3	2	3
97	4	5	2	2	2	3	3	4	5	2
98	4	4	3	3	3	4	4	4	3	3
99	4	5	3	3	1	3	3	4	3	3
100	5	2	4	3	2	4	3	2	4	5
101	2	2	2	4	1	4	3	2	4	2
102	5	2	3	2	2	3	2	2	3	2
103	5	3	2	2	3	2	3	3	4	4
104	4	5	5	4	1	4	4	4	4	4
105	5	2	4	2	4	4	3	3	2	4
106	2	4	4	3	3	1	4	2	4	3

第六篇
提升企业审计监督
能力的技术途径研究
——基于政府审计视角的探索

第三十章 绪论

第一节 选题的背景与意义

随着社会主义市场经济的发展和国有企业改革的深化，国有企业政府审计的环境发生了巨大变化，伴随审计对象不断减少的同时，审计对象个体的规模在不断扩大。企业集团在日常经营过程中为加强管理效率和管控能力，信息网络技术逐步应用于企业的各个业务流程过程中，审计环境发生了翻天覆地的变化。很多企业和部门开始运用计算机技术来经营管理，审计人员面对的不再是纸质的账本，而是集财务、人事、供销、生产、客户管理等功能为一体的信息系统及其存储在数据库底层的电子数据。传统的审计理念和技术遭遇到巨大的挑战，审计人员面临着"进不了门，打不开账"的尴尬局面。审计外部环境的变化，促使政府审计工作向适应信息化环境的新型审计模式及技术方法转变。

同时，政府部门对企业审计经过25年的发展，国家、企业和社会公众对审计的需求已从传统的查错防弊上升到更高层次。政府部门要求审计机关检查宏观决策措施的贯彻落实情况，为决策提供依据；企业要求审计机关能及时反映存在的困难和问题，促进体制机制的完善；社会公众对国有企业的社会责任，公共资金投入到国有企业的效率效益问题越来越关注。因此，实践中政府企业审计的目标除了传统的真实性、合法性之外，越来越多的审计项目以效益性评价为目标，以此来满足各个层面不断上升的现实需求，在更大的范围、更广的领域、更高的层面发挥政府审计在国有企业发展过程的作用。

2008年年初，刘家义审计长在中国审计学会五届三次理事会暨第二次理事论坛上讲话时指出，"审计本质上是一个国家经济社会运行的'免疫系统'"，起着预防、警示和抵御的作用。要求国有企业的审计由传统审计向现代审计转型，以达到发挥国有企业审计"免疫系统"的要求，促进国有企业保值增值、增强可持续发展能力、维护国民经济的安全完整。在现实审计实践中，与发挥"免疫系统"功能要求相比，国有企业审计存在着审计目标执行不到位、审计职能发挥不完全、审计覆盖面不够广、审计应变能力不强等问题。

在上述背景下，国有企业审计通过研究和运用信息技术，来提高审计效率、质量和应变能力，从而降低审计风险，是国有企业审计发展的一大趋势。因此，通过研究企业审计需求、企业审计数据规划、企业审计方法体系、企业审计数字化平台等企业审计数字化内容来推动企业审计发展，以此来更好地指导审计实践有着重大的理论意义和现实价值。尤其是当前我国政府审计正处于由传统审计向现代审计转型的阶段，开展此项政府企业审计数字化研究有着现实审计实践的需求。

第二节　国内外研究现状与发展趋势

一　国外研究现状与发展趋势

国外的企业审计引入计算机技术起源于 20 世纪 60 年代初，是随着计算机在财务会计领域的应用而产生的。早期的数字化应用较简单，更多的是围绕被审计单位电子数据的采集、分析、计算等数据处理过程。在现阶段，国外企业审计数字化是通过连续审计来实现，相应的连续审计已有了一套相对系统的规范。在学术界，格鲁默和默西（Groomer and Murthy，1989）提出了连续审计模式，2004 年又根据未来基于 XML 技术构造的会计信息系统提出了一种基于网络服务（Web Service）的新的连续审计模式（Continuous auditing web service，CAWS）。1999 年美国注册会计师协会（AICPA）和加拿大注册会计师协会（CICA）联合发布的《连续审计：研究报告》和 2005 年国际内部审计师协会（IIA）发布的全球技术审计指南（G7AG）《连续审计：保证、监控和风险评估的执行》系统地进行了规范。因此，国外在研究企业审计数字化方面相对成熟，提出了一系列的方法、规范等完整框架。

由于国外尤其是发达国家政府审计中都不开展对国有企业的审计，国有企业审计都由社会审计机构来完成。相应的连续审计的应用研究和实践一般都是在内部审计或社会审计中进行。根据普华永道会计师事务所发布的《2006 年内部审计状况职业研究》，被调查的美国公司中有半数公司目前正在使用"连续审计（CA）"技术；在 392 家接受调查的企业中，已经有 81% 拥有或正在计划建立连续审计/监控流程；2005—2006 年间，已拥有连续审计/监控流程的调查反馈者比例从 35% 上升到 50%，增幅显著。由于政府审计目标和内部审计目标及外部社会审计目标不同，因此国外的连续审计研究内容和应用模式在我国政府企业审计中不完全适用。

二 国内研究现状与发展趋势

在国内，当前企业计算机审计的一个研究热点也是围绕连续审计展开。到目前为止，关于连续审计的文献并不多，总体来讲，我国关于连续审计的研究正处于对外国文献的引进介绍阶段，因此论文研究的角度主要还是将连续审计放置在企业内部审计应用上展开的，只有少部分论文探讨了连续审计在政府审计中的应用。

何芹（2009）对连续审计在我国政府审计中的可能性进行了分析。徐磊、李勤、何世宏（2009）对全部政府性资金连续审计系统展开了研究。雷玉亮（2009）对社保资金连续审计方法展开了研究。上述文献都是将国外站在社会审计或内部审计视角的经验、模型放置在我国政府审计中来讨论，都没有考虑政府审计与社会审计、内部审计目标之间的差异导致的审计内容、重点及方式方法的不同。本书也因此立足在解决政府企业审计自身问题的角度展开研究讨论。

当前在政府部门的企业审计理论研究方面，主要集中在审计目标、审计内容、审计功能等传统领域。在信息化方面，企业审计研究主要是关注电子数据的采集、转换、处理等计算机审计通用范畴，并没有形成一套成型的企业审计数字化的专业规范。到目前为止，我国计算机审计实践尚处于数据式审计的探索阶段。

与此同时，企业审计的信息化水平又落后于信息化条件较好的金融等行业审计，理论和实务方面一直未脱离模仿手工审计思维和辅助工具论的束缚。

2006 年，石爱中、孙俭立足于信息化财务系统和计算机环境，提出了账套式审计模式（包括账套基础审计模式和账套式系统基础审计模式）和数据式审计模式（包括数据基础审计模式和数据式系统基础审计模式）。此后，政府审计中的计算机审计的研究发展主要是以数据为对象的数据式审计技术方法、联网审计系统、信息系统审计等方面，企业审计领域也不例外。

当前，在政府审计中也以实现计算机审计的"五个转变"来促进传统审计向现代审计转型，即由账套式审计向数据式审计的转变；数据式审计向既审数据又审系统转变；运用现场审计系统（AO）向运用 AO 和联网审计系统审计相结合转变；数据中心由基础设施建设向业务应用转变；审计专家经验总结向审计方法体系提炼转变，启动行业审计的数据规划和审计实务方法体系建设工作，构建审计业务数据库。因此，数字化的企业审计技术途径尚处于边实践边摸索的阶段。

第三节　研究思路、结构安排和创新之处

企业审计分内部审计、社会审计和政府审计。本篇立足于政府审计视角，从解决政府部门的企业审计监督能力弱化问题的角度展开研究讨论。研究思路是针对企业审计环境和需求的变化而带来的审计监督能力弱化问题和审计转型要求，研究政府部门的企业审计由传统审计向现代审计转型的技术途径，在推动企业审计发展，促进企业审计方式的转变和转型，提升企业审计的监督能力方面，具有重大的理论与实践意义。

本篇共分六章。

第三十章对政府企业审计课题的背景和意义，国内外研究的现状及趋势进行了综述。

第三十一章对提升企业审计监督能力的相关指导理论进行了综述，也是本篇的理论基石。

第三十二章就政府对企业审计的监督能力现状、原因及解决途径进行了探讨分析。

第三十三章研究了数字化环境下企业审计流程和企业审计系统，着重

研究了企业审计系统平台架构及规范系统平台的企业审计标准规范。

第三十四章研究了当前推进数字化企业审计的对策和技术途径，并利用案例说明当前如何实现企业审计项目数字化，为政府部门在当前对企业审计实现创新转型提供思路和方法。

第三十五章主要是对政府部门的企业审计现状和本篇的研究进行总结，同时也指出了下一步的研究方向。

本篇的创新之处是，从研究企业审计发展环境和需求的变化导致的审计监督能力弱化出发，以促进政府企业审计创新转型，提升企业审计监督能力的视角，从远期和近期两个角度提出推进数字化的企业审计的技术途径及具体内容，为实现政府部门对企业审计的数字化方式方法，实现企业审计的创新转型提供思路和方法。

第三十一章 提升企业审计监督能力的相关指导理论综述

第一节 审计免疫系统理论

2008 年 3 月 31 日，在中国审计学会五届三次理事会暨第二次理事论坛上，刘家义审计长首次系统阐述了牢固树立科学审计理念，充分发挥审计保障国家经济社会健康运行"免疫系统"功能的观点。2008 年 12 月 29 日，在全国审计工作会议上，刘家义审计长就这一观点作了进一步阐述。

一 机体免疫系统的系统特点

从机体免疫系统角度看，免疫系统（immune system）是机体保护自身的防御性结构，主要由淋巴器官（胸腺、淋巴结、脾、扁桃体）、其他器官内的淋巴组织和全身各处的淋巴细胞、抗原呈递细胞等组成，并借助血液和淋巴循环相互联系而组成的功能系统。

一般认为，机体免疫系统具有：

（一）三种基本功能

（1）免疫防御，即抗感染免疫，主要机体针对外来抗原（如微生物及其毒素）侵袭的免疫保护作用。

（2）免疫自稳，即免疫系统能及时识别、清除体内损伤或衰老的细胞，但对机体正常的细胞不发生攻击，同时修补受损器官和组织，使其恢复原来的功能，以维持自身内环境稳定的一种生理功能。

（3）免疫监视，即因各种机体内外因素的影响，正常个体的组织细胞不断发生畸变和突变，免疫系统及时识别此类复制错误或突变细胞并将其清除的功能。

（二）五个基本特点

（1）广泛性。机体免疫系统由免疫器官、免疫细胞和免疫分子组成，各组成成分广泛分布于全身，为机体提供全方位的分布式保护。

（2）自适应性。侵入机体体内的抗原具有不可预知性，但免疫系统会不断地产生新的抗体，最终生成适合的抗体来消灭抗原，从而动态地适应外界环境的变化。

（3）动态平衡能力。在免疫应答过程中，免疫系统内部各免疫细胞之间、抗原与抗体之间、抗体与抗体之间形成一个相互作用的动态平衡网络体系，使免疫应答维持合适的强度。

（4）精确识别能力。机体免疫系统具有高度的识别能力，能精确识别"自己"和"非己"物质。对于"非己"的抗原，免疫系统能启动免疫应答来排除异己；而对于"自己"的组织细胞，免疫系统能保持免疫无应答，形成免疫耐受，以维持机体内环境的稳定。

（5）超强的学习和记忆能力。机体免疫系统能够接受、传递、扩大、储存和记忆有关免疫的信息，针对免疫信息发生正和负的应答并不断调整其应答性。

刘家义审计长借用了医学免疫系统理论的基本原理提出审计免疫系统论，把政府审计作为一个免疫系统嵌入经济和社会大系统之中，自然地具有机体免疫系统的基本功能。

二　审计免疫系统论的主要观点

审计免疫系统论系统回答了审计的本质、政府审计的本质、政府审计的功能、政府审计的基本特征、政府审计的根本目的、政府审计的首要任务等一系列重大问题，内涵十分丰富，主要观点如下：

（一）审计本质观

审计免疫系统论认为：从马克思主义国家学说的更深层次研究来看，审计在本质上是一个国家经济社会运行的"免疫系统"。审计本质观是审计免疫系统论最根本的观点和逻辑起点。

（二）政府审计本质观

政府审计的本质问题是研究政府审计理论的首要，也是决定政府审计性质、责任、地位、作用的根本。审计免疫系统论认为："政府审计作为国家政治制度体系中内生的'免疫系统'，它伴随着国家的成长而出现，伴随着国家的发展而完善。因而是先天的、内生的制度安排。"审计免疫系统论的政府审计本质观告诉我们，政府审计作为国家政治制度体系中内生的"免疫系统"，主要是维护和促进国家政治制度中的责任关系的履行。

（三）政府审计功能观

审计免疫系统论认为："在一个国家的政治制度体系中，任何机构和任何系统都有经济社会发展赋予其自身的特定的功能，例如财政、金融系统的主要功能就是实施财政、金融决策和管理权。同理，预防、揭示、抵御经济运行中的各种矛盾和各种病害的功能，历史地落到了专门的监督机构——审计机关的头上。审计机关的职责就是通过独立行使审计监督权，保证国家各项政策能够有效实施，使国家机器健康、安全地运行。""审计机关作为一个'免疫系统'，能够最早地感受到病害侵蚀的风险，更早地揭示病害侵蚀带来的危害，更快地运用法定权限去抵御、查处这些病害，也能及时建议政府或相应的权力机关，运用各种政治资源、经济资源、社会资源去消灭这些病害，从而健全制度，保护国家安全。"审计免疫系统论根据机体免疫系统的防御、自稳及监视的基本功能，提出政府审计具有预防、揭示和抵御三大功能，丰富了人们对政府审计功能的认识。

（四）政府审计基本特征观

审计免疫系统论认为，政府审计具有五个基本特征：一是立足建设性，坚持批判性；二是立足服务，坚持监督；三是立足宏观全局，坚持微观查处和揭露；立足主动性，坚持适应性；立足开放性，坚持独立性。这五个基本特征，概括了政府审计工作面对的五个常见的基本矛盾。怎样对待和处理这五个基本矛盾，是衡量审计免疫系统职责履行情况的重要标尺。

（五）政府审计目标观

审计免疫系统论认为："审计监督的根本目的就是维护人民群众的根本利益，推进依法行政，维护社会公平正义。这是审计的长远目标。""审计目标作为审计目的的具体实现形式，在不同阶段，也是不同的。在当前或今后一段时期内，审计的目标就是要'推进法治，维护民生，推动改革，促进发展'。这是审计工作的出发点和落脚点。"审计目标是政府审计作为经济社会的免疫系统所要追求和实现的标的，是政府审计存在的价值与现实意义。审计免疫系统论的目标观回答了"为谁审计"的问题。

（六）政府审计任务观

审计免疫系统论认为："审计工作的首要任务就是维护国家安全，保障国家利益，推进民主法治，促进全面协调可持续发展。""就当前而言，要关注国家财政安全，防范财政风险；关注金融安全，防范金融风险；关注国有资产和国有资源安全，防止流失、损失、浪费；关注民生安全，促进和谐社会建设；关注生态环境安全，防止资源破坏、毁损和环境污染；关注国家信息安全，防范信息风险。"政府责任的核心是国家利益，国家利益的基础是国家安全。从政府审计的最高目标来看，审计工作只有把维护国家安全作为审计工作的第一要务才能够有高度、有深度，才能够真正实现其历史使命，也才能够在更高的宏观层面上发挥更大的作用。

审计免疫系统论是对新形势下审计功能和作用的新认识，需要把握三个基本要义：一是认识审计的本质。审计在本质上是一个国家经济社会运行的"免疫系统"。"免疫"的含义不仅仅是查错纠弊和揭露问题，更重要的是要从体制、机制和制度层面上分析和揭示问题的根源，发挥审计预防、防范和预警的作用；二是认识审计作用的范围。审计的作用范围不仅仅是具体的单位和项目，更重要的是要在关系国家经济社会运行安全的全局性问题上有话语权，能够发挥建设性作用；三是认识审计的作用方式。审计作用的方式不仅仅是对财政财务收支的真实合规和绩效进行审计监督，更重要的是要在保护国家和人民利益，推进民主法治建设及和谐社会建设方面发挥作用。

第二节　数据式审计理论

数据式审计是一种以数据为直接的审计对象的审计模式。在审计实践中，数据式审计和账套式审计均处于起步阶段，在现存的审计理论框架中还没有一套成熟完整的概念框架体系。与传统的账目基础审计模式、制度基础审计模式和风险基础审计模式相比，数据式审计具有更宽的审计视野、更高的审计效率，是未来计算机审计发展的主要方向。

一　数据式审计模式的几个概念

数据式审计模式可以分为数据基础审计模式和数据式系统基础审计模式。

(一) 数据基础审计模式

数据基础审计模式可以定义为以数据为直接审计对象的审计方式。在纸质环境下，审计可以采取账目基础审计模式，也可以采用制度基础审计模式，甚至可以采取数据基础审计模式，此时需要将审计的目标、内容、重点转化成计算机可以识别操作的表格，将相应的内容转化成表格中的数据，然后以数据为对象开展审计；在信息化环境下，数据基础审计模式不是将账目或信息化环境下的电子账套，而是将电子数据作为直接的审计对象，而不必将其转换成规定的电子账套。

(二) 数据式系统基础审计模式

数据式系统基础审计模式定义为以系统内部控制测评为基础，以审计模型为出发点，通过采集审计模型需要的数据，并对数据进行转换、整理、分析和验证，实现对数据和信息系统进行审计的一种审计方式。数据式系统基础审计模式只能在信息化环境下才能适用，此时审计的对象有两个：一是信息系统内部控制；二是电子数据。由于计算机系统内部控制涉及到电子数据的正确性和安全性，因此在大多数情况下，更倾向于审计人员采用数据式系统基础审计模式。

二　数据式审计模式的主要特点

数据式审计模式的主要特点有以下几个方面：

(一) 数据式审计的对象电子数据

数据式审计的最大特点是对电子数据的直接利用，审计人员无须先将其转换成电子账套，然后再实施审计程序。为确保数据的正确性和完整性，在信息化环境下还需对生产保持数据的信息系统进行系统内部控制检查，进行必要的内控测评。在数据式审计模式下，审计人员不仅扩大了审计视野，也丰富了审计可用信息。此时，审计人员可用摆脱传统的电子账套及其所反映的财务信息，深入计算机信息系统的底层数据库，获取更多更广泛的数据，然后通过底层数据的分析处理，获取大量的多种类型的有用信息，包括传统的财务信息、非财务信息、自行组合的新财务信息及财务和非财务的混合信息等，扩大了审计范围和内容。

（二）数据式审计改变了审计的核心方法

数据式审计模式下审计的核心方法数据分析方法。也就是审计人员面对众多数量和类型的数据，关键在于有效地对数据进行分析，将各式各样的原生态数据转化为对审计人员有用的信息，完成数据转化为信息的过程，然后实施审计程序，审计目标才能最终实现。

（三）数据式审计需要创新了大量的审计技术方法

相对账目基础审计模式、制度基础审计模式、风险基础审计模式等传统审计模式，数据式审计中分析数据所需的技术方法更侧重于数据的挖掘和分析，如数据钻取、挖掘、旋转、多维分析等计算机技术，审计中间表、审计分析模型等数据分析技术。四是数据式审计重塑传统审计程序和审计管理模式。

（四）数据式审计改变了传统审计周期

在数据式审计模式下，传统审计周期的审计准备、审计实施和审计报告三个阶段之间的时间分布和工作内容安排已不适用。数据式审计模式下审计准备所需的时间更长，审计实施方案更具针对性，现场审计实施时间更短、审计质量更加可控，同时审计准备和审计实施之间的界限将变得模糊。

此外，在审计管理模式方面，数据式审计由于采用审计结果导向、审计方案数字化的模式，将使得审计实施现场和审计结果可控，效率更高。

第三十二章　政府对企业审计的监督能力现状、原因及解决途径分析

第一节　政府对企业审计的监督能力现状

随着国有企业改革的不断深入以及审计转型的加速推进，政府对企业审计的能力有了长足发展，但也出现了不少新情况和新问题：

一　政府对企业审计对象视角的现状

从政府对企业审计的外部环境看，审计对象发生了重大变化：

（一）国有企业的总体数量不断减少

2006年，国务院办公厅转发了国有资产监督委员会《关于推进国有资本调整和国有企业重组的指导意见》中提出到2010年年底，国资委履行出资人职责的企业（中央企业）由2008年年初的161户调整和重组至80—100户，其中30—50户将发展成为具有较强国际竞争力的大公司大企业集团，当前浙江省省属国有及国有控股企业只有18家，各市的国有及国有控股企业更少，部分县已经没有国有企业。

（二）国有企业的个体规模不断壮大

如浙江省省属国有企业的子孙公司都在50家以上，部分企业多达200多家，企业资产达几百亿，年销售收入上百亿的有5家。在2004年年底，销售收入上百亿的企业只有1家，企业资产上百亿的也只有1家。

（三）产权结构单一，但投资结构日益多元化

当前，中央企业母公司95%以上是国有独资企业，浙江省国有企业母公司100%是国有独资企业；从子企业层面看，中央企业中50%左右、省属企业中70%左右是投资主体多元化的股份制企业，但多为国有企业

相互参股，其他经济成分较少。

（四）分布领域广泛，集中度不够

中央企业三级以上子公司分布在国民经济 20 个门类中，并在国民经济 95 个大类行业中涉足 86 个行业，尤其是在市场化程度高、竞争激烈的行业和领域分布的企业数量过多。

对于上述审计对象的变化特点之后，政府对企业审计的理念、技术方法未能同步调整，导致审计监督能力相对弱化。

二　政府对企业审计自身视角的现状

从政府对企业审计自身来看，存在现实能力不能满足公众对审计需求的矛盾，主要表现在以下几个方面：

（一）审计目标执行不到位

从审计目标的角度来看，《审计法实施条例》第 2 条明确规定，审计是"监督财政收支、财务收支真实、合法和效益的行为"，可见政府审计的目标包括真实、合法、效益三个方面。而现实中，由于经济秩序混乱、违反法规问题多、会计信息失真严重，审计机关前些年突出的是真实性和合法性，即发现重大会计信息失真、重大违法违规问题以及重大损失浪费和国有资产流失问题为重点，效益性到这两年才加以强调，安全性一直涉及不多。

（二）审计职能发挥不完全

一般来讲，政府审计的基本职能包括监督职能、评价职能和服务职能三个方面。监督职能是指审计依法监察和监督被审单位的经济活动沿着合法、合规、合理和有效的正常轨道上进行；评价职能是指审计通过对被审计单位经济活动的审核检查，以及充分的调查研究和分析，掌握确凿的证据，对照一定的依据，对被审计单位经济活动作出客观公正的评价；服务职能是指通过审计，促进被审单位改进管理，完善制度，为被审计单位提供增值服务。当谈及审计的职能时，强调审计监督多，而对其服务职能、建设性作用涉及较少。甚至有人认为，审计就是查出企业的违规、违纪和作弊行为，而忽略了发挥政府企业审计的建设性作用。

（三）审计覆盖面不够广

国有企业占有大量国有资产，肩负着确保国有资产在经营中保值增值的重任，政府审计理应在其中发挥审计监督作用，确保国有资产不在国有企业改制中发生流失，保护国有资产的安全完整，维护国家所有者权益。然而，国有企业改制审计的现实却是政府审计在国有企业改制的审计监督中几乎没有发挥任何作用。

（四）审计应变能力不够强

当前，我国经济社会正处于经济结构调整期、资源环境改变期、社会矛盾凸显期和各项改革攻坚期，国有企业领域内的国有资产管理体制改革、国有经济布局和结构调整、现代企业制度建立、经济发展方式转变等各项改革攻坚仍面临许多深层次的矛盾和问题，影响国有企业科学发展的各种体制机制性障碍依然存在。根据情况变化，改进企业审计的方式和方法，扫除国有经济发展运行中的各种障碍，确保经济安全，政府审计应变能力还不够强，尤其是在企业资本运作审核，上市公司审计监管方面，力量还较为薄弱。

三　政府对企业审计"免疫系统"功能视角的现状

从政府对企业审计发挥"免疫系统"功能现状看，审计预防性、建设性作用弱，批判性不够强：

（一）"免疫系统"功能发挥能力达不到社会各层次对审计的需求

发挥"免疫系统"作用，既是政府部门、企业、社会公众对审计部门的现实需求，同时也是改变国有企业审计现状，提升审计地位，实现由传统审计向现代审计转变的必然选择。经过 25 年的发展，国家、企业和社会公众对审计的需求已从传统的查错防弊上升到更高层次。政府部门要求审计机关检查宏观决策措施的贯彻落实情况，为决策提供依据；企业要求审计机关能及时反映存在的困难和问题，促进体制机制的完善；社会公众对国有企业的社会责任，公共资金投入到国有企业的效率效益问题越来越关注。满足各个层面不断上升的现实需求，在更大的范围、更广的领域、更高的层面发挥作用，已成为国有企业审计的必然要求，但当前尚存距离。同样，发挥"免疫系统"功能，实现由传统审计向现代审计转变，是提升政府审计机关在企业审计中地位和作用的有效方式。

（二）审计预防性作用、建设性作用弱，批判性作用不强

回顾政府审计 25 年的发展历程，为适应政府职能的转变，政府企业审计已经从最初以查错防弊为目的的审计，发展到财务收支审计、绩效审计、经济责任审计等多种审计类型并存的格局，对审计本质的认识也相应

不断提升到更高的层次。从本质上说，政府审计发挥的是预防、揭示、抵御经济社会运行中的各种障碍、矛盾和风险的"免疫系统"功能。就政府企业审计而言，发挥"免疫系统"功能及现状主要体现在：

1. 预防性作用弱。作为国有企业监督体系的一道防线，政府企业审计有责任最早感受到病害侵蚀的风险，提前采取防范风险的措施，前移审计监督关口，变事后监督为事前、事中、事后的全过程监督，最大限度地帮助企业提高效益和减少损失，维护国家利益。然而，长期以来政府审计限于事后监督的基本规则，使预防这个核心功能在理论和实践上都没有作更多的研究与探索，基本的理论框架、法规体系、操作规范、运作形式都还没有形成。更没有达到从宏观上、全局上把握重大政策、重大事项、重点资金的运行情况，针对经济社会运行中可能出现的风险和问题、"事故多发、频发地带"以及各级党委政府和群众关注的热点、焦点问题发挥审计的监督作用，"审计不仅仅是核实损失，更关键的是预防和减少损失"的要求还未能真正落到实处。

2. 批判性作用不强。国有企业审计"免疫系统"的批判性作用主要体现在：查处违法违规行为，关注企业社会责任履行情况，维护国有企业安全、稳定。在政府传统企业审计中，揭露功能已经做得很到位，而且仍然有许多的认识占领着市场，认为审计就是查问题。但是，随着国有企业改革的发展，客观上需要对国有企业领域经济运行中体制机制方面的障碍进行破除，对改革攻坚过程中出现的不适应部分和政策作出调整或进行不同程度的重新构建，从而促进国有经济的健康发展。实际实践中的政府企业审计离满足上述需求还有相当的距离。

3. 建设性作用弱。审计"免疫系统"的建设性作用主要表现在：通过督促整改落实促进企业提高管理水平和效益；通过审计建议促进完善宏观体制机制；通过审计分析对未来风险进行预测。现实政府企业审计中由于审计力量不足、审计方式方法不够合理，使得在国有企业审计无法从宏观上把握审计整体、无法从空间上覆盖审计对象、无法从时间上跟踪审计对象的经营业务。现实中在履行国有资产监督责任时，更多是关注个别重点，以批判性的眼光审视企业经营业务，不能从完善宏观体制机制的角度提出有针对性的建议意见，不能对企业最需关注的经营风险作出判断和防范建议，决定审计生命力的建设性作用未能真正发挥出来。

第二节　政府对企业审计中主要问题的原因分析

随着审计的内外部环境的变化，政府对企业审计也在积极地创新转型，利用一切知识技术包括信息技术来改造自身，以提高审计监督能力。尤其是1998年以来，在审计署的大力推动下，审计信息化的建设日新月异，从金审一期工程，到现在的金审二期工程即将结束，审计的信息化水平从原先个别兴趣爱好者的尝试应用到目前渗透各个领域的全面应用。政府企业审计作为审计部门的一个具体行业审计，也在这个潮流中不同程度的应用了信息技术来提升审计的监督能力。

虽然当前政府对企业审计的技术水平和监督能力有了很大的提升，但与审计法赋予的应有的审计监督能力和满足公众对审计的需求能力相比，政府对企业审计还存在较大的差距。这些差距集中表现在上节所描述的政府对企业审计在面对环境变化时未能及时同步变革带来的审计目标执行不到位、审计职能发挥不完全、审计覆盖面不够广、审计应变能力不够强的问题，及现实政府对企业审计与新时期的审计理念发挥"免疫系统"功能的要求之间的差距，即预防性、建设性作用弱，批判性不足。究其根本原因是政府对企业审计的数字化水平较低，主要有以下几个方面：

一　审计对象管理视角的原因

在审计对象管理上，还处于松散的状态，未能做到实时动态的掌握审计对象的变动。其主要原因是尚未建立企业审计数据库。企业审计数据库的主要功能是把企业的基本情况、生产经营、会计信息、重大决策、资产质量、主辅关系、重大违法违规和审计结果等有关资料全部存放在标准化的企业审计数据库中，时时更新，以便对数据库中的数据开展日常分析、总体分析和综合分析。由于未建立动态更新的企业审计数据库，使得当前政府企业审计不可避免的遇到时滞问题。如当前对审计对象的对外投资监督关口还处于事后监督的状态，未能前移至事中，甚至事前决策阶段，因此对审计对象的子孙公司不能达到动态把握，加上目前的审计周期安排一般是三年审一次，致使政府审计在很多国有资产损失浪费已成事实，甚至已脱离审计监督范围时才介入。这也是致使政府企业审计的现实能力不能满足公众对审计的需求，政府对企业审计不能全面地发挥"免疫系统"功能的一个重要原因。

二　审计实施视角的原因

在审计实施上，传统账项基础审计和制度基础审计模式下手工审计的思维、方式方法还处于统治地位，审计质量控制不能保证。在账项基础审计、制度基础审计发展起来的期间，审计对象的规模一般都不是很庞大，公众对审计的要求也没有现在高，审计力量和审计任务之间的矛盾也没有现在这么突出，采用手工作业条件的方式可以较好的发挥审计应发挥的功能，达到既定的审计目标和一定的审计覆盖面。但现时的审计对象无论在规模还是业务的复杂程度上都不可与以往同日而语，而且审计对象在财务业务方面也都采用了信息技术进行管理，继续采用手工作业期间形成的审计思维、审计技术方法，一方面使得审计过程覆盖面不够，达不到把握总体、突出重点的审计要求，同时也无法达到动态监控风险、发现隐患，消除病灶的"免疫系统"功能要求；另一方面使得审计实施的质量控制取决于各个审计人员的工作态度、责任心、审计技术水平及经验，组长或主审除了通过文字的实施方案进行指导外，其他控制项目实施质量的手段很弱，审计质量控制不能保证。同时，由于缺乏审计业务数据规划及审计方法体系，审计实践中总结出的审计经验只能被个别审计人员熟知，不能被固化下来供更多的审计人员共享。

三　审计成果视角的原因

在审计成果的管理上，由于缺乏标准化的数据规划，一方面审计过程产生的审计资料不能持续积累，为进一步挖掘提炼积累素材；另一方面不能在部门之间、项目之间共享，便于从宏观层面的不同专业角度发现体制机制方面的缺陷，针对性的提出建议、意见，发挥审计建设性作用。

四　审计计划管理视角的原因

在审计计划的管理上，未能在科学充分调查研究的基础上在国资运行中最薄弱的环节安排审计项目。由于未建立动态更新的企业审计数据库，企业日常运行的相关数据资料不能收集，企业日常运行的财务、业务信息不能及时掌握，不能使利用数据库进行日常分析、总体分析、综合分析成为可能，国资运作的薄弱环节就不易被发现，也就不能在审计项目中体现。

　　以上是政府对企业审计数字化水平低带来的四个方面的突出问题，因数字化水平低带来的问题还有很多。

第三节　解决政府对企业审计监督能力弱化的技术途径

　　当前企业审计监督能力弱是因为企业审计数字化水平低造成的，因此着手开展提升企业审计监督能力的技术途径研究，尽快促进政府对企业审计走上规范化、信息化的道路，推动我国企业财务收支审计、经济责任审计、绩效审计、专项审计调查等进一步深化发展，对发挥企业审计"免疫系统"功能和提升企业审计监督能力至关重要。

一　数字化环境下提升企业审计监督能力的技术途径

　　2008 年发布的《审计署 2008 至 2012 年审计工作发展规划》对企业审计目标进行新的调整和创新，明确为"以维护企业国有资产安全、促进可持续发展为目标，紧紧围绕'质量、责任、绩效'，按照'把握总体、揭露隐患、服务发展'的审计思路，监督国有资产安全，揭露重大违法违规问题，促进确保国有资产保值增值和企业的可持续发展"。政府对企业审计目标除了继承传统的检查企业会计信息的真实合法性、管理中的突出问题和效益性之外，国有企业资产的安全性成为新时期企业审计的新元素。

　　为达到上述目标，政府对企业审计需要从两个方面来满足党和政府及公众的需求。

　　（一）提供丰富多样的审计成果

　　审计成果就是审计的产品。产品只有满足一定的需求，才能有价值，审计也一样。作为经济社会健康运行的"免疫系统"，政府对企业审计的成果应以需求为导向，以服务为根本。政府对企业审计的需求就是党和政府对监控国有资产安全、维护国有资产保值增值的有建设性作用的建议和意见。党和政府及公众需要的建议和意见可能是有关一个单位的财务收支真实合法性，或是一项公共资金的使用绩效情况，抑或是一位领导的经济责任履行情况等多种多样的需求。需求的多样性决定了载体的多样性。在目前的审计实践中，体现审计成果的载体有经济责任审计报告、专项审计报告、专项审计调查报告、财务收支审计报告、审计信息专报等多种类型。这些载体上的审计成果都来自不同类型和内容的具体审计业务。也因此决定了审计业务是多样的，具体的有财务收支审计、节能减排审计、投入产出审计、经济责任审计、专项审计调查等种类。

（二）满足特定的时效性要求

体现审计成果建设作用的审计建议和意见都是在一定的时限范围内有效的。脱离时效的概念，审计的成果就会大打折扣，甚至是有害的。因此审计的目标和需求都非常讲究时效性，多样的审计业务必须也讲究时效性，只有能满足特定的时效性，审计才有价值。

要满足一定时效性和多样的审计需求，在有限的审计力量情况下，采用传统的审计技术方法和观念肯定不行。只有采用信息技术，利用数据式的技术方法来处理数字化的审计对象信息，才能达到审计目标，满足多样需求。

在审计能够获得所有审计所需的审计资料数据的数字化环境下，提升企业审计监督能力的技术途径是运用信息技术，构建数字化的企业审计系统。

二　当前提升企业审计监督能力的技术途径

由于审计对象信息化程度、观念、审计人员的观念、理念等原因，当前企业审计面临的环境还不能使审计获得所有审计需要的数据。因此现时提升企业审计监督能力的技术途径需要结合审计面临环境的数字化程度来逐步推进。

由于当前履行审计监督职能的形式都是以开展审计项目的形式进行。比较传统和现代审计项目组织实施方式，可以发现有以下几点不同：

（一）审计项目周期的不同

一是时间安排的不同。传统审计项目组织实施方式审前准备阶段时间较短，审计现场实施阶段时间较长；现代审计项目组织实施方式审前准备阶段时间较长，审计现场实施阶段时间较短。

二是各阶段内容安排不同。传统项目组织实施方式审前准备阶段根据审计经验编制审计实施方案，现代审计项目组织实施方式在审前准备阶段需要全面分析审计对象的财务业务数据，在把握总体的基础上突出重点后，有针对性地编制审计实施方案。两者的不同可用图 32 – 1、图 32 – 2表示，其反映了审计数据分析任务在不同的组织方式下处于不同的阶段。

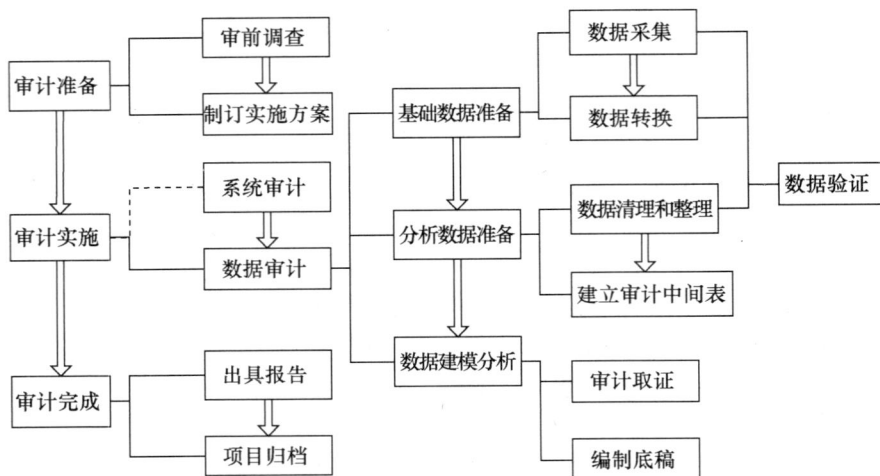

图 32 – 1　传统审计项目周期实施流程示意

（二）质量控制方式的不同

传统审计项目组织方式质量控制机制是单一的三级复核机制，进入复核流程的关键点在项目周期中处于后期阶段。现代审计项目组织方式通过"总—分—总"模式将质量控制关键点前移至审计方案阶段，在结果导向和三级复核机制的共同控制下，项目质量得到提高。

（三）审计人员任务的不同

传统审计项目组织方式下，审计人员无论能力高低，都需要完成审计分析、审计判断过程；在现代审计组织方式下，审计人员根据能力的高低进行分组，能力高的审计人员完成两个"总"阶段的工作，能力低的审计人员完成从现场取证的任务，降低对审计判断的要求。

（四）审计结果可控性不同

传统审计项目组织方式下，审计目标是大而全，往往不能达到目的，

```
审计准备 ──→ 审前调查                              ┌──→ 数据采集 ──┐
   ‖                                              │              ↓
   ‖                          基础数据准备 ────────┤    数据转换 ──→ 数据验证
   ‖                              │                │
审计调查 ──→ 数据整理分析 ───────┤    分析数据准备 ──→ 数据清理和整理
   ‖           │                  │
   ‖         制定实施方案          │    数据建模分析 ──→ 建立审计中间表
   ‖
   ‖          ┌─ 系统审计                         建立审计中间表
   ‖          │    ↓                                  ↓
审计实施 ─────┤  数据审计 ──→ 数据建模分析 ──────── 审计取证
   ‖                                                  ↓
   ‖                                               编制底稿
   ‖
   ‖         出具报告
审计完成 ──────┤ ↓
            项目归档
```

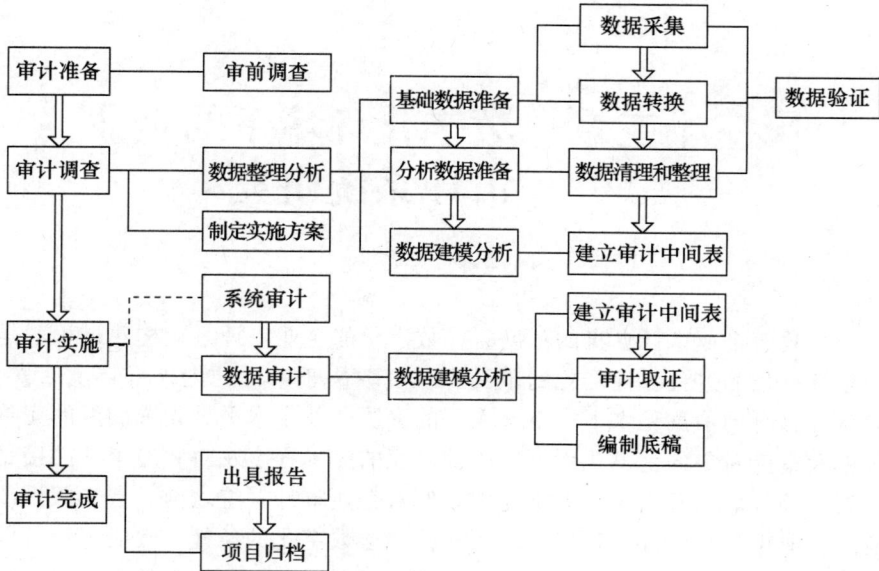

图 32 - 2　现代审计项目周期实施流程示意

审计过程是撒大网的方式，审计结果由于审计人员能力和实际情况差异的原因常陷入问题碎片化的局面；现代审计项目组织方式下，由于审计目标具体化，审计方案的目标、重点内容和预期成果表格化，审计目标和审计结果的可控性大大增强。

上述的不同决定了传统审计项目组织方式必将被现代审计项目组织方式所替代。因此可以看出，当前提升企业审计监督能力的技术途径是运用信息技术和数据式审计理念，提高审计项目的数字化技术水平，推进数据化企业审计。

第三十三章 数字化环境下的企业审计系统研究

从政府企业审计自身的角度看，数字化的企业审计系统构建过程就是一个标准化的过程。标准化的范围和程度取决于审计的内外部环境因素，如审计自身的信息化水平、审计人员的素质和技术水平、相关制度的完善程度及审计对象的信息化程度、内控制度的完善程度及对政府审计的接受程度，等等。在开始讨论数字化的政府对企业审计系统之前，首先假设政府对企业审计的内外部环境都具备实施完全数字化的条件，政府审计可以获取所有审计所需的审计对象的资料数据。同时，企业审计的内容比较复杂，审计目标和任务不尽相同；企业审计所面对的企业所属类型和行业也十分庞杂，不同类型和行业的企业业务数据也不尽相同。

第一节 数字化的企业审计流程

构建数字化的政府对企业审计系统的根本目的是为了解决当前政府对企业审计面临的审计目标执行不到位、审计职能发挥不完全、审计覆盖面不够广、审计应变能力不够强，以及政府对企业审计中预防性、建设性作用弱，批判性不足的问题。为此本章采用结果导向的方法，从政府对企业审计目标和需求、政府对企业审计业务及所需数据及数字化环境下政府对企业审计流程三个方面来表述。

在审计对象资料信息都是数字化的环境下，要满足多样的审计需求，必须有科学合理的企业审计流程。数字化环境下政府对企业审计的数据采集都是可以连续完成，而且在特定的软件工作下自动转换成标准格式存储在特定的数据库或数据集中，无需审计人员采用手工方式去采集转换。在此条件下，数字化环境下的政府对企业审计流程可以概括为：

第一，审计人员根据审计需求确定审计需要提供的审计成果，并确定审计成果载体。

第二，根据审计成果确定审计的范围、内容和所需的数据，并向管理人员获取相应权限在数据库或数据集中读取确定范围的数据。

第三，根据审计的内容及所需的数据，在审计方法体系中选择相应的审计方法或自行编制特殊的审计方法，完成对选定数据的审计分析。

第四，根据审计分析的结果，核实取证后将结果应用到第一步选定的审计成果载体文种中，呈送给需求者。

第五，将本次的审计新增的审计方法或经验集成到数字化的分析平台中，归入必要的纸质档案。

用一句话概括上述流程，就是数字化环境下的企业审计能根据审计需求来选择灵活多变的审计成果形式，根据选定的审计成果形式选择一定范围的数据，然后在统一的分析平台上运用体系化的审计方法对选定的数据进行审计分析，挖掘数据反映的事实，在取证核实之后直接将结果应用到审计成果文种中。这样不仅可以满足既定的或临时增加的审计任务，还可以实现对企业业务、管理、决策等方面的在线预警监督，发挥企业审计的"免疫系统"功能。上述流程可用图33-1所示。

上述模型图中，由五个层次的功能区组成，下层的功能区为上层功能区提供所需的数据，上级功能区向下层功能区下达指令。具体功能如下：

第一，企业审计数据源。最底层的企业审计数据源由各个审计对象组成，是从审计对象处采集原始数据，此处的数据格式多样，内容各异。采集的方式可用是在线采集，也可以是离线采集。在线采集需要在审计对象端布置前置机进行数据预处理，预处理后再加密传输给政府审计数据中心进行下一步的标准化处理。离线采集根据需要定期或定时向审计对象索取数据，采用拷贝等方式将审计对象数据采集到政府审计数据中心进行标准化处理。无论离线或在线采集数据，核心功能是向上一级数据标准化处理功能区提供数据。

第二，数据标准化处理。第二层的数据标准化处理指的是将从审计对象处采集来的异构数据处理成符合数据规划标准的数据集，并存储在审计数据中心的数据库或数据集中，供上层的审计分析平台上的功能模块来调

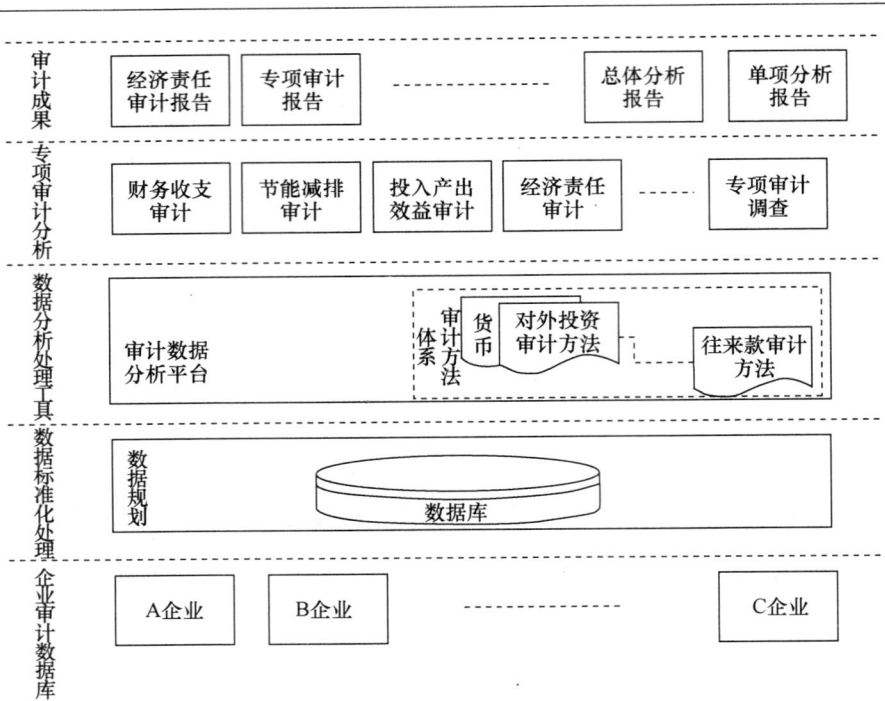

图 33 - 1　数字化环境下政府企业审计流程层叠模型

取分析。该功能区的核心是一套可以覆盖所有企业审计业务所需数据的标准化数据定义体系。现在审计署正在规划制定政府审计数据中心的数据规划，但企业审计数据规划还没有制定出来，尚处于起步探索阶段。

第三，数据分析处理工具。该功能区主要为审计人员提供操作分析所选定的审计数据的工具平台，由平台软件、审计方法体系和审计管理制度三个部分组成。

（1）平台软件。平台软件是实现数据分析处理的软件系统。当前实践中，我国政府审计领域采用的平台软件主要是中国国际软件开发公司的联网审计系统。内部审计领域的平台软件呈现多样化的特征，有德国的SAP 系统、美国的 oracle 系统、四大会计师事务所开发的审计分析系统、国产的金沙源系统，等等。

（2）审计方法体系。审计方法体系是审计人员对特定审计业务的经验总结，由具体的思路、方法、步骤、脚本语言、法规等内容组成，是用计算机语言描述的审计业务经验。审计方法体系是政府企业审计数字化成功的关键部门，也是难度最大的内容，尚处于起步阶段。

（3）审计数据管理制度。审计数据管理制度是规定审计人员使用平台软件处理分析数据的权限。主要是保证审计数据中心数据的保密安全性。

该功能模块的核心功能是平台根据一定的权限要求向审计人员开放软件功能模块和一定范围的数据，审计人员利用可操作的功能模块读取一定范围的数据和选择特定的审计方法，供上层专项审计分析使用。

（4）专项审计分析。该层主要是审计人员根据审计目标、任务和重点，利用数据分析平台对所选择的一定范围的数据利用特定的审计方法进行审计分析，并对分析结果进行核实取证，做出审计判断和审计结论。

（5）审计成果。该层主要完成将下层的专项审计分析得出的审计结论及相应的建议和意见，以特定的载体形式呈现出来供信息需求者使用。

当然上述流程过程只是从数据流的角度给出相应的分析，未将数据的复核等内容加入到模型中。上述模型图反映了企业审计管理模式、企业审计项目管理模式、企业审计技术方法三个方面的创新需求，也充分体现了企业审计这三个方面的创新。

第二节　数字化的企业审计系统研究

根据数字化的企业审计流程的介绍可以看出，要实现数字化的企业审计，必须要有相应的企业审计系统，由一系列的相互配合的硬件和软件组成。下面从企业审计系统数据分析平台和企业审计数据规划、企业审计方法体系、企业审计数据管理制度等平台规范所需的三项配套功能来阐述数字化的企业审计系统。

一　企业审计数据分析平台

审计数据分析平台是一个广泛应用于集成审计技术方法体系、转换成符合数据规划的审计对象资料数据、审计人员开展审计查询分析等专用操作功能等专用平台系统，是一个柔性可扩充的数据实时分析、处理平台。审计数据分析平台之所以能使审计人员利用其功能履行审计监督责任，是因为平台应用企业审计数据规划将繁杂各异的审计对象数据统一结构，规范存储，然后利用集成的企业审计方法体系处理数据，为审计判断提供依据，也是发挥审计"免疫系统"功能的工具。

审计数据分析平台具有数据采集、数据转换、数据分析、分析预警等功能的计算机系统。其结构如图 33 - 2 所示。

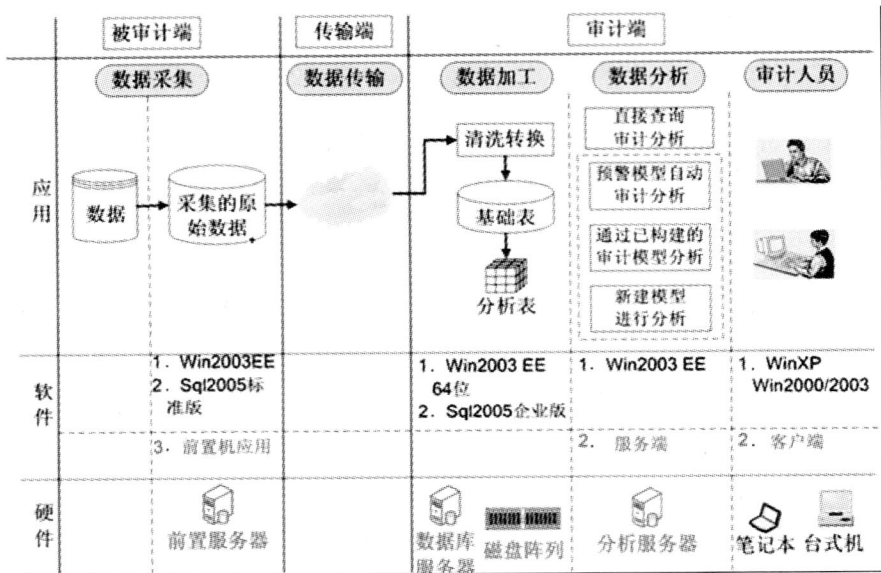

图 33 - 2 审计分析平台结构示意

（一）组网模式

从审计对象采集所需的数据到企业审计系统平台，根据审计对象信息化程序和对联网审计观念的接受程度，可以采用在线连接模式和离线分离式两种网络组网模式。组网模式的逻辑结构定义可分为被审计端、传输端、审计端三个区。如图 33 - 2 所示。

被审计端：收集审计所需的审计对象的财务、业务信息数据。

传输端：将审计端收集的信息数据采用在线或离线的方式，传输到企业审计系统平台上的数据中心。

审计端：在企业审计系统平台上对采集的数据进行集中规范化存储或利用已有的审计方法体系进行数据处理。

（二）数据采集

数据采集是企业审计系统的重要环节，因为企业审计数据分析平台提供的初始数据直接关系着审计的视野。数据采集的范围取决于审计的需求，而不局限于审计对象财务、业务信息系统中存储的数据信息。因此，数据采集模式分为两种：一种是直接从审计对象信息系统中采集所需数据；另一种是通过填制 excel 表格的形式将审计所需的审计对象以纸质材料形式存储的信息采集过来。

（三）数据加工

数据加工就是根据政府对企业审计的数据规划要求处理采集的审计对象原始数据，通过清洗、转换、标准化等环节的数据处理，实现审计对象的异构数据的标准化处理，并将处理结果存储在企业审计数据中心的过程。数据加工包括根据企业审计数据规划定义的基础表、分析表对原始数据进行数据类型的转化、空值处理、数据的公式化计算、日期类型字段的规范化、重复记录的识别与清理、缺失数据的处理等内容。

（四）数据分析

数据分析过程就是运用审计方法体系的过程。审计人员可用利用平台通过多维分析掌握被审计单位财务、业务的总体情况，发现、锁定审计重点；通过小程序以及数据查询分析，直接查出审计疑点，供审计人员进行落实调查；按照业务专题，以流程的形式将某一业务问题查深查透；可以依据预警方案对采集的数据进行过滤筛选，将不符合业务逻辑及非法操作的数据自动告知审计人员，发挥预警的功能。

在数据分析环节，核心是审计分析技术。审计分析技术包括计算机审计技术方法、审计分析模型和构建技术、多维数据分析和处理技术、数据钻取技术、数据挖掘技术、孤立点分析技术、神经网络技术等。所有的审计分析技术都集成在审计方法体系中。

二　企业审计数据规划

所谓数据规划，是指遵循数据库的规则，挖掘信息以及信息间的规律，经过科学的规划和设计，建立面向实际业务的数据库系统结构，以保证数据的准确性、一致性和安全性，增进信息共享，方便实际应用的过程。由于企业审计业务所需的资料涵盖了会计核算资料、会计制度、工程可行性研究设计及决算资料、部门批复资料、公司规章制度及测评资料、董事长或总经理办公会议等会议纪要或记录等决策资料、法律法规资料、合同协议资料、生产经营业务资料、同类企业经营绩效指标、历年审计资料等内容，为使政府企业审计走上规范化、信息化、科学化的快速发展道路，及充分发挥"免疫系统"功能的预防性作用、批判性作用、建设性作用，必须对上述各类审计业务数据进行规划研究，建立起一套标准化和规范化的数据结构，以便实现共享和积累，也便于政府对企业审计可持续的发展研究。

（一）政府企业审计业务及所需数据

当前政府企业审计有财务收支审计、经济责任审计、绩效审计和专项审计调查四大类，审计业务可以分为损益审计、负债审计、资产审计、重大经济决策审计、遵守财经法规审计、主辅经济关系审计、投入产出效益审计、专项审计调查八类，具体的每类审计根据每次审计的目标和重点选择若干类审计业务。各类审计业务所需资料数据情况如下：

（1）损益审计。损益审计包括主营业务收入、营业外收入、投资收益等收入审计，主营业务成本、营业外支出、管理费用、税费等成本费用审计，利润的准确性真实性等内容审计。需要的资料包括会计核算资料、部门批复资料、公司规章制度及测评资料、会计制度资料、会计报告资料、法律法规资料、合同协议资料、生产经营业务资料、历年审计资料等内容。

（2）资产审计。资产审计包括货币资金、交易性金融资产、长期投资、固定资产、无形资产、投资性房地产、商誉、往来性质资产、部门批复资料等内容的审计，需要的资料包括会计核算资料、被审计单位基本情况资料、部门批复资料、公司规章制度及测评资料、会计制度资料、会计报告资料、法律法规资料、合同协议资料、生产经营业务资料、历年审计资料等内容。

（3）负债审计。负债审计包括短期负债、长期负债、交易性金融负债、应缴税费、应付职工薪酬、往来性质负债等内容的审计，需要的资料包括合同协议资料、会计核算资料、被审计单位基本情况资料、部门批复资料、公司规章制度及测评资料、会计制度资料、会计报告资料、法律法规资料、重大决策资料、合同协议资料、生产经营业务资料、历年审计资料等内容。

（4）重大经济决策审计。重大经济决策审计包括企业改组改制、国有股权变动、对内对外投资、高风险业务投资、对内对外经济担保等审计，需要的资料包括部门批复资料、重大项目投资可行性研究资料、董事长或总经理办公会议记录或纪要等决策资料、公司规章制度及测评资料、会计核算资料、会计制度资料、会计报告资料、法律法规资料、合同协议资料、生产经营业务资料、历年审计资料等内容。

（5）遵守财经法规审计。遵守财经法规审计包括企业和个人遵守国家法律法规，利用职务侵占国家资产，重大弄虚作假，私设小金库等内容。需要的资料包括部门批复资料、会计核算资料、公司规章制度及测评资料、董事长或总经理办公会议等会议记录或纪要等决策资料、法律法规资料、合同协议资料、生产经营业务资料、历年审计资料等内容。

（6）主辅经济关系审计。主辅经济关系审计包括主辅资产界定、主辅收益分配关系、主辅股权变动关系、主业资产违规量化等内容的审计。需要的资料包括部门批复资料、会计核算资料、公司规章制度及测评资料、董事长或总经理办公会议等会议纪要或记录等决策资料、法律法规资料、合同协议资料、生产经营业务资料、工程可研决算资料、历年审计资料等内容。

（7）投入产出效益审计。投入产出效益审计包括投资效益、筹资效益、生产经营绩效、管理绩效等内容的审计。需要的资料包括部门批复资料、会计核算资料、公司规章制度及测评资料、董事长或总经理办公会议等会议纪要或记录等决策资料、法律法规资料、合同协议资料、生产经营业务资料、同类企业经营绩效指标、历年审计资料等内容。

（8）专项审计调查。专项审计调查根据调查的目标确定调查的范围和内容，因此需要的资料可以说涵盖所有的企业审计的资料内容。

除上述 8 类典型审计业务之外，还有其他类型的审计业务，不一一列举，但其所需的资料应该是类似的。

对上述企业审计业务所需的资料数据根据资料在经济活动中的自然属性进行归纳分类，可以分为基础资料、测评资料、财务资料、行业业务数据和审计数据五类。政府企业审计业务分类和所需数据的关系可以用图 33 - 3 表示。

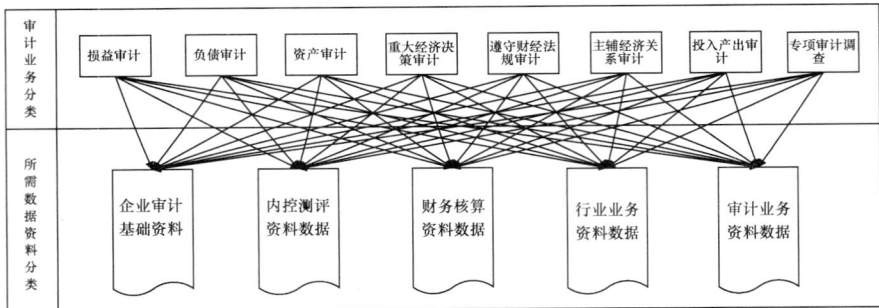

图 33 - 3　政府企业审计业务与所需数据资源关系图

（二）企业审计数据规划研究

数据规划的研究离不开现行审计业务、政策及规范化标准文件。本书研究所需引用的规范性文件有《信息技术 会计核算软件数据接口》（GB/T 19581 - 2004）、《信息技术 数据元的规范与标准化》（GB/T 18391）、《政务信息资源目录体系》、《政务信息资源交换体系》、《政府审计数据中心基本规划》（审计署计算机审计实务公告第 5 号）、《审计机关重要性与审计风险评价准则》、《审计机关分析性复核准则》、《审计机关内部控制测评准则》、《审计机关审计事项评价准则》、《企业会计制度》、《企业会计准则》等。在上述规范文件的指引下，政府企业审计数据规划可以分为资源分类、代码结构、数据元素、数据表 4 个类别进行规划。鉴于时间和篇幅的限制，本书就资源分类、数据元素和数据表 3 项进行研究探讨。

1. 数据规划资源分类。根据《政府审计数据中心基本规划》确定的资源分类规则，数据规划需要在第一级、第二级、第三级的基础上构建专业数据规划，因此企业审计数据规划指的是企业审计业务的第四级和第五级资源分类。

（1）数据规划第四级分类。根据审计业务与所需数据的对应关系，政府企业审计第四级分类目录可分为 5 个，即基础资料、测评数据、财务数据、行业业务数据、审计数据。

（2）数据规划第五级分类。在第四级分类目录之下可以根据企业审计资源进行第五级分类。根据上节审计业务与所需数据的分析，第五级分类可以分为：

①基础资料目录下可分为被审计单位基本情况、部门规章制度数据、公司规章制度数据和相关资料四类。

②测评数据目录下可分为内控测评数据、信息系统测评数据两类。

③财务数据目录下可分为会计报告数据、部门批复数据、会计核算数据和相关数据四类。

④行业业务数据目录下可分为交通运输行业数据、石油化工行业数据、电力工业行业数据、冶金工业行业数据、机械工业行业数据、煤炭行业数据、电子工业行业数据、建材工业行业数据、化学工业行业数据、医药工业行业数据、烟草行业数据、铁路运输行业数据、水上运输行业数据、通信行业数据、科研设计行业数据、服务行业数据、军工行业数据、投资行业数据、地勘行业数据、旅游行业数据、农林牧渔行业数据、仓储行业数据、商贸行业数据、房地产行业数据、建筑行业数据、境外行业数据和其他行业数据27类。

⑤审计数据目录下可分为审计项目基本情况、审计发现主要问题、审计建议、审计整改情况和企业审计情况五类。

政府企业审计第四级和第五级资源分类关系图如图33-4所示。

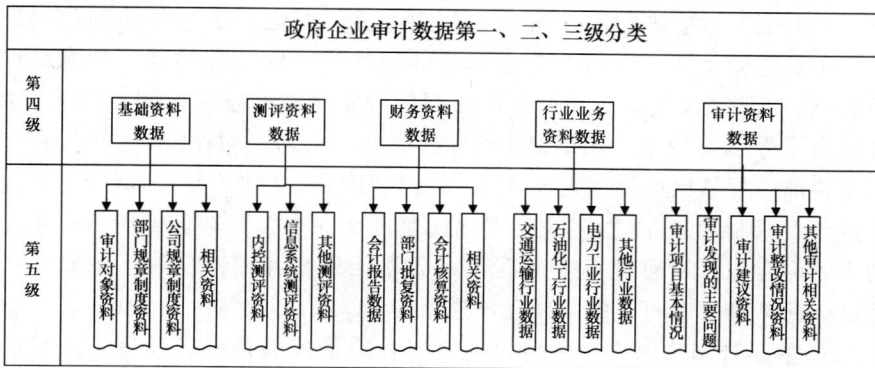

图33-4　政府企业审计第四级、第五级资源分类示意

　　图 33 - 4 表述的政府企业审计第四级分类基本清晰，可以囊括所有的企业审计资料，但第五级分类需要随着审计实践的发展不断完善和补充。

　　2. 数据规划数据元素。所谓数据规划数据元素是企业审计对象审计信息资源不可分割的基本单位，需要用一组属性描述定义、标识、表示和允许值的数据单元。针对上述第五级的具体类别资料，必须转化成标准的数据元素，才能为企业审计数字化奠定基础，形成共享元素。根据企业审计资源在经济活动中的属性对数据元素进行分类，第五级的类别资料可以进一步细化为不同类别的数据元素。运用信息系统设计的实体关系模型原理，各类别可以分为：

　　（1）基础资料数据可以分为被审计单位基本情况类、制度类、资料类三类数据元素。

　　（2）测评资料数据可以分为内控测评类、信息系统测评类两类数据元素。

　　财务资料数据可以分为资产负债表主附表类、财务情况类、行业补充类、会计附注类、专项情况类、财务报表说明类五类数据元素。

　　（3）行业业务资料数据可以分为交通运输类等 27 个细分行业数据元素。

　　（4）审计资料数据可以分为审计项目类、审计发现主要问题类、审计建议类、审计整改类和企业审计情况类五类数据元素。

　　针对每类数据进行细化规划，如制度类可以进一步细分为部门制度类、企业制度类，部门制度类选取"部门制度名称"存储部门规章制度的名称、"部门制度发文时间"存储部门规章制度的发文时间、"部门制度发文文号"存储部门规章制度的发文文号、"部门制度生效时间"存储主要指部门规章制度的生效时间、"部门制度发文单位"存储制定、形成该部门规章制度的部门或单位、"部门制度文件内容"存储部门规章制度的具体内容，最终通过 6 个标准化的数据元素来存储部门制度的具体内容。依此类推，对每类的数据元素进行定义。

　　3. 数据规划数据表。所谓数据规划表是指按照特定审计目标组织的相关数据元素的集合。数据规划过程中必须将各类数据元素以表的形式定义下来，才能共享和交换，以及在计算机中存储。与资源分类和数据元素类别的划分相对应，数据表可以分为基础表和分析表两大类，其中基础表分为基础资料、测评数据、财务数据、行业业务数据、审计业务数据 5 类，每类又按上述数据元素分类进行细化分为被审计单位基本情况、部门规章制度、公司规章制度等 32 个子类别；分析表分为财务业务分析指标表、重大经济决策分析表、企业效益分析表、主辅经济关系分析表、违法违规分析表、企业审计情况分析表等，基础表和分析表可以根据审计实践需要不断修订增减。数据表分类结构如图 33 – 5 所示。

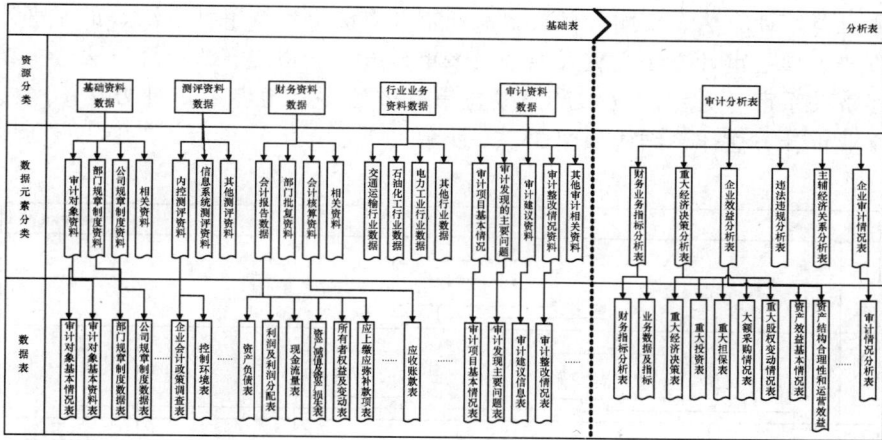

图 33 – 5　数据表结构示意

上述数据规划本着科学性、适用性和开放性的原则，根据审计对象信息化建设的实际情况及政府企业审计计算机审计的实践经验，不断完善、补充，逐步积累，一定会成为企业审计数字化的发展基础。

三　企业审计方法体系

企业审计方法体系是在计算机审计方法体系基本规范的基础上编制的专业计算机审计方法体系，是在信息化环境下实施数据式审计的重要建设内容。政府企业审计数据规划和审计方法体系是政府企业数字化的重要组成部分。政府对企业审计方法体系是在数据规划的基础上实现审计技术方法的规范、建设和利用。政府企业审计方法体系由一系列企业计算机审计技术方法组成。

计算机审计技术方法是审计人员为履行审计职责、实现审计目标，利用信息技术对特定审计事项进行检查和评价的思路和实现步骤。

（一）企业审计方法体系的级次

政府对企业审计方法体系共有四级，其中一级为企业审计方法体系，二级为大型企业集团审计方法和一般企业审计方法，三级为具体的企业计算机审计方法，四级为具体的企业计算机审计方法。

根据企业审计事项特点，企业审计方法体系的三级可分为集团合并报表复算审计方法、集团大额资金流向审计方法、资产审计方法、负债审计方法、损益审计方法、重大经济决策审计方法、遵纪守法审计方法、主辅经济关系审计方法、投入产出效益审计方法、其他专项审计方法 10 类。企业审计方法体系结构如图 33 - 6 所示。

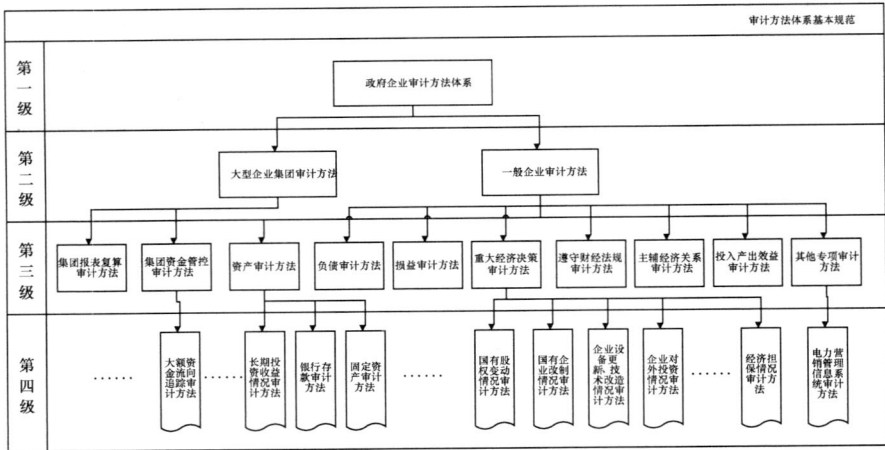

图 33 - 6　政府企业审计方法体系结构

（二）企业审计方法体系的审计方法

1. 企业审计方法体系的分类。对应每类审计方法有系列的具体企业审计事项计算机审计方法，第三级及以下的分类视审计实践不断地修订增加。如资产审计方法下辖银行存款审计方法、长期投资收益情况审计方法、固定资产审计方法、投资性房产审计方法、大额资金流向追踪审计方法、交易性金融资产审计方法等等，重大经济决策审计方法下辖国有股权变动情况审计方法、国有企业改制情况审计方法、企业设备更新和技术改造审计方法、企业对外投资审计方法、高风险业务投资审计方法、经济担保审计方法等。

2. 企业审计方法。企业审计方法是指某一具体审计事项的计算机审计过程的流程及流程要素描述。下面以大额资金流向追踪审计方法为例说明企业审计方法体系下的具体审计方法。

大额资金流向追踪审计方法用于快速把握单位资金流向，抓住主要资金流向进行重点分析审查，便于审计中在把握总体的基础上突出重点、提高审计效率和质量。以银行存款资金流入和流出为切入点，通过对与银行存款相关的记账凭证进行筛选处理，统计分析银行存款资金流入或流出的源头和去向，进而对资金的主要来源或去向进行重点分析审查。方法组成要素有方法代码、方法名称、目标功能、所需数据、分析步骤、流程图、方法语言、适用法规、延伸建议、作者单位、时间、参数标志十二项内容，在此重点介绍分析步骤、流程图及步骤程序代码三项内容。

（1）分析步骤。

步骤一：从凭证库中生成与银行存款有关的银行存款贷方相关凭证表、借方相关凭证表；

步骤二：生成银行存款收入明细表和银行存款支出明细表；

步骤三：统计银行存款各账户之间互转金额；

步骤四：生成包含银行存款收入来源、支出去向占比的银行存款收入、支出明细表；

步骤五：根据步骤四生成的银行存款收入明细表和银行存款支出明细表反映的收入、支出占比大的业务方向进行相应科目的追踪审计。

（2）流程图。如图33－7所示。

（3）步骤程序代码。图33－7表述的审计步骤流程用计算机语言编程，运用数据规划中的财务数据类下结构化表格中的数据，即可快速形成审计对象的大额资金流向明细，方便审计人员快速从总体上把握审计对象的业务重点，追踪资金的去向和用途。

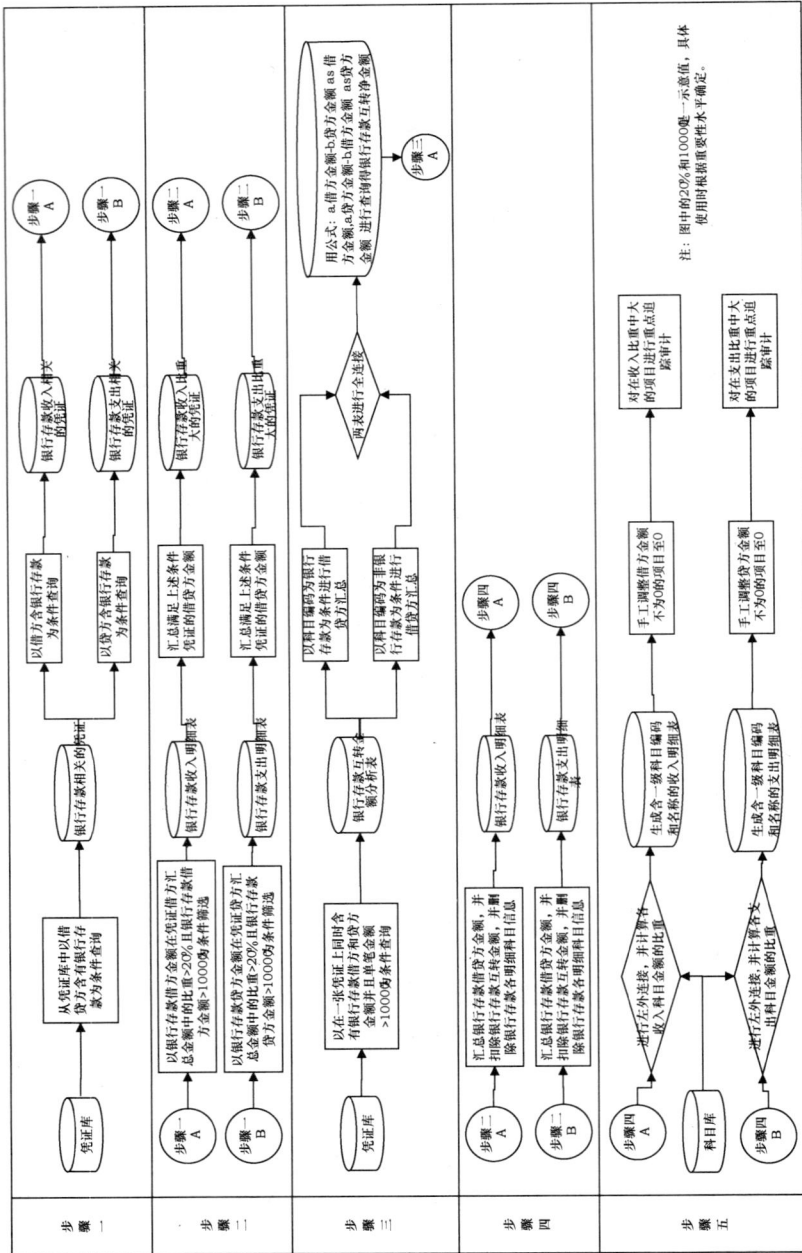

图 33 - 7　政府企业审计大额资金流向追踪审计方法流程

四 政府企业审计数据管理制度

政府企业审计数字化的远景目标是通过审计数据分析平台收集审计对象的所有资料，运用适当的审计方法处理信息数据，发挥审计"免疫系统"功能。为此，需要一批规范企业审计数据、企业审计方法体系、企业审计数据规划更新的制度，以维持"免疫系统"不断升级学习的能力。具体的有采集各类审计对象数据的管理制度、保证方法体系更新的管理制度、使用审计数据的管理制度、处理审计分析发现的疑点的管理制度、更新数据规划的管理制度，等等。

第三十四章　推进数据化企业审计的对策与途径

第三十三章讨论了数字化环境下企业审计流程及企业审计系统的内容，但其实现程度取决于审计对象的信息化程度、审计对象的管理层对数字化审计的支持程度、审计人员素质、审计人员技术水平等内外部因素。当前还不完全具备这些条件，因此推进数字化的企业审计需要有更可操作性的对策和技术途径。由于当前审计工作还是以组织实施项目的形式履行审计监督职责，因此本章将从项目实施的视角出发，重点讨论当前推进数字化企业审计的对策与技术途径。

第一节　推进数字化企业审计的对策

当前，企业审计难度最大而又必须实践的是及时发现企业管理风险、改革风险、资产风险、民生风险、自主创新能力下降风险等影响企业可持续发展和健康运行的各类风险，并提出建设性的建议和意见，这也是指引企业审计创新的方向。传统的政府对企业审计模式已不能适应上述要求，为发挥"免疫系统"功能，企业审计需要从审计管理模式、审计组织方式和审计技术方法三个方面进行创新。

一　加快审计管理模式创新

审计管理模式的创新主要包括审计对象管理的创新、审计项目管理管理的创新、审计实施和审计成果管理的创新。

（一）审计对象管理模式的创新

当前审计对象的管理以静态管理为主。审计对象资料采取定期调查和审计项目实施进行补充的方式来进行更新。定期调查周期一般较长，大概

4—5 年全面调查一次，审计项目的安排周期也较长，一般是三年审一次。这种静态化的管理模式使得审计部门不能及时掌握审计对象资产的变动情况，不能及时跟踪和发现审计对象经营过程的风险所在。这样，在安排审计项目时，决策者决策依据粗放，不能将项目安排在国有资产最需监督的地方。为此，审计对象管理模式必须转变，经常化、制度化、规范化、数字化的动态管理模式必须确立起来。

第一，需要建立企业对象数据库，用以收集审计对象的基本情况、财务业务信息化情况、内部控制制度、对外投资情况、历年审计情况等资料内容。

第二，需要建立制度确保对象数据库能自动动态更新。更新的方式可在线自动采集，也可以定期人工报送。

第三，需要建立一套预警机制，对企业审计对象数据库采集到的数据进行日常监控分析。出现异常现象时要能及时提醒，并安排具体人员落实跟踪。由此将国有资产流失、损失和威胁国有资产安全的可能性尽可能降低。

只有将审计对象管理从传统的静态管理模式转向经常化、制度化、规范化、数字化的动态管理模式，才能通过动态的数字化管理来即时掌握被审计对象资产及资产外延的变动情况，为审计项目选择、企业审计风险监控提供基础服务，才能促使目前国有资产审计监督关口前移，发挥审计预防性作用。

（二）审计项目计划管理模式创新

当前审计项目主要是根据经验或定期轮审制度确定的自定项目、根据领导指示安排的特殊项目、上级审计部门安排的同步项目等组成。项目的选择没有一个科学的定量指标来指导，这也造成了审计成果经常不能满足公众和政府对审计的需求，审计工作经常陷于做无用功的尴尬境地。

因此，审计项目计划的管理必须从粗放型向精细化管理转变。要根据国有企业审计的监督重点确定设置考核指标，根据考核指标的优劣程度安排审计项目。如在对金融行业企业的监督中，为促进被审计单位规范管理，确定每年的审计重点，通过设定核心的不良资产率、存贷差、资本充足率、年度违规金额等 12 个指标，用一定的权重计算出综合指标值，权重根据每年的宏观经济调控政策进行调整。然后根据综合指标值的大小排序，值越大的在项目安排时首先进行审计监督，同时通过将这种排序向社会公众公布，促使审计对象加强管理来提升排名，发挥审计的建设性作用。在其他行业的企业审计中也通过行业特点选择确定综合指标来管理审计项目，以便审计成果更符合审计需求，提高审计工作的绩效。

可以说，审计项目管理从根据经验、领导指示、定期轮审等传统选择项目的方式向根据动态、定量计算的考核指标优劣等信息化管理方式来科学安排审计项目转变是审计管理的创新方向之一。

（三）审计实施、成果管理的创新

目前审计实施、成果的管理采取的也是粗放式的管理模式。审计人员之间的信息共享能力很差，使得很多审计中已经发现的共性问题、个性问题最后没有被利用起来。为此，在审计实施、成果的管理方式需要利用信息化的手段，采用符合信息化环境的新型组织模式、成果利用模式来加强管理和信息共享，加强审计成果的提炼和挖掘，发挥企业审计的建设性作用。

二　加快审计组织方式创新

审计组织方式创新要从整合审计资源和审计流程多重角度进行。

（一）整合审计资源

审计项目有同步项目和非同步项目之分。同步项目是上级审计机关安排，上下级审计机关同步实施的项目。非同步审计项目是只有立项审计机关实施的项目。同步审计项目中，各级审计机关分别组成审计小组，对项目在本级实施负责。在这种模式下，各个审计组内部人员分布类似，如都有组长、主审、组员，且各自的工作内容相同。各个审计组之间的纽带是统一的审计工作方案。由于人员能力有高低，经常导致同步审计项目出现报告问题碎片化及问题标准不一致等问题，严重影响审计的质量。为此需要从同步项目整体的视角出发，统一安排审计资源，统一分工，才能提高效率，提高质量。"总体分析、发现疑点、分散核查、系统研究"的新型组织方式是整合审计资源的标准。在这一新型的组织方式下，同步审计项目审计大组中只有一个真正意义上的审计组长、审计主审，负责项目的总体分析，发现疑点和系统研究，其他人员都是组员，主要任务是负责项目数据的采集，疑点问题的核查。同样，在非同步项目中，也是一样的整合方法，审计项目组长、主审负责项目的总体分析，发现疑点和系统研究，其他人员都是组员，主要任务是负责项目数据的采集，疑点问题的核查。

（二）整合审计流程

传统审计项目中存在方案编制不科学、审计质量控制不科学、审计实施不规范等问题，其深层原因是审计流程不科学。这里有数据总体分析在审计流程中所处的位置问题，审计质量控制关键点的设置问题，审计质量控制的手段问题等。为此，企业审计需要运用项目实施机制，在整合审计流程方面需要从以下几个方面进行：

（1）调整对审计对象数据总体分析在整个项目周期中的位置。需要从传统的项目现场实施阶段调整到制定审计实施方案之前，以便在总体把握的基础上有针对性的制度方案。

（2）调整审计项目中对审计事项判断在整个项目周期中的位置。需要从传统的现场实施阶段由审计组成员做出判断调整到现场实施阶段的后期由主审或组长做出判断，以便统一标准、统一口径，克服能力差别对项目质量的影响。

（3）调整审计项目质量控制的手段。传统的审计组内通过签证单或底稿形式进行一级项目复核制度的质量控制模式改为主审、组长通过将审计目标、审计重点和内容数字化后的表格进行质量控制的模式。

要完成上述三个方面的审计流程改造，必须采用"总—分—总"的审计流程模式。这也便于利用数据式审计理念以更宽的审计视野、更广的审计资源开展审计，提高审计批判性水平以及审计的建设性作用。

三、加快审计技术方法创新

在数据式审计模式下，大量的审计技术方法需要创新。现阶段加快审计技术方法的创新可以从两个方面进行：

（一）加快推进全面运用数据式审计

全面运用数据式审计一方面需要在审计实践中使用数据式审计的技术方法，更重要的是审计人员要从理念上接受数据式审计，并用之指导具体审计项目的实施。在实践中摒弃数据式审计是必须在审计对象信息化条件比较好的情况才能运用的错误观念。运用数据式审计理念来指导项目实施，可以应用于所有审计项目。具体有以下几项需要加快推广应用创新：

（1）审计目标、重点内容表格化技术。审计目标、重点内容表格化是实现审计管理创新和审计组织方式创新的技术保证，没有表格化技术的应用，前两项创新就失去了基础。审计目标、重点内容表格化技术应用过程还涉及大量表格数据的校验、表格数据的汇总、表格数据的挖掘分析等技术的开发应用。

（2）数据处理分析的技术方法。除石爱中提出的审计中间表技术和审计分析模型技术之外，还有很多跨学科的技术可以探索应用，比如统计分析技术、孤立点技术、平衡记分卡、数据挖掘、数据钻取、多维分析、专家系统、神经网络技术等技术应用到审计中的方法。

（二）加快推进政府企业审计数字化的内容建设

具体包括开展企业审计数据规划，建设企业审计数据库，用于积累和规范企业审计数据；构建企业审计方法体系，积累企业审计经验；构建企业审计数据分析平台，打造数据式的审计工具，等等。

通过上述三个方面的创新，审计项目实践中审计监督能力弱化的问题一定可以解决。

第二节　推进数字化企业审计的技术途径

为实现企业审计三个方面的创新，可以通过运用数据式审计理念来指导审计实践，通过三种技术途径逐步推进数字化的企业审计。

一　审计项目数字化

审计项目数字化就是将审计项目传统做法中的文字内容都用表格来表述，通过采集填制表格，汇总分析表格数据来达到质量控制、提高效率的目的。内容包括：

（1）审前调查内容数字化（调查内容表格化）。改变传统做法中的询问、索要和分析纸质材料、查看报表等方式，采用广泛撒网的方式将要调查的内容分发到每一个子孙公司，为开展总体分析收集足够的数据资料。

（2）审计方案重点内容表格化（重点内容表格化）。改变传统项目实施时各审计人员根据自身对审计方案的理解实施审计，采用定量的方式表达方案的具体内容，规范审计实施过程和内容，提高审计质量和效率。

（3）审计预期成果表格化（结果表格化）。就是要将总体分析后发现的预期成果用表格表现出来，便于审计实施过程保质保量完成相应内容和取得足够的证据支持预期成果转化为实际成果。

上述三类表格要结合数据规划的要求进行标准化。通过数字化，来规范审计作业、审计成果，提高成果提炼的效率和质量。

二　调整传统项目组织方式和周期

调整传统项目组织方式和周期需要运用"总—分—总"项目组织方式，并做好三个注重：

（1）注重第一个"总"的质量。也就是注重审前调查和方案编制阶段的"总"的过程和时间保证，注重运用数据式审计的技术手段来扩大审前调查的范围和深度，做到编制方案有的放矢，预期成果心中有数；

（2）注重"分"的过程。在"分"的过程中，注重任务明确具体，注重运用合理的方法体系来保证准确完成核查疑点和取数填表的任务，同时注重审计人员与方案编制者之间的实时沟通交流；

（3）注重第二个"总"的提炼。最后"总"的过程注重运用数据式审计技术方法对"分"过程获取的数据和成果进行分析、汇总、挖掘、提炼，从更高层次、更宽角度提出审计建议和意见。

三　注重审计数据的积累

积累的内容包括企业审计数据、企业审计技术方法、企业审计数据标准、企业审计数据分析平台、企业审计数据管理制度等内容。通过不断的积累，逐步将审计人员思维习惯、审计业务流程、审计技术方法等调整向数字化环境下企业审计的要求靠近。

第三节　数字化企业审计案例

一　案例背景

2009 年年初，审计署组织全国部分省市开展国际金融危机对中小企业影响状况的专项审计调查，浙江省是其中之一。项目的特点之一是时间紧，任务重，审计署 2 月 9 日布置，2 月 11 日出工作方案，要求 3 月 15 日上报审计调查报告，其中出全省工作方案、开全省布置会、实施调查、汇总调查结果、上报审计调查报告总共只有 29 天。项目特点之二是对象信息化程度低，且地理位置分散。审计署规定每个省至少实地调查 200 家中小企业的 2008 年 10 月至 2009 年 2 月受影响的环比、同比状况。鉴于浙江省中小企业数量众多，仅规模以上的中小型工业企业就有 52538 家，仅调查 200 家的覆盖面太小，不能说明总体情况。因此决定扩大实地调查面，并组织 11 个市 51 个县审计局同步实施调查。

二　审计思路

项目的审计思路由六个环节组成，分别为数据规划，即明确审什么；确立方法体系，即明确怎么审；制作统一的数据表格，即数据规划的实现；汇总采集的表格，即形成数据集，是数据分析的前提；分析汇总的数据，即根据审计方案的重点内容要素进行分析判断；形成审计报告，即用分析的结果数据直接形成审计报告。上述六个环节每一个环节都有明确的任务，环环相扣，组成完整的数据式审计流程（见图 34 - 1）。

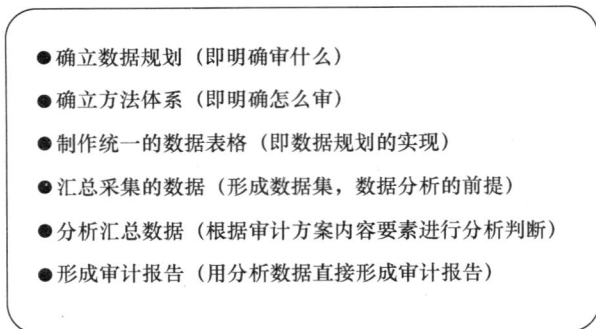

- ●确立数据规划（即明确审什么）
- ●确立方法体系（即明确怎么审）
- ●制作统一的数据表格（即数据规划的实现）
- ●汇总采集的数据（形成数据集，数据分析的前提）
- ●分析汇总数据（根据审计方案内容要素进行分析判断）
- ●形成审计报告（用分析数据直接形成审计报告）

图 34 - 1　计算机审计流程

为充分发挥数据式审计"总—分—总"的作业模式特点，全省 63 个审计调查组中省厅负责两个"总"阶段的所有任务和"分"阶段的相应的通过统计、访谈等取数任务，11 个市 51 个县审计组负责"分"阶段的取数任务。各审计调查组通力合作，各司其职，使得数据式审计流程紧贴审计业务流程。如图 34 - 2 所示。

用一句话概括本项目的审计思路就是，数据式审计的起点是围绕审计方案框架设计一系列数据操作表格，通过数据规划、审计方法体系，确保审计方案全面执行；数据式审计的终点是围绕审计调查报告框架提供定性定量分析依据，支持审计报告结论。归纳起来，就是将审计方案转化成数

┌───┐
│　　　数据式审计流程图紧贴审计业务流程　　　│
└───┘

审计方案	⇨	手工采集数据	⇨	形成电子表格	⇨	表格上传	⇨	表格数据采集到数据库	⇨	用SQL语句汇总分析	⇨	形成审计报告
⇩		⇩		⇩		⇩		⇩		⇩		⇩
省厅本级审计组	⇨	省市县审计组	⇨	省市县审计组	⇨	市县审计组	⇨	厅本级审计组	⇨	厅本级审计组	⇨	厅本级审计组

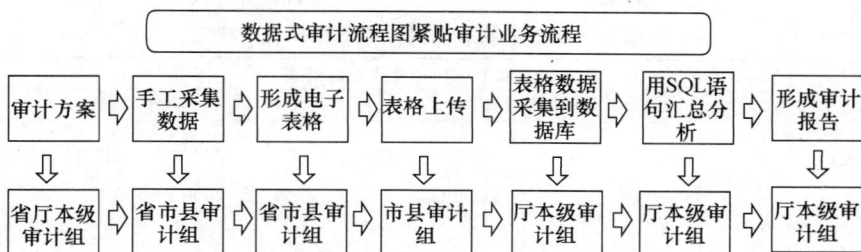

图 34 - 2　数据式审计流程紧贴审计业务流程

据规划，数据规划转化成计算机可以操作的数据表格，用审计方法体系确保数据规划的实现，确保数据表格的准确填制。

三　审计思路实现

上节审计思路的六个环节，每个环节的实现都有其具体内容。下面就与传统审计项目组织方式不同的三个关键点进行介绍：一是将方案转化成数据规划；二是保证数据规划准确执行，与数据规划配套的审计方法体系；三是"总—分—总"的组织实施方式。

（一）数据规划（即明确审什么）

第一个环节的数据规划来自审计实施方案的六个审计重点内容。例1：为摸清中小企业受金融危机影响后的状况，调查通过获取中小企业的经营指标、特色指标，并通过同比、环比的数据比较来分析判断受影响的程度，掌握危机后的基本情况；如表34-1表中设定的22个大类行指标，每个行指标分成4类13个细分指标和3类24个细分列指标，便于全面地获取中小企业的经营情况在各个时点上的状态数值。

例2：再如针对方案的第二项重点内容，为掌握各地落实中央应对金融危机扶持中小企业发展政策的情况，调查通过设定政策执行的关键指标，获取指标的具体数值来掌握政策执行的面和执行过程中的困难和问题；如表34-2所示，通过对"政策贯彻落实情况"和"执行中存在的问题"两大类指标设定细化指标，以掌握审计关心的各地落实中央应对金融危机，扶持中小企业发展的政策情况。

例3：通过设置具体政策的关键参数，以掌握具体政策在应用于企业时的实际效果，如税收政策的调查内容，通过5个参数反映流转税的实际

表 34 – 1　　　　　　　根据第一项方案重点内容设计的数据规划表

全省规模以上中小企业实地调查表																		
省（市）份：浙江省　市、县：		企业名称（盖章）：												单位：个数、人数、万元				
名称	类别明细	2007 年					2008 年								2009 年		
		全年	10—12 月	10 月	11 月	12 月	全年	1—2月（合计）	1 月	2 月	10—12 月	10 月	11 月	12 月	1—2月（合计）	1 月	2 月
成本费用	分类二 内贸企业																
	外贸企业																
	分类三 高新技术企业																
	非高新技术企业																
	分类四 国有及国有控股企业																
	非国有企业																
二十二、中小企业承担的中介机构费用和部分行政性收费	分类一 规模以上工业企业																
	规模以上农林牧渔企业																
	规模以上建筑企业																
	规模以上批发和零售企业																
	规模以上住宿和餐饮企业																
	规模以上交通运输和邮政企业																
	其他																
	分类一 内贸企业																
	外贸企业																
	分类三 高新技术企业																
	非高新技术企业																

　　执行效果，通过 7 个参数反映所得税的实际执行效果。如表 34 – 3
所示。

　　为掌握中小企业发展过程中的融资难、担保体系不健全等对中小企业
发展的影响程度，调查将融资难、担保难、服务体系完善程度等在企业家
眼中的看法转化为问卷的方式，通过问卷调查来获取企业家的意见和观点
的方式来掌握具体情况，等等，以此将审计方案中的 6 个审计重点转化形
成 6 大方面的数据规划。

　　这些规划转化成计算机可以操作的数据表后，形成全省规模以上中小
企业实地调查表、汇总表，全省规模以上中小企业问卷调查表、汇总表，
中央和地方颁布的扶持中小企业发展政策措施落实情况调查表、汇总表，
全省小额贷款公司情况专项审计调查表、汇总表，全省省政府扶持担保机

表 34 - 2　　　**各地落实中央应对金融危机扶持中**

小企业发展政策情况调查表

类别	序号	政策名称	贯彻落实情况			执行中存在的问题		
			未传达	传达并转发	转发并配套	不具体	不完善	太软无法落实
有关财政政策	中央 1	财政部工业和信息化部关于印发《中小企业发展专项资金管理办法》的通知（财企〔2008〕179 号）						
	2	财政部国家发展改革委国家工商总局关于停止征收个体工商户管理费和集贸市场管理费有关问题的通知（财综〔2008〕61 号）						
	3	财政部国家发展改革委关于对从事个体经营的有关人员实行收费优惠政策的通知（财综〔2008〕47 号）						
	4	财政部国家发展改革委关于颁布取消和停止征收 100 项行政事业性收费项目的通知（财综〔2008〕78 号）						
	浙江 1	浙江省小企业贷款风险补偿办法（浙财建字〔2006〕90 号）						
	2	浙江省中小企业信用担保机构小企业贷款担保风险补偿试行办法（浙财建字〔2007〕186 号）						
	3	浙江省人民政府关于取消暂停征收部分行政事业性收费项目和降低部分收费标准的通知（浙政发〔2008〕66 号）						
	4	浙江省人民政府关于第二批取消暂停征收部分政事业性收费项目和降低部分收费标准的通知（浙政发〔2008〕75 号）						

中央和地方颁布的扶持中小企业发展政策措施落实情况调查表

省（市）份：市县审计机关名称：

表 34 - 3　　　　　　　　国家有关税收政策落实情况调查表

国家有关税收政策落实情况调查表

填报单位：　　　　　　　　　　　　　　　　　　　　　　　　　　　　单位：元

序号	企业名称	一、流转税				2008 年缴纳所得税金额	二、企业所得税							备注
		免征进口自用设备关税和进口环节增值税政策（发改企〔2007〕2797号）		小规模纳税人增值税政策（《增值税暂行条例》）			小型微利企业减按20%征收政策（《企业所得税法》第28条）		研究开发费用以及安置残疾人员、国家鼓励安置的其他就业人员所支付的工资税前扣除政策（《企业所得税法》第31条）			高薪企业税收政策，减按15%收征（《企业所得税法》第28条）		
		是否适用	减免金额	是否适用	2008年缴纳增值税总额		是否适用	优惠金额	是否适用	税前扣除计税金额	影响所得税金额	是否适用	优惠金额	
1	2	3		4	5	6	7	8	9	10	11	12	13	14

构小企业贷款风险补偿专项资金使用情况调查表、汇总表等共 5 类 26 张数据表格。这些表格共有 13906 个数据单元，部分重要指标被层层细化，最多的指标经过 3 层细化，形成可以从 22 个不同的角度进行审计分析，极大地扩大了审计的视野。实地调查一家中小企业涉及指标 124 个，单表信息量最多达到 4576 个，为后期汇总阶段开展数据式审计分析提供基础。上述通过将审计方案的内容转换成具体的表格单元要素的做法，严格规范了审计人员关注的关键点，解决了审计人员能力不同，对方案理解不同导致结果各异的问题。

（二）审计方法体系（即明确怎么审）

为确保上述 5 类 26 张表格的准确填写，审计方案还明确了统计分析、问卷调查、实地调查、典型案例调查、座谈会、访谈、专家咨询七种方法。每种审计方法与上述的数据表格都一一对应，规定审计数据的来源和口径，确保审计数据的准确填写。

（三）"总—分—总"的组织实施方式

项目前期统一制定方案，并将方案目标和重点内容经过数据规划转化成系列表格，明确表格填写取数的方式，然后统一部署，完成第一个"总"的内容。各审计调查组根据方案明确的数据表格和相应的审计方法体系规定到现场调查取数，共形成 18665 张调查数据表格，完成"分"的内容。然后各市县审计调查组直接将调查结果数据表格上传给省厅审计调查组，省厅审计调查组统一采集汇总庞大的调查数据表格，输入 sqlserver 数据库。利用 sql 语句进行汇总分析、挖掘分析、专题分析、趋势分析等，并将分析结果数据直接应用于审计调查报告，完成第二个"总"的内容。

整个项目的实施过程全面体现了数据的范围有多广，审计的视野就有多宽，审计的视野有多宽，数据就应有多广的数据式审计的基本理念。

四　成效及不足

项目首次尝试运用数据式审计模式，统一要求、分散采集、集中分析、速战速决，历时 22 天，圆满完成了实地调查开工情况的中小企业达 46710 家，问卷调查中小企业受金融危机影响程度情况 3365 家，实地抽样调查危机后实际经营情况达 2106 家，实地调查了 45 家小额贷款公司，328 家中小企业信用担保机构，省市县三级经贸、财政、工商、统计、金融等有关部门的任务。创新了现阶段政府企业审计数字化的方式方法，项目成果最终受到了多位中央高层领导的批示，为制定中小企业短中长期发展政策提供了决策依据，发挥了审计的"免疫系统"功能。

项目的不足之处是因初次创新应用数字化理念来实施审计项目，在项目第一个"总"的阶段未能根据预期审计成果编制审计数据分析模型，以便于第二个"总"时快速得出结论，方便在现场实施时及时取得关键点证据。同时由于本项目是在调查项目中运用数字化的理念和方法，取得的经验在审计项目中还需进一步完善。

第三十五章 结论及展望

政府对企业审计处于逆水行舟、不进则退的阶段。在审计对象规模日益庞大、业务日益复杂、违法违规行为日益隐蔽、信息化程度日益提高的背景下，面对日益提高的公众需求和审计"免疫系统"功能要求，政府部门对企业审计必须创新转型，创新转型的关键是信息化，而信息化的关键是数字化。本篇研究的提升政府部门监督能力的技术途径正是对当前政府部门的企业审计创新转型课题的一种尝试，也是全面提高企业审计监督能力、发挥审计"免疫系统"功能的一个技术方案，是政府部门的企业审计转型发展的趋势。基于数字化环境的企业审计系统研究章节中论述的数字化环境下企业审计流程，数字化企业审计系统架构及规范平台所需的数据规划、企业审计方法体系、审计数据管理制度等标准化规范内容，对政府部门企业审计转型在技术途径方面具有指导作用。

实现数字化的企业审计取决于审计的内外部环境。本篇针对当前政府部门的企业审计环境数字化水平不充分的实际情况，在当前推进数字化企业审计的对策和途径章节中从审计创新角度探讨了创新内容。在研究过程中，在对数据式审计模式的内涵进行拓展的基础上，将数据式审计上升为一种审计思维方式，而不仅仅局限在计算机审计的一种具体技术方法范畴。从这一内涵拓展出发，本篇提出了现阶段推进数字化的企业审计的技术途径是将审计项目数字化，辅之以"总—分—总"的新型组织方式，来提升审计监督的质量和能力。

本篇所做的提升企业审计监督能力的技术途径研究还显粗糙，一方面是因为企业审计涉及的内容很多，更主要的是由于作者理论素养和实践经验不足，使得研究不够细致。这也有待今后在企业审计实践中不断补充和完善。

第七篇
政府绩效审计报告
及其披露研究
——基于我国证券监管机构的视角

第三十六章　绪论

一　国外绩效审计发展与研究现状评述

（一）　西方国家绩效审计的发展与研究

现代政府绩效审计产生的客观基础是在第二次世界大战后，当时欧美一些国家经历战争创伤，百废待兴，财政税收和支出的规模膨胀，广大纳税人及其代表要求对支出的效果进行评价。美国开辟了绩效审计的先河，早在 1945 年通过《联邦公司控制法案》，要求会计总署不仅应直接评价公营企业的合规性，而且应对管理效率和内部控制系统的效率加以评价，这是美国最早的绩效审计方面的规范。从 20 世纪 60 年代初起，美国审计总署开始将工作重心转向对联邦政府支出的综合审计，检查政府机关的财务管理和内部控制，关注政府运作的经济性（Economy）和效益性（Efficiency），这就是起初的 "2E" 审计，后又将效果性（Effectiveness）引入提出 "3E" 审计。而且，美国审计总署进一步扩大了工作范围，现在美国审计总署 90% 以上的审计工作都是绩效审计。20 世纪 70 年代以来，英国、加拿大、瑞典等国的政府绩效审计也日益受到重视，这些国家纷纷通过有关强制性立法将其列入法定审计的范畴，在澳大利亚绩效审计占政府审计工作 50% 以上，瑞典占 40% 以上，英国占 35% 以上，日本占 40% 以上[①]。1986 年 4 月，最高审计机关国际组织（INTOSAI）在澳大利亚的悉尼发表《关于绩效审计、公营企业审计和审计质量的总声明》，正式要求各国审计机关开展政府绩效审计。

绩效审计在世界范围内蓬勃发展，理论界的研究功不可没，尤其是在准则方面。绩效审计发展较完备的国家都很重视审计指南的制定，对绩效

---

① 辽宁省暨沈阳市课题组：《效益审计——关于政府绩效审计的探索》，［EB/OL］．http：// www. lnaudit. com. cn/detail. asp？ n_ id = 546，2003 年 3 月 16 日。

审计的概念、内容、目标、标准和方法、程序、审计报告等都作了详细的规定。美国早在 1972 年就颁布了《政府的机构、计划项目、活动和职责的审计准则》，经过 1981 年、1988 年、1994 年和 2003 年的四次修订，该准则已经趋于完善，其最后两部分对绩效审计的实施和报告提出了具体要求和制订了步骤，对于美国乃至世界的绩效审计规范都有着重大的意义；英国审计署虽未制定绩效审计准则，但出版了一个旨在指导绩效审计的小册子《绩效审计概要》，该手册于 1997 年首次发布，并于 2003 年修订，其中对绩效审计报告的内容、出具程序和发布进行了全面规范；《澳大利亚政府审计署审计准则》中包括了绩效审计准则，此外，澳大利亚还制定了《澳大利亚政府审计署绩效审计手册》、《1997 年审计长法》来专门指导绩效审计的实施和报告；加拿大不仅制定了审计指南，还制定了用户指南，并且已开发出一种理想的政府绩效审计软件——交互数据提取分析软件（IDEA），以实施绩效审计。

应该说，西方发达国家政府绩效审计的实践与理论研究都较为成熟，形成了一套较为完善的政府绩效审计理论体系，包括审计报告的撰写、出具，尤其是美国和英国，各自有一套适合本国国情的绩效审计准则，既指导了国内的审计实践，为政府节约开支作出了巨大贡献，也为其他国家提供了借鉴的范本。

（二）西方国家绩效审计报告发展的历史与现状

绩效审计报告随着绩效审计的产生而出现，1946 年，美国审计总署对一家财务公司 1945 年度的财务报表和经营情况进行了审计后向国会提交的审计报告中，列举了一系列有关该公司效率的问题，其中包括"履行经济责任时效率低"和"工作懈怠、玩忽职守"。这是世界范围内最早的带有绩效审计意义的审计报告，当时引起了有关部门的浓厚兴趣。

之后几十年里，绩效审计报告向世界范围扩展，本篇收集了三个绩效审计发展较快的国家的近六年绩效审计报告的数据，如表 36 - 1 所示。

美国的绩效审计报告涉及能源、国家安全、教育、环保、社会服务、农业等 28 类，审计总署每年发表 1000 多份报告，审计官员在国会作证 300 多次。

表 36 – 1　　　　　　　　　　绩效审计报告发布量

	2001 年	2002 年	2003 年	2004 年	2005 年	2006 年 1—9 月
美国	977	902	993	817	963	729
英国	39	40	50	60	55	48
澳大利亚	52	55	46	46	48	31

注：① Government Accountability Office of USA. Reports and Testimony ［EB/OL］. http：// www. gao. gov/docsearch/repandtest. html，2006 – 09 – 30. ②National Audit Office of UK. List of Value for Money Reports – by Publication Date ［EB/OL］ http：//www. nao. org. uk/publications/nao_ reports/chronindex. asp? type = vfm，2006 – 09 – 30. ③The Australian National Audit Office. Performance Audit ［EB/OL］. http：//www. anao. gov. au/WebSite. nsf/View Pubs! Read Form & View，2006 – 09 – 30.

资料来源：美国、英国、澳大利亚政府审计署网站，截至 2006 年 9 月。

英国政府审计署平均每年向议会下院公共账目委员会提交 50 多份报告，这些报告为社会带来了巨大的效益，英国政府审计署在 2002—2003 年的审计工作报告中指出："绩效审计每年能产生 4 亿英镑的效益，也就是说，每花费 1 英镑的审计成本，将会直接替社会节省下 8 英镑的开销。"①

澳大利亚 2001—2002 年度审计署向议会提交的绩效审计报告占审计报告总数的 69%，2000—2001 年度和 1999—2000 年度这一比例均达到 85% 以上②。

从各国绩效审计报告发布量与社会对这些报告的评价可以看出，一方面，发达国家的绩效审计报告数量基本达到一个稳定的状态，尤其是美国，报告发布量相当大，有时间与数量的积累，绩效审计报告已达到一定的水准；另一方面，这些绩效审计报告为政府的预算和可避免开支的合理削减作出了重要贡献。

二　国内绩效审计发展与研究现状评述

（一）绩效审计与绩效审计报告的界定

与国外相比，我国绩效审计是在近几年才有所发展。1991 年，全国

① National Audit Office of UK. Annual Report 2003：Helping the Nation Spend Wisely ［EB/OL］. http：//www. nao. org. uk/pn/02 – 03/ar03. htm，2003 – 07 – 17.

② 韩立春：《澳大利亚如何实施绩效审计》，《中国审计报》2003 年 12 月 17 日。

审计工作会议上，审计署提出"既要继续进行财务审计，又要逐步向检查有关内部控制制度和经济效益方面延伸"。这是我国政府部门首次提出在审计工作中探索绩效审计，标志着我国绩效审计进入了实验阶段。当时所侧重的是国有企业的经济效益，对公共财政部门的公共资金项目的绩效审计几乎没有涉及，因而显得比较单一。进入 20 世纪 90 年代中期，在传统的财务审计中体现绩效审计思想的党政领导干部经济责任审计和专项资金审计得到发展，但是注意力仍集中于财务收支上，因而远未达到绩效审计的真正要求，其能说明绩效审计的观念在我国政府审计①中开始萌芽。2002 年，深圳市审计局率先对 12 家市属医院的医疗设备采购、大型医疗设备使用和管理情况进行了绩效审计，并将审计结果分基本评价、主要问题、审计建议和被审计单位反馈意见四部分整理成文，再汇总其他绩效审计项目完成情况，一并上报市政府，经市政府同意，完成《深圳市 2002 年度绩效审计工作报告》，提交市人大常委会。确切地说，这才是我国绩效审计的开端。此后，政府审计署和其他一些城市，如上海、南京等市的审计机关也开始开展绩效审计试点项目，绩效审计在国内处于升温的状态中。

从目前政府审计署审计结果公告的项目来看，审计署没有将公告的项目作详细分类，所以各界对于那些属于绩效审计的结果认识还比较模糊，笔者将这些公告项目大致归为三类：（1）中央预算执行情况和其他财政收支的审计结果；（2）政府部门或者国有企业事业组织财政收支、财务收支的单项审计结果；（3）有关行业或者专项资金的综合审计结果。以此为依据，将政府审计署公告的项目整理为表 36 – 2。

前两项都不属于绩效审计报告的范畴，对于专项资金的审计，笔者认为，如果专项资金审计的出发点就是评价和提高资金效益，以资金的经济性、效率性和效果性为目标和内容来建立审计标准、安排审计程序、实施审计检查和提出审计报告，并以公开和透明的方式促使审计结果的披露和利用，那么这种专项资金审计就是绩效审计，其报告就是绩效审计报告。

---

① 审计机关对政府部门实施的审计在国外一般称为政府审计，而在国内，由于审计机关隶属于政府，所以往往也被称为政府审计。

表 36 - 2　　　　　　　　政府审计署审计公告项目类型

项目类型	中央预算执行情况和其他财政收支的审计结果	政府部门或者国有企业事业组织财政收支、财务收支的单项审计结果	有关行业或者专项资金使用情况的审计结果
项目名称	国家林业局、海关总署、国家质量监督检验检疫总局 2003 年度预算执行审计结果；国土资源部、国家测绘局 2003 年度预算执行审计结果；人事部、铁道部、中国国际贸易促进委员会、中国外文出版发行事业局 2003 年度预算执行审计结果；国家旅游局等 32 个单位 2004 年度预算执行审计结果；2004 年度中央预算执行和其他财政收支审计查出问题的纠正结果；42 个部门单位 2005 年度预算执行审计结果公告	中国工商银行 2002 年度资产负债损益审计结果；18 所部署高校 2003 年度财务收支审计结果；10 家医院 2003 年度财务收支及药品销售情况审计结果；4 家资产管理公司 1999—2003 年度资产负债损益审计结果；中国农业银行 2004 年度资产负债损益审计结果	关于防治非典型肺炎专项资金和社会捐赠款物审计结果；50 个县基础教育经费审计调查结果；50 个县财政支农资金审计调查结果；部分城市基础设施、国债项目建设效果审计结果；788 户企业税收征管情况审计调查结果；云南大姚地震救灾资金审计结果；四城市高教园区开发建设情况审计结果；16 家会计师事务所审计业务质量检查结果；重点流域水污染防治资金审计结果；部分水利建设资金和水利项目审计结果；青藏铁路环境保护资金使用情况审计调查结果；印度洋海啸中国紧急救灾援助专项审计结果；西部地区退牧还草项目审计调查结果；16 个省农村公路改造工程项目实施情况审计调查结果

资料来源：政府审计署网站，截至 2006 年 10 月，http：//www. audit. gov. cn/cysite/chpage/c1/。

（二）　绩效审计与绩效审计报告研究现状

国内的绩效审计理论研究起源于对国外绩效审计的介绍，20 世纪 80 年代末至 90 年代初，一些学者开始探讨绩效审计并翻译介绍国外的部分绩效审计名著，如美国学者奥·赫伯特等撰写的《管理绩效审计学》、R. E. 布朗等撰写的《政府绩效审计》及约翰·格林撰写的《绩效审计》三部译作的出版，拓宽了国内学者对于绩效审计研究的思路。但这些专著是从案例角度论述绩效审计的，且多属介绍性著述。陈颖源于 1985 年发表的《管理审计与规划审计》，当属新中国成立后我国较早论及效益审计①的专著。此后又有刘家义、刘大贤、李泽临、竹德操等学者公开出版其对效益审计的研究成果，这些成果侧重于从定义、概念、方法、实务等方面探讨企业经济效益审计，并为在我国较全面系统地推介效益审计理论知识起到了积极的作用。当然，受制于当时的政策背景及企业的审计实践，这些成果大多以面面俱到的教科书形式出现，未能很深刻地揭示绩效审计的内在机理与变迁规律。

20 世纪 90 年代中期以后，出现了一次绩效审计研究的高潮，且推出了一系列专著与译著：《效益审计的理论研究》②；《最新国外绩效审计》③；《国外效益审计简介》④。同时，也出现了一些相关学术论文，包括《政府绩效审计的理论探讨》⑤、《我国政府绩效审计标准之探讨》⑥、《中、美、法政府绩效审计环境比较研究》⑦、《关于绩效审计的几点思考》⑧、《国外政府绩效审计及其启示》⑨、《政府绩效审计理论探讨》⑩、《我国绩效审计理论研究回顾与展望》⑪ 等。这些著作大都是介绍国外绩效审计案例及国外开展绩效审计的方法，提出问题多，解决问题的少，或

---

① 目前，国内对绩效审计的称谓尚存在争议，我国开展绩效审计始于 20 世纪 80 年代末，当时正值经济体制改革逐步深化，企业效益问题成为深化改革的突出问题，故审计将促进企业提高经济效益作为其主要审计目标，主要从挖掘企业潜力，分析企业投入产出的角度开展审计，因此当时一般用"经济效益审计"概念来表示绩效型审计。但从 90 年代起，绩效审计的概念较多地见诸于审计书刊。因而，便出现了目前效益审计术语与绩效审计术语混用的现象。本书认为，效益审计的开展，最初主要是从促进企业提高经济效益开始的，"效益审计"更适用于企业，发展到现阶段已涉足国家公共项目，此时审计的目标更广，不单指效益性，若简单地使用"效益审计"来概括就显得有些牵强，而"绩效审计"概念既能涵盖审计的目标，又适用于国家机关和公营企业，较为科学。

② 李敦嘉：《效益审计的理论结构》，中国审计出版社 1996 年版，第 2—5 页。

③ 邢俊芳、陈华、邹传华：《最新国外绩效审计》，中国审计出版社 2001 年版，第 3—6 页。

④ 审计署外事司：《国外效益审计简介》，中国时代经济出版社 2003 年版，第 2—4 页。

⑤ 张欣：《政府绩效审计的理论探讨》，《审计研究》1998 年第 1 期。

⑥ 赵奂：《我国政府绩效审计标准之探讨》，《现代财经》1999 年第 3 期。

⑦ 程新生、陶能虹：《中、美、法政府绩效审计环境比较研究》，《审计与经济研究》2002 年第 12 期。

⑧ 刘力云：《关于绩效审计的几点思考》，《审计研究》2001 年第 3 期。

⑨ 张继勋：《国外政府绩效审计及其启示》，《审计研究》2000 年第 1 期。

⑩ 刘嫣菲：《政府绩效审计理论探讨》，《会计之友》2003 年第 9 期。

⑪ 宋常、吴少华：《我国绩效审计理论研究回顾与展望》，《审计研究》2004 年第 2 期。

者是讨论我国开展绩效审计的必要性与可行性，停留于理论层面，提出的建议一般都是提纲挈领式的，具体的操作研究不多，对于绩效审计报告的环节也只是点到即止，未有深入的论述。

值得一提的是，蔡春教授等人的《绩效审计论》① 是目前为止体系较为完整的绩效审计论著，从理论结构到国内外比较，从绩效审计定义到程序方法，论述了绩效审计的相关理论，但该论著与实际结合较少，对于绩效审计的实际操作的指导作用仍显不足。

此外，从专注于政府审计报告研究的成果看，根据《审计署审计技术基础建设五年规划》的要求开展的课题成果《审计报告编制的技术与方法》② 着重研究了审计报告的编制原则与程序，涉及的报告类型主要有财政审计报告、金融机构财务审计报告、企业财务审计报告、经济责任审计报告、专项审计调查报告、审计结果报告、审计工作报告和年度审计报告，对于新兴的绩效审计报告内容规范鲜有提及，不能不说是一个遗憾。

总之，我国现阶段对政府绩效审计问题的研究还处于对国外理论的引介阶段，内容不够系统和完善，与目前国内绩效审计亟待解决的实际操作问题没有较好地融合，并且研究大多集中在绩效审计的必要性、审计标准、实施程序等方面，对报告环节关注明显不够。

三　研究目的与研究方法

绩效审计不是一个抽象的概念，而是一种由一定标准和程序构成的可操作的鉴证形式，其集中表现就是绩效审计报告，因此，绩效审计报告就成为我国开展绩效审计极为关键的一个环节。但与国外相比，我国绩效审计起步晚，实践中出具的绩效审计报告极为不规范。而且在理论界，关于绩效审计理论的研究也远未形成完整的体系，虽有涉及审计主体、目标、方法、程序等的研究，但对绩效审计结果的报告与披露方面进行的专门研究还不多见。因此，本篇选取这一环节进行专项的研究，希望通过借鉴国外的经验，结合国内绩效审计的特点，初步探讨绩效审计报告的基本理论、报告的框架与内容以及审计报告的披露问题，提请理论与实务界

---

① 　蔡春：《审计理论结构》，东北财经大学，2001 年。
② 　审计署外事司：《审计报告编制的技术与方法》，中国时代经济出版社 2002 年版，第 2—5 页。

注意。

　　绩效审计报告既是将绩效审计理论在实践中的应用，又是审计实施过程的成果，它一方面受绩效审计理论的指导，另一方面受实践中客观环境的影响，因此，本篇采取以规范研究为主，辅之以实证研究的方法。

　　研究中使用的规范研究方法包括归纳研究、演绎研究和比较研究三种方法。其中归纳研究方法主要应用于绩效审计报告基本理论的探讨，首先表现在通过分析绩效审计报告的历史背景与演进历程，归纳出绩效审计的产生基础与历史渊源；其次对于绩效审计报告的本质与作用，是在归纳总结前人研究成果的基础上，提出自己的观点，再者，相关者模型的建立也是先对实践中的报告使用者进行分析再构建出模型，体现了归纳的研究方法。演绎的方法则运用在绩效审计报告的质量要素的分析上，从信息的质量要素到审计信息的质量要素，再到绩效审计报告的质量要素，层层递进，最终构建起一个要素体系。比较的方法在文中使用得也较多，绩效审计报告的特点是基于绩效审计与财务审计的比较得出，对绩效审计报告的框架、内容和披露形式的探讨也都是建立在国内外比较的基础上。

　　实证研究主要是案例分析，表现在对绩效审计报告内容规范化的研究上。本篇选取国内具有代表性的绩效审计报告案例，对案例的内容进行详细对比分析，寻找其中不足，在此基础上有针对性地提出改进建议。

　　四　本篇框架

　　本篇的研究对象包括绩效审计报告的本质与作用、特点、质量要素、框架、内容、相关者和披露形式，这些对象分在五个部分里，各部分关系如图 36 - 1 所示。

　　第三十六章探讨绩效审计报告的基本理论。由于绩效审计报告课题较新，而且理论对报告的形式有重要的指导作用，因此有必要首先明确绩效审计报告的基本理论，包括绩效审计报告的本质、作用、特点和质量要素，作为后文研究的基础。

　　第三十七章是绩效审计报告框架设计，也是对报告基本结构的规定，这个结构直接关系到报告的性质。因此，这一章从相关领域——管理审计报告的研究成果、国内外现行的绩效审计报告框架和我国政府审计的特点等方面入手，探讨我国绩效审计报告的合理框架。

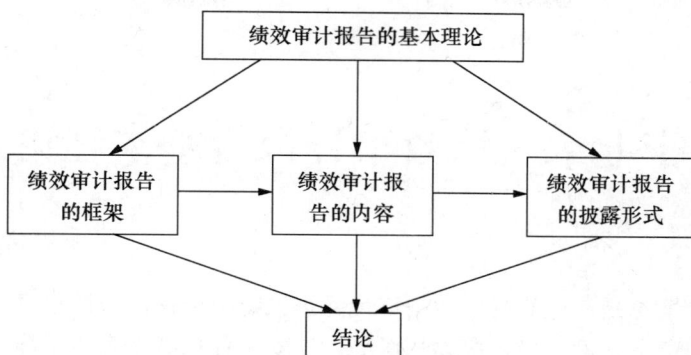

图 36 - 1　本篇框架

　　第三十八章是对框架的充实，框架与内容的关系有如"骨"与"肉"的关系，内容的质量将影响整个报告的科学性与有效性。但事实上，国内绩效审计报告在内容上显得较不规范，因此，本章就对典型案例予以分析，总结普遍存在的问题，针对这些问题提出改进建议。

　　第三十九章通过前三章的研究，绩效审计报告已经成型，但到此为止还不能构成一个完整的报告环节，报告的披露是实现报告作用的关键。

　　结论部分是对所有观点与创新点进行总结，并指出本篇的不足。

第三十七章 绩效审计报告基本理论探析

审计报告是审计的成果，是审计师提供给报告使用者的信息产品，没有审计的产生，审计报告便无从谈起，绩效审计报告也是基于绩效审计的产生而出现的，因此，对绩效审计报告基本理论的研究，就从对绩效审计的理解开始。

第一节 绩效审计的产生与内涵

一 绩效审计的理论基础

现代政府审计是在公共受托经济责任基础上产生的。现代政府大都按照民主制度建立，在西方各国，一般按照民主制度的原理，通过民选组成议会，议会代表统治阶级的意志制定法律及管理国家的大政方针。管理国家所需的费用以税负的方式收集，议会批准财政收支的预算方案，政府根据批准的预算方案执行并对资金的征集与使用负管理责任。这样，议会与政府之间就形成一种受托经济责任关系，我们称其为公共受托经济责任关系。其中政府部门负有依法、有效管理使用国家资产并定期向议会报告的责任；议会则代表统治阶级的意志监督政府部门是否按规定使用资金及是否有效使用资金。具体检查监督的任务大多是由议会领导下的审计部门来执行，并将检查结果向议会报告。

然而，正如杨时展教授所说的"审计不但因受托责任的发生而发生，而且因受托责任的发展而发展"[①]，政府审计的内涵随着时间的推移在发生着变化。第二次世界大战后，随着政府职能的扩展，政府机构膨胀，财

---

① 杨时展：《世界审计史》序，企业管理出版社 1996 年版，第 3 页。

政预算大量增加，财政支出频繁，加大了纳税人的负担，财务审计体现出来的局限日益明显：财务审计的内容是被审计单位经济活动的合规性及财务报表所反映的信息的真实性，但由于政府部门经济活动的特殊性，很多经济活动的效率与效果无法像企业那样以简单明了的指标（如利润）加以衡量。议会，作为各项预算支出的监督者，实际上往往无法从传统意义上的财务审计的结果中，对各项支出使用是否节约，资源开发利用是否有效，预定的目标是否达到等情况作出正确的判断。而从某种意义上讲，这些方面的监督比经济活动合规合法及财务信息真实性的监督更为重要。因此，在民主制度日益完善，公共管理的呼声越来越强烈的背景下，政府审计署便自然地将审计的评价监督范围，从财务报告的真实性、财务活动的合规性，延伸到政府经济行为的经济性、效益性和效果性，从而形成了绩效审计。

　　基于上述分析，本书认为，绩效审计的产生基础是政府的受托经济责任内容的变化，它与受托责任关系，与财务审计之间的关系如图 37 - 1 所示。

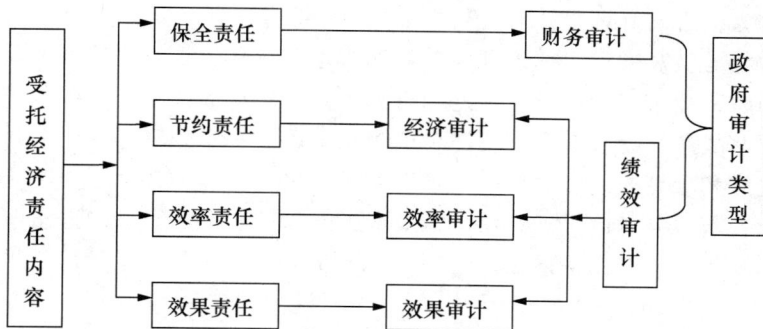

图 37 - 1　政府审计类型的演变

二　绩效审计的渊源：管理审计

　　前文从政府审计演进的角度分析了绩效审计产生的理论基础，其实，作为审计的一种类型，绩效审计并不是在政府审计领域首先出现的，王光远教授在其博士后研究报告《管理审计》中就提出，"到了 19 世纪 40 年代，各领域均指向管理审计"①。笔者认同该观点，绩效审计其实是管理审计在政府审计领域的延伸。

首先，从管理审计的内涵进行考察。王文彬教授认为，管理审计是控制非盈利组织和加强盈利企业经营管理的一种手段②。审计署高级审计师杨树滋认为，管理审计以改进管理工作，提高管理效率，充分利用资源，增进经营效益为重点③。将这些对管理审计的理解与绩效审计的内涵进行对比，不难发现，这两者本质是相通的，都是对被审计单位的管理情况进行审计，以改进其管理为目的。

其次，从管理审计的发展史来考察。根据沃尔特·梅格斯（Walter B. Meigs）教授对内部审计的评价"一方面内部审计师要持续不断地寻找公司会计记录的错误，另一方面又充任分公司广泛分布的总公司的代理巡视人"④，这里的代理巡视人，就是对分公司的管理情况进行审查监督，由此可见，在内部审计领域首先出现了管理审计的萌芽。就在内部审计职业界逐渐地向审查业务活动发展时，管理职业界率先提出了"管理审计"这一概念，1932 年，英国管理协会会员、管理专家罗斯（T. G. Ross）撰写了第一部探讨管理审计的著作，在著作中首次倡导以职能部门评价和成绩评价为核心的管理审计⑤。在随后的几十年里，管理职业界成为管理审计的主导力量。就在内部审计职业界和管理职业界旗帜鲜明地发展管理审计的同时，政府审计也加入了这一行列。第二次世界大战使美国经济不景气，同时战争又使政府开支猛增，两难之下国会意识到联邦政府公司脱离国家立法和预算控制、脱离审计监督是不行的，于是《政府公司控制法》出台，要求 GAO 按照民间审计的原则和程序审查政府公司，时任审计部主管的科尔曼·安德鲁斯按照公司法的要求设计出比财务审计广泛得多的

---

① 王光远：《管理审计理论》，中国人民大学出版社 1996 年版，第 12 页。

② 王文彬等：《审计学词典》，上海三联书店 1990 年版，第 578 页。

③ 杨树滋：《关于经济责任评价与经济效益审计的探讨》，《审计研究资料》1987 年第 7 期。

④ Walter B. Meigs, The Expending Field of Internal Auditing [J]. *The Accounting Review*, 1951 (10)：1518.

⑤ Dale L. Flesher, The Roots of Operational Auditing in Englishi - speaking Nations [J]. Accounting Education News, 1988 (10)：16 - 17.

政府公司审计方案，也就是现在所谓的绩效审计，从而向传统的政府审计提出了挑战。从管理审计的发展脉络可以看出，管理审计经历了从内部审计到管理职业界，再拓展到政府审计领域的过程，绩效审计源于管理审计。事实上，绩效审计的这个渊源对绩效审计报告的形式、内容都产生了一定影响。

三　绩效审计内涵的理解

政府绩效审计发展至今，由于所处的背景不同，众人对其含义有不同的理解。1986 年在悉尼召开的第十二届最高审计机关国际组织会议上发表的《关于绩效审计、公营企业审计和审计质量的总声明》中指出，"除了合规性审计，还有另一种类型的审计，它涉及对公营部门管理的经济性、效率性和效果性的评价，这就是绩效审计"。这个对绩效审计最基本内涵的归结，得到了各国的一致认同。

在总结前人研究的基础上，本书认为，政府绩效审计是审计机关按照授权通过收集、分析、评价审计证据，找出薄弱环节，提出改进建议，对政府公共行为的经济性、效率性和效果性进行检查和评价，将审计结果提交给各相关部门，并对建议的执行情况进行审核、控制的一项活动。对于政府绩效审计，可以从以下几方面理解：

（1）政府绩效审计的主体是政府审计机关，包括政府审计署、审计局及其成员。政府绩效审计属于政府审计范畴，政府审计机关相应地也就成为绩效审计的主体，事实上，随着绩效审计在政府审计中所占比重的增大，审计机关已将很大部分人力资源配置于绩效审计。

（2）政府绩效审计的客体即审计对象，包括财政资金的使用、政府的公共管理活动、公共基金及政府公共项目①。财政资金的使用包括：财政资金投入的规模、财政资金的流向、财政资金的使用情况等；政府的公共管理活动包括：政府的管理成本、政府效率和政府工作的成果；公共资金则包括社保基金、福利基金等。政府项目和政策包括：政府项目和政策是否有效地实施。对于这些项目的审计在政府立项过程中就介入，评价项目可行与否，尽量防患于未然。而对于具体项目的选择则主要考虑项目的性质和金额是否重要这两方面。

---

① 蔡春：《绩效审计论》，中国财政经济出版社 2006 年版，第 25—26 页。

（3）绩效审计的核心是考察项目的经济性、效率性和效果性，即所谓的"3E"。其中，经济性是指在充分考虑质量的前提下，活动所用资源成本的最小化，简单地说，就是支出是否节约；效率性，是指产品服务的产出与所使用资源之间的关系，包括以最小的投入取得一定的产出或者以一定的投入取得最大的产出，简单地说，就是支出是否讲究效率；效果性，是指多大程度上达到政策目标，简单地说，就是目标效果与实际效果之间的关系，它既可以是经济指标，也可以是非经济指标，是衡量事后效益的重要内容。经济性、效率性和效果性三者之间相互联系、相辅相成，在一定程度上，效率性包含了经济性，经济性和效率性是效果性的前提条件。

（4）绩效审计不同于对被审计单位的管理活动，只是负有找出管理缺陷并提出改进建议的责任。对被审计单位进行管理是被审计单位管理当局的责任，政府绩效审计人员不参与被审计单位的管理活动是区分会计责任与审计责任的要求，同时，也是对政府绩效审计人员独立性的保证。

第二节　绩效审计报告的本质与作用分析

一　绩效审计报告本质分析

在明确了绩效审计的内涵与产生背景的基础上，对于绩效审计报告的本质就能有一个客观、清晰的理解。

王建春博士认为，审计报告是审计人员向报告使用者提供的一种"增量"信息，报告通过对会计信息与既定标准的符合程度发表意见，提高会计信息使用者对会计信息的信赖、理解和判断[①]。本书认为，这仅是对于传统的财务审计报告而言，通过前面对绩效审计内涵的分析，可以知道绩效审计由于其特定的使命，从而在审计目标、审计对象、审计方法和审计作用等方面都与财务审计有很大差别，这决定了绩效审计报告的本质不能等同于普通的审计报告。

陈思维认为，审计报告是将审计结果传递给审计使用者的法定方式，

---

① 王建春：《审计报告研究》，上海财经大学，1999 年。

是审计方法要素之一，绩效审计的报告，既为被审计组织内部的高级管理人员、业务管理人员和内部审计师服务，也为组织外部的政府监管部门、利益相关者和外部审计师服务，是实现绩效审计目的必要途径①。这个提法指出了绩效审计报告为哪些使用者服务，但没有明确绩效审计报告服务的内在本质。

蔡春将绩效审计报告定义为：绩效审计提供的、经过加工的信息产品，是对被审计单位主要收支项目和资源管理的经济性、效率性和效果性提出独立的鉴证和建议，并帮助被审单位采取必要的措施改进控制系统所形成的一种书面文件②。该定义在绩效审计定义的基础上，总结出绩效审计报告的定义，包含了绩效审计报告的内容与功能。

此外，还有一些学者，将审计报告定义为信息商品，是审计委托者与审计师之间的交易物，通过交易实现其价值③。

在总结前人研究的基础上，本书认为，应该从两个方面理解绩效审计报告的本质：

首先，绩效审计报告是审计人员创造的具有独立价值的信息。财务审计报告的本质是对会计信息与既定标准的符合程度发表意见，其"增量"的价值建立在会计报表的基础上。离开会计报表，财务审计报告也就没有价值可言，可以说是会计信息的附加信息，而绩效审计报告提供的"增量"信息的内涵就远不只是提高会计信息的公信力那么简单，它更重要的价值在于在审计的基础上提出了改善管理的建议，这些建议不能直接从审计证据中取得，而是审计人员通过专业的判断分析产生的新信息，这些信息独立于会计信息而存在，具有独立价值。

其次，绩效审计报告是公共信息产品，不是信息商品。根据经济学基本理论，商品必须具备三个基本条件：（1）是劳动的产品，具有价值属性；（2）能满足人们的某种需求，具有使用价值属性；（3）必须用于交换。绩效审计报告是审计人员通过专业判断分析产生的，属于劳动成果，

---

①　陈思维：《经济效益审计》，中国时代经济出版社 2002 年版，第 45 页。

②　蔡春：《绩效审计论》，中国时代经济出版社 2006 年版，第 133 页。

③　高远：《审计信息商品的定价研究——来自沪市 A 股市场的实证检验》，西南财经大学，2005 年。

创造了价值，且满足审计委托者和被审计单位的使用需求，具有使用价值，因此，它满足前两个条件。但绩效审计报告并不同于民间审计的审计报告，不在审计市场上进行交易，报告的提供者——审计机关以财政拨款维持其运作，报告使用者不需要为使用信息而付费，根据这些特点，将绩效审计报告归为公共信息产品更为贴切。

综上所述，绩效审计报告是审计人员提供给报告使用者，对被审计项目的经济性、效率性和效果性提出建设性意见，具有独立价值的公共信息产品。

二　绩效审计报告作用分析

绩效审计报告既然是一种创造了新价值的信息，它必然是有用的，考察国内外的研究文献，大致将绩效审计报告的作用归结为，审计报告是审计结果的载体，它起到鉴证、诊断、促进和媒介①的作用。为了既体现审计报告的一般作用，又能突出绩效审计报告的特点，本书换一个思考角度，即从绩效审计报告相关者的角度出发予以分析，以便更清晰地表现绩效审计报告的作用。

首先，对于审计机关来说，审计报告是监督审计人员工作质量，防范审计风险的凭借。审计报告是审计人员完成审计工作的书面汇报，向第三方公开，审计报告的读者会根据审计报告评判审计人员业务水平和工作质量，客观上将审计组织的审计工作置于公众监督之下，从而促使审计人员尽忠职守，保证审计工作的质量和降低审计风险。另一方面，审计报告的存档也可作为进行审计复查，作为评价审计人员工作成效的依据，并以此总结审计工作经验。

其次，对于被审计单位来说，绩效审计报告是改善管理的依据。审计报告以书面形式评价被审计单位的经济责任和业绩，相对正规可靠，被审计单位和有关部门可据此改进工作。并且，在审计报告出具后还有跟踪检查，审计组织还需要以审计报告为依据，跟踪检查被审计单位对审计结果和建议的落实情况，以确保绩效审计发挥作用。

最后，对社会公众而言，审计报告是传递审计结果的载体。绩效审计

---

① 审计署研究所课题组：《效益审计程序与方法研究》http：//www. zjsjt. gov. cn/Intranet/Information/InfoDetail. aspx？InformationID = 6432，2005 - 01 - 27。

是公众监督公共资金使用情况的手段，公众是审计的委托者，因此，审计报告首先是为委托者服务的。通过编写审计报告，一方面，将审计结果变成第三方可以接受和理解的形式，让公众准确了解并监督公共资源的使用和管理情况，从而完成审计任务；另一方面，在审计报告内说明的一些解释性内容，比如，审计的范围、时间；审计是依据审计准则进行的；审计是以测试为基础的，而不是检查所有的数据资料，等等，明确审计工作的局限性，以及审计者与被审计者之间责任的区别，使审计结果不至于被误解。

第三节　绩效审计报告的特点：基于绩效审计与财务审计的比较

一　绩效审计与财务审计比较

绩效审计报告是绩效审计的成果，其特点很大程度上由绩效审计本身的特点决定，因此，要考察绩效审计报告的特点，必须从绩效审计入手。绩效审计作为一种新型审计，与传统的财务审计有很多的不同，绩效审计和财务审计的主要区别概括如表 37 - 1 所示。

二　绩效审计报告特点分析

两个不同的审计过程得出的审计成果自然不同，本书从绩效审计与财务审计的区别中，分析绩效审计报告的特点，认为至少有如下几点：

（一）潜在的风险性

财务审计有直接的财务资料和既定的标准，审计师根据两者间的符合程度就可以作出判断，而绩效审计由于审计对象的间接性，其结论和建议，往往根据趋势证据、环境证据间接地做出，这类证据有一定的科学计算或理论依据，但不反映已发生的客观实际情况，这对审计师的专业判断要求很高，相应地，绩效审计报告也就有较大的审计风险。

（二）报告内容的综合性

在审计对象上，财务审计关注的是财务信息，而绩效审计关注管理活动的绩效，而绩效包括直接和间接的社会效应，这就使得绩效审计报告内容更丰富，与审计对象相关的绩效信息都要包含在内，报告内容相对综合。

表 37 - 1　　　　　　　　　　绩效审计与财务审计主要区别

比较项目	财务审计	绩效审计
审计目标	评价财政财务活动的合法性、合规性和会计资料的真实性、公允性	评价公共支出的"3E",提高管理绩效
审计对象	财政财务活动和会计对象	公共管理活动的绩效,包括直接与间接的社会效应,表现为间接性
审计程序	有一套相对不变的证据收集、分析、判断方法	根据不同政府机构、社会公共组织以及不同的公共支出项目的功能、性质确定审计程序,项目间有较大差异
审计标准	国家的财经法规、会计制度和会计准则	既有量化指标,又要运用定性指标;既要运用价值指标进行明确的评价,又需要运用不确定的、没有衡量标准的正当理由加以评价
审计方法	核对、查询、盘存、调节、审阅和观察等	经济活动分析方法、现代管理方法、数学方法等
审计作用	查错防弊和证明作用,属于防护性和公正性	改进管理,提高绩效,属于建设性

（三）审计建议的建设性

从审计作用看,传统的财务审计主要是对已生成的财务收支事实的审计,更大程度上体现了查错防弊及证明作用,而绩效审计关注的是未来经济活动的改进,是面向未来的审计。绩效审计报告既然是审计成果的体现,必须能帮助审计实现其作用,因此,绩效审计报告的核心是对被审计单位存在的问题,深入分析成因,提出切实可行的意见和建议,这些意见和建议对促进被审计单位改善经营管理和提高经济效益具有重要的参考价值,所以,建议的建设性是绩效审计报告的主要特点。

（四）审计结论的非强制性

绩效审计一般不需要作出审计处理决定,审计师通常表达审计评价的结论,提出可供选择的建议或方案,供有关审计结果使用者采纳。由于评价标准比较灵活,被审计单位绩效的影响因素也较多,审计师往往以讨论说服的语言来表达意见,供决策者参考。而且,被审计单位可以不赞同绩效审计师的建议，但要说明理由。

（五）一般采用详式报告形式

由于绩效审计不是仅仅对财务状况和规则的遵循程度发表意见，它需要对政府部门是否达到了权力机关制订的目标要求进行评论，还要对政府部门提高经济性、效率性和效果性提出一般建议等，特别是对存在的问题和改进的措施需要详细阐述，在绩效审计报告中，审计人员要反映的问题往往比较多，情况也较复杂。这个特点决定绩效审计报告大多应当采用详式报告进行表达，即绩效审计报告需要用比较详细的文字来描述被审计单位业务活动的现状、评价的标准、存在的问题以及改进的建议。

（六）非统一性格式

财务审计发展至今，其报告已经形成相对统一的格式。而绩效审计由于审计标准的相对性和灵活性，而且绩效审计涉及的对象的复杂性，审计方法和手段也就呈现多样性。因为要对这些情况都进行说明，绩效审计报告就难以某种通用的形式加以规范。当然，这并不是说绩效审计报告的内容就可以随意撰写，恰恰相反，正是由于没有统一的格式规范，审计人员组织材料的硬性规范较少，更需要审计人员遵循一定的章法，该反映的内容不能缺少，而不必披露的则不可画蛇添足。也就是说，这里的非统一只是形式上的非统一，但内容仍然是有规范的。

第四节　绩效审计报告双层次质量要素体系的构建

一　审计信息的质量特征

审计报告的质量特征是指审计报告为了发挥其作用所应达到的基本质量要求，它是评价审计信息质量之基本标准。实际上，任何信息要发挥一定的作用，都必须符合一定的质量要求，即质量特征。比如一般经济信息应符合真实性、时效性、系统性、目的性、可传递性、更替性和同质性等质量要求[①]；而一个单位对外报告的会计信息应符合的质量特征是决策有

---

① 黄学忠：《经济信息与管理》，人民出版社1985年版，第25页。

用性、相关性和可靠性等①。

蔡春教授认为，审计信息最主要的质量特征是"可靠性"，而它又是由真实性、相关性、有效性、公正性和明晰性等质量特征来支持的，它们共同构成了审计信息的质量特征体系。② 孙坤博士认为，"决策有用性"是审计信息最根本的质量特征，具体表现为相关性、真实性、合法性和明晰性。③ 本书认为，这两种说法都是殊途同归，审计信息的可靠最终就是为了决策有用，不同的质量特征体系的目标是一致的。但是，这些说法都是针对一般意义上的审计信息而言的，即使这里的审计信息包括审计报告，也是泛指所有的审计报告，其实，不同类型的审计报告由于使命的不同，除了要具有这些共同的质量特征之外，还需要具备一些与各自使命相关的质量特征，绩效审计报告就是如此。

二　绩效审计报告的双层次质量要素体系

笔者在借鉴前人的研究基础上，结合绩效审计的特殊使命，提出绩效审计报告的一个质量要素体系，这个质量体系包含两个层次，即实质性的质量要素与形式的质量要素：实质性的质量要素体现审计项目的内涵，提供被审计单位或事项的经济性、效率性和合法性的信息，形式性的质量要素体现报告的外延，增强审计报告的独立、客观、公正、严谨的形象。

（一）绩效审计报告的实质性质量要素

1. 及时。及时性是绩效审计报告质量的首位要素，指审计师应该对报告的适当出具进行计划，及时完成审计项目并尽快提交审计报告，并且在审计过程中一直有这样的意识，一遇到重大事项立即向有关管理者作期中报告。绩效审计的结果关系到国家资源利用的有效性，强调报告的及时性一方面能保证报告中包含的信息是最新的，不是过时的，以满足审计委托者、被审计单位和其他使用者的正当需要，取得审计信息最大限度的利用价值。另一方面，可以引起被审计单位对需要立即关注的事项的警觉，同时允许它们在最终报告完成前采取改正措施，使审计发现的问题能够及时得到解决，审计建议能尽快得到落实。

---

① 　常勋：《国际会计》，上海人民出版社 1990 年版，第 112 页。
② 　蔡春：《审计理论结构》，东北财经大学，2001 年。
③ 　孙坤：《独立审计质量保证论》，东北财经大学出版社 2005 年版，第 28—29 页。

2. 准确。准确性就是要求审计报告中证据表述真实，结果描述正确，结论和建议的得出合乎逻辑。绩效审计不同于财务审计，审计对象表现为间接性，没有固定的审计模式和方法，整个过程都是一个判断、逻辑推理的过程，因此，报告中的不可靠、不正确之处都会导致使用者对整个报告可靠性的怀疑，并可能分散报告使用者对报告实质内容的注意力。为了保证绩效审计报告的准确性，一方面，报告中只能包括在审计记录中记载的有着充分、可靠和相关证据支持的信息、结果和结论。如果审计信息对于审计结果和结论关系重大，但未经审计，审计师应该在审计报告中清楚地说明信息的局限性，并且不要依据这些信息做出没有把握的结论。另一方面，对于审计报告中包含的证据，则应该表明报告事项的准确性和合理性，报告必须准确地说明审计的范围和方法，并且以与审计工作范围相一致的方式表达审计结果和结论，报告在逻辑和推理上不能存在错误。

3. 客观。客观性要求审计人员以客观公正的立场来表述证据，不偏不倚地反映审计事项，根据可靠的和足够的审计证据提出审计结论，不能主观臆断，虚构捏造。绩效审计报告是政策性很强的文件，撰写时在内容和语气上应保持平稳，不能给人误导，要以正确的观点看待审计结果，使报告的使用者认可审计发现问题的有效性、审计结论的合理性以及审计建议的可行性。尤其在描述绩效缺陷时，审计师言辞不宜过激，应该将审计结果置于特定的环境背景之下，客观地分析成因。如果一份报告以不偏不倚的方式说明其证据以便用事实来说服报告的使用者，那么，报告的可信性就会大大提高。在与审计目标相关的情况下，报告应该认可被检查项目的积极方面，这些信息不仅有利于通过保持报告的平稳性更加公正地描述情况，还能促使阅读报告的其他政府组织绩效的提高。对于提出的审计结论和建议，审计师可适当地鼓励被审计单位积极采纳，一方面要表明报告有完善的、富于逻辑的证据支持审计结论，同时要避免使用形容词或副词来强化证据，暗示批评或者缺乏支持的结论。

4. 完整。完整就是要求审计报告包含所有为实现审计目标所必须收集的证据和论点，以及对这些证据和论点进行详细充分的说明，以便于报告使用者全面、正确地理解所报告的事项和情况，也就是审计证据的完整、论证过程的完整以及审计结论的完整。此外，审计报告应包括的层次、结构和基本内容不得遗漏，重要的事项必须全部列入审计报告。

（二）绩效审计报告的形式质量要素

1. 清晰。清晰性要求审计报告易于阅读和理解，能满足不同信息使用者的需求。首先，报告语言应尽可能简单明了，尽量运用通俗的语言，避免使用复杂的词汇或者专业术语，使其能够被普通读者接受。如果使用专业术语、简称等，则必须在报告中明确其含义。为了使内容更易于理解，报告还可以适当运用附注和图表，附注使报告中的某个问题详细化，图表则使问题更加直观。但应该注意的是，图表必须是和审计报告相关的，它所占据的空间和时间必须是有价值的。其次，为提示全面的信息和便于读者查找特定的信息，报告应使用适当的标题和摘要，以划清层次和突出重点。再者，逻辑地组织材料，审计报告结构必须合理，审计结果是针对审计目标的，结论和建议与陈述的事实间有着紧密的逻辑联系。只有这样，审计报告才有清晰性和说服力，才能够使报告使用者认识到审计结果的有效性、结论的合理性以及执行审计建议的好处，并有积极性采取改正措施。

2. 简练。简练就是要求报告文字简洁有力、措辞严谨，内容从主题出发，紧扣中心，主次有序，切忌累赘重复。内容过细会使报告使用者困惑，掩盖真正的信息，无关紧要的内容则会使审计师与被审计单位交换意见时争论不休、浪费时间，导致审计信息模糊。此外，审计报告还应避免折中说法，折中说法也会让读者迷惑不解，而且影响审计报告的其他部分。

其实，无论是绩效审计报告的实质性质量要素还是形式性的质量要素，它们之间都是相互统一，密切联系的，一个质量要素的实现有赖于另一个质量要素的实现，同时又影响着其他的质量要素。绩效审计报告的形式性质量要素须以实质性质量要素为前提，实质内容的质量低，形式上表现得再完美也是徒劳，这样的报告不能达到绩效审计的真正目的，而形式要素则能增加审计报告的"含金量"，提高报告的整体质量。各层次内部质量要素之间关系也是如此，比如，报告的客观性，就要求报告必须完整，报告只反映了审计事项的一个侧面，则不可能是客观的，反过来，没有客观性的完整是没有意义的，一堆不客观的资料带给报告使用者的只能是误导。因此，本书将所有的质量要素组成一个相互作用的体系，表示为图37-2。

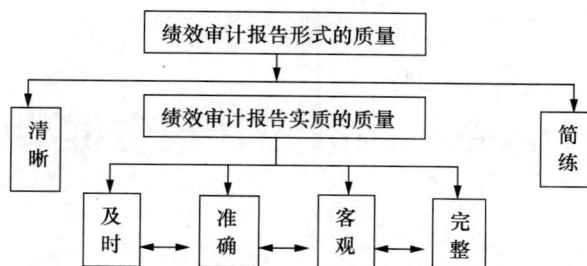

图 37 - 2　绩效审计报告的质量要素体系

第三十八章　绩效审计报告框架的设计

　　理论都是为实践服务的，分析绩效审计报告的基本理论就是为了指导报告的撰写。本章就以前文分析得出的绩效审计报告的基本理论为基础，借鉴国外理论界与实务界的观点，结合国内实际，对绩效审计报告的框架进行设计。

第一节　管理审计报告框架观点及评析

　　既然绩效审计与管理审计有很深的渊源，而管理审计相对于绩效审计有更长的发展历史，学术界对这些报告的研究也相对深入，因此，在设计绩效审计报告的框架时有必要总结前人对管理审计报告框架的一些观点，作为绩效审计报告框架设计的理论基础。

　　第一，罗伯逊（J. C. Robertson）的管理审计报告①。罗伯逊认为，管理审计报告应由三方面内容构成：（1）实施的审计程序、检查过的证据和证据的来源与范围；（2）在发表意见时，管理审计师应发表公正的意见，对于有限制的受审事项，应说明其限制和非限制的范围；（3）明确说明管理审计师对审计意见承担责任的程度。他还特别指出，管理审计报告不能使用"公允表达"一词，而只能使用"综合披露的说明"。

　　第二，伯顿（John C. Burton）的管理审计报告②。伯顿将管理审计报告分为三部分：（1）范围部分，管理审计是应该描述其审计的性质；

---

① J. C. Robertson. , A Theoretical Structure for Independent Audits of Management [M] . *The Accounting Review* , 1969 (10)：777 – 787.

② John C. Burton, Management Auditing [J] . *The Journal of Accountancy* , 1968 (3)：52 – 53.

（2）管理审计师对公司过去业绩的评价；（3）管理审计师对现时公司管理程序的评价。同时，他提出在审计报告的补充资料中，审计师可以向管理当局提供详细的有关公司经营成果和管理控制的说明，并就公司的管理制度提出改进建议。

第三，西科伊（Thomas G. Secoy）的管理审计报告①。西科伊是对管理审计报告的理论和方法作出较大贡献的学者，他曾设计了一份典型的审计报告模版，其内容可以归纳为：审计实施情况，包括审计对象、审计标准；审查发现的问题；审计师对公司管理业绩不负责任的声明。

还有英尼斯（John Innes）和莱昂（Robert A. Lyon）将管理审计报告分为肯定式管理审计报告和否定式管理审计报告两种形式，前者主要说明令人满意的管理状况，后者则说明管理的不足之处②。

综观上述四种管理审计报告的理论与方法，可以得出学者们对管理审计报告的一些基本看法：

首先，管理审计报告的编制应该以"评价标准"为前提。虽然在西科伊提出审计报告模版的时候，也就是 20 世纪 70 年代，当时管理审计的评价标准还没有达到公认的程度，这显然成为管理审计报告规范化的一个羁绊。但在后来的几十年中，学术界与实务界都致力于此方面的研究，尤其是在政府绩效审计方面，许多政府相继建立评价标准与指标。1992 年，最高审计机关国际组织在 12 届国际会议上发表了对开展政府绩效审计有权威性指导意义的《关于绩效审计、公营企业审计和审计质量的总声明》，其制定的绩效审计标准获得公认。

其次，管理审计报告应展示审计的"审查范围"。无论是伯顿、西科伊，还是英尼斯和莱昂，在讨论管理审计报告时，都是以"审查企业的管理业绩和管理活动"为前提的，其内容就是经营成果和管理控制情况。当然，这里的管理都是针对企业而言的，在政府绩效审计中，审查的范围就应围绕在管理活动的经济性、效率性和效果性上。

---

① Thomas G. Secoy, A CPA's Opinion on Management Performance [J]. *The Journal of Accountancy*, 1971（7）：53.

② John Innes and Robert A. Lyon, A Simulated Lending Decision with External Management Audit Reports [J]. *Accounting, Auditing and Accountability Journal*, 1984（4）：79－93.

最后，学者们对管理审计报告着眼于"过去"还是"未来"存在分歧。伯顿认为管理报告仅对"过去的业绩"发表意见，而西科伊则主张包括管理计划、方针和目标等未来事项。本书前面已提及，绩效审计报告是面向未来的审计报告，它以提出建设性意见为重要特点，但这些意见还是以已经发生的事实为依托的，因此，绩效审计报告应该着眼于分析过去的经营活动，提出面向未来的建议。

第二节　国外绩效审计报告框架评析

一些国家的绩效审计由来已久，在审计实践方面积累了不少经验，尤其是美国、英国、澳大利亚等，他们的审计准则或者绩效审计手册都对绩效审计报告的框架和内容提出了明确而具体的要求，这些结构框架对我国绩效审计报告的编写与规范工作有一定的借鉴意义。

一　美国绩效审计报告准则与实践

美国政府审计准则 2003 年修订版第 8.07 条规定："与按照 GAGAS 实施的绩效审计的报告内容有关的报告准则是：审计报告应该包括，目标、范围和方法；审计结果，包括审计结果、审计结论和适当的建议；对遵循 GAGAS 情况的说明；负责官员的看法；在适当时，还应包括被剔除的特别规定或者保密信息的性质。"并对各部分内容的要求和撰写进行了详细的说明①。

在实践中，审计师为了合乎逻辑地报告绩效审计的结果，基本上从两种基本结构中选择一种。

第一种结构：按审计工作发展顺序来组织报告，内容依次为（1）收集背景资料，检验管理控制制度；（2）阐述审计目标；（3）根据审计目标收集证据；（4）得出审计结论；（5）提出建议；（6）阐述审计的范围。

第二种结构：按照读者重视程度的顺序编排资料。这种编排顺序主要是考虑到接受审计报告的第三者更多地关注审计结果的判定，而不是如何

---

① Government Accountability Office of USA, Government Auditing Standards［EB/OL］. http：//www. gao. gov/govaud/ybk01. html, 2003 – 01 – 16.

取得审计结果,他们希望尽快地了解审计结果。因此,审计师不必按照审计工作开展的顺序撰写报告,而应根据审计目标,开门见山地阐述审计结果,然后引述充分的证据进一步证实结论。在这种报告模式中,报告内容按下列四个部分组织:(1)介绍背景资料;(2)阐述审计结论,并附有充分的证据以证实结论;(3)提出建议;(4)阐明审查的范围。如果在公布审计报告之前,审计师给被审计单位提供一个机会来对报告结论提出意见或解释,这种"单位意见"可放在建议和审查范围之后。目前,第二种结构较多地被采纳。例如,美国审计署 2003 年 3 月发布的对情报局增强情报信息处理系统的协调性需要采取的措施的报告①,其内容框架如下:

> 审计结果摘要
> 背景
> 第一部分
> > 情报局移民制订计划不科学
> > 完善的移民计划需要具备的基本要素
> > 情报局目前正在建立的体系
> > 计划的差异将增加的风险
>
> 第二部分
> > 情报局检测信息处理系统协调性的程序不能有效运行
> > 情报局确保协调性的程序
> > 大多数系统没有得到鉴证
> 审计结论
> 对管理当局的建议
> 管理当局的声明与我们评价
> 审计范围和方法
> 附录:情报局的反馈意见

---

① Government Accountability Office of USA, Steps Needed to Ensure Interoperability of Systems That Process Intelligence Data [EB/OL]. http://www.gao.gov/new.items/d03329.pdf, 2003 – 03 – 16.

二　英国绩效审计报告框架

英国政府审计署的绩效审计报告一般由摘要、正文和附录三部分组成。摘要部分是对被审计事项、审计工作情况、审计发现问题以及审计结论或建议的概括性介绍；正文部分是对被审计事项、审计过程、审计结论及审计建议的详细阐述；附录部分则包括对本次绩效审计方法的说明，以前年度英国政府审计署、公共账目委员会或审计委员会对被审计事项的有关报告、结论和建议、术语表、年代表、参考书目，以及与被审计事项相关的其他内容。例如，英国政府审计署 2002 年 12 月发布的绩效审计报告《使用政府公共服务热线提供公共服务》①，其内容主要包括：

前言

管理情况摘要

审计建议

第一部分　介绍

第二部分　如何使用政府公共服务热线提供公共服务

第三部分　儿童权益中心咨询热线

第四部分　驾驶标准机构信息及预约服务

第五部分　环境机构水灾情况服务

第六部分　英国护照服务中心建议热线

附录审计方法

从上面的例子可以看出，在英国，尽管绩效审计报告由三大部分组成，但由于审计项目的特点和要求不同，其具体内容的处理却是不拘一格的。

三　澳大利亚绩效审计报告框架

澳大利亚审计署绩效审计手册中提出，绩效审计报告必须包括的内容有：（1）声明审计是按照审计准则的要求做的，在实施审计过程中，实施了审计师认为必要的测试和程序；（2）在少有的偏离了必要的原则和程序的例外情况下，报告中应指明未能遵循的原则和程序，以及不遵循的

---

① National Audit Office of UK, Using Call Centers to Deliver Public Services [EB/OL]. http://www.nao.gov.uk/pn/02 – 03/0203134.htm, 2002 – 12 – 11.

理由；（3）对审计范围和目标的描述，以及受到的限制；（4）审计评价标准的确定；（5）审计发现（附主要的审计证据）；（6）针对每一项发现或审计意见的被审计单位的反馈意见；（7）审计结论和审计建议。绩效审计报告的结构，按照顺序依次是：标题页和呈送信、内容目录、缩写词语列表、摘要和建议、审计发现和结论、附录（一般包括被审计单位的反馈意见）；索引等。例如审计署发布的 2004—2005 年度第 48 号审计报告《澳大利亚教育培训行业的国际化》①，框架如下：

缩写词检索

术语表

摘要

审计建议

审计发现和结论

第一部分　简介

　　　　　背景

　　　　　审计方法

　　　　　审计报告的结构

第二部分　国际教育集团活动对澳大利亚教育和培训输出产业的作用介绍

　　　　　国际性教育集团的角色定位与职责

　　　　　教育与培训产业出口的增长

　　　　　关于海外资格认证的行业规则的遵守、执行和具体评估

　　　　　政策的演进、协调与建议

　　　　　出资人合约

　　　　　授予程序的管理

　　　　　情报局目前正在建立的体系

　　　　　计划的差异将增加的风险

---

① The Australian National Audit Office. Internationalisation of Australian Education and Training [EB/OL]. http://www.anao.gov.au/website.nsf/publications/64ac5d49c1b6260fca2570130028cda2, 2006 - 09 - 30.

　　通过对上述国家的较为成熟的绩效审计报告的框架进行的比较分析，可以看出，除了内容排列和详略程度不尽相同之外，大多数国家的政府绩效审计报告在内容上差别不大，都包括：摘要；审计的范围、目标；对审计准则遵循情况的说明；审计发现、结论和建议；被审计单位的反馈意见等。

第三节　　国内绩效审计报告框架评析

　　与国外的绩效审计准则自成体系相比，国内目前尚无专门的绩效审计准则，因此，对绩效审计报告的相关规定只能是从政府审计的准则中探寻。

　　我国已经颁布的有关审计报告的政府审计准则有《政府审计基本准则》、《审计机关审计报告编审准则》、《审计机关审计事项评价准则》。其中，《审计报告编审准则》对审计报告的编审程序、内容和格式进行了明确的规定，第七条规定审计报告的具体内容主要包括：审计的范围、内容、方式、起讫时间；被审计单位的基本情况，财政财务隶属关系，财政收支、财务收支状况等；被审计单位对提供的会计资料的真实性和完整性的承诺情况；实施审计的步骤和采取的方法及其他有关情况的说明；被审计单位财政收支、财务收支的真实、合法、效益情况及其评价意见；审计查出的被审计单位违反国家规定的财政收支、财务收支行为的事实以及定性、处理、处罚的法律、法规规定；对被审计单位提出改进财政收支、财务收支管理的意见和建议。《审计机关审计事项评价准则》还规定了"对效益性的评价，审计机关应当首先就被审计单位经济活动所产生效益的实际情况作出说明，同时应当揭示与有关评价标准进行对照的结果。……评价时应当对有关评价标准的选择依据和具体内容作出说明"。2004 年年初，审计署发布了质量控制暂行办法，对审计报告的格式进行了重新规定，但对基本内容的要求没有大的变化。

在实践中，我国绩效审计报告模式不一，无统一规范。一般有以下几个模式：（1）延伸模式。由"财务收支审计结果"、"内部控制评审结果"与"绩效审计结果"三个部分构成。（2）揭露模式。对效益低下的问题和原因写得较透彻，对被审计单位如何改变效益状况写得较笼统。（3）意见模式。援引民间审计报告格式，采用"三段式"，对经济效益状况发表无保留、保留、否定、拒绝表示的意见，至于改进意见，多以"管理建议书"形式出具，不承担法律责任。（4）调查模式。反映具有共性的经济效益情况问题，对加强宏观控制提出一些原则性意见，其对上级主管部门具有参考价值，但对具体被审计单位改进经营管理缺乏指导力度①。

从以上看出，无论是准则的规定，还是撰写报告的实践，我国绩效审计报告有写成内部控制评审报告或财经法纪审计报告形式的倾向。报告内容和形式与财务审计报告雷同，叙述方法公式化，报告语言简单，定性语气过多，不重视剖析与诊断，实际指导性不强，以致绩效审计不能充分发挥其特定的作用。因此，借鉴国外先进经验，结合国内具体实际，规范绩效审计报告的模式势在必行。

---

① 黄小玉、张津生：《谈经济效益审计的写作》，《审计理论与实践》1998 年第 9 期。

第四节　我国绩效审计报告框架的设计

一　建立我国绩效审计报告框架需要考虑的因素

前文对国内外绩效审计报告框架的研究与现状进行了回顾与分析，但建立适合我国绩效审计的报告框架，还需要考虑一些特定的因素，这些因素包括绩效审计报告的本质、作用、特点、绩效审计的功能及我国政府审计的特点等，其中前三项在本书第三十六章中已有论述，在此不再赘述，下面仅就需考虑的另外两点因素进行分析。

（一）绩效审计的职能

绩效审计报告是为实现绩效审计的职能而存在的，因此绩效审计报告框架的设计，首先应考虑绩效审计的职能。

关于绩效审计的职能问题，有许多不同的看法，陈思维认为，由于经济效益审计的依据缺乏强制性，其主体缺乏权威性和独立性，其作用不在于防护性，所以经济监督和经济鉴证不是它的基本职能，根据经济效益审计的目的，它的基本职能是经济评价①。广西财经学院、广西审计厅科研所联合课题组认为，效益审计虽然也有经济监督职能，但由于效益审计的内容不仅仅局限于经济领域，而是涉及社会、经济、文化等诸多领域，审计的目的已经不仅是经济活动的合法性、合规性，而是社会、经济文化等多方面的经济性、效率性、效果性，因此效益审计的基本职能是评价和鉴证②。这两种看法都提到评价职能，但这仅是绩效审计的一个方面，不够全面。

蔡春教授则将解除受托经济责任也归结为绩效审计的功能，受托责任是绩效审计产生的动因，通过绩效审计，可以解除受托经济责任，但因此把它归为绩效审计的职能不甚妥当。

本书认为，绩效审计首先应具有的是一般审计的传统职能——监督职能，虽然绩效审计的审计依据不像财务审计有固定的准则、标准，但这并

---

① 陈思维：《经济效益审计》，中国时代经济出版社 2002 年版。
② 刘英来：《效益审计研讨会综述》，《审计研究》2004 年第 6 期。

不代表绩效审计没有权威性，恰恰相反，由于它是由政府审计机关实施，而且关系到国家资源利用的绩效，其结果对将来的资源配置有指导作用，因此，其权威性不容置疑。此外，虽然到目前为止，绩效审计一般都是事后审计，对于已审计事项而言防护性作用不强，但从整体考虑，绩效审计这个审计类型的出现，对于所有使用国家资源的项目或单位，无疑有威慑作用，这也是防护性作用的一种，因此，绩效审计具有一般审计的监督职能。

其次，绩效审计应具有评价职能。绩效审计的评价职能基本能得到认同，绩效审计是通过对被审计单位的经济、社会和其他活动的审核、检查和分析，对被审计单位或审计事项的经济性、效率性和效益性作出鉴定，促使被审计单位优化资源的配置及整合，不断提高社会和经济效益。绩效审计的鉴证职能是指在评价的基础上，对被审计单位的绩效情况作出鉴别和证明，通过出具有法律效力的审计证明，为相关的部门、单位或其他法人进行正确决策提供依据。因此，绩效审计的鉴证职能只能说是评价职能的进一步延伸。

最后，绩效审计还应有增值的功能。绩效审计的这个功能是区别于财务审计功能的最显著特点，绩效审计面临的具体情况纷繁复杂，审计证据、审计标准、审计环境多种多样，因此，不像财务审计一样有一切实务都明文规定的准则，这就需要绩效审计人员的专业判断能力，审计人员通过收集数据、分析数据、评价数据等一系列的专业活动，提出改善政府部门经营管理的建议，这些建议能节约资源、产生财富，为社会创造价值，从这个意义上说，绩效审计最重要的功能就是增值功能。

绩效审计的监督、评价和增值职能都通过绩效审计报告实现，所以绩效审计报告框架应能容纳这些职能。

（二）我国政府审计的特点

绩效审计在许多国家都有实行，但各国的绩效审计报告框架却不尽相同，这就是受各国的审计环境影响所致，我国的政府审计由于特殊的政治背景而具有显著的特点，绩效审计报告相应地也受这些因素影响：

首先，与世界上许多国家的政府审计不同的是，我国审计机关是政府内部的组成部门，是具有处理、处罚权的行政机关，审计机关开展的审计监督是政府的内部行政监督。因此，在传统的财务审计中，审计机关会根据审计结果作出相应的审计决定，并将决定在审计报告中体现。笔者认为，目前我国的审计体制决定了审计机关的职能，不仅要查出问题，还需要作出处理，因此，审计决定是必需的，但审计报告作为审计组独立完成的审计成果，为了追求审计本身的独立性，不应将审计决定列入审计报告，可以采取由审计机关单独出具审计决定书的形式来体现。

其次，当前中国，由于财经领域治理违法乱纪问题的急迫与现实需要，社会对审计机关查处违法违规问题的期望值还很高，在这种情况下，审计人员在审计过程中对违法违规问题尤为关注，国内绩效审计也就成为"中国特色绩效审计"①。笔者认为，真实、合法、绩效三类审计目标是紧密相连的，其中真实性是基础，合法性是基本要求，绩效性是最终目的。绩效审计应该在真实信息资料的基础上，着重对公共资源的管理状况和管理程序进行分析和研究，否则，绩效审计就不是绩效审计，而只是财务审计的延伸了。

二　绩效审计报告八要素框架的构建

借鉴国外绩效审计报告框架的基本要素，结合绩效审计自身的功能与特点，以及我国政府审计的具体情况，本书认为，我国绩效审计报告的框架至少应包含以下八项内容：

（一）内容摘要

由于绩效审计一般采用详式报告的形式，报告的篇幅较长，为了满足不同报告读者的需要，一份完整的审计报告应在报告正文前编写内容摘要，便于读者通过阅读摘要，了解审计报告的主要内容，并根据需要决定是否继续仔细阅读，或者确定阅读的重点。

（二）被审计事项的基本情况

普通的报告读者一般较少了解被审计事项的活动规则，他们需要了解有关被审计单位的结构、活动及规划等介绍性资料，而且，审计报告最终出具前，审计机关须审查本次审计确定的重点、程序和方法能否保证质量，并做出审计处理、处罚决定，确定审计决定抄送的机关或部门，这些都需要对被审计事项有一个清晰的理解，因此，审计师在报告开篇有必要

---

① 杨肃昌：《中国政府审计：问题与改革问题与改革》中国财政经济出版社 2004 年版，第265 页。

解释阐述与审计结论有关的充分的背景资料。

被审计事项或单位的基本情况，包括被审计单位的性质、管理体制、财政财务隶属关系或国有资产监督管理关系、该组织机构活动或规则的目标、被审计活动的性质和范围、项目资金来源和使用情况、目前的状况，等等。编写时应当把握"相关性"和"侧重点"，根据不同的审计项目和审计目标，选取相关的情况和重点内容加以叙述。

（三）审计工作情况

为了使报告读者能充分理解审计的目的和审计工作的性质，准确预期报告的内容，审计报告中应说明审计实施过程中的一些情况，这些情况包括：

（1）审计目标。审计师应该解释审计组织为什么承担这项任务，说明审计报告要达到的目的。如果审计目标受到特别的限制，可能由此推断出更为宽泛的审计目标时，为减少误解，则有必要在报告中阐明未涉及的审计目标。

（2）审计范围。审计范围是指为达到审计目标而开展的工作的深度和广度，包括抽取的样本与被审计事项之间的关系；审计证据的种类和来源；解释与证据有关的问题等。如果审计过程中的某些程序受到限制，审计师还应该报告这些限制的原因和影响。

（3）审计方法。为了让有一定知识的报告读者能够了解审计师的工作，评价审计工作的质量，报告中应对所使用的方法进行说明，包括收集和分析证据的技术。

（4）被审计单位的承诺。绩效审计与财务审计类似，存在审计风险，所以审计师须说明被审计单位承诺对其提供的与审计相关的会计资料、其他证明资料的真实性和完整性负责，以使读者了解审计的性质和局限性，同时避免审计风险。

总之，对于审计实施情况的描述，是为了让读者了解审计工作的性质和局限，让他们清楚审计师为达到审计目标已经做的和没有做的工作，在工作受到时间或资源限制的情况下尤其如此。

（四）审计发现问题

这部分是审计报告的重点，它一方面是得出审计结论的支撑，另一方面是提出审计建议的基础，因此所占篇幅最大。对审计发现的说明，包括以下几个方面：

（1）标准或期望。标准是被审计者应遵守的政策、法律法规、程序等，而期望是指被审计单位内部或外部对单位业务或经济效益所制订或下达的计划、预算和任务指标。

（2）存在的问题。这些问题应该有充分、可靠和相关的证据支持，通过对访谈、观察、询问等方式发现的情况进行客观的描述，以令人信服的、公允的表达方式表述出来，不应掺有审计人员的判断和意见。

（3）原因。原因提供了导致情况与标准存在的差异的证据。出现问题的原因很可能是多方面的，在报告原因时，审计师应考虑这些原因是否为最关键因素，是否是被审计单位管理者的行为所导致，剔除诸如包括标准设计不合理之类的因素。这些确认的原因将成为审计建议的基础。

（4）影响。影响是指审计师所发现的情况与应该的状况（标准）之间的差异，将会给被审计单位及其外部关系者带来的后果。这种信息可以帮助审计师和报告的读者判断其审计所发现问题的重要性。影响应尽可能地表述得清晰、准确，在可能的情况下采用量化条款，以使影响更加容易理解。

（五）审计结论

结论是指根据已掌握的证据和已查明的事实，对被审计单位的经营活动和内部控制作出总体评价，并就本次审计最终是否达成预期目标作出说明。结论的得出是一个逻辑判断过程，而不仅仅是审计结果的汇总。它的力度取决于支持审计结果的审计证据的说服力和形成结论的逻辑过程的完善程度，如果审计师提出了建议并且说服了具有一定知识的报告使用者有必要采取纠正措施，那么这个结论是强有力的。因此，审计发现、审计结论与审计建议应该必须紧密联系、浑然一体。

（六）审计建议

绩效审计的价值就在于其建议的建设性，因此，审计建议是绩效审计报告的核心内容。

审计师提出审计建议时须遵循：针对性原则、可操作性原则和效益性原则。针对性原则是指审计建议应根据审计发现的主要问题，针对其产生问题的原因提出，在内容上与报告中的其他内容相呼应；可操作性原则是指建议须是对有权采取措施的部门提出的，是具体、切实可行的，既便于被审计单位落实，也便于审计机关今后的后续跟踪检查，避免使用独断或含蓄的语言；效益性原则是指充分考虑被审计单位所处环境及实施审计建议的成本，确定实施审计建议所带来的效益是否大于实施成本，讲究建议的成本与效益之比。

值得一提的是，建议只是审计师针对管理部门应做哪些工作的基础，其目的是鼓励被审计组织机构提高管理绩效，并不是被审单位必须遵守的准则。

（七）被审计单位反馈意见

在审计报告中说明被审计单位的反馈意见，这是国外绩效审计报告中值得借鉴的一项内容。其实，与被审计单位的沟通协调贯穿于整个审计过程，在报告中说明被审计单位的意见，一方面，能使提供的信息更加公允、完整和客观，使报告更具说服力；另一方面，可以将被审计单位纠正问题、改进管理的情况置于公众监督之下，提高被审计单位落实审计结论和审计建议的积极性。

反馈意见不仅包括被审计单位管理层对审计结果、结论和建议的意见，计划采取的改进措施，还包括审计机关对于被审计单位反馈意见的看法和对报告的修改说明。审计师在最终的报告中应该公允、客观地评价这些意见，当被审计单位不同意审计报告中的审计发现、结论和建议，而且审计人员未采纳被审计单位的意见，或者计划的改正措施不能充分地落实审计师的建议时，审计师应该说明他们不同意被审计单位意见或者计划的改正措施的理由。相反，若审计师认为这些意见有效，则应该修正他们的报告。

通常情况下，审计师应要求被审计单位以书面形式提交反馈意见，但在被审计单位只是提供了一些口头意见的情况下，审计人员则需将口头意见进行摘要汇总，经过被审计单位核实后再纳入报告。

（八）保密事项的说明

审计结果中有时会存在不宜公开而只能向特定人员发送的信息，在这种情况下，考虑到保证公共安全的需要，可以在报告中剔除这些信息，另出具一份供限定人员使用的包含这些信息的报告。

某些关键信息被剔除后很可能影响报告的质量，甚至导致读者曲解审计结果，或者会隐瞒被审计单位不恰当的做法，因此，为尽量保证广大公众的利益，审计师应在报告中说明没有包含的信息的性质和不包含的理由，帮助读者正确理解报告结论。

第三十九章　绩效审计报告内容的规范化
——基于证券监管机构的分析

建立绩效审计报告的框架就是圈定了报告大致包含的内容范围，但这还不是真正意义上的报告，因为它没有实质性的内容，一份完整的绩效审计报告既需要完备的框架，还要有充实的内容，因此，内容的规范也是绩效审计报告的重要方面。本书在这一章中就对绩效审计报告内容的规范化进行探讨，考虑到"规范"一般过于抽象，单纯的说理难以表述清楚，因此，本章主要采取通过案例分析找出不足，以此提出改进建议的研究方法。

第一节　我国证券监管机构绩效审计的内容

一　对我国证券监管机构进行绩效审计的法律依据

我国《证券法》第九条规定：国家审计机关依法对证券交易所、证券公司、证券登记结算机构、证券监督管理机构进行审计监督。

我国国家审计（又称政府审计，下同）机关对证券监管机构的审计监督主要包括财政财务审计和绩效审计两大内容。

二　我国证券监管机构的职责及对其进行绩效审计的总体内容

中国证监会为国务院直属正部级事业单位，依照法律、法规和国务院授权，统一监督管理全国证券期货市场，维护证券期货市场秩序，保障其合法运行。

中国证监会设在北京，现设主席1名，副主席4名，纪委书记1名（副部级），主席助理3名；内设18个职能部门，1个稽查总队，3个中心；根据《证券法》第十四条规定，中国证监会还设有股票发行审核委员会，委员由中国证监会专业人员和所聘请的会外有关专家担任。中国证监会在省、自治区、直辖市和计划单列市设立 36 个证券监管局，以及上海、深圳证券监管专员办事处。

依据有关法律法规，中国证监会在对证券市场实施监督管理中履行下列职责：

（1）研究和拟订证券期货市场的方针政策、发展规划；起草证券期货市场的有关法律、法规，提出制定和修改的建议；制定有关证券期货市场监管的规章、规则和办法。

（2）垂直领导全国证券期货监管机构，对证券期货市场实行集中统一监管；管理有关证券公司的领导班子和领导成员。

（3）监管股票、可转换债券、证券公司债券和国务院确定由证监会负责的债券及其他证券的发行、上市、交易、托管和结算；监管证券投资基金活动；批准企业债券的上市；监管上市国债和企业债券的交易活动。

（4）监管上市公司及其按法律法规必须履行有关义务的股东的证券市场行为。

（5）监管境内期货合约的上市、交易和结算；按规定监管境内机构从事境外期货业务。

（6）管理证券期货交易所；按规定管理证券期货交易所的高级管理人员；归口管理证券业、期货业协会。

（7）监管证券期货经营机构、证券投资基金管理公司、证券登记结算公司、期货结算机构、证券期货投资咨询机构、证券资信评级机构；审批基金托管机构的资格并监管其基金托管业务；制定有关机构高级管理人员任职资格的管理办法并组织实施；指导中国证券业、期货业协会开展证券期货从业人员资格管理工作。

（8）监管境内企业直接或间接到境外发行股票、上市以及在境外上市的公司到境外发行可转换债券；监管境内证券、期货经营机构到境外设立证券、期货机构；监管境外机构到境内设立证券、期货机构、从事证券、期货业务。

（9）监管证券期货信息传播活动，负责证券期货市场的统计与信息资源管理。

（10）会同有关部门审批会计师事务所、资产评估机构及其成员从事证券期货中介业务的资格，并监管律师事务所、律师及有资格的会计师事务所、资产评估机构及其成员从事证券期货相关业务的活动。

（11）依法对证券期货违法违规行为进行调查、处罚。

（12）归口管理证券期货行业的对外交往和国际合作事务。

（13）承办国务院交办的其他事项。

根据我国证监会职责，我国政府审计机构对中国证监会开展绩效审计的总体内容是对我国证券市场的监管效率，包括对上市公司、证券期货交易所、证券公司、证券登记结算公司和会计师事务所等机构的监管效率。

三　对我国证券监管机构进行绩效审计的具体内容

郝旭光（2011）通过对监管部门进行问卷调研，提炼和归纳了判别监管有效性的 6 个标准：综合性、针对性、严密性、前瞻性、权威性、及时性，从逻辑上论证了 6 个标准很好地满足了促进性、判别性、独立性、完整性这 4 个条件；引入并运用层次分析法对 6 个判别标准的重要性排序进行了实证研究，根据所有被调查者整体组合的综合权重向量，建立了监管有效性模型，并分别运用七级标度、有效性模型，分两个阶段对中国证券市场监管有效性进行实证检验，并加以比较，得出结论为所有被调查者对中国证券监管效果的整体评价和对具体政策效果的评价都没有达到及格水平，得分最低的是前瞻性。

综合国际组织的市场监管基准或评估标准，结合中国证券市场实际情况，我们认为，可从证券市场监管的完整性、及时性、有效性、透明性和市场监管成本五个方面对市场监管效率进行绩效审计。

（一）市场监管的完整性

完整性是指当前市场监管的规则是否涵盖了法律法规、交易规则及相关规定。国际证券监管组织（IOSCO）在其报告中认为，完善对市场操纵行为的监管，应该制定明确而有弹性的监管规则。可见，根据法律法规、交易规则及相关规定建立自身的监管体系（规则、指标等），进行日常的合规交易监管是市场监管的首要任务。

（二）市场监管的及时性

及时性是市场监管的基本要求。及时性考察市场监管的速度和效率。在中国证券监管体系中，交易所承担一线监管职责，其中，交易所的市场监察负责证券交易活动的实时监控和离线分析。因此，在第一时间发现证券交易异常，应采取相应自律监管措施，同时向上级部门报告，是交易所市场监管的基本要求。对于证监会来说，及时性表现在对相关异常行为能及时展开分析和调查，并及时立案调查，及时开展调查，及时完成调查，及时对违法违纪行为进行行政处罚，及时进行公开披露等，是其基本职责。监管部门完成的调查数（年）和对案件的调查周期是衡量监管及时性的指标。

（三）市场监管的有效性

有效性是市场监管的直接目标。有效性主要衡量市场监管的效果。市场监管是否准确、有效，能否准确地发现内幕交易、市场操纵等违规行为，不仅反映了证券监管机构的市场监管能力，也是市场运作秩序和规范程度的重要体现。有效性包括三个方面：一是总体有效性，即市场监管人员能否有效地发现各种违规现象，特别是内幕交易和市场操纵行为。二是监管指标的有效性。监管指标的有效是进行主动监管的关键。三是监管与执法的有效性，主要指与交易所等其他机构的监管联动和执法过程中的高效率。

（四）市场监管透明性

透明性是指市场监察行为和结果的透明度，即通过各种途径及时宣传相关监管措施，把证监会的监管态度、成果明白无误地传达给市场的每位参与者。透明性是衡量市场监管绩效的重要环节。通过向市场传播这样一种明确而强有力的信息，即此类行为不可接受。

（五）市场监管成本

理论上，绩效是指投入与产出或成本与收益之间的关系，也就是说，高绩效就意味着能用比较少的资源而获得较高的绩效。因此，我们在对市场监管绩效进行审计时，不但需要结合所处的市场环境、法律基础，考虑市场监管取得的成绩，还需要考虑监管机构对市场监管的投入情况（成本）。投入成本主要包括技术成本和人力成本。

从美国证券交易委员会（SEC）2005—2007年度监管效果来看，立案调查的案件总数分别为947件、914件和776件，查处的成功率分别为66.4%、62.8%和84.5%，被立案查处的对象涉及发行公告与披露、经纪商和交易商、投资顾问、证券发行、失职、内幕交易、市场操纵、藐视法律、市政发行、交收机构、自律监管机构和投资公司等①。与国外的证券监管机构相比，我国在法律法规的完整性、监管的有效性、透明性等方面仍存在不少差距。

第二节　我国绩效审计报告内容规范化的建议

通过国内外数个案例的比较，应该说，国内绩效审计报告在内容的写法上还存在不少问题，离规范化还有一定的距离，笔者针对这些突出的问题提出建议：

一　清楚交代审计实施情况

交代审计实施情况是便于读者理解本次审计的性质与局限，包括审计目标、范围与重点。从我国已有的报告案例来看，绩效审计目标的确定还存在两大问题，要么是在检查财政财务收支真实性和合法性的基础上，评价项目的经济性、效率性和效果性，这是一种多目标的审计，或者说是从合法性审计延伸到绩效审计，还不是专门的绩效审计，要么绩效审计的目标涉及项目的各个环节，追求面面俱到，如深圳市属 12 家医院医疗设备管理使用的绩效审计②的目标是"对我市运用财政资金进行医疗设备特别是大型医疗设备的采购情况进行审计，同时也对医疗设备的使用、维修和管理等活动进行审计"，或者确定的效益性目标包括经济效益、环境效益和社会效益等，如威海市威海公园项目绩效审计的目标是"对管理部门及参建单位进行项目管理及资金使用情况的审计调查，借此摸清全市市政建设的管理状况、财务状况和投资控制情况，分析项目本身的管理体制对政府投资效益的影响；对公园项目建成后所产生的经济效益、环境效益和社会效益进行审计调查和客观评价"，这些目标都很笼统和抽象，操作起来也就相对困难，增加了绩效审计的难度。因此，国内的绩效审计应在开展延伸性绩效审计的基础上，积极探索单一目标的绩效审计，且尽可能将目标确定得明确和具体，借鉴美国政府电子化项目确定的审计目标，从具

---

①　SEC，Selected SEC and Market Data，Fiscal 2005 – 2007.

②　陈志刚：《深圳市政府绩效审计的探索与实践》，《广东审计》2004 年第 3 期。

体评价目标和内容上来看，不一定是某一项目的全面的绩效评价，可就某一方面的绩效进行评价，比如只评价经济性或效果性等，这样更易于操作，更适合我国目前绩效审计刚起步、经验不足的状况。审计的目标确定后，审计范围和重点才能圈定，报告后部分内容才能围绕这些重点进行阐述。对证券监管机构来说，应该侧重证券监管的效率问题，不应该与证券监管机构本身的违法违规行为混在一起。

二　灵活选用审计标准，着重分析与评价审计发现的问题

国内绩效评价研究起步较晚，建立和推行完善的绩效评价体系还需要一个时间过程。目前各地政府正在积极建立适合本地实际的绩效评价指标体系，比如浙江省 2005 年曾提出"浙江省财政支出绩效评价指标体系"①，作为财政部门及各主管部门考核业绩的参考，审计机关对项目进行绩效审计时也可以此为参照，合理确定评价指标。此外，审计人员还可以考虑以该行业法律法规政策文件、标准手册，类似行业或行业的历史数据，以及被审计单位内部或外部对该资金拨付时所制订或下达的计划、预算和任务指标等预期作为审计标准。但无论采用什么方法确定的绩效评价标准，都应该与被审计单位进行商讨，再最终确定某次审计的评价标准体系。因为如果被审计单位对于审计的评价标准存在异议，不仅被审计单位不能接受审计得出的结论，而且提出的审计建议更是得不到落实，绩效审计报告也就失去了意义。

在此基础上，以评价标准为基准，深入剖析审计发现的问题的成因与影响，从已有的报告案例来看，对审计发现的问题披露或是停留于表面，或是面面俱到，不得要领。对绩效审计项目的评价不能局限于对具体审计事项的揭示，应通过归纳具体事例对整体绩效的影响，以相关性和重要性为原则进行披露，并且从各方面挖掘问题的成因。当前国内开展绩效审

---

① 该指标体系分基本指标和具体指标两部分，前者包括业务指标（细分为目标设定情况、目标完成程度、组织管理水平、经济效益、社会效益、生态环境效益和可持续影响）和财务指标（分为资金落实情况、实际支出情况、会计信息质量、财务管理状况和资产配置与使用），后者则包括定量指标和定性指标。按浙江省办公厅的规定，财政部门可根据绩效评价工作的开展情况，完善基本指标，主管部门和单位要按照指标设置的要求，根据基本指标的内容，结合评价对象的不同特点，与财政部门商讨确定具体指标。由此可见，该评价指标体系是动态的、可扩充的，审计机关以此为参照时还要结合被审计单位情况确定具体评价指标。

计，主要是要揭露由于决策失误、管理不善造成的严重损失浪费等问题，促进提高财政资金的管理水平和使用效益，评价分析要紧紧围绕这一目标，注意抓住影响绩效的突出问题，摸清情况，深入剖析，予以充分的揭露和反映，避免审计报告事无巨细，重点不突出。就证券监管机构而言，应该侧重监管完整性、及时性、有效性、透明性和监管成本五个方面来进行。

三　征求专家与被审计单位意见，提出切实可行的审计建议

审计建议最忌讳的是泛泛而谈，不切实际，以致被束之高阁，但这恰恰是许多审计报告的弊病。为了提高审计建议的价值，审计人员一方面要着眼于影响绩效的问题和环节，有的放矢地提审计建议；另一方面可以适当征求专家意见。由于被审计项目往往涉及各行各业，审计人员很难面面俱到，参考被审计项目行业专家的意见，可以避免审计报告出现"外行指导内行"的现象。此外，在审计过程中不断与被审计单位沟通协调，包括协商确定评价标准、征求被审计单位对审计建议的看法等，让整个审计过程保持一个动态的进程，有征询有反馈，有不同意见，保证审计报告不是审计机关的一家之言，以提高审计报告的公允性。

第四十章　绩效审计报告披露形式

第一节　绩效审计报告相关者分析

一　绩效审计报告的提供者分析

绩效审计报告的提供者即撰写审计报告的人，由于绩效审计实行的是审计组负责制，某个审计项目确定由一个审计组实行后，该审计组就负责该项目的整个审计过程，包括计划、实施和报告，因此，绩效审计报告的提供者也就是绩效审计的实施者。

明确绩效审计报告提供者的概念后，本文根据政府绩效审计产生发展的轨迹，考察政府绩效审计报告的主体。

（一）绩效审计萌芽期报告的提供者：管理咨询师

从绩效审计思想的起源看，政府绩效审计其实是管理审计在政府审计领域的发展[1]，在其发展初期，管理职业界及其独立咨询师是主要实施者，相应的，他们也就成为撰写政府绩效审计报告的先驱。这些管理咨询师首先是在民间实施管理审计，并率先建立效益评价标准、规范效益审计程序，积累了撰写管理审计报告的经验。19 世纪 40 年代，美国政府出现对绩效审计的需求，但当时人员与经验极度匮乏，因此大量引进职业界的管理咨询人才，实施"综合审计"[2]，比如被称为美国政府管理审计之父

---

[1]　王光远：《管理审计理论》，中国人民大学出版社 1996 年版，第 15—17 页。

[2]　"综合审计"（Comprehensive Audit）是 Ellesworth Morse 在 50 年代早期提出的审计概念，人们对这一时期出现的"综合审计"虽无法确切定义，但它一般由两部分组成：一部分是财务检查，另一部分是对组织中特定业务作经济性和效率性检查，简称"2E"审计。

的科尔曼·安德鲁斯（T. Coleman Aadrews）就是当时著名的管理咨询师。从这个意义上讲，职业界的管理咨询师是早期的绩效审计报告的主体。

（二）绩效审计发展期报告的提供者：审计机关审计师

政府绩效审计开展后成效显著，在随后的几十年内得到飞速发展，这促使审计机关重视内部专业团队的建设，以更好地开展绩效审计。由此，政府绩效审计的主体逐渐由职业界的管理咨询师向政府审计人员转变，管理咨询师逐渐淡出政府绩效审计的业务圈。目前，世界范围内开展绩效审计的国家，基本都是以审计机关的审计师为政府绩效审计的主体。

当然，这时候的政府审计师已完全不同于以往的政府审计师，在绩效审计业务开展前，审计机关大多着力于政府的财政财务审计，绩效审计业务的拓展对他们提出了许多新的要求，他们不仅应通晓财务、会计、审计等相关知识，而且应掌握管理理论、统计学、运筹学、数学等方面的知识。正因为如此，西方许多国家大都形成了多元化的审计人员结构，经济师、律师、工程师、数学家、电子计算机专家比重超过 50% [①]。

（三）绩效审计成熟期，绩效审计报告提供者的设想：注册政府审计师 [②]

无论是民间审计、内部审计，还是政府审计，独立性均是决定审计质量的首要因素，因此，审计职业界大都致力于独立性建设。但在政府审计领域，由于涉及政治因素，这方面的建设就显得困难重重，尤其是在行政型的审计模式下，审计机关隶属于政府，独立性不强直接影响了绩效审计作用的发挥，我国就是如此。另一方面，我国由于绩效审计业务开展刚起步，审计机关审计人员大多仍是"财务型"的审计师，不符合审计人员结构多元化的要求，严重制约了我国绩效审计的发展。

考虑到这些缺陷，本篇提出一个设想，既然绩效审计与民间的管理审计有历史渊源，我国政府可借鉴民间管理审计的经验，聘请民间独立的审计人员来对公共项目实施绩效审计。当然，这类审计人员不能是一般意义上的注册会计师或注册管理会计师，他们必须具备与业务相对应的知识和技能，通过一定的考核，取得执业资格——注册政府审计师资格。像民间

---

① 王秋宇：《浅谈政府绩效审计在我国的开展》，首都经济贸易大学，2004 年。

② George M. Cate, The Case for the CGA [J]. *The Federal Accountant*, 1974（6）：10 - 17.

审计一样形成一个政府审计师"库"，审计机关根据项目需要聘请审计师实施绩效审计，这样的模式既能解决我国审计独立性的问题，又能保证审计师具有专业胜任能力。

当然，政府绩效审计的对象特殊，不同于一般企业的财务审计，对于民间审计介入政府绩效审计应该有一定的范围限制。从我国目前状况看，可将其执业范围限定在对国有企业以及其他性质企业中的国家资本的审查，有些非重点的公共工程、基金使用也可以酌情交托。这样的安排，能充分利用民间审计具有的人力物力资源及其优势，保证政府绩效审计在更大的范围内开展并取得更好的成绩。

二　绩效审计报告的使用者分析

（一）国内外绩效审计报告的提交程序

目前世界上许多国家，对绩效审计产品的提交程序有不同的规定，笔者选取数个具有代表性的国家，对其绩效审计报告的提交情况进行考察：

英国政府审计署完成审计报告后，将审计报告向外公布，同时向议会提交，议会的公共账目委员会对大部分审计报告举行听证会，在听证会上向被审计单位的管理人员询问，然后以绩效审计报告为基础，根据调查取证和听证的结果，发布公共账目委员会报告，要求政府对此作出公开答复。澳大利亚的审计报告提交程序与英国相似，是由公共账目委员会审议审计署提交的绩效审计报告，并举行听证会，要求政府回应，不同的是，报告由公共账目委员会向议会提出①。

法国审计法院的审计报告首先提交给审计机关的领导和相关部长，此外，大部分重要观点通常由总理或总统签发通告给相关部长，后者签发总统函件，同时这些文件由总统办公室分发给大多数高级公务员和被审计单位领导。如果审计法院在6个月内没有收到充分和令人满意的答复，该报告将提交给议会。在有些情况下，尤其是审计性质不单纯是个审计问题，而涉及法律时，将由检察长签发通知给被审计单位领导或相关部长②。

从1996年开始，荷兰的所有绩效审计报告都是单独撰写的，向议会

---

① 中华人民共和国审计署外事司编：《世界各国政府审计》，中国审计出版社1995年版，第231页。

② 李凤鸣：《法国审计法院对国家财政支出的审计》，《审计与经济研究》1997年第1期。

或有关政府部门提交。大部分审计报告提交给总理,这是官方议会文件。议会的任何委员会都可以对审计报告进行讨论,但通常是国家出资委员会。另外一种方式是将所发现的重要事实以特别函件的形式送达各有关部长,这种函件也是正式的官方报告,议会也可以得到,但是不会大范围向外散发①。

在德国,联邦审计院和各州审计院按照宪法和法律从事审计工作,处于立法、司法和行政三者之间的独立地位。审计机关向议院提出并发布综合的《审计报告》,若在审计过程中发现政府部门的重大问题,可向议院及政府提出专项的特别审计报告②。

瑞典的绩效审计报告对象较独特,政府审计局除了将报告报送议会、行政部门的主管部门之外,还同时报送被审计单位③。

在国内,根据新《中华人民共和国审计法》的规定,各级审计机关对本级人民政府和上一级审计机关负责并报告工作。审计机关每年应当向本级人民政府和上一级审计机关提出对上一年度本级预算执行情况和其他财政收支的审计结果报告。人大常委会可以对审计工作报告作出决议,要求政府将审计工作报告所指出问题的纠正情况和处理结果向本级人大常委会报告④。可见,我国审计机关不直接向外提交审计报告,而是提交审计结果报告。审计组出具的审计报告为审计机关的内部文书,不直接向外发送。

(二) 绩效审计报告使用者的理论分析

一般认为,民间审计的审计报告使用者,包括政府、投资者、债权人、被审计单位和其他利益相关者,他们使用审计报告的目的分别是为了制定宏观调控政策,做出投资决策,评价贷款安全程度,解脱自身经济责任和满足其他需求。通过对数个有代表性的国家的审计报告使用者的考察,不难发现,政府审计报告的使用者没有民间审计报告的使用者那么宽泛,且相对集中,而且各国绩效审计报告的使用者也不尽相同。本书认

① 韦公远:《荷兰的审计制度》,《河北审计》2003 年第 3 期。

② 王庭耕:《德国审计概览》,《山东审计》2001 年第 11 期。

③ 陈宋生:《瑞典政府绩效审计变迁的理论分析》,《审计与理财》2005 年第 1 期。

④ 国家审计署:《中华人民共和国审计法》〔EB/OL〕. http://www. audit. gov. cn/cysite/docpage/c241/200603/0301_ 241_ 15924. htm, 2006 - 02 - 28。

为，既然绩效审计是多方利益协调的结果，其成果涉及多方的利益，那么报告就该面向所有的利益相关者，下面就将这些使用者分为四类，并以相关的理论进行分析。

1. 保险理论下报告的使用者：审计机关。从收集绩效审计证据到提出绩效审计报告的全过程，可以看做是按一定社会规范来衡量个人和组织行为品质（"3E"）的过程。保险理论认为，审计是一种把信息风险降低到社会可接受水平的活动，审计可以分担风险。审计费用的发生贯彻了风险分担的原则，同时可将审计的效果视为保险价值，在这一理论下，绩效审计被看做是一种保险行为，绩效审计的过程就是收集证据以把风险降到合理程度的过程，既然审计师是保险的卖方，分担了风险，那么这里的绩效审计报告就是保单，它自然关系到审计师的切身利益，他们对审计报告的需求也就不言而喻了。

事实上，在政府审计项目中，审计机关派出审计组实施审计，审计组撰写审计报告初稿后，首先提交审计机关审定，最终形成审定的审计报告。从这个意义上讲，绩效审计报告的最直接受众是审计机关本身，一方面，审计机关需要审计报告信息来检查审计组工作的情况；另一方面，审计机关是通过审计报告向外表明已经完成审计任务，因此，可以说，审计机关对审计报告信息的需求是毋庸置疑的。

2. 代理理论下报告的使用者：社会公众与被审计单位。委托—代理关系是指"一个人或一些人（委托人）委托其他人（代理人）根据委托人的利益从事某些活动，并相应地授予代理人某些决策权的契约关系"①，委托人和代理人都是最大合理效用的追求者，然而他们各自的利益目标不完全一致，于是审计成为委托者监督代理人的一种方式，这就是关于审计本质的代理理论。

将该理论应用到政府绩效审计中，委托人就是公共资源的所有者——社会公众，而代理人就是管理公共资源的被审计单位。对于社会公众而言，除了绩效审计报告外，没有其他更好的途径来考察代理人工作的绩效。对于被审计单位而言，由于负有受托的经济责任，为了向委托者说明

---

① Jensen and Meckling, Theory of the Firm: Managerial Behavior, Agency Cost and Ownership, Structure [J] . *Journal of Financial Economics*, 1976 (3): 305.

其付出的努力与有效性，也会主动要求审计师对其进行绩效审计。而且，由于绩效审计的报告就是针对被审计单位的情况撰写的，作为报告内容中的"主角"，被审计单位有权力也有必要掌握绩效审计报告的信息，它通过阅读绩效审计报告，一方面检查报告反映的情况是否属实，保证申诉的权力；另一方面，作为建议的执行者，被审计单位须透彻理解绩效审计报告的内容，以更好地改进管理。

3. 控制理论下报告的使用者：立法机关或行政机关。现代社会生活中的控制问题，是一种广泛存在的现象。斯蒂芬·P. 罗宾斯（Stephen P. Robbins）和玛丽·库尔特（Mary Coulter）认为，控制是监督各项管理活动，以保证按计划进行并纠正各种重要偏差的过程①。芮明杰认为，在管理学中，控制是管理的基本职能之一，它是监督和检查相关工作与程序是否按既定的计划、标准和方法进行，以发现偏差、分析原因、及时纠正，得以保证组织目标实现的过程②。

控制理论在政府管理中就表现为权力机关或行政主管机关对其他单位的监督。权力机关或行政主管机关是监督主体，其他单位是受监督的客体，绩效审计则是实施监督的一种重要手段，监督的目的是为了保证资源耗费的经济性、效率性和效果性。然而实现控制功能的基础是有关政府使用公共资源效率和效果的信息，通过这些反馈的信息了解受控对象的状况，然后才可实施监督控制，绩效审计报告就是这样的信息。

三　绩效审计报告相关者模型的构建

从前面的分析可见，虽然在不同的历史时期，绩效审计报告的提供者会有变化，但在目前，各国的报告主体都是以审计机关为主，而报告的使用者则有较大的差异，审计机关在整个国家机构体系中所处的位置决定了它该向谁提交报告。尽管各国报告的使用者不尽相同，本书还是从理论上进行分析，得出绩效审计报告的使用者应该包括的数个方面，他们对绩效审计报告都有索取权，而且，也因为绩效审计报告而形成密切的联系。

为了更直观地表现整个绩效审计的工作与报告关系，本书将这些联系抽象为工作流与信息流，并以绩效审计报告为主链条构建一个相关者模型（见图40-1），为了突出审计机关对报告的需求，这里将审计师与审计机关分离。

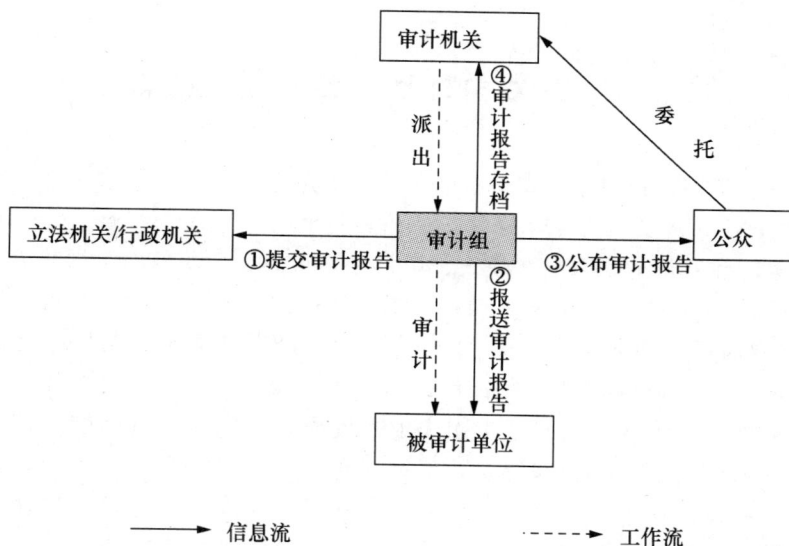

图 40 - 1　绩效审计报告相关者模型

模型中的五个关联方由工作流和信息流联系，工作流是前提，在不同的审计模式下，审计机关接受委托对特定项目进行审计，审计机关派出审计组实施审计，并完成审计报告。信息流则是审计报告的流向，也是本模型的重点。根据前文的分析，绩效审计报告要向四个方向流动，首先是作为反馈信息提交给审计委托者，以便监督机关监督被审计单位；其次，作为改进的依据报送给被审计单位；次者，为保证公众知情权向社会公布；最后，作为审计机关的文书由审计机关存档。从委托审计到审计报告存档，形成一个完整的审计过程。

这是一个规范模型，在实践中主体间的关系并不完全如此，尤其在国内，绩效审计报告是审计机关的内部文书，不向外报送，也就是说，在整个模型中只实现了第四条信息流，信息的断流显然不利于绩效审计报告作用的实现。因此，国内绩效审计报告的使用者需要拓展。在三个方向的拓展中，向立法机关、行政机关和被审计单位报送绩效审计报告都相对容易实现，唯独第三条信息流——向公众发布审计报告这一环节，在实践中存在问题。

第二节　绩效审计报告公告制度的设想

一、不同审计模式下审计公告制度①概览

（一）立法型政府审计模式下的公告制度

美国政府审计采取立法模式，审计总署隶属于立法部门，即代表社会公众的国会，对总统及其下属的行政部门独立行使审计监督权。根据《美国政府审计准则》第7章第5条规定："除非有法律或条例方面的限制，审计报告副本应向公众公布，以便进行监督。"具体途径是，如果发现被审计单位或个人有严重损失浪费现象或管理不善等问题，审计总署会做出包括审计结论和建议的审计报告，在必要时由国会参、众议院召开听证会，在会上公开审计报告，公众可以参加，记者可以采访，并根据需要在报纸上发表、电台上播放，同时赋予公众审查审计报告的权利。迄今为止，审计结果公告率高达97%。这种公布方式将审计机关一家的监督扩大成为全社会的监督，从而大大增强了审计监督的威慑力。

英国为了最大限度地达到审计工作效果，审计署非常重视审计结果的公示。审计署所有的审计报告全部在审计署网站上刊登，任何人都可以随时查阅，审计署内有一个处专门负责对外宣传并协调审计署与议会公共账目委员会的关系。审计署同新闻媒体保持良好的关系，通过发布新闻通告和举行专题新闻发布会的形式，通报有关信息，必要时还会安排新闻媒体

---

① 本书将审计公告定义为广义上的公告，即包括各种形式的公告，将审计结果公告定义为狭义上的公告，即仅指将审计结果的情况概括后予以公告的形式。

采访审计项目负责人。除正式审计报告外，审计署还印发了一些宣传册或宣传资料，一目了然地介绍审计项目的审计内容和发现。

（二）司法型政府审计模式下的公告制度

法国政府审计是司法型模式的典型，审计法院是最高政府审计机关，独立于行政与立法部门，具有司法判决权，从而强化了政府审计职能。其审计结果的公告形式主要有：（1）审计法院每年度对预算执行的情况的审计结果向议会和总统呈交一份年度审计公共报告，同时将公共报告在国家官方报纸上公布，向全社会公开。审计法院可以在公共报告中对被审查单位发表批评意见。（2）审计法院的公共报告，每年要汇编成册并进行摘编以公开出版。这些审计公示方式非常有效，让全国公民都了解和监督政府，加大了审计监督的权威性和震慑力。

（三）独立型政府审计模式下的公告制度

独立型政府审计的代表是德国和日本。德国联邦审计院每年撰写年度审计报告递交议院、参议院及联邦政府，同时召开新闻发布会，由审计院院长将年度审计报告的有关重点内容向社会公布，并在公开刊物上登载。在这种制度下，审计监督、议会监督及新闻监督三者的结合，大大强化了政府审计的职能。

在日本，政府审计机关也是单独设置，不隶属于任何部门，形成国家政权体系的一个分支。会计检察院是日本的最高政府审计机关，检察院将审计报告提交给国会，抄报内阁和首相，通过新闻机构公开发表（保密的除外）。此外，审计报告还经常被改写成通俗读物向公众散发。

（四）行政型政府审计模式下的公告制度

中国、俄罗斯、瑞典等国的审计属行政型政府审计，一般政府内部审计色彩浓厚，审计报告不直接向立法机关提交，也不直接向外发布，政府交办的重要审计事项向政府提交报告，在政府的授权下再向立法机关报告相关的审计结果，因此，审计机关透明度低。

从世界范围看，积极有效地推行审计公告制度已成为国际的通行做法和保障审计监督职能的关键措施，是审计先进性的标志性特征。

二 中国政府审计结果公告现状

（一）政府审计准则对审计结果公告的规定

政府审计结果公告的相关内容，在中国的审计法规体系中，主要出现在以下几处：

1994 年通过的《审计法》，第四条规定，国务院和县级以上审计机关应每年向本级人大常委会提出审计机关的审计工作报告；第九条规定，地方各级审计机关对本级政府和上一级审计机关负责并报告工作；第三十六条规定，审计机关可以向政府有关部门通报或者向社会公布审计结果，但应依法保守国家秘密和被审计单位的商业秘密，遵守国务院有关规定。这是我国最早提及政府审计结果公告的法律条文，但这个规定里用的是"可以"，不是强制性的，而是选择性的。

1997 年 10 月颁布的《中华人民共和国审计实施条例》，未提及有关公告的内容。

1996 年审计署发布的《审计机关通报和公布审计结果的规定》，该规定对审计机关向本级人民政府有关部门、下级人民政府及其有关部门通报审计结果，审计机关向社会公众公开审计结果的两种情况分别进行了规定，首次具体地规定了有关审计结果公开的具体操作问题，包括审计结果通报和公布的内容、程序和应注意事项等。

2000 年 1 月 28 日颁布的《中华人民共和国政府审计基本准则》中，对审计结果的报告和处理问题作了相应的规定，但未涉及审计结果公告的问题。

2001 年 8 月 1 日颁布的《审计机关公布审计结果准则》第一次以单行法规的形式确立了审计结果公告制度。

准则较粗略地规定了审计结果所涵盖的内容、公布审计结果的形式、公告的审批和执行程序、审计结果公示后的归档处理、注意事项、法律责任等。其中第四条规定："审计机关可通过下列形式公布审计结果：广播、电视；报纸、杂志等出版物；互联网；新闻发布会；公报、公告；其他形式"。第五条规定："审计机关向社会公布审计结果，必须经审计机关主要负责人批准；涉及重大事项的，应当报经本级人民政府同意。"第七条规定："审计机关可以按照审批程序向社会公布下列审计事项的审计结果：本级人民政府或者上级审计机关要求向社会公布的；社会公众关注的；其他需要向社会公布的。"第九条规定："审计机关向社会公布审计结果，应当依法保守国家秘密和被审计单位及相关单位的商业秘密，并充分考虑可能产生的社会影响。"这一准则的出台，为我国实行完全的审计结果公告提供了指导。

2002 年 3 月 19 日发布的《中华人民共和国审计署审计结果公告试行办法》，主要适用于审计署以专门的出版物的方式，向社会公开有关审计报告。其中第四条规定："审计结果公告主要包括下列内容：中央预算执行情况和其他财政收支的审计结果；政府部门或者国有企业事业组织财政收支、财务收支的单项审计结果；有关行业或者专项资金的综合审计结果；有关经济责任审计结果。"此外，对于审计结果公告应符合的审批程序以及应具备的条件也作了相应的规定。

这一办法与《审计机关公布审计结果准则》一起，构成了我国政府审计结果公告制度的重要法规基础。

2003 年 7 月 1 日，审计署印发了《审计署 2003—2007 年审计工作发展规划》，规划中提出"推行审计结果公告制度、充分发挥社会舆论监督作用"，且指出"到 2007 年力争做到所有审计和专项审计调查项目的结果，除涉及国家秘密、商业秘密及其他不宜对外披露的内容外，全部对社会公告"。在此规划的指导下，审计署于 2003 年 12 月发布了第一份面向所有社会公众的，且全方位、多途径地予以展示的审计公告"关于防治非典型肺炎专项资金和社会捐赠款物审计结果"，该公告受到社会公众普遍关注，知晓面非常广。

从国内准则相关规定的演变来看，审计报告经历了从"可以"公告到"力争"所有项目公告的转变，公告程序正日益受到重视，但国内现行的公告形式是审计机关将审计报告进行整理、删减形成审计结果，再对外公布，这样的结果公告制度在实践中效果如何呢？下面就对此进行考察。

（二）审计结果公告制度的实践

从 2003 年发布首份审计结果公告至 2006 年，审计总署共发布了 17 号审计结果公告，其中涉及绩效审计的有 11 项，具体内容见表 40-1。

考察这 15 份审计结果公告，我们发现：首先，从公告的形式上看，有行业综合审计结果发布公告，也有个别审计结果发布公告，还有将许多同类部门的审计结果合并后统一公告，形式不够规范。其次，从目前审计公告的种类、数量和范围来看，公告远没有反映审计工作的实际成果。以审计署发布数量为例，近三年我国仅就少量的审计项目结果进行了公告，

表 40 - 1　　　　　　　　　　　绩效审计结果公告事项

序号	内容
2003 年第 01 号 （总第 01 号）	关于防治非典型肺炎专项资金和社会捐赠款物审计结果
2004 年第 01 号 （总第 02 号）	50 个县基础教育经费审计调查结果
2004 年第 02 号 （总第 03 号）	50 个县财政支农资金审计调查结果
2004 年第 03 号 （总第 04 号）	部分城市基础设施、国债项目建设效果的审计结果
2004 年第 04 号 （总第 05 号）	788 户企业税收征管情况审计调查结果
2005 年第 01 号 （总第 09 号）	云南省大姚地震救灾资金审计结果
2005 年 02 号 （总第 10 号）	四城市高教园区开发建设情况审计结果
2005 年 04 号 （总第 12 号）	16 家会计师事务所审计业务质量检查结果
2006 年第 01 号 （总第 13 号）	重点流域水污染防治资金审计结果、水利建设资金和水利项目审计结果
2006 年第 02 号 （总第 14 号）	青藏铁路环境保护资金使用情况审计调查结果、印度洋海啸中国政府对外紧急救灾援助专项审计结果
2006 年第 03 号 （总第 15 号）	西部地区退牧还草项目审计调查结果、河南等 16 个省农村公路改造和通达工程项目实施情况审计调查结果

资料来源：政府审计署网站，截至 2006 年 10 月，http：//www.audit.gov.cn/cysite/chpage/c1/。

公开发布的审计结果不到全部审计项目的 10%[①]，而且这些项目大多数未涉及实质性问题，每年向人大报告的审计情况，往往要经过审计机关，政

---

① 郭会秋、董德新：《审计公告制度之浅见》［EB/OL］. http：//www.wtokj.com/ce/view.asp？ID＝42133，2006－07－22。

府层层审核把关，很多问题在审核把关中被截留，在现行审计体制下，审计情况上报难的问题始终没有得到解决。最后，从内容上看，审计公告的问题缺乏具体性，没有全面反映查出问题的具体情况。专项资金的使用情况的审计结果也有见诸报端，但内容都不够翔实，往往只是粗线条地披露几个问题，点到即止，不能全面如实地反映审计情况。可见，审计署发布的审计结果公告数量和质量远没有达到社会所期望的水平，审计结果对社会公众的透明度还不高，制度的运作尚不规范。

三　绩效审计报告公告制度的设想

（一）绩效审计报告公告设想的提出

审计署正着力推行审计结果公告制度，但由于现行的行政型审计体制，审计机关受制于报告中的利益各方，对外公布的是经过加工整理的审计结果，而不是原本的审计报告，这就难以保证公告的审计结果就是审计发现的所有问题。鉴于我国现行的审计体制短期内不可能改变，将审计报告改写成审计结果再对外公告的审计公告制度又有许多缺陷，因此，笔者建议减少审计报告到审计结果公告之间的环节，尽量避开利益相关方的干涉，采取直接发布审计报告的形式，真正从制度上保证审计结果的透明。

首先，从审计的前提看，报告公告是解除公众委托责任的要求。在绩效审计的审计项目中，公众是国家资源的所有者，归根结底是他们委托审计机关进行绩效审计，审查被审计单位利用资源是否经济有效，因此，在这个代理关系中，政府审计的终极服务对象是社会公众，公众有权获得完整的审计报告。而现行的审计结果公告往往是，审计机关截取报告部分内容予以公告，公众对审计结果知其然而不知其所以然，影响了公众的知情权。

其次，从审计的目的看，报告公告是监督审计建议执行的有效途径。实施绩效审计的最终目的是监督被审计单位的行为，督促其改正错误。国内的现状是被审计单位对审计意见或表面应付，或执行不到位，使审计效果大打折扣。推行报告公告制度，将审计监督和社会舆论监督有机结合，利用社会舆论监督传播范围广，反应速度快，影响震动大等特点，把审计发现的问题"曝光"，利用社会压力迫使被审计单位重视和落实审计建议，从而达到审计目的。

再次，从审计质量角度考虑，报告公告是审计工作质量的保证。公告制度使审计工作处于外部监督之下，社会公众在监督被审计单位的同时，也关注着审计机关的审计行为。由此，向社会公布的审计报告须保证事实真切、证据确凿，审计建议经得起社会公众的推敲，这就在客观上对审计人员的工作提出了更高的要求，对于审计工作既是压力，也是动力，势必推进审计质量的提升。

最后，从绩效审计项目的关注度出发，审计报告应该公开以满足公众需求。与传统的预算执行情况和其他财政收支审计的常规性特征相比，绩效审计的立项一般都是社会关注度较高的，可能存在问题的项目，公众对这些公共资金的使用情况往往更为关注，因此，绩效审计报告相对于其他审计项目更有必要公开。

此外，虽然国内学术界对绩效审计已有一些介绍，审计署也提出广泛开展绩效审计的要求，但目前绩效审计在实践中开展得并不多，社会各界对于这种类型的审计的性质、作用等还不甚了解，对外发布的审计报告可以成为公众了解绩效审计工作的重要载体，有助于扩大绩效审计的影响，推动绩效审计在国内的发展进程。

（二）绩效审计报告公告制度的推行

直接发布审计报告的公告形式在国内尚不多见，因此需要谨慎推行，结合国内现行公告制的缺陷与绩效审计报告自身的特点，本篇将推行该制度需要完善的工作归结为以下几个方面：

第一，赋予审计机关发布审计报告决定权。按照《中华人民共和国审计署审计结果公告试行办法》规定，在对一些重大的事项进行公告前，必须经本级人民政府同意，一些重要审计事项，能否公告以及公告范围、公告内容的决定权都在政府手中，这样一来，某些影响政府形象的问题有可能被政府"过滤"，尤其是绩效审计，更可能触动政府相关部门的利益，因此，有必要尽量减少审批的程序，赋予审计机关更多的公告决定权，让审计机关直接根据审计项目的社会关注度与审计机关的准备情况决定审计报告的发布与否。

第二，严把审计报告的质量控制关。直接发布审计报告，将整个审计情况公之于世，势必加大审计风险，为降低风险必须严把质量关。审计报告的质量不仅指报告不出现差错，保证事实清楚、证据确凿、定性准确，这是审计工作的最基本原则，由于面世的报告的受众是广大的社会公众，因此还要求报告既符合专业标准，又能满足广大普通读者的需要，深入浅出、通俗易懂。这些都是在审计报告的撰写阶段就需关注的问题，在报告发布前则需要经过再次审核，以达到标准。

值得一提的是，有些审计事项涉及国家或被审计单位的保密内容，不宜公开，本书在论述绩效审计报告的内容框架时已有提及，在公布的审计报告中，保密事项应该剔除，但为尽量保证广大公众的利益，在报告中应说明没有包含的信息的性质和不包含的理由，帮助读者正确理解报告结论。

第三，充分利用媒体的导向作用。发布报告的目的是引起社会的广泛关注，扩大社会影响，而审计机关作为职能专一的部门，可以与媒体合作，借助新闻机关的专业优势进行发布管理。新闻媒体具有导向性，由此，报告发布前，审计机关就应与媒体商议希望媒体采用的要点，帮助读者正确阅读报告。

第四，选用适当途径发布报告。发布审计报告有多种渠道，美国审计署是以召开听证会、在报纸上发表、电台上播放的形式公布审计报告；法国审计法院的公共报告每年要汇编成册并进行摘编以公开出版，德国召开新闻发布会，由审计院长将审计报告的有关重点内容向社会公布并在公开刊物上登载；日本的审计报告经常被改写成通俗读物广为散发。我国可以采取多渠道并行的方式扩大报告影响面，为保证报告的严肃性，采用的媒介必须是主流的。为了体现独立性，建议审计署建立专门的公告载体，如"审计公报"、"审计通报"等，其内容除了刊登审计署各项行政规章外、规定与决定外，也刊登对公共财政、专项资金的绩效审计的审计报告，并且随着互联网的发展，审计报告也可以在政府审计署网站上发布。

第五，组织报告发布后的后续工作。审计报告发布后，社会各界知晓甚广，也会产生不同的反应，因此，审计机关还需要应对这些社会反应。反应包括被审计单位及其类似行业咨询审计建议相关问题，审计同行咨询审计情况等，审计机关可以采取业务交流、研讨、撰写文章等方式，对审计项目的各个方面展开讨论，扩大审计影响，达到发布报告的目的。

此外，绩效审计有后续审计这一特定程序，对于后续审计的结果也应该持续披露，表明被审计单位的整改情况，以督促被审计单位整改。

第三节　结论

自 20 世纪 40 年代兴起的政府绩效审计代表了现代审计的发展方向，它基于为解除政府的公共受托管理责任发展起来，体现了社会公众民主意识的增强，而且对于帮助政府节约公共支出取得了有目共睹的成效。在半个多世纪的实践中，政府绩效审计无论在理论上，还是在实务上均得到了丰富和提高，西方发达国家以美国为代表，更是为此做出了巨大的贡献。我国在此方面起步较晚，政府绩效审计尚处于理论探讨和小范围试点阶段。所以，对我们来说，政府绩效审计是个急需填补的新课题，对于这个新课题，需要研讨的问题有许多，本篇选取绩效审计的一个环节——报告环节作专项探讨，一方面是希望专注于一项内容能有较深入的发现，另一方面，希望对国内绩效审计报告的规范化起到一点指导作用。

本书通过借鉴前人研究成果和国外的实践经验，在对比分析的基础上，粗浅地提出自己对于绩效审计报告相关问题的一些看法，主要包括：

（1）绩效审计是基于公共受托经济责任内容的变化而产生，其对应的审计内容是经营活动的经济性、效率性和效果性，因此，绩效审计报告主要是对经营活动的经济性、效率性和效果性进行评价和提出改进建议，其实质是一种具有独立价值的"增量"信息；绩效审计的特定使命决定了绩效审计报告具有潜在的风险性、建议的建设性、结论的非强制性、详式报告形式和非统一格式等特点；关于绩效审计报告的质量特征，本篇分形式质量要素和实质质量要素两个层次构建起绩效审计报告的质量要素体系，这是本篇的第一个创新点。

（2）绩效审计报告的框架是报告的基础，而内容则是在结构框架上的充实，这两部分构成一份完整的绩效审计报告，国外绩效审计报告框架都包含一些固定的基本要素，内容写法也较为规范，国内可以结合自身的特点加以借鉴。绩效审计报告在结构框架上应该包括内容摘要、被审计事项的基本情况、审计工作情况、审计发现问题、审计结论、审计建议、被审计单位反馈和保密事项的说明八个部分，这是本篇的第二个创新点。而在内容上，国内绩效审计报告尚有亟待规范之处，需要在清楚交代审计实施情况，着重分析与评价审计发现的问题，提出切实可行的审计建议等方面加以改进。

（3）绩效审计报告的相关者包括报告的提供者与使用者，由于在不同的历史时期实施绩效审计的主体不同，报告的提供者出现了由管理咨询师到审计机关审计师的转变，并且出于独立性与胜任能力的考虑，注册政府审计师才是未来绩效审计报告提供者的理想人选；基于保险理论、代理理论与控制理论的分析，绩效审计报告的使用者应该包括审计机关、公众、被审计单位、权力机关或行政机关，它们之间的工作与报告关系可以通过一个相关者模型来表示，该模型是本篇的第三个创新点。

（4）目前国内政府审计公告制度不完善，在实践中存在诸多缺陷，为了保障公众的知情权，保证绩效审计作用的良好发挥，绩效审计结果的公告可以采取直接公布绩效审计报告的形式。当然，绩效审计报告公告需要做好报告质量控制、发布途径选择、舆论引导等辅助工作。这是本篇的第四个创新点。

在研究过程中，虽然笔者竭力论述得更加科学、使结论更加客观，但由于自身理论知识与实践经验的局限，因此本篇难免存在不足。首先，国内对绩效审计理论的研究尚处于起步阶段，能用于指导报告的基础理论较少，因此本篇探讨绩效审计报告的基本理论时，倾向于从相关领域寻找理论支撑，并通过归纳、演绎和比较分析得出一些观点，这可能会使本书的一些观点略显主观。其次，本篇通过规范研究为主、案例分析为辅的研究方法初步构建起了政府绩效审计报告的研究框架，但由于能取得的报告案例有限和篇幅受限，未能对国内所有绩效审计报告的有关数据进行统计，如果能用大量的数据资料和数理统计模型对论述过程进行佐证，将使结论更加科学。

参 考 文 献

[1] Alles, M. G. , Kogan, A. , Vasarhelyi, M. A. , 2002, Feasibility and Economics of Continuous Assurance [J] . *Auditing: A Journal of Practice and Theory*, 21 (1): 125 – 138.

[2] Alles, M. , Kogan, A. , Vasarhelyi, M. , 2006, Analytical Procedures in Continuous Auditing: Continuity Equations Models for Analytical Monitoring of Business Processes [C] . In American Accounting Association 2006 Annual Meeting, Washington.

[3] AICPA, *Consideration of Fraud in a Financial Statement Audit*. SAS No. 99. 2003.

[4] AICPA, *Consideration of Fraud in a Financial Statement Audit*. SAS No. 82. 1997.

[5] Albrecht, W. S. and M. B. Romney, Red – flagging Management Fraud: A Validation. *Advances in Accounting*, 1986, 3: 323 – 334.

[6] ACCA, *Audit And Assurance Services*. Foulks Lynch Ltd. , 2003.

[7] Aucoin, P. , Independent Foundations, Public Money and Public Accountability: Whither Ministerial Responsibility as Democratic Governance [J] . *Canadian Public Administration*, 2008, 46 (1): 1 – 26.

[8] Archibugi, K. , Mathisa, Transnational Corporations and Public Accountability [J] . *Govemment and Opposition*, 2004, 39 (2): 234 – 259.

[9] Anonmous, Institutional Framework of the Audit Function [J] . *The CPA Journal*, 1976, 46 (2): 65 – 66.

[10] A. C. Lttleton, in *Structure of Accounting Theory*, 1953, AAA. pp. 102 – 108 .

[11] Aucoin, P. , Independent Foundations, Public Money and Public

Accountability: Whither Ministerial Responsibility as Democratic Governance [J] . *Canadian Public Administration*, 2008, 46 (1): 1 – 26.

[12] Berry, L. E. , G. B. Harwood and J. L. Katz, Performance of Auditing Procedures by Government Auditors: Some Preliminary Evidence [J] . *The Accounting Review*, 1987, 1.

[13] COSO, *Fraudulent Financial Reporting*: 1987 – 1997—*An Analysis of U. S.* . Public Companies. www. coso. Org. 1998.

[14] Charles W. Schandl, *Theory of Auditing: Evaluation Investigation and Judgment* [M] . Scholars Book Co. , 1978: 27 – 42.

[15] Copley, Paul A. and Doucet, Mary S. , The Impact of Competition on the Quality Governmental Audits [J] . *Auditing: A Journal of Practice and Theory*, 1993, 1.

[16] Chen, R. S. , Social and Financial Stewardship [J] . *Accounting Review*, 1975 (July): 533 – 543.

[17] Cutt, J. , *Comprehensive Auditing in Canada: Theory and Practice*, Proeger, 1988.

[18] Cameron, W. , Public Accountability: Effectiveness, Equity, Ethies [J] . *Australian Journal of Public Administration*, 2004, 63 (4): 59 – 67.

[19] Dale L. Flesher, The Roots of Operational Auditing in English – speaking Nations [J] . *Accounting Education News*, 1988 (10): 16 – 17.

[20] Daigle, R. J. , Lampe, J. C. , 2005, The Level of Assurance Precision and Associated Cost Demanded When Providing Continuous Online Assurance in an Environment Open to Assurance Competition [J] . *International Journal of Accounting Information Systems*, 6 (2): 129 – 156.

[21] Dechow, P. , Sloan, R. and Sweeney, A. , Cause and Consequences of Earnings Manipulation: An Analysis of Firms Subject to Enforcement Actions by the SEC. *Contemporary Accounting Research*, 1996, Vol. 13 (1): 1 – 36.

[22] Douglas R. Carmichael, Auditing Concepts and Method: A Guide to Curranttheory and Practice, 1997.

[23] DeAngelo, L. E. , Auditor Size and Audit Quality [J] . *Journal of*

Accounting and Economics，1981，3.

　　［24］Eric，K.，2006，Continuous Auditing is Here to Stay ［J］. *Business Finance*，（3）：3 – 5.

　　［25］George M. Cate，The Case for the CGA ［J］. *The Federal Accountant*，1974（6）：10 – 17.

　　［26］Graham J. Floater，A Risk Model for Predicting the Effects of Lakeside Development on Wildfowl Populations ［J］. *Journal of Environmental Management*，2002：66.

　　［27］GAO，Strategic Plan（2004 – 2009）［EB/01］，www. gao. gov.

　　［28］GAO，A Reporter's Guide to GAO ［EB/01］，www. gao. gov.

　　［29］ GAO，GAO Performance ＆ Accountability Highlights ［EB/01］，www. gao. gov.

　　［30］George R. Zuber et al.，Using Materiality in Audit Planning ［J］. *Journal of Accountancy March*，1983：321.

　　［31］John Innes and Robert A. Lyon，A Simulated Lending Decision with External Management Audit Reports ［J］. *Accounting，Auditing and Accountability Journal*，1984（4）：79 – 93.

　　［32］John C. Burton，Management Auditing ［J］. *The Journal of Accountancy*，1968（3）：52 – 53.

　　［33］J. C. Robertson，A Theoretical Structure for Independent Audits of Management ［J］. *The Accounting Review*，1969（10）：777 – 787.

　　［34］Jensen and Meckling，Theory of the firm：Managerial Behavior，Agency Cost and Ownership，Structure ［J］. *Journal of Financial Economics*，1976（3）：305.

　　［35］Joseph T. Wells，Irrational Rations. *Journal of Accountancy*，2001（8）.

　　［36］Jane Mancino，The Auditor and Fraud. *Journal of Accountancy*，1997，Apr. .

　　［37］J. 梅哈德：《政府审计质量及其解决途径》，《审计研究》1991年第3期。

　　［38］Jim L. Smith，Improve Organizational Performance Through Quality

Auditing [J] . *Quality*, 2010, 12.

[39] Gerson, V. , Making the Most of the Audit Function [J] . *Bank Systems & Technolog*, 2004, 41 (1): 38.

[40] Hepp, G. W. and J. R. Mengel, Improving the Quality of Government Audits: Statistics Reveal Significant Audit Quality Problems [J] . *Journal of Accountancy*, 1992.

[41] Inder K. Khurana, K. K. Raman, Litigation Risk and the Financial Reporting Credibility of Big 4 versus Non – Big 4 Audits: Evidence from Anglo – American Countries. *The Accounting Review*, 2004, (2): 473 – 495.

[42] Lowe, Jord, D. , Pany, Kurt, Expectations of the Audit Function [J] . *The CPA Joumal*, 1993, 63 (8): 58 – 59.

[43] Government Accountability Office of USA, Reports and Testimony [EB/OL] . http: //www. gao. gov/docsearch/repandtest. html, 2006 – 09 – 30.

[44] Government Accountability Office of USA, Steps Needed to Ensure Interoperability of Systems That Process Intelligence Data [EB/OL] . http: //www. gao. gov/new. items/d03329. pdf, 2003 – 03 – 16.

[45] Government Accountability Office of USA, Government Auditing Standards [EB/OL]. http: //www. gao. gov/govaud/ybk01. html, 2003 – 01 – 16.

[46] Government Accountability Office of USA, Challenges in Meeting Requirements of the Improper Payments Information Act [EB/OL] . http: //www. gao. gov/new. items/d05417. pdf , 2005 – 03 – 31.

[47] Government Accountability Office of USA, The Air Force Should Improve How It Purchases AWACS Spare Parts [EB/OL] . http: //www. gao. gov/new. items/d05169. pdf, 2005 – 03 – 18.

[48] Government Accountability Office of USA, Funding of the Office of Management and Budget's Initiatives [EB/OL] http: //www. gao. gov/new. items/d05420. pdf, 2005 – 04 – 25.

[49] Kinney, W. and McDanie, L. , Characteristics of Firms Correcting Previously Reported Quarterly Earnings. *Journal of Accounting and Economics*, 1989 (2) .

[50] Kluvers, R. , Accountability for Performance in Local Government

[J] . *Australian of Public Administration*, 2003 (3): 57 - 69.

[51] Liang, D., Lin, F., Wu, S., 2001, Electronically Auditing EDP Systems with the Support of Emerging Information Technologies [J] . *International Journal of Accounting Information Systems*, 2, 130 - 147.

[52] MCPMCICA, 1999, Continuous Auditing, Research Report, The Canadian Institute of Chartered Accountants, Toronto, Ontario, http://infoteeh. Aicpa. org/Resources/Systems + Audit + and + Intenal + Control/IT + Systems + Audit/Continuous + Audit/Continuous + Auditing + + Executive + Summary. htm.

[53] Mario Piattini, Hershey, *Auditing Information Systems*. Idea Group Publishing, 2000.

[54] Munlgan, R., The Process of Public Accountability [J]. *Australian Journal of Public Adminstrationg*, 1997, 56 (1): 25 - 36.

[55] National Audit Office of UK, Annual Report 2003: Helping the nation spend wisely [EB/OL] . http://www. nao. org. uk/pn/02 - 03/ar03. htm, 2003 - 07 - 17.

[56] National Audit Office of UK, List of Value for Money Reports by Publication Date [EB/OL] . http://www. nao. org. uk/publications/nao_ reports/chronindex. asp? type = vfm, 2006 - 09 - 30.

[57] National Audit Office of UK, Using Call Centers to Deliver Public service [EB/OL] . http://www. nao. gov.　uk/pn/02 - 03/0203134. htm, 2002 - 12 - 11.

[58] Official Releases SAS No. 99 - Consideration of Fraud Statement Audit. *Journal of Accountancy*, 2003, Jan..

[59] O' Keefe, T. and Westort, P., Conformance to GAAS Reporting Standards in Municipal Audits and the Economics of Auditing: The Effects of Audit Firm Size, CPA Examination Performance and Competition [J]. *Research in Accounting Regulation*, 1992, 6.

[60] Pathak, J., Chaouch, B., Sriram, R., 2005, Minimizing Cost of Continuous Audit: Counting and Time Dependent Strategies [J] . *Journal of Accounting and Public Policy*, 24 (1): 61 -75.

［61］ Persons, O. , Using Financial Statement Data to Identify Factors Associated with Fraudulent Financing Reporting. *Journal of Applied Business Research*, 1995, 11: 38 – 46.

［62］ Peter Coad and Edward Yourdon, *Object – Oriented Design.* Yourdon Press, 4th Edition, 2003.

［63］ Ppnnekamp, P. , Vlasveld, P. J. J. , Reforming the Audit Function ［J］. *The Internal Auditor*, 2006, 63 (2): 69 – 73.

［64］ Rezaee et al. , 2002, Continuous Auditing, Building Automated Auditing Capacity ［J］. *Auditing, A Journal of Practice and Theory*, (1): 147 – 163.

［65］ Raman, K. K. and Wilson, Earl R. , Governmental Audit Procurement Practices and Seasoned Bond Prices ［J］. *The Accounting Review*, 1994, 4.

［66］ Richard, M. , The Process of Public Accountability ［J］. *Australian Journal of Public Administration*, 1997 (3): 18.

［67］ SEC, Selected SEC and Market Data, Fiscal 2005 – 2007.

［68］ S. Flowerday, A. W. Blundell and R. Von Solms, 2006, Continuous Auditing Technologies and Models ［J］. *Computer & Security.*

［69］ Shannon W. Anderson and William N. Lanen, Using Electronic Data Interchange (EDI) to Improve the Efficiency of Accounting Transactions. *The Accounting Review*, October 2002.

［70］ Suzanne Lowensohn, Laurence E. Johnson, Randal J. Elder and Stephen P. Davies, Auditor Specialization, Perceived Audit Quality and Audit Fees in the Local Government Audit Market ［J］. *Journal of Accounting and Public Policy*, 2007, 6.

［71］ The Australian National Audit Office, Performance Audit ［EB/OL］. http: //www. anao. gov. au/WebSite. nsf/ViewPubs! ReadForm&View = Audit ReportByType&Title = Audit%20Reports%20by%20Type&Cat = Performance% 20Audit&Start = 1&Count = 10, 2006 – 09 – 30.

［72］ The Australian National Audit Office, Internationalisation of Australian Education and Training ［EB/OL］. http: //www. anao. gov. au/website. nsf/publications/64ac5d49c1b6260fca2570130028cda2, 2006 - 09 - 30.

［73］Thomas G. Secoy, A CPA's Opinion on Management Performance ［J］. *The Journal of Accountancy*, 1971（7）: 53.

［74］Vasarhelyi, M. A., Alles, M. G., Kogan, A., 2004, Principles of Analytic Monitoring for Continuous Assurance ［J］. *Journal of Emerging Technologies in Accounting*, 1（1）: 1 - 21.

［75］Walter B. Meigs, The Expending Field of Internal Auditing ［J］. *The Accounting Review*, 1951（10）: 1518.

［76］Winters, A. J., Sullivan, J., Auditing for Fraud: Perception vs. Reality, 1994.

［77］奥·赫伯特等:《管理绩效审计学》,张国祥等译,机械工业出版社 1988 年版。

［78］蔡春:《审计理论结构》,东北财经大学,2001 年。

［79］蔡春:《绩效审计论》,中国财政经济出版社 2006 年版。

［80］蔡春、赵莎:《现代风险导向审计论》,中国时代经济出版社 2006 年版。

［81］陈志刚:《深圳市政府绩效审计的探索与实践》,《广东审计》 2004 年第 3 期。

［82］陈宋生:《瑞典政府绩效审计变迁的理论分析》,《审计与理财》2005 年第 1 期。

［83］陈思维:《经济效益审计》,中国时代经济出版社 2002 年版。

［84］常勋:《国际会计》,上海人民出版社 1990 年版。

［85］陈伟、刘思峰:《持续审计综述》,《小型微型计算机系统》 2009 年第 9 期。

［86］陈小燕、陈良华:《连续审计在中国应用的前景和建议》,《价值工程》2008 年第 4 期。

［87］陈欣:《财务报表舞弊审计相关问题研究》,东北财经大学, 2007 年。

［88］陈少华:《财务舞弊成因之综合分析》,《经济经纬》2005 年第 1 期。

［89］陈国欣、吕占甲、何峰:《财务报告舞弊识别的实证研究——

基于中国上市公司经验数据》,《审计研究》2007 年第 3 期。

[90] 陈媛:《政府审计风险的成因及防范措施》,《审计理论与实践》2002 年第 7 期。

[91] 陈秉正:《公司整体化风险管理》,清华大学出版社 2003 年版。

[92] 陈忠阳:《金融机构现代风险管理基本框架》,中国金融出版社 2006 年版。

[93] 蔡春、刘学华:《绩效审计论》,中国时代经济出版社 2006 年版。

[94] 陈力生、朱亚兵、高前善:《审计风险管理研究》,立信会计出版社 2005 年版。

[95] 陈月红:《探析"免疫系统论"与审计的本质》,《财经界》2010 年第 4 期。

[96] 陈秀芳:《浅议政府审计与社会审计的协调》,《北方经济》2005 年第 3 期。

[97] 谌嘉席:《政府审计引入同业互查制度的思考》,《财会通讯》2010 年第 1 期。

[98] 陈静:《基层审计机关审计质量控制》,复旦大学,2009 年。

[99] 陈锌泉:《加入 WTO 审计环境对政府审计的影响》,《会计之友》2003 年第 12 期。

[100] 蔡春:《环境变化条件下政府审计对国有企业的审计及其实现形式》,《审计理论与实践》2001 年第 5 期。

[101] 蔡春:《受托经济责任——现代会计、审计之魂》,《会计之友》2000 年第 10 期。

[102] 丁娜:《计算机辅助审计系统中关键技术的研究》,中国农业大学,2004 年。

[103] 大川:《杨时展教授讲政府审计的本质问题》,《财会通讯》(综合版)1984 年第 1 期。

[104] 代勇:《政府审计质量研究》,四川大学,2007 年。

[105] 翟熙贵:《中国审计发展战略研究》,中国财政经济出版社 2009 年版。

[106] 董大胜:《政府审计》,中国审计出版社 1996 年版。

[107] 董延安：《权力控制与政府审计参与——基于公共受托责任的视角》，《财会通讯》2007 年第 3 期。

[108] 范立敏：《计算机审计的发展现状和主要问题》，《审计监督》2008 年第 7 期。

[109] 方健：《数据式审计探析》，《中国管理信息化》2007 年第 6 期。

[110] 房桃峻：《通用审计软件系统的分析与设计研究》，福州大学，2004 年。

[111] 付光武：《我国上市公司管理舞弊的类型及审计对策》，《当代财经》2006 年第 9 期。

[112] 高远：《审计信息商品的定价研究——来自沪市 A 股市场的实证检验》，西南财经大学，2005 年。

[113] 郭会秋、董德新：《审计公告制度之浅见》［EB/OL］. http://www. wtokj. com/ce/view. asp？ ID = 42133，2006 - 07 - 22。

[114] 郭平：《计算机审计发展的制约因素及对策》，《经营管理》2007 年第 93 期。

[115] 管亚梅：《我国开展数据式审计的问题剖析与策略选择》，《科技管理研究》2008 年第 3 期。

[116] 郭道扬：《会计百科全书》，辽宁人民出版社 1989 年版。

[117] 管劲松：《审计风险管理》，对外经济贸易大学出版社 2003 年版。

[118] 宫金生：《影响审计成果运用的因素及对策》，《中国审计》2008 年第 7 期。

[119] 葛瑞兰：《影响政府审计工作的因素浅析》，《山西财经大学学报》2006 年第 10 期。

[120] 韩立春：《澳大利亚如何实施绩效审计》，《中国审计报》2003 年 12 月 17 日。

[121] 黄小玉、张津生：《谈谈经济效益审计的写作》，《审计理论与实践》1998 年第 9 期。

[122] 黄学忠：《经济信息与管理》，人民出版社 1985 年版。

[123] 郝旭光：《中国证券市场监管有效性研究》，《中国工业经济》

2011 年第 6 期。

［124］何芹：《持续审计在我国政府审计中的应有分析》，《会计之友》2009 年第 1 期。

［125］何芹：《谈持续审计的技术支持问题》，《财会月刊》（理论版）2007 年第 10 期。

［126］韩莹：《中国上市公司管理舞弊预警信号研究》，中国人民大学，2005 年。

［127］胡俊俊、孙静：《一种新型的计算机审计模型》，《计算机应用研究》2008 年第 25 期。

［128］胡景涛：《我国上市公司会计舞弊根源与对策探析》，《会计之友》2006 年第 2 期。

［129］侯晓红：《上市公司财务报表舞弊的审计对策研究——对以虚构经济交易事实为主要特征的财务报表舞弊行为的识别》，《长春大学学报》2007 年第 2 期。

［130］黄世忠：《会计数字游戏：美国十大管理舞弊案例剖析》，中国财政经济出版社 2006 年版。

［131］湖北省审计协会课题组：《我国审计公告制问题研究》，《审计研究》2003 年第 6 期。

［132］何文炯：《风险管理》，暨南大学出版社 1999 年版。

［133］胡春元：《审计风险研究》，东北财经大学 1997 年版。

［134］黄溶冰、王跃堂：《我国省级审计机关审计质量的实证分析》，《会计研究》2010 年第 6 期。

［135］胡志勇：《政府审计环境因素分析及影响》，《审计与理财》2006 年第 11 期。

［136］何力军：《论政府审计质量外部监督体系的构建》，《审计月刊》2007 年第 10 期。

［137］黄良杰等：《审计学》，河南人民出版社 2007 年版。

［138］胡志勇：《政府审计管理系统创新研究》，中国时代经济出版社 2010 年版。

［139］黎仁华：《资本市场中舞弊行为的审计策略》，中国时代经济出版社 2006 年版。

［140］靖继鹏：《信息经济学》，清华大学出版社 2004 年版。

［141］金光华：《计算机审计实务》，中国时代经济出版社 2002 年版。

［142］季爱国：《贯彻政府审计规范存在的问题及对策》，《审计理论与实践》2003 年第 7 期。

［143］姜贵生、邓志鹏：《浅谈政府审计现状及发展趋势》，《审计论坛》1999 年第 3 期。

［144］康斯坦斯·M. 卢瑟亚特、巴里·D. 史密斯、埃里克·A. 威宁：《财产与责任保险原理》，北京大学出版社 2003 年版。

［145］刘英来：《效益审计研讨会综述》，《审计研究》2004 年第 6 期。

［146］李凤鸣：《法国审计法院对国家财政支出的审计》，《审计与经济研究》1997 年第 1 期。

［147］刘嫣菲：《政府绩效审计理论探讨》，《会计之友》2003 年第 9 期。

［148］刘力云：《关于绩效审计的几点思考》，《审计研究》2001 年第 3 期。

［149］李敦嘉：《效益审计的理论结构》，中国审计出版社 1996 年版。

［150］雷玉亮：《社会保障资金连续审计方法研究》，《企业家天地》2009 年第 7 期。

［151］刘汝焯：《审计分析模型算法》，清华大学出版社 2005 年版。

［152］刘汝焯：《审计数据的多维分析技术》，清华大学出版社 2006 年版。

［153］吕毅：《政府审计“免疫系统”功能初探》，《中国审计》2008 年第 24 期。

［154］刘家义：《以科学发展观为指导　推动审计工作全面发展》，在中国审计学会五届三次理事会暨第二次理事论坛上的讲话，2008 年。

［155］吕凡：《计算机辅助审计研究》，武汉大学，2005 年。

［156］刘汝焯：《信息环境下的计算机审计方式》，《审计与经济研究》2008 年第 23 期。

［157］李若山、金或昉、祁新娥：《对当前我国企业舞弊问题的实证调查》，《审计研究》2002 年第 2 期。

［158］李爽：《会计信息失真的现状、成因与对策研究——会计报表粉饰问题研究》，经济科学出版社 2002 年版。

［159］吕支群：《政府审计结果公告制度研究》，硕士学位论文，华北电力大学，2007 年。

［160］李伟、施家芳：《审计结果公告制度的理论分析与现实思考》，《审计月刊》2004 年第 11 期。

［161］刘明辉、常丽：《政府审计结果公开机制评析》，《审计研究》2005 年第 2 期。

［162］卢传锋、李家和：《审计结果公告风险研究》，《财政监督》2006 年第 11 期。

［163］陆强论：《政府审计风险的特征及其控制》，《山东审计》2002 年第 9 期。

［164］李保伟、冀玉玲：《试论政府审计风险的成因及控制》，《山西财经大学学报》2000 年增刊。

［165］廖洪：《政府审计风险的几个问题》，《经济评论》1999 年第 3 期。

［166］李金华：《预算执行审计》，中国财政经济出版社 1998 年版。

［167］李学柔、秦荣生：《国际审计》，中国时代经济出版社 2002 年版。

［168］吕金忠、孟繁华：《审计质量是检验审计工作结果的综合标准》，《当代审计》2000 年第 2 期。

［169］卢洁：《政府审计独立性影响因素的调查问卷分析》，《经济与管理》2008 年第 3 期。

［170］刘志新：《计算机辅助审计：提升审计质量的助推器》，《当代审计》2003 年第 3 期。

［171］刘军、王晓梅：《牢牢抓住审计质量这个"牛鼻子"——兼谈影响审计质量的成因及对策》，《审计理论与实践》2001 年第 4 期。

［172］李哲、刘世林：《第一讲—政府审计的含义、地位和作用》，《审计与经济研究》1996 年第 1 期。

［173］李水芳、赵凯、刘俊民：《试析金融危机下的政府审计》，《审计与理财》2010 年第 6 期。

［174］李尚义：《审计成果运用中的问题及对策》，《济南金融》2004 年第 10 期。

［175］李金华：《中国审计 25 年回顾与展望》，中国时代经济出版社 2009 年版。

［176］李齐辉、吕先锘、许道俊、刘新琳：《试论我国审计制度的构建与创新》，《审计研究》2001 年第 2 期。

［177］雷磊：《公共受托责任和政府绩效审计》，《财会研究》2010 年第 22 期。

［178］刘力云：《对我国政府审计发展趋势的展望》，《审计理论与实践》2001 年第 4 期。

［179］刘俊梁：《试从"受托责任观"看经济责任审计产生的理论基础》，《审计理论与实践》2003 年第 3 期。

［180］李齐辉：《试论我国审计制度的构建与创新》，《审计研究》2001 年第 2 期。

［181］米晓晶：《数据式审计模型构建初探》，《财会月刊》（综合版）2007 年第 6 期。

［182］马兰、王延明：《 经营失败、审计失败与审计风险——来自暂停上市公司历年审计报告的经验分析》，《中国注册会计师》2006 年第 3 期。

［183］马贤明、郑朝晖：《点睛管理舞弊》，大连出版社 2006 年版。

［184］［美］G. 杰克·波罗格纳、［加］罗伯特·J. 林德奎斯特合著：《美加两国查处舞弊技巧与案例：舞弊审计与法庭会计新工具和新技术》，中国审计出版社 1999 年版。

［185］马曙光：《政府审计人员素质影响审计成果的实证研究》，《审计研究》2007 年第 3 期。

［186］莫晓丹：《从政府审计的起源看政府审计的本质》，《绿色财会》2006 年第 12 期。

［187］聂曼曼：《论审计质量概念的重新界定——关于过程质量与结果质量的思考》，《中南财经政法大学学报》2009 年第 6 期。

［188］倪国爱、方盈：《我国政府审计效率研究》，《审计月刊》2006 年第 3 期。

［189］欧阳华生：《我国政府审计公告信息分析：2003—2006——解读我国财政违规资金特征》，《审计研究》2007 年第 3 期。

［190］欧阳程、双磊：《审计结果公告制度的理性思考》，《审计月刊》2005 年第 3 期。

[191] 潘博：《深化企业审计的理论研究》，《中国审计信息与方法》2003 年第 12 期。

[192] 潘源源：《浅析审计"免疫系统"的三大作用》，《调查与思考》，2009 年第 80 期。

[193] 朴峰、张希：《政府审计风险的特征与控制》，《中州审计》2000 年第 7 期。

[194] 秦江萍：《上市公司会计舞弊：国外相关研究综述与启示》，《会计研究》2005 年第 6 期。

[195] 秦江萍、段兴民：《中外上市公司会计舞弊动机比较研究》，《审计与经济研究》2005 年第 7 期。

[196] 邱学文：《中国注册会计师执业准则——阐释与应用》，立信会计出版社 2006 年版。

[197] 秦荣生：《论审计与受托经济责任的"血缘"关系》，《当代财经》1994 年第 6 期。

[198] 秦荣生：《受托经济责任理论与我国政府审计改革》，《审计研究》1999 年第 4 期。

[199] 芮明杰：《管理学：现代的观点》，上海人民出版社 2002 年版。

[200] R. E. 布朗等：《政府绩效审计》，袁军等译，中国财政经济出版社 1991 年版。

[201] 阮滢：《管理舞弊审计策略探析》，《审计与经济研究》2006 年第 7 期。

[202] 阮桂海：《数据统计与分析》，北京大学出版社 2005 年版。

[203] 任有泉：《审计项目过程管理与质量控制研究》，中国时代经济出版社 2007 年版。

[204] 审计署研究所课题组：《效益审计程序与方法研究》，http：//www. zjsjt. gov. cn/Intranet/Information/InfoDetail. aspx？InformationI D = 6432，2005 - 01 - 27。

[205] 宋常、吴少华：《我国绩效审计理论研究回顾与展望》，《审计研究》2004 年第 2 期。

[206] 孙坤：《独立审计质量保证论》，东北财经大学出版社 2005 年版。

[207] 审计署外事司：《审计报告编制的技术与方法》，中国时代经

济出版社 2002 年版。

[208] 审计署兰州办:《论审计结果公告制度下的政府审计风险控制》, http://www. 51audit. com/ Article_ Print. asp? ArticleID = 1869, 2005209207。

[209] 审计署:《审计署 2008—2012 年审计工作发展规划》, http://www. audit. gov. cn/n1992130/n1992165/n1993751/2320446. html, 2008 - 07 - 11。

[210] 审计署外事司:《国外效益审计简介》, 中国时代经济出版社 2003 年版。

[212] 斯蒂芬·P. 罗宾斯、玛丽·库尔特:《管理学》, 孙健敏译, 人民出版社 2004 年版。

[213] 石爱中:《初释数据式审计模式》,《审计研究》2005 年第 4 期。

[214] 司晋娟、司晓红:《计算机审计软件的设计思想》,《山西财经大学学报》2008 年第 30 期。

[215] 审计署审计科研所:《中国审计研究报告》(2006), 中国时代经济出版社 2007 年版。

[216] 审计署行政事业审计司:《部门预算执行审计指南》, 中国时代经济出版社 2007 年版。

[217] 孙宝厚:《关于全面审计质量控制若干关键问题的思考》,《审计研究》2008 年第 2 期。

[218] 史宁安、叶鹏飞、胡友良:《审计质量之用户(顾客)满意论》,《审计研究》2006 年第 1 期。

[219] 单新新:《政府审计质量探究》, 厦门大学, 2006 年。

[220] 宋夏云:《政府审计目标及实现机制研究》, 上海财经大学出版社 2008 年版。

[221] 审计署审计科研所:《审计免疫系统功能探索与思考》, 中国时代经济出版社 2009 年版。

[222] 审计署审计科研所:《中国审计研究报告》, 中国时代经济出版社 2009 年版。

[223] 邵华清:《审计环境因素变化对政府审计的影响分析》,《审计监督》2008 年第 6 期。

［224］舒利敏：《基于"免疫系统论"思考现代政府审计本质》，《财会月刊》2010年第5期。

［225］孙静华、李卫东、张冬：《政府审计免疫系统的实现路径：连续审计模式》，《会计之友》2010年第9期。

［226］田旭：《政府审计风险综述》，《山西财经大学学报》2006年第2期。

［227］谭劲松：《试论政府审计风险》，《审计研究》1999年第6期。

［228］王秋宇：《浅谈政府绩效审计在我国的开展》，首都经济贸易大学，2004年。

［229］王建春：《审计报告研究》，上海财经大学，1999年。

［230］王庭耕：《德国审计概览》，《山东审计》2001年第11期。

［231］韦公远：《荷兰的审计制度》，《河北审计》2003年第3期。

［232］王光远：《管理审计理论》，中国人民大学出版社1996年版。

［233］吴萍：《中国特色的计算机审计发展策略研究》，《当代经理人》2005年第16期。

［234］王伟：《应用计算机进行审计的探讨》，《交通科技与经济》2006年第4期。

［235］吴联生：《会计信息失真的"三分法"：理论框架与证据》，《会计研究》2003年第1期。

［236］吴革：《财务报告陷阱》，文津出版社2004年版。

［237］王泽霞：《识别上市公司管理舞弊之预警信号：来自中国证券市场的经验证据》，上海三联书店2007年版。

［238］王泽霞：《管理舞弊导向审计研究》，电子工业出版社2005年版。

［239］吴远：《我国政府审计公告制度实施中的问题与对策》，江西财经大学，2006年。

［240］吴碧娥：《审计结果公告制度下审计风险的防范》，《审计与经济研究》2005年第3期。

［241］汪国平：《论审计结果公告制度下的政府审计风险控制》，《审计月刊》2005年第11期。

［242］王会金、尹平：《论政府审计风险的成因及控制策略》，《审计

研究》2000 年第 2 期。

[243] 王砚书：《审计理论专题研究》，河北人民出版社 2007 年版。

[244] 吴华：《增强政府审计独立性的对策研究》，《理论研究》2007 年第 1 期。

[245] 韦德洪、覃智勇、唐松庆：《政府审计效能与财政资金运行安全性关系研究》，《审计研究》2010 年第 3 期。

[246] 王芳、周红：《政府审计的衡量研究：基于程序观和结果观的检验》，《审计研究》2010 年第 2 期。

[247] 王淑梅：《政府审计质量与效果的研究》，吉林大学，2008 年。

[248] 王素梅、赵杨：《论政府审计的职能转型——基于公共行政模式的演变分析》，《中国农业会计》2005 年第 1 期。

[249] 王德河、刘力云：《对我国政府审计研究的反思》，《审计研究》2003 年第 6 期。

[250] 王光远：《管理会计中实地研究的基本状况、问题及评价》，《财务与会计》1996 年第 1 期。

[251] 徐政旦、谢荣：《审计研究前沿》，上海财经大学出版 2002 年版。

[252] 邢俊芳、陈华、邹传华：《最新国外绩效审计》，中国审计出版社 2001 年版。

[253] 徐磊、李勤、何世宏：《全部政府性资金连续审计系统研究》，《机电工程》2009 年第 5 期。

[254] 谢筠：《连续审计的开展及应用》，《中国管理信息化》2008 年第 2 期。

[255] 徐瑾：《基于信息化环境下数据式审计的特征与实施路径》，《审计与经济研究》2009 年第 1 期。

[256] 席龙胜：《现代审计风险模型及其应用研究》，硕士学位论文，河南大学。

[257] 夏军、宫金生：《政府审计风险的表现形式及防范对策》，《中国审计报》2007 年第 6 期。

[258] 项文卫：《政府审计若干问题研究》，中国时代经济出版社 2008 年版。

［259］杨树滋：《关于经济责任评价与经济效益审计的探讨》，《审计研究资料》1987 年第 7 期。

［260］杨肃昌：《中国政府审计：问题与改革问题与改革》，中国财政经济出版社 2004 年版。

［261］杨时展：《世界审计史序》，企业管理出版社 1996 年版。

［262］约翰·格林等：《绩效审计》，徐瑞康等译，中国商业出版社 1990 年版。

［263］严纪中等：《连续性审计——美国四大会计师事务所应用连续性查核系统案例》，《会计研究月刊》（中国台湾）2006 年总第 245 期，http：//www. accounting. org. tw/search/j_ search. asp。

［264］杨明君：《用科学发展观拓展企业审计职责》，《现代审计》2004 年第 5 期。

［265］余效明：《认清形势，开拓创新，提高企业审计工作质量和水平》，在 2008 年 3 月 24 日全国企业审计培训班上的讲话，2008 年。

［266］杨忠莲、谢香兵：《我国上市公司财务报告舞弊的经济后果——来自证监会与财政部处罚公告的市场反应》，《审计研究》2008 年第 1 期。

［267］杨肃昌、肖泽忠：《中国政府审计体制问题：实证调查与理论辨析》，中国财政经济出版社 2008 年版。

［268］尹平：《政府审计理论与实务》，中国财政经济出版社 2008 年版。

［269］杨时展：《杨时展论文集》，企业管理出版社 1997 年版。

［270］喻采平：《政府审计效率影响因素的实证研究》，《长沙理工大学学报》（社会科学版）2010 年第 3 期。

［271］杨国星：《审计质量特征及对审计价值影响》，《中国农业会计》2006 年第 11 期。

［272］杨肃昌：《中国政府审计：问题与改革》，中国财政经济出版社 2004 年版。

［273］杨肃昌、肖泽忠：《中国政府审计体制问题：实证调查与理论辨析》，中国财政经济出版社 2008 年版。

［274］姚夏、刘永祥：《受托责任观下的内部审计演进及发展》，《高

等教育》2007 年第 6 期。

［275］叶建新：《政府审计受托经济责任的理论渊源》，《时代金融》2007 年第 2 期。

［276］政府审计署：《审计署关于防治非典型肺炎专项资金和社会捐赠款物审计结果的公告》［EB/OL］. http：//www. audit. gov. cn/cysite/docpage/c516/200312/1215_ 516_ 7356. htm，2003 - 12 - 16。

［277］周榕：《澳大利亚高校绩效审计报告一例》，《审计月刊》2004 年第 6 期。

［278］张继勋：《国外政府绩效审计及其启示》，《审计研究》2000 年第 1 期。

［279］赵奂：《我国政府绩效审计标准之探讨》，《现代财经》1999 年第 1 期。

［280］张欣：《政府绩效审计的理论探讨》，《审计研究》1998 年第 1 期。

［281］中华人民共和国审计署外事司编：《世界各国政府审计》，中国审计出版社 1995 年版。

［282］张莹：《国有企业审计发挥"免疫系统"功能和建设性作用的几点思考》，《审计与理财》2009 年第 7 期。

［283］张卫平、谢旭霞、肖江：《企业审计发展趋势研究》，《甘肃审计》2003 第 12 期。

［284］中国注册会计师协会：《中国注册会计师审计准则第 1633 号——电子商务对财务报表审计的影响》，2006 年 2 月。

［285］中国注册会计师协会：《中国注册会计师审计准则第 1141 号——财务报表审计中对舞弊的考虑》，2006 年 2 月。

［286］朱锦余、高善生：《上市公司舞弊性财务报告及其防范与监督》，《财务与会计导刊》2008 年第 3 期。

［287］郑朝晖：《上市公司十大管理舞弊案分析及侦查研究》，《审计研究》2001 年第 6 期。

［288］赵德武、马永强：《管理层舞弊、审计失败与审计模式重构》，《会计研究》2006 年第 4 期。

［289］张启銮：《如何识别虚假财务报表》，《财会月刊》2003 年第

5 期。

　　［290］张连起：《风险导向避免审计失败的利器——兼评"银广夏"事件》，《中国注册会计师》2001 年第 10 期。

　　［291］张媚：《基于公共审计治理理念的政府审计信息披露研究》，硕士学位论文，西南财经大学，2006 年。

　　［292］周刚：《政府审计结果公告的现状透视与完善》，《内蒙古电大学刊》2007 年第 7 期。

　　［293］郑萍、王书生：《对现行审计结果公告制度的一些思考》，《广东审计》2005 年第 2 期。

　　［294］朱登云：《审计结果公告制度的法律研究》，《审计研究》2004 年第 2 期。

　　［295］张晓梅、兰蓉：《政府审计结果公告：必然的选择》，《审计与经济研究》2004 年第 4 期。

　　［296］张龙平：《政府审计的现状分析与改进建议》，《湖北审计》2003 年第 8 期。

　　［297］张蕊：《浅谈建立审计结果公告制度的几点思考》，《审计理论与实践》2003 年第 9 期。

　　［298］张红英：《完善审计结果公告制度，防范政府审计公告风险》，《审计与经济研究》2006 年第 3 期。

　　［999］张立民、丁朝霞：《审计公告与政府审计信息披露理论框架的研究——基于信号传递机制的研究视角》，《财会通讯》（综合版）2006 年第 7 期。

　　［300］卓志：《风险管理理论研究》，中国金融出版社 2006 年版。

　　［301］审计署法制司：《审计法修订释义读本》，中国时代经济出版社 2006 年版。

　　［302］审计署：《审计署审计结果公告汇编》（2005—2006），中国时代经济出版社 2007 年版。

　　［303］《中共中央关于完善社会主义市场经济体制若干问题的决定》，人民出版社 2003 年版。

　　［304］曾寿喜、刘国常等：《政府审计的改革与发展》，中国时代经济出版社 2007 年版。

［305］赵劲松：《关于我国政府审计质量特征的一个分析框架》，《审计研究》2005 年第 4 期。

［306］周文荣：《关于审计质量问题的思考》，《审计与理财》1995 年第 21 期。

［307］张志杰：《提高政府审计质量的系统性思考》，《时代金融》2008 年第 5 期。

［308］张文雅：《政府审计质量控制问题研究》，《生产力研究》1997 年第 4 期。

［309］张龙平、李璐：《我国政府审计质量控制的改进问题研究》，《管理世界》2009 年第 5 期。

［310］张龙平：《试论我国注册会计师审计质量控制标准的建设》，《中国注册会计师》1994 年第 8 期。

［311］张广平：《政府审计机关审计质量评价问题研究》，暨南大学，2006 年。

中国审计学会：《审计署立项课题研究报告汇编》（2008 —2009），中国时代经济出版社 2010 年版。

［312］张庆龙：《政府审计》，上海人民出版社 2010 年版。

［313］曾寿喜、刘国常：《政府审计的改革与发展》，中国时代经济出版社 2007 年版。

［314］张勇：《公共受托责任论下政府跟踪审计有关问题的探讨》，《财会研究》2010 年第 14 期。

［315］张文祥：《改革开放 30 年我国政府审计职责演进与未来发展》，中国会计学会高等工科院校分会 2008 年学术年会暨中央在鄂集团企业财务管理研讨会，2008 年。

［316］张晓磊：《基于受托责任解说内部审计产生动因》，《时代经贸》2007 年第 5 期。

［317］秦荣生：《公共委托经济责任理论与我国政府审计改革》，《审计研究》2006 年第 4 期。

［318］刘力云：《政府审计与政府责任机制》，《审计与经济研究》2005 年第 4 期。

［319］叶建新：《国家审计受托经济责任的理论渊源》，《时代金融》

2007 年第 2 期。

　　［320］廖洪、王芳：《国外审计公示制的通行做法及启示》，《中国审计信息与方法》2002 年第 6 期。

　　［321］谢荣、宁夏云：《国家审计公告制度研究》，《当代财经》2006年第 12 期。

　　［322］张立民、丁朝霞：《审计公告与国家审计信息披露理论框架的研究》，《审计与经济研究》2006 年第 4 期。

　　［323］欧阳华生：《我国国家审计公告信息分析：2003—2006——解读我国财政违规资金特征》，《审计研究》2007 年第 3 期。

　　［324］雷俊生：《审计结果公告中的审计风险防范》，《财会通讯》（综合版）2006 年第 2 期。

　　［325］项俊波：《审计工作要找言点重创新促发展》，《中国审计》2004 年第 5 期。

　　［326］张大敏、黄约：《构建我国审计结果公告制度的探讨》，《审计月刊》2004 年第 5 期。

　　［327］吴秋生：《论政府审计与独立关系的厘定》，《当代财经》2007年第 10 期。

　　［328］魏刚：《我国上市公司股利分记的实证研究》，《经济研究》1998 年第 6 期。

　　［329］孙碧波、方健雯：《对中国证券市场动态有效性的检验——基于技术分析获利能力的实证研究》，《上海财经大学学报》2004 年第 6 期。

　　［330］陈晓、陈小悦、倪凡：《我国上市公司首次股利信号传递效应的实证研究》，《经济研究》1998 年第 5 期。

　　［331］吴纬地：《股票股利市场反应的实证研究》，《武汉金融》2011年第 4 期。

　　［332］林春艳、孙淑杰：《有效市场假说在中国股市表现的实证分析》，《山东财政学院学报》2009 年第 4 期。

　　［333］傅倞轩：《上市公司内部控制鉴证报告披露的市场反应研究》，硕士学位论文，内蒙古大学，2010 年。

　　［334］石磊、魏玖长、赵定涛：《上市公司灾难捐赠行为对股票价格的影响》，《中国科学技术大学学报》2010 年第 6 期。

［335］刘力、田雅静：《没有信息，也有反应：中国 A 股市场股票名称变更事件的市场反应研究》，《世界经济》2004 年第 1 期。

［336］朱冠东：《上市公司违规处罚有效性研究》，《金融研究》2007 年第 08A 期。

［337］杨忠蓬、谢香兵：《我国上市公司财务报告舞弊的经济后来——来自证鉴会与财政部处罚公告的市场反应》，《商业研究》2011 年第 8 期。

［338］方哲：《关于会计师事务所业务质量检查审计结果公告的市场反应》，《审计研究》2008 年第 6 期。

［339］王淑梅：《国家审计质量与效果的研究》，博士学位论文，吉林大学，2008 年。

［340］葛家澍：《安然的事件反思——对审计事件会计部审计问题的剖析》，《会计研究》2002 年第 2 期。

［341］刘明辉：《上市公司会计主管制度及其改进》，《会计研究》2002 年第 12 期。

［342］陆建桥：《后安然时代的会计与审计——评美国〈2002 SOX 法案〉及其对会计、审计发展的影响》，《会计研究》2002 年第 10 期。

［343］耿建新：《报表收益与现金质量数据之间关系的实证分析——信息不实公司的预警信号》，《会计研究》2002 年第 12 期。

浙江财经学院教师已出版政府管制著作

（按出版时间排列）

1. 王俊豪：《英国政府管制体制改革研究》，上海三联书店 1998 年版
2. 王俊豪：《中国政府管制体制改革研究》，经济科学出版社 1999 年版
3. 王俊豪：《自然垄断产业的政府管制理论》，浙江大学出版社 2000 年版
4. 王俊豪：《政府管制经济学导论——基本理论及其在政府管制实践中的应用》，商务印书馆 2001 年版
5. 王俊豪等：《中国自然垄断经营产品管理价格形成机制研究》，中国经济出版社 2002 年版
6. 王俊豪等：《美国联邦通信委员会及其运行机制》，经济管理出版社 2003 年版
7. 王俊豪、周小梅：《中国自然垄断产业民营化改革与政府管制政策》，经济管理出版社 2004 年版
8. 王俊豪等：《中国垄断性产业的结构重组、分类管制与协调政策》，商务印书馆 2005 年版
9. 仇保兴、王俊豪等：《中国市政公用事业监管体制研究》，中国社会科学出版社 2006 年版
10. 王俊豪主编：《管制经济学原理》，高等教育出版社 2007 年版
11. 王俊豪、肖兴志、唐要家：《中国垄断性产业管制机构的设立与运行机制》，商务印书馆 2008 年版
12. 仇保兴、王俊豪等：《市政公用事业监管体制与激励性监管政策》，中国社会科学出版社 2009 年版
13. 茅铭晨：《政府管制法学原论》，上海财经大学出版社 2005 年版
14. 唐要家：《市场势力可维持性与反垄断》，经济管理出版社 2007 年版
15. 王建明：《城市固体废弃物管制政策的理论与实证研究——组织

反应、管制效应与政策营销》，经济管理出版社 2007 年版

16．臧慧萍：《美国金融监管制度的历史演进》，经济管理出版社 2007 年版

17．朱晓艳：《我国电力产业管制治理结构的理论与实证研究》，经济管理出版社 2007 年版

18．陈荣达：《外汇期权组合市场风险度量和监管》，经济管理出版社 2007 年版

19．唐要家：《反垄断经济学：理论与政策》，中国社会科学出版社 2008 年版

20．金通：《垃圾焚烧产业：市场结构与价格机制》，经济管理出版社 2008 年版

21．鲍海君：《政策供给与制度安排：征地管制变迁的田野调查——以浙江为例》，经济管理出版社 2008 年版

22．刘初旺：《税收征管执法风险与监管研究》，经济管理出版社 2008 年版

23．胡旭阳：《我国首次公开发行市场监管制度研究——变迁·效率·创新》，经济管理出版社 2008 年版

24．李志学：《公司并购与政府监管政策研究》，经济管理出版社 2008 年版

25．茅铭晨：《政府管制法基本问题研究：兼对纺织业政府管制制度的法学考察》，上海财经大学出版社 2008 年版

26．朱晓艳：《大部制下中国电力管制机构改革研究》，经济管理出版社 2009 年版

27．吴俊英：《会计信息产权与政府管制研究》，经济管理出版社 2009 年版

28．王建明：《消费者资源节约与环境保护行为及其影响机理——理论模型、实证检验和管制政策》，中国社会科学出版社 2010 年版

29．费忠新：《民营企业理财政策引导与监管机制研究》，经济管理出版社 2011 年版

30．陈荣达：《期权组合市场风险度量和监管研究》，经济管理出版社 2011 年版

31. 梁飞媛：《中国上市公司自愿性信息披露与监管》，经济管理出版社 2011 年版

32. 朴哲范：《上市公司金融效率与监管机制研究》，经济管理出版社 2011 年版

33. 尤利群：《中国粮食国际贸易政府管制研究》，经济管理出版社 2011 年版

34. 唐要家：《价格合谋的反垄断政策研究》，中国社会科学出版社 2011 年版

35. 王俊豪：《中国城市公用事业民营化绩效评价与管制政策研究》，中国社会科学出版社 2012 年版

36. 邵毅平：《上市公司利润操纵、盈余管理的界分与监管》，中国社会科学出版社 2012 年版

37. 王建明：《公众低碳消费行为影响机制和干预路径整合模型——一个基于扎根理论的探索性研究》，中国社会科学出版社 2012 年版

38. 邱学文 等：《基于中国资本市场的政府审计监管机制研究》，中国社会科学出版社 2012 年版